3D 프린터 제작과 활용

전공직무능력 향상교육과정

이양창 유충현 유진규 권준박 김상진 최경만 박상수

진샘미디어
JINSAEM

PREFACE

본 교재는 고등학교 및 전문대학교 교육과정에서 창의적 교육의 효과성 제고와 내실화를 위해 기계제조와 융합기술 중심의 특성에 적합한 실용적 실무교육을 통해 창의적 교육목표 달성을 위한 내용으로 구성하였다. 특히, 대림대학교에서 개발한 C.P.S(cooperative, problem solution, self-directed)학습모형을 바탕으로 구성한 것이 특징이다. 주요 내용은 팀원간 협업과정(cooperative)을 통한 문제해결(problem solution), 자기주도적(self-directed) 실무중심의 교육내용 전계로 전공직무능력향상을 높이기 위한 목적을 두었다. 이 과정을 통해 학습자들의 흥미와 참여도를 높이기 위해 Capstone Design 교과목에 C.P.S 교육모형을 적용하면 매우 효과적으로 교육목표를 달성할 수 있을 것으로 생각한다. 주요과정은 3D 프린터를 설계/제작/시운전 하는 과정으로 교육모형의 단계는 '프로젝트형 학습 주제 선택(교수자), 팀 구성(학습자), 주요도면 및 부품 지급(교수자), 3D 프린팅 기술습득(학습자), 부품 상세설계(학습자), 학생 중심 자율적 토론(학습자), 주제의 선택과 정교화(분업화), 개별학습 전공학습(학습자), 팀별 발표준비 및 직업체험 멘토 활동, 발표, 평가와 개선' 등으로 이루어져 있다.

본 교재를 활용하여 C.P.S 교육을 중심으로 창의적교육 목표달성에 도움이 될 것이다. 기존 수업방식은 학습자 자율적인 주제 선택과 진행으로 다양한 제품들을 지도교수(교사)가 모두 해결하기는 매우 어려운 문제점들이 발생되었고, 더욱이 학생들은 실질적으로 참여하는 학생들 일부만이 하는 형식으로 진행되었다. 따라서, 본 교재 과정에서는 학습자들의 전공실무능력향상을 위한 체계적인 실용적 실무교육을 통해 학생들의 창의력 향상과 더불어 전공을 확실하게 찾아갈 수 있는 과정을 효과적으로 적용하고자 하였다. 즉, 3D 프린터를 설계/제작/시운전 평가하는 과정을 학습자 스스로 팀웍을 이루어 자유롭게 진행하면서 교수자는 학습자들의 학습참여 동기부여와 자기주도적 문제해결을 위한 가이드 역할을 하면서 학습자들의 창의성을 이끌어 내려 노력하였다.

PREFACE

본 교재를 활용하여 창의적 교육에 있어서 다양한 대상 즉, 고등학교, 대학이나 기타 직업교육기관에서 충분히 활용, 보급될 수 있는 과정이라 생각한다. 특히, 해당 전공별(기계, 전기/전자, 소프트웨어, 자동화 등등) 특성에 맞게 적절한 대상물 개발과 학습자 수준별 교육목표를 세우고 교육내용과 주별 지도안 개발하여 적용한다면 전공 특성을 고려한 매우 좋은 결과를 얻을 것으로 기대된다. 학년초기부터 전공교과목의 연계교육 내용을 적용하여 진행한다면 전공직무능력 향상되어 창의적 아이디어 산업발전에 크게 기여할 수 있는 전문인력 양성에 큰 도움이 될 것으로 기대된다. 따라서 이 분야의 과정은 특성화고등학교 및 전문대학과정에서 매우 적합한 과정으로 판단된다. 이러한, 학습목표를 달성하기 위해서는 자율적인 학습 분위기 조성과 관련 기자재들의 구축이 필요하다. 많은 자료들을 참고하여 개발하는 과정에서 많은 오류가 있을 수 있습니다. 이점 널리 이해하여 주시고, 본문 내용에 오류와 기타 수정사항이 있을 경우 기탄없이 지적해 주시면 감사하겠습니다. 또한, 바쁜 시간에도 많은 노력을 해주신 대림대학교 기계과 교수님들과 연구원님들께 감사의 말씀을 드리며, 본 교재 출간을 위해 교재 편집에 최선을 다해주신 진샘미디어 여러분들께 무한한 감사를 드립니다.

저자

CONTENTS

Chapter 01 제조와 생산시스템

Chapter 02 문제해결중심의 창의설계

CONTENTS

CONTENTS

Chapter 05 3D 프린터를 위한 요소설계

Chapter 06 3D 프린터 제어부 이해

CONTENTS

CONTENTS

Chapter 07 익스트루더 설계 제작

Chapter 01

제조와 생산시스템

1 개요

한 사회에서 생활수준은 질 좋은 제품(goods)과 서비스(service)의 질에 의하여 결정되는 것으로 제조의 기술수준이 나라의 복지와 생활수준에 많은 영향을 끼치고 있다. 대부분의경우에 제품은 재료를 가공하여 만드는 것이 일반적이다. 제조(language of manufacturing)는 원자재와 에너지 그리고 구입된 품목들을 판매 가능한 제품으로 바꾸는 조직적인 행위들로 구성된다. 근본적으로 제조는 재료에서 제품으로의 변환이 원자재에 가치를 더하는 부가가치 행위이다 따라서, 생산에 관련된 목표는 가장 효과적인 방법, 최소한의 시간, 재료, 비용, 공간, 그리고 노동력을 사용하여 부가가치를 창출하는 것이다. 낭비를 최소화하고 효율을 극대화하기 위하여 공정과 작업은 적절히 선택되고 배열되며 부드럽고 적절한 재료의 흐름을 통하여 다양한 제품에 대응하도록 해야 한다. 이러한 목표를 충족하는 것은 우수한 설계와 효율적인 생산체계를 필요로 하며 제품생산을 위해 다양한 공정과 방법들이 적용되고 있다.

일반적으로 주조, 성형, 기계가공 그리고 용접이지만 여러 공정들이 결합되어 제품을 제조하고 있다. 그러나 이러한 생산방식에서 저비용에 의한 생산성향상과 제품의 품질을 향상 시키는데는 많은 기술이 개발되어야 한다. 따라서 저비용생산공학과 생산시스템 설계부분을 끊임없이 연구개발하고 있다. 이를 위해 비용과 품질의 관점에서 제품이 제조되는 것을 가장 잘 이해하고 제조공정에 무엇이 필요한지를 잘 아는 경험이 많은 각 분야의 전문가들이 공장 설계나 재설계를 가장 잘하는 사람들을 필요로 하고 있다. 이는 각 분야의 가장 우수한 전문가들이 필수적으로 필요로 한 것이다.

또한, 제품의 생산을 저비용으로 빠르게 생산하기 위해 저비용제조공장에서 볼 수 있는 저비용생산셀 시스템과 제품의 품질을 관리하기 위한 품질관리공정능력에도 많은 기술발전이 되고 있다. 여기서 사용되는 주요기술들은 컴퓨터 설계 CAD(computer add design)과 컴퓨터에 의한 공학설계 기술 CAE(computer add engineering) 기술 그리고, 컴퓨터에 의한 제조기술 CNC(computer numerical control)들이 접목된 생산제조시스템들이 사용되고 있다. 그리고 제품의 신뢰성향상과 품질보증을 위해 체계적인 품질관리와 문제해결 방법을 트리즈(triz)와 6시그마와 같은 기법들을 개발하여 문제해결 방법의 기술이 발전하고 현장에 체계적으로 적용되고 있다.

그림 1 고전적인 생산제조방법(기능중심의 생산제조 Process)

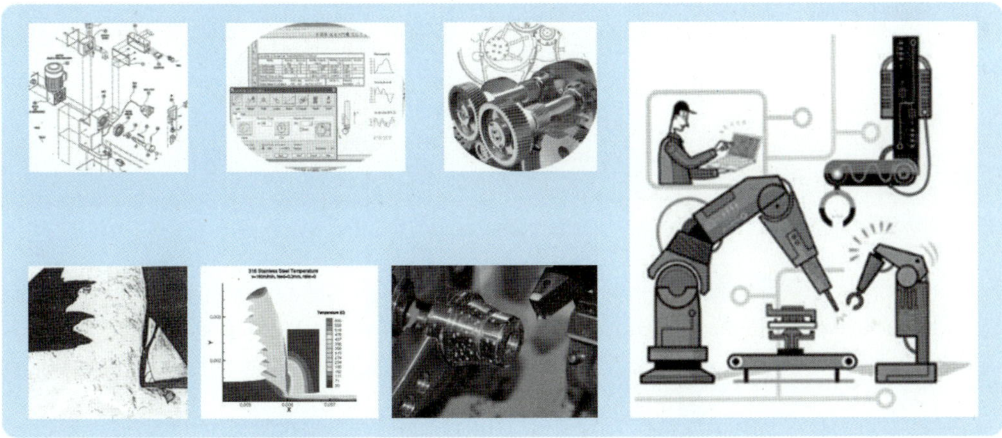

그림 2 자동화 시스템 의한 설계와 생산제조 시스템

이러한 종전의 생산제조 방법에서는 개인이 창조적인 제품들을 개발하기 위해서는 수많은 고가의 생산시스템 생산공정기술들과 각 분야의 전문가들을 필요로 하고 있다. 따라서 자신의 아이디어를 쉽게 실현하기 위해서는 많은 비용과 시간을 들여야 한다. 그러나, 시대의 변화에 따라 컴퓨터에 의한 생산제조 기술들이 발전하면서 컴퓨터에 3차원으로 설계된 데이터를 여러공정을 거치지 않고 바로 제조할 수 있는 적층형 제조 기술들로 쾌속조형(RP: rapid prototyping) 또는 3차원 인쇄 방식(3D printer)의 기술들이 개발되면서 제품개발은 물론 복잡한 형상들도 쉽게 개발할 수 있도록 하였다. 이로 인해 앞으로 생산제조를 공장에서 하는 것이 아니라, 일반인들이 개인적인 작업 공간에서 기존 생산제품들을 자신만의 아이디어를 접목하여 생산할 수 있는 시대로 변화하고 있다. 이를 위해 앞으로 많은 문제들을 해결하여야 하지만 기존의 생산제조 기술들을 응용한 것으로 많은 문제점들은 쉽게 해결 될것으로 예측하고 있다. 즉, 신뢰할 수 있는 제품을 만들기 위하여 설계, 재료선택 그리고, 제조공정과 제품생산을 잘 조화시켜 사용자가 가장 안전하고 목적하는 것에 적합한 제품을 제조하는 제품의 생산시스템에 대한 이해와 기술 습득이 중요하고 그 무엇보다 컴퓨터에 의한 설계와 제조방법과 응용기술 활용에 대한 방법들을 체계적으로 익히고 활용하는 기술교육이 중요하다.

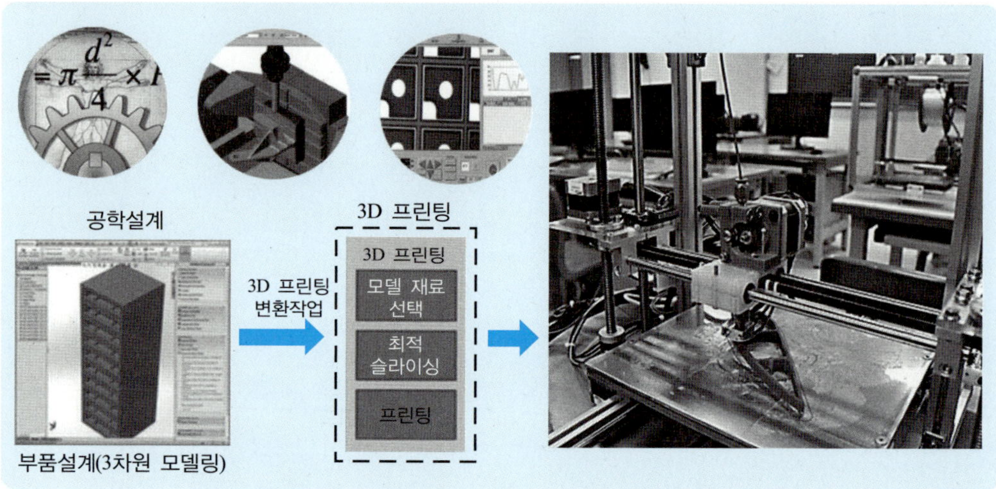

그림 3 컴퓨터에 의한 제조 생산제조 시스템(3D printer)

1.1 재료와 제조변화

인류의 역사는 재료를 다룰 수 있는 인간의 능력과 밀접한 관계가 있는데 이는 석기시대부터 시작하여 황동기, 청동기시대를 거쳐서 철기시대 그리고 복잡한 철금속과 비철금속들의 시대인 현재의 철강시대까지 해당된다. 현재는 다양한 복합재료들이 개발되어 새로운 합금의 시대(the age of tailor-made plastics, composite materials and exotic alloys)를 맞이하고 있다. 이러한 진보에 대한 좋은 예가 그림 4에 보여진다. 초기 공작기계에서는 절삭공구를 탄소강으로 제작하였다. 이 후에 절삭공구를 고속도강으로 만들었는데, 이로써 절삭속도가 2배로 늘어나고 가공시간은 줄어들었다. 해가 거듭되면서 더 빠른 절삭속도로 가공할 수 있는 새로운 공구재료들이 계속 개발되었다. 일반적으로 재료들이 점점 복잡해지고 정교해짐에 따라 강도가 커지기 때문에 현존하는 방법으로 그 재료를 가공하는 것이 갈수록 더 어려워지게 되어 결국 새로운 공정기술이 개발되는 일들이 끊임없이 발생한다. 현재는 재료들을 자연상태 그대로 사용하는 일은 거의 없지만, 한 가지 확실한 것은 지구상에 존재하는 재료의 양이 한정되어 있다는 사실이다. 그러므로 비록 인류가 만드는 재료의 종류가 늘어난다 할지라도 인간은 자원을 효율적으로 사용해야 하고 가능하면 재활용해야 한다.

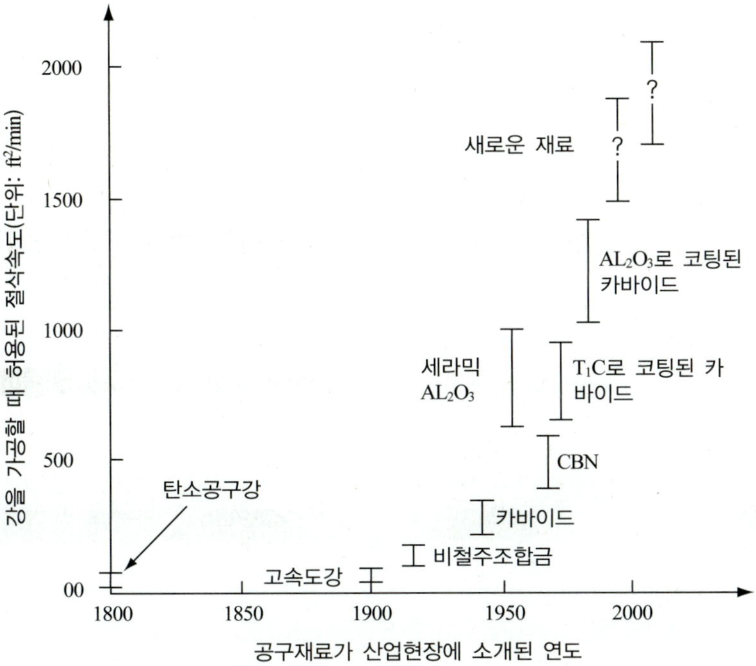

그림 4 절삭공구 및 공작기계의 기술개발로 절삭속도향상

1.2 제조와 생산공정

제조(manufacturing)라 함은 경제적인 용어로서 인간의 욕망을 만족시키기 위하여 제품을 생산하고 서비스를 제공하는 행위를 말한다. 제조는 또한 정신적 육체적 노동을 이용하여 가치를 생산한다는 의미를 내포하고 있다.

제조공정(manufacturing process)이 모여서 제조시스템을 이룬다. 측정가능한 변수로 특성이 정의되는 장비들을 복잡한 배열로 배치한 것을 제조시스템이라 한다. 그림 5와 같이 제조시스템의 흐름을 알 수 있다. 이 제조시스템(manufacturing system)은 입력을 받아들여서 그것으로 소비자를 위한 제품을 만든다. 생산시스템(production system)은 제조시스템을 포함하며 동시에 제조시스템에 도움을 준다. 생산시스템은 제조시스템과 플랜트 내의 다른 기능을 가진 분야(정보, 설계, 해석, 제어에 관련된 분야)를 포함한다. 이러한 하부조직은 제품을 만들거나 또는 서로 도와주기 위하여 연결되어 있다. 제품(goods)은 물질적인 것이다. 서비스(service)는 우리가 원하는 것을 만족시키기 위하여 구매하는 비물질적인 것이다. 서비스 생산시스템(service production systems)이란 운반, 은행, 자금, 예금이나 융자, 보험, 건강, 교육, 통신, 오락, 체육 등에 관련된 분야를 망라한다. 이러한 것들은 제품을 직접 만들지는 않지만 필요한 일이다. 제조부(manufacturing department)는 설계과정(작업과 공정의 순서)과 설계에 따라 제품을 제조하는 시스템을 관장한다. 이 시스템은 제품의 설계변경과 고객의 요구(제품의 개수와 조합)를 잘 들어줄 수 있도록 유연해야 한다. 표 1-1에 생산제조시스템의 용어와 의미를 설명하고 있다.

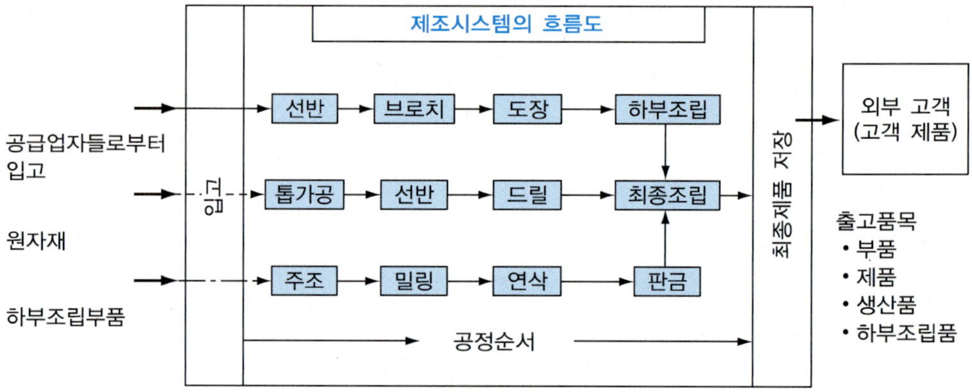

그림 5 제조시스템의 흐름도(원자재 입고 후 공정을 거쳐 제품의 가치를 높인 후 고객에게 출고)

■ 표 1-1 제조 생산시스템에서 사용하는 용어

용어	의미	예
생산시스템	부품이나 제품을 제조할 때 필요한 노동자, 기계, 정보 등에 대한 모든 양산과 시스템의 모든 유닛의 조화가 매우 중요함.	엔진을 만드는 공장, 조립 플랜트, 유리제조공장, 주물공장. 이를 기업이나 회사라고 칭함.
제조시스템 (공정순서로서 공정집합체)	특정목표 제품을 생산하는 제조공정 및 작업의 집합체, 많은 공정, 물류에 필요한 장비, 작업자의 정렬이나 배치를 의미함.	강판의 압연, 자동차의 제조, 연결된 공정이나 작업의 연속, 개별공정, 흐름공정, 연속공정
공작기계 (제조공정)	특정한 공정을 수행하기 위하여 설계된 장비인 공작기계들이 서로 연결되어 제조시스템을 이룸.	점용접기, 밀링, 선반, 드릴, 프레스, 단조기, 낙하해머, 다이캐스팅기, 펀치프레스, 연삭기 등
조립 및 생산작업	조립라인의 한 위치에서 한 명의 노동자가 수행한 임무의 집합이나 기계에 의하여 수행된 작업의 집합	기계작업, 검사, 최종조립 작업과 기타 지게차 운전자는 재료를 운반하는 작업을 함.
부품생산작업 (생산공정)	특정 행위나 처리, 노동자의 작업을 집합적으로 칭하는 용어	드릴, 밴딩, 납땜, 선삭, 밀링, 압출, 검사, 하중
공구(툴링)	공작물을 고정하고, 자르고, 성형하고 또는 변형시키는 데 사용된 도구를 의미함. 가공의 경우는 절삭공구를 의미함. 공작물을 고정시킬 경우는 지그와 고정구, 금속성형의 경우는 펀치와 다이를 의미함.	연삭숫돌, 드릴, 엔드밀, 커터, 다이, 주형, 클램프, 연동척, 고정구

1.2.1 생산시스템과 기업

생산시스템은 생산체계에서 가장 상위의 용어이다. 생산시스템(production system)은 사람, 비용, 장비, 재료, 원료 공급, 시장, 경영과 제조시스템 등을 포함한다. 사실 생산시스템은 상업의 모든면(가공, 판매, 광고, 이윤, 분배 등)을 포함한다. 표 1-2는 생산시스템 리스트의 일부이다. 제조 생산시스템(manufacturing production systems)을 위한 많은 정보가 서비스 생산시스템(service production systems)과 연관이 있다. 많은 제조 생산시스템에서 제품을 많이 판매하기 위해서는 서비스 생산시스템이 필요하다. 특히, 여기서 소비자에 대한 서비스가 그 제품의 품질이나 적시납기 만큼 중요시되고 있다. 표 1-3은 서비스 산업의 일부를 보여준다.

■ 표 1-2 생산자와 소비자의 제품을 위한 생산시스템 리스트의 일부분

항공우주산업과 비행기	음식물(통조림, 낙동제품, 육류 등)
전기제품	신발류
자동차(승용차, 트럭, 승합차 등)	가구류
음료수	유리제품
건물자재	병원용품
시멘트와 아스팔트	가죽과 모피
세라믹	기계류
화학공업과 동종산업	해양공학
의류	금속(철, 알루미늄 등)
건축	천연자원(석유, 석탄, 목재, 펄프, 종이 등)
건축자재(벽돌, 목재, 널빤지)	출판물과 인쇄물(책, 레코드, 신문)
약, 비누, 화장품	레스토랑
전기 전자제품	소매점(음식점, 백화점 등)
에너지(동력, 가스, 전력)	조선소
공학	섬유
장비와 기계류(농업, 건축과 저기제품,	바퀴와 고무제품
전자제품, 가전제품, 산업기계, 사무기기,	담배
컴퓨터, 원동기)	대량운송수단(철도, 비행기, 트럭, 버스)
	운송수단(자전거, 오토바이, ATV, 스노우모빌)

■ 표 1-3 서비스산업의 유형

광고와 마케팅
통신(전화, 컴퓨터 네트워크)
교육
연예(라디오, TV, 영화, 연극)
장비와 가구 대여
금융(은행, 투자회사, 대출회사)
건강관리
보험
대형 및 소형차 대여
여행(호텔, 모텔, 유람선)

1.2.2 제조시스템

원하는 제품이나 부품을 얻기 위하여 행해지는 모든 공정이나 행위를 통틀어 제조시스템(manufacturing system) 이라고 부른다. 그러므로 제조시스템이란 제조공정의 설계나 배치를 의미하는 것이다. 시스템의 제어라고 하면 단순히 하나의 공정이나 장비를 제어하는 것이 아니고 시스템 전체를 제어하는 것을 의미한다. 재료의 수송과 재고량, 제품의 품질과 생산량을 적절히 제어하기 위해서는 전체 제조시스템을 적절히 제어해야만 한다.

1.2.3 제조 엔지니어의 역할

많은 엔지니어가 제품을 설계하는 업무를 맡고 있다. 설계된 제품은 가공공정이나 조립공정을 통하여 실제 제품이 되는데 이러한 과정중에 설계자는 재료를 선정하고 제조공정을 결정하는데 중요한 역할을 하게 된다. 설계 엔지니어(design engineer)는 설계의 목적이 무엇이고, 최종제품이 사용될 때 인가되는 하중과 요구조건에 대하여 어떤 가정을 해야하며, 어떤 환경에서 제품이 사용될 것이고, 이 제품이 어떤 모양이어야 하는가 등에 대하여 누구보다도 잘 알고 있어야 한다. 사용될 재료는 이러한 요구조건들을 만족시킬 수 있는 것으로 선정되어야 한다.

대부분의 경우 올바른 재료를 사용하여 올바른 모양으로 제품을 만들기 위해서는 어떤 제조공정(manufacturing process)을 이용해야 하는가를 설계자가 알고 있어야 한다. 대부분의 경우에 재료를 선택하게 되면 그 재료에 적합한 제조공정은 자연적으로 결정된다. 반면에 특정공정을 이용해야 할 때는 그 공정을 효과적이고 경제적으로 이용하기 위하여 설계 변경을 해야만 할 수도 있다. 제품의 크기에 따라 공정이 결정될 수도 있고, 공정의 종류에 따라 그 공정에서 제조할 수 있는 제품의 크기가 제한되기도 한다. 설계도면상의 물체를 실제 제품으로 만들려면 많은 결정을 해야 한다. 그 결정 중 많은 것이 설계단계에서 이루어질 수 있다. 그러므로 제조공정에 있어서 설계자의 역할은 매우 중요하다. 만일 공장에서 제조를 고려한 설계(design for manufacturing)를 할 수 있어서 제조와 공정을 저비용으로 경제적인 제조를 할 수 있다면 그것은 공장에 커다란 이익이 될 것이다.

제조를 고려한 설계는 제조공정에 대한 지식을 설계에 이용하기 때문에 설계와 제조를 통합하기 위해서는 설계 엔지니어와 제조 엔지니어가 함께 일해야 한다. 제조 엔지니어(manufacturing engineer)는 공정에 사용될 설비와 공정방법을 결정하고 그것들을 사용하는 것을 감독하고 관리한다. 어떤 사람은 특별한 제품을 만드는데 표준화된 제조기계를 사용할 수 있도록 특수 공구를 설계하기도 한다. 이때 엔지니어는 제조공정과 재료의 거동에 대하여 많은 지식을 가지고 있어서 제조기계에 과부하가 걸리거나 손상을 입히는 일들이 발생하지 않도록 하고 제조하는 재료에 질적 저하의 영향을 미치는 현상들이 없도록 원하는 공정을 효과적이고 효율적으로 수행할 수 있도록 해야 한다. 제품의 품질과 수명에 영향 중에 제조공정에서 정확하게 기준에 의해 생산되는 것이 중요하다.
제조 엔지니어(manufacturing engineer)는 공장의 제조시스템의 배치를 담당한다. 가공할 재료의 특성과 설계의 상호관계 그리고 재료와 공정의 상호관계를 반드시 고려해야 한다. 제조에 사용할 기계와 장비를 선정하고 공장에 배치하는 것도 또한 설계과제이다. 재료 엔지니어(materials engineer)는 좀더 나은 새로운 재료를 개발하는데 주력한다. 재료가 어떻게 제조되고 제조공정이 재료의 성질에 어떤 영향을 미칠 것인가에 기술개발이 중요하다. 엔지니어들의 연구분야가 서로 다르지만 그들 중 다수가 재료와 제조공정과의 상관관계에 대하여 알아야 한다는 것은 분명하다. 즉, 설계와 재료선택 그리고 제조공정의 선택과 사용방법이 서로 밀접한 관계에 있다는 것이다.

1.3 제조에서 첨단시스템

제조기술(manufacturing engineering)에서 전 세계에 걸친 경쟁은 제조업체가 직면하고 있는 현실이며, 앞으로 점점 더 격렬해질 것이다. 오늘날 우리가 구매하는 제품의 제조처는 전 세계 어느 곳이든지 될 수 있다. 이를 위해 첨단 제조기술은 일반적으로 새로운 공작기계나 컴퓨터 제조공정(process with computer-aided manufacturing)을 의미한다. 공작기계 제조관련 시장은 작지만 그 영향은 지대하다. 개선된 제조공정에서 좀더 나은 품질의 부품과 좀더 긴 수명의 제품을 제조할 수 있기 때문이다. 어떤 회사들은 고유의 공정기술을 개발하고, 가능하면 오래 그 기술을 독점하기 위해 특허를 취득한다. 고유 공정기술의 좋은 예가 그림 6에 보여진 수치제어 공작기계(numerical control machine tool)이다. 요즈음은 생산현장에서 수치제어 공작기계가 일반적인 것이 되었다.
그리고 제조에서 성공하기 위한 진정한 열쇄로 여겨지는 변화는 소비자에게 최상 품질의 제품을 가장 저렴한 가격으로 정시에 소비자에게 공급할 수 있는 유연생산시스템을 구축하는 것이다. 이러한 변화는 단순히 제조공정기술의 등급을 올리려는 노력보다는 제품을 생산하는 기술을 현격하게 개선하고자 하는 노력의 산물인 것이다.

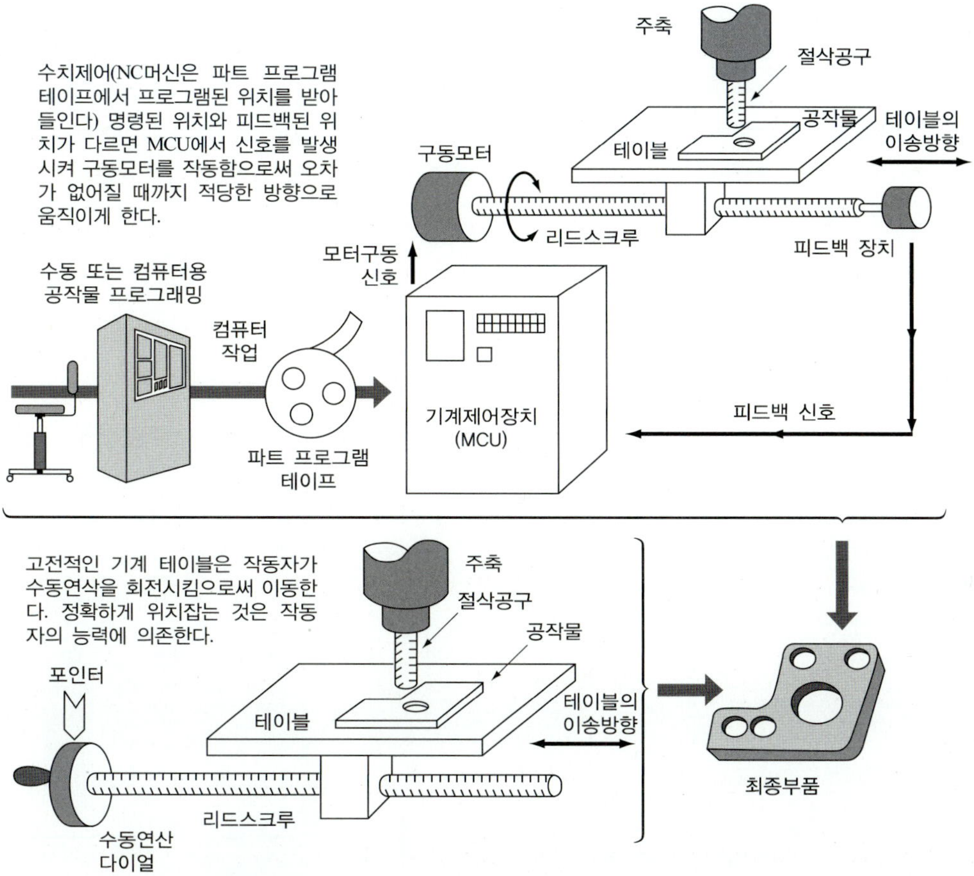

그림 6 수치제어 시스템을 이용한 공작기계 작업흐름

1.4 제조시스템 설계

제조시스템 설계라 함은 크게 5 가지로 분류되는데, 개별공정(job shop), 흐름공정(flow shop), 셀연결공정(linked-cell shop), 프로젝트공정(project shop), 연속공정(continuous process)이다. 연속공정에서는 고체나 또는 한 개씩 운반되는 부품보다는 주로 액체나 가스(기름 정련 같은 작업의 경우) 같은 물질을 다루게 된다. 이들 중 가장 일반적인 것은 개별공정(job shop) 인데, 이 공정은 수십 가지 종류의 부품과 다용도 기계, 기능 중심의 기계 배치 등으로 이루어져 있다(그림 7). 즉, 기계는 기능 중심으로 분류되고 (선반은 선반끼리, 밀링 머신은 밀링 머신끼리 분류된다), 부품은 운반상자에 담겨서 작업장 내의 다른 기계로 옮겨진다. 카트나 운반상자에 담겨져 있는 한 종류의 재료를 로트(lot)라고 부른다.

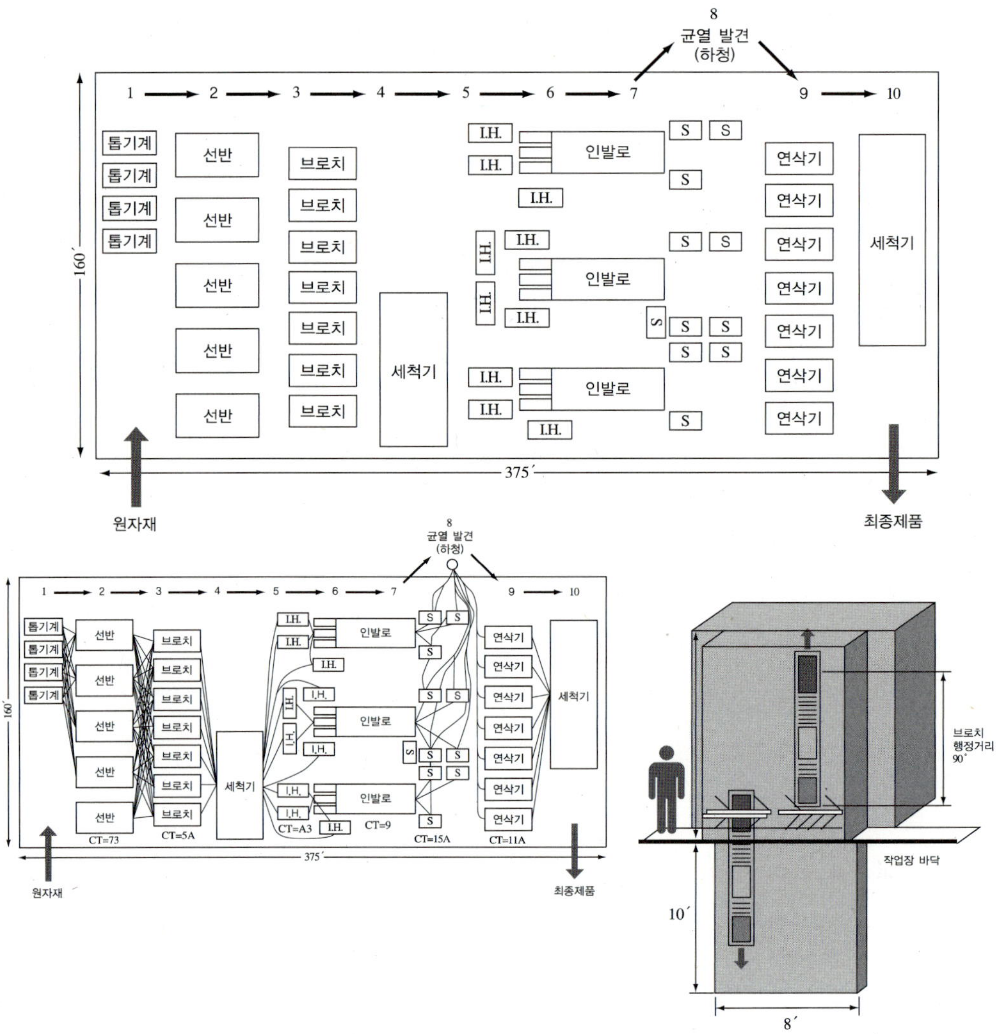

그림 7 일반적인 제조시스템의 예

흐름공정(flow shop)은 비교적 가공할 부품의 양이 좀더 많고 전용기계로 구성되어 있으며, 할 수 있는 작업과정이 다양하지는 않지만 기계화된 부분이 많다. 흐름공정 배치는 그림 8에 보여진 것과 같이 통상적으로 연속공정 또는 단속공정 그리고 제조공정 또는 조립공정의 어느 공정에서도 사용될 수 있다. 연속적인 유형은 기본적으로 단지 한 종류의 크고 복잡한 제품을 대량으로 만들 때 이용한다. 가정용 백열전구가 이러한 방식으로 만들어진다, 엔진 블록을 제작하는 컨베이어 벨트 라인이 또 다른 전형적인 예이다 단속적인 유형은 커다란 제품을 제작하다가 형태가 비슷하지만 종류가 다른 부품을 제작하기 위하여 정기적으로 라인을 바꾸는 경우이다.

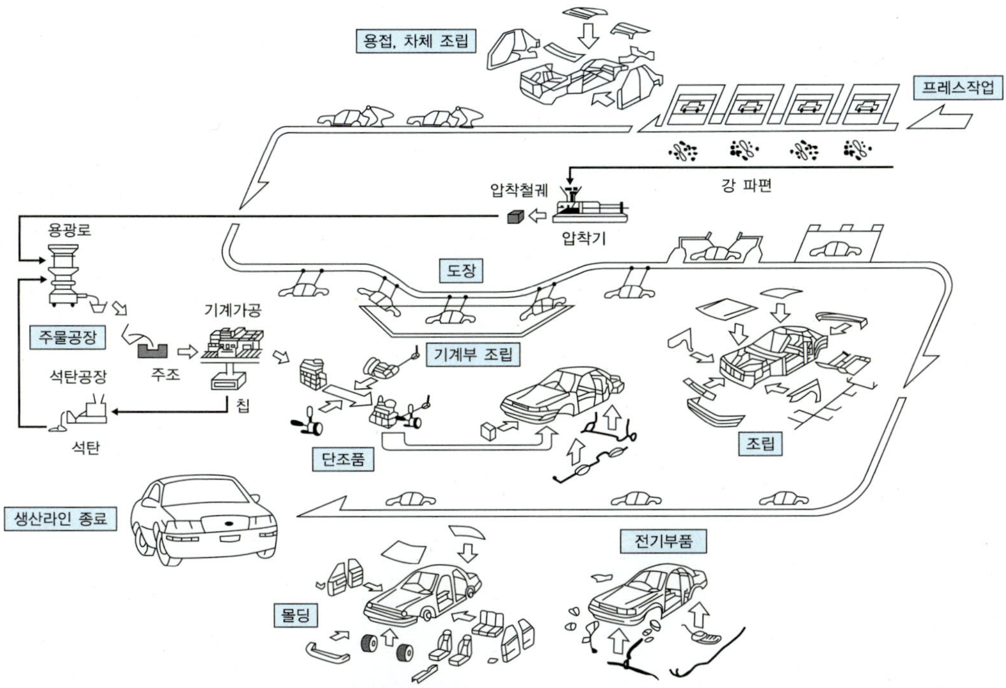

그림 8 자동차 제작공정의 예

셀연결 제조시스템(linked-cell manufacturing system)은 서로 연결된 제조셀들로 이루어져 있는데(그림 9), 이 시스템에서는 독특한 재고관리와 정보관리방법을 이용한다. 프로젝트공정(project shop)에서는 제조할 부품이 움직이지 않고 고정되어 있는 것이 특징이다. 건축업에 있어서의 교량과 도로 건설이 그 좋은 예이다, 제조업에서는 대형 비행기나 선박, 대형 공작기계와 기관차 같은 것이 프로젝트공정으로 만들어진다. 이 경우에는 작업자와 기계, 재료 등이 작업장으로 옮겨지게 된다. 이 경우 제품의 양은 그리 많지 않으며 로트(lot)의 크기 또한 그리 크지 않다. 그러므로 대부분 개별공정 부품과 하부조립품을 작은 로트에 담아서 프로젝트공정에 공급한다. 연속공정(continuous process)은 액체, 기름, 가스, 그리고 분말 제조에 사용된다. 이 제조시스템은 또 다른 생산자를 위한 제품을 생산하거나, 소비자에게 통조림이나 병 안에 든 제품을 대량생산하는 커다란 공장에 설치된다. 이러한 공장에 근무하는 제조 엔지니어를 종종 화공엔지니어(chemical engineer)라 부른다. 자연적으로, 이러한 제조시스템은 여러 가지 형태의 조합으로 나타날 수 있는데, 그 중에서도 흐름공정을 갖춘 개별공정이 가장 일반적인 형태의 제조시스템이다. 하지만 설계상 개별공정은 가격대비 효율이 가장 낮은 시스템으로 알려져 있다. 개별공정에서 실제로 재료가 기계에 장착되어 있는 시간은 전체 생산시간의 5% 에 지나지 않고 나머지 시간은 대기시간이나 이동시간이다. 한번

부품이 기계에 장착되면 실제 가공되는 시간은(즉, 실제로 형태가 변형이 되어 부가가치가 생성되는 시간) 기계에 장착된 시간의 30~40%에 지나지 않는다. 나머지 시간은 재료를 기계에 장착 또는 탈착하고, 가공물을 검사하는 등의 일을 하는데 사용된다.

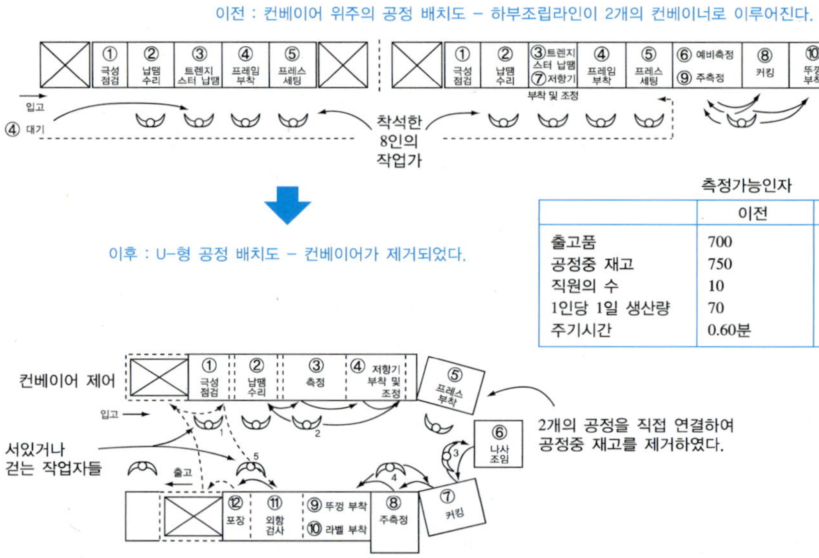

측정가능인자

	이전	이후
출고품	700	1056개/이동
공정중 재고	750	8개
직원의 수	10	8명의 작업자
1인당 1일 생산량	70	132개
주기시간	0.60분	0.43분

그림 9 저비용 대량생산을 위한 U형셀 시스템의 예

수치제어기계(numerical control machine)의 등장은 실제 가공시간의 비율을 높이게 되는데, 이는 공작기계가 프로그램에 의해 공구경로를 자동으로 이동하고 자동적으로 공구를 교환하며 공작물을 장착 또는 탈착하기 때문이다. 그러나 또 다른 새로운 경향에서는 개별공정시스템이 자체의 전체 효율을 높이기 위하여 개별공정시스템의 설계를 개량해 나가게 된다. 이러한 경향 때문에 각 공장은 개별공정의 형태를 예전 형태의 셀 연결공정 형태로 바꾸고 있다. 제조시스템의 형태를 바꾸고 새로운 셀을 만드는 방법 중의 하나로 그룹테크놀리지가 있다. 그룹테크놀리지(group technology)의 개념은 유사한 부품이 하나의 부품군으로 묶여야 한다는 것이다. 유사한 크기와 형태를 가진 부품은 종종 제조공정도 유사하다. 이렇게 유사한 공정이 모여서 셀을 구성하게 된다. 그러므로 그룹테크놀리지를 이용하면 개별공정은 각각의 셀이 특정 부품군을 제조하는 셀의 집합으로 재구성된다. 결과적으로, 부품의 이동시간과 대기시간이 줄고, 공작기계에 장착하는 시간도 줄며, 공정중인 부품의 전체 개수도 줄게 되어, 부품을 제조하는데 드는 전체 시간이 획기적으로 줄게 된다.

2 제조와 공정기술용어

2.1 제조공정

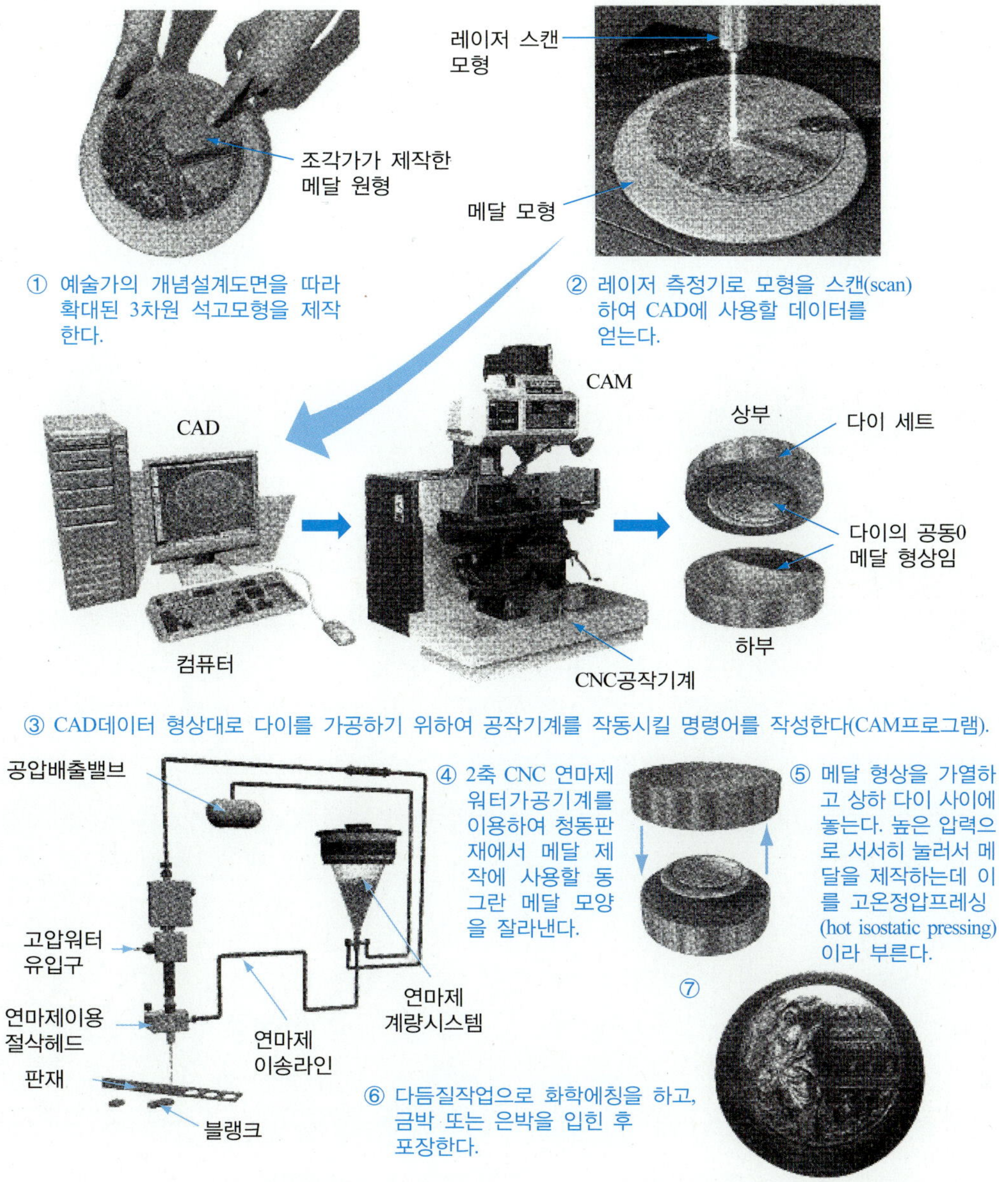

그림 10 CAD/CAM/CNC 공정에 의한 제조고정

제조공정(manufacturing process) 이란 원자재를 가공하여 완제품으로 만드는 과정을 의미하는데, 공정에 따라 공작기계가 사용된다. 예로서 사출성형, 다이캐스팅, 순차적인 스탬핑(progressive stamping), 밀링, 아크용접, 도장, 조립, 검사, 살균, 균질화, 어닐링 등을 공정 또는 제조공정이라고 부른다. 공정(process) 이라는 용어는 그림 10은 CAD/CAM/CNC를 이용한 제작공정에서 보여지는 바와 같이, 종종 제품이나 서비스 창출을 위한 연속가공단계나 공정 또는 작업을 의미한다.

공작기계(machine tool)란 베드나 프레임 위에 서로 연관된 기계장치가 결합된 것으로 제품을 가공하는데 사용된다. 일반적으로, 공작기계는 모터와 제어기와 기타 부속품으로 이루어져 있다. 여기서 공작물을 고정하는 기구와 공구는 공작기계와는 별도로 구분된다. 공작기계는 한 가지 가공공정이나 여러 가지 가공공정 또는 전체 가공공정을 담당하게 된다. 기계의 크기는 작은 드릴링 머신부터 1000톤 규모의 단조 프레스에 이르기까지 다양하다.

2.2 작업과 작업장

전통 시스템에서는 작업(job) 이라 함은 작업자가 행하는 모든 행위를 일컷는다. 그리고 작업장(station)이라 함은 생산라인 작업자의 행동범위를 의미한다. 작업이라 함은 작업장이나 또는 셀을 구성하는 여러 작업장에서 수행되는 서로 연관된 작업의 그룹을 일컷는 말이다. 터릿선반(반자동기계) 운전자의 작업은 다음과 같이 분류될 수 있다. 공작물의 장착, 구동, 인텍스(index)와 정지, 공작물의 탈착, 검사 등이다. 운전자가 해야 할 일은 또한 기계의 준비작업도 포함한다(즉, 가공을 위한 준비작업). 다른 기계작업으로는 드릴링, 리밍, 정면절삭, 선삭, 챔퍼링, 널링 등이 있다. 작업자는 한 개 이상의 작업장에서 한 개 이상의 기계를 작동하거나 서비스를 제공할 수 있다. 작업(job)과 작업장(station)이란 말은 무인화 기계에서도 사용된다. 작업이란 말은 하나의 작업장에서 수행되는 연관된 작업의 그룹을 의미하고, 작업장이란 말은 특정 작업이 수행되는 기계가 있는 장소를 의미한다. 단순 기계는 오직 한 개의 작업장을 가지고 있을 수 있다. 복합 기계는 여러개의 작업장을 가질 수 있다. 한 작업장에서의 작업은 종종 여러 개의 유사 작업을 포함하게 되는데, 예로는 여러 개의 주축을 가진 드릴링 머신을 사용하여 “한 공작물에서 윗면에 있는 모든 구멍을 가공하는 작업” 하는 것이 있다.

2.3 작업

작업(operation)이라 함은 원하는 결과나 효과를 만들어내기 위하여 행해지는 특정 행위를 말한다. 전형적인 기계작업은 공작물의 장착과 탈착이다. 작업은 하부작업 구성요소로 나눌 수 있다. 예를 들면, 공작물의 장착은 공작물을 집는 것, 지그에 설치하는 것, 지그를 조이는 것 등으로 나눌 수 있다.
작업을 기능별로 나누면 다음과 같다.

1. 재료 취급과 그 운반(materials handling and transporting): 제품의 위치 변경
2. 공정(processing): 크기와 질의 변경, 조립과 분해를 포함하며 포장을 포함할 수도 있다.
3. 포장(packaging): 특별한 공정으로, 운송을 위하여 영구적일 수도 있고 임시방편적일 수도 있다.
4. 검사와 시험(inspecting and testing): 표준품과의 비교 또는 공정작업의 검사
5. 저장(storing): 더 이상의 작업이 없는 상태에서의 제품의 보관 및 관리에 해당된다.

2.4 후처리

후처리(treatment)는 작업중에도 계속 공작물에 적용 되어야 한다. 후처리작업은 공정중인 제품에 직접적으로 공구로 가공하지 않으면서도 제품의 성질을 바꾸거나 교정을 할 수가 있다. 열처리, 경화(curing), 전기도금, 도금, 다듬질, 화학적인 세척과 도장 등이 처리의 예이다. 처리는 보통 제품의 부가가치를 높인다. 이러한 공정은 셀의 일부로서 포함되기가 어려운데 그 이유는 이러한 것은 한 주기시간이 걸고 또한 높은 열이나 화학물질 때문에 노동자의 건강에 나쁜 영향을 주거나 불쾌감을 주기 때문이다. 이러한 공정의 대부분은 커다란 탱크나 방, 또는 노(fumace) 안에서 행해진다. 이러한 공정의 한주기 시간은 전체 시스템의 한 주기시간에 가장 커다란 영향을 미친다. 이러한 공정은 재료에 따라 달라진다. 많은 제품이 보기도 좋고 보호막도 생기는 표면처리를 함으로써 표면의 상태를 조절하게 된다.

2.5 공구, 툴링과 공작물 고정구

공구(tool)는 재료를 고정시키고 자르며 형태를 만들고 또한 형상을 가공하는 데 사용된다. 일반적인 수동공구로는 톱, 망치, 스크루드라이버, 끌, 정, 샌드페이퍼, 드릴, 클램프, 줄, 토치, 그리고 숫돌 등이 있다. 기본적으로 기계라 함은 공구들을 기계화한 것이다. 대부분의 공구는 자르기 위한 것이다(드릴공구, 리머, 선삭공구, 밀링 커터, 톱날, 브로치, 연삭숫돌), 성형성 비절삭공구로는 압출 다이, 펀치와 주형 등이 있다.

또한 공작물 고정구(workholder), 지그와 고정구도 공구에 속한다. 이러한 공구와 절삭공구를 공작기계와 구분하기 위하여 툴링(tooling) 이라고 부른다. 절삭공구는 마모되고 파손되기 때문에 공작물이 파손되기 전에 주기적으로 교체해야 한다. 공작물 고정구는 가공이 진행되는 동안 공작물을 단단히 고정시켜야 하고 가공이 반복 진행되어도 변함이 없어야 한다.

2.6 측정과 검사

제조에 있어서 측정기구도 중요한 역할을 한다. 가장 일반적인 측정기구는 자, 캘리퍼스, 마이크로미터, 게이지 등이다. 요즈음은 복잡한 전자기술과 접목된 레이저 광학이나 비젼 시스템을 이용한 초정밀 측정기구도 일반화되고 있다. 비젼 시스템과 3차원 측정기는 좀더 우수한 품질을 얻기 위하여 점점 더 중요한 요소가 되어가고 있다.

3 제품과 제작

제조에서 제품은 인간의 욕구를 충족시키기 위하여 만들어졌다. 제품(product)은 제조의 결과로 나오게 된다, 제조라 함은 또한 정제, 제련과 같은 변환공정도 포함한다. 제품은 제작이나 공정에 의하여 제조된다. 제작(fabricating) 이라 함은 부품이나 구성품 또는 하부조립품 등의 부품으로 제품을 만드는 것을 말한다. 개개의 제품이나 부품 또한 조립품도 제작될 수 있다. 타이어, 못, 숟가락, 나사, 냉장고, 경첩 등과 같은 낱개의 부품도 제작될 수 있는 것이다.

공정(processing)은 특정한 목표를 가지고 연속적인 방법이나 연속적인 작업으로 제품을 제조하는 것을 의미한다. 철띠, 음료수, 아침식사용 음식, 관, 화학물과 석유화학제품 같이 연속적으로 생산되는 제품은 "공정작업으로 만들어진다(processed)"고 말한다. 이러한 연속공정법은 맥주병, 나일론 망사, 전선 감는 틀, 밀가루 푸대 등의 불연속적인 제품을 생산할 때도 쓰인다. 낱개의 제품도 그것이 부속품이든지 아니면 조립품이든지 간에 플랜트나 공장 또는 직물기계나 압연기 같은 기계에서 제작된다. 유동체(flow)의 제품(액체, 가스, 곡물, 분말)은 플랜트나 정제소에서 공정과정을 거치게 된다. 석유화학제품이나 화학플랜트와 같은 연속공정산업(continuous-process industry)은 종종 공정산업 또는 유동산업이라고 불린다. 좀더 작은 의미에서 제작산업(fabricating industry)과 제조산업(manufacturing industry) 이란 말은 자동차나 플랜트, 비행기, 트랙터 같이 많은 부품들로 이루어진 커다란 제품을 제작하거나 조립하는 산업을 언급할 때 사용한다. 제조라는 말은 전기도금, 열처리, 자기소거와 압출성형 같은 연속처리를 포함하게 된다. 건설(construction) 이나 건축 등은 공장에서 공정이나 제작을 거치지 않고도 제품을 만든다. 건설은 제품을 프로젝트공정으로 만들어내는 방법이다, 일반인은 건설을 제조의 한 방법이라고 생각하지 않는다. 그 이유는 작업이 공장이나 플랜트에서 행해지지 않기 때문인데 실제로는 그것을 공장이나 플랜트에서도 만들어낼 수 있다. 농업, 어업, 상업적인 조업은 필요한 작업을 수행하여 실제 제품을 생산할 수 있다. 벌목업은 어떤 면에서는 농업과 광업 양쪽 모두와 유사한데 광업은 공정을 꼭 거쳐야만 한다, 농업, 어업, 벌목업과 광업에서 얻은 원자재를 유용한 제품으로 만드는 공정도 제조의 한 형태이다.

3.1 제품과 제작

제품을 제작하는데 있어서 가장 중요한 목표는 원하는 형태와 크기와 다듬질작업을 거친 제품을 만들어내는 것이다. 각각의 부품은 서로 잘 물려있고 특정 크기와 여러 형태의 표면을 가지고 있다. 결과적으로, 구성품이라 함은 어떤 형태를 가지고 있는 표면을 만들어내는 것이다. 여기서 표면이라 함은 평면, 실린더(내부 또는 외부의 형태), 원뿔형(내부 또는 외부의 형태), 불규칙(곡선이거나 휜 형태) 등을 일컫는다.

3.2 기본 제조공정

제조공정을 거침으로써 제품에 부가가치가 더해지게 된다. 제조공정은 다음과 같이 분류될 수 있다.

- 주조
- 표면처리(다듬질)
- 성형가공공정
- 쾌속조형 및 3D 프린팅
- 기계가공(재료제거)공정
- 열처리
- 결합과조립
- 기타 등등

여기서 분류된 것은 서로 무관한 것은 아니다. 예로서, 어떤 다듬질공정은 약간의 금속제거와 금속성형가공을 포함하고 있다. 레이저는 결합이나 금속제거 또는 열처리에 모두 사용된다. 전단공정 같이 원래는 금속제거공정이지만 박판가공에서는 성형가공공정으로 사용되는 것도 있다. 조립에서 결합공정 이외의 다른 공정이 사용될 때도 있다. 공정을 유형별로 완벽하게 나눈다는 것은 사실상 불가능하다. 주조(casting)에 의하여 만들어진 부품은 대부분 그 다음에 기계가공 같은 다른 공정으로 다듬어져야 한다. 주조공정에서는 용융금속과 주형이 필요하다. 용융금속은 주형 내에서 주형의 형태로 굳어지게 된다. 주조와 주형공정의 중요한 장점은 단 한 단계의 공정으로 원하는 형태를 만들어낼 수 있다는 것이다. 부수적인 장점은 대부분의 경우 남거나 잘라낸 찌꺼기 재료들도 쉽게 재활용할 수 있다는 것이다. 많은 주조공정 중의 하나인 로스트폼주조공정의 기본 단계 몇 개를 그림 12에 보여준다. 주조공정은 보통 2가지 형태로 나누어진다. 영구주형(반복해서 사용할 수 있는 주형)과 소모주형(주조공정 때마다 주형이 새로 만들어져야 하는 주형)이 그것이다. 플라스틱과 복합 재료를 만들기 위한 주형공정은 성형공정을 소개하는 장에 함께 소개되어 있다. 성형공정(forming process)과 전단공정(shearing process)은 이미 주조공정이나 주형공정을 거친재료(금속이나 플라스틱)를 가공하는데 이용된다. 대부분의 경우에 있어서, 성형공정이나 전단공정에서는 재료를 단계별로 조금씩 성형함으로써 결국 원하는 형태로 만들게 된다. 성형공정과 전단공정의 기본적인 목적은 재료의 형태와 크기, 어떤 때는 물리적인 성질까지도 원하는 것으로 바꾸는데 있다. 금속성형공정(metalforming process)과 전단공정(shearing process)은 모두 열간가공공정과 냉간가공공정이 있는데, 이는 가공할 때 재료의 온도가 재료의 재결정온도보다 높은지 또는 낮은지의 여부로 구분된다. 그림 11에서 자동차의 펜더(fender, 흙받이)가 순차적인 금속성형공정을 거쳐 제작되는 것을 볼 수 있다.

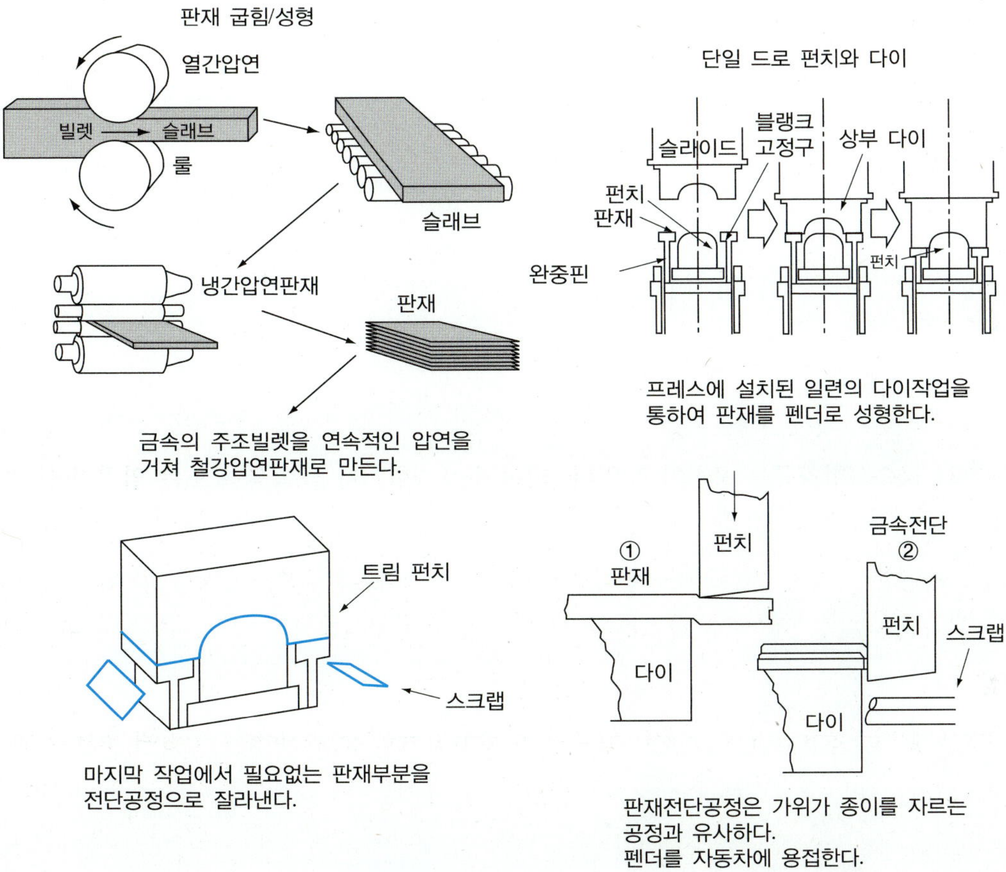

그림 11 자동차 펜더 제작 공정

<table>
<tr><td>
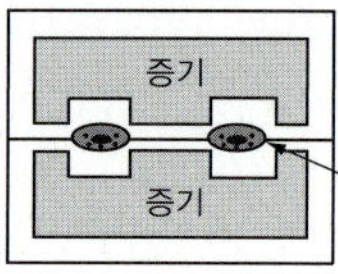

</td><td>금속 금형을 이용하여 폼(foam)을 제작한다. 폴리스티렌 덩어리를 가열하면 팽창하여 금형을 채움으로써 폼(foam)이 형성된다.</td></tr>
<tr><td>
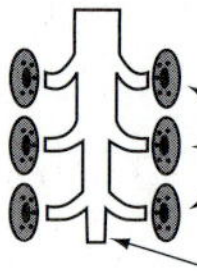

폴리스티렌 모형
</td><td>한 개 또는 여러 개의 폴리스티렌 플라스틱 폼을 이용하여, 탐구, 탐도, 라이저 등을 갖추고 있는 모형을 만든다.</td></tr>
<tr><td>

내화성 슬러리에 담그기
</td><td>폴리스티렌 모형을 세라믹 슬러리에 담그어 표면에 0.12mm, 정도 두께의 세라믹 코팅을 입힌다.</td></tr>
<tr><td>
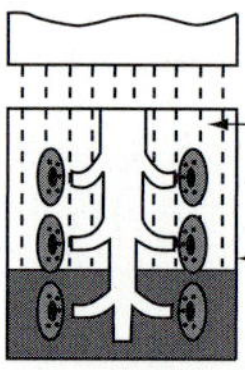

부드럽고 뭉치지 않은 주물사로 채우기
</td><td>코팅된 모형을 주형상자에 넣은 후 주험상자를 부드럽고 뭉치지 않은 주물사로 채운다.</td></tr>
<tr><td>
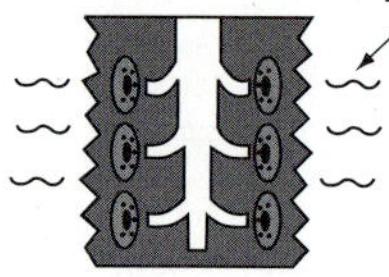

진동에 의해 다지기
</td><td>주형상자에 진동을 주어 주물사를 모형 근처에 다진다.</td></tr>
<tr><td>
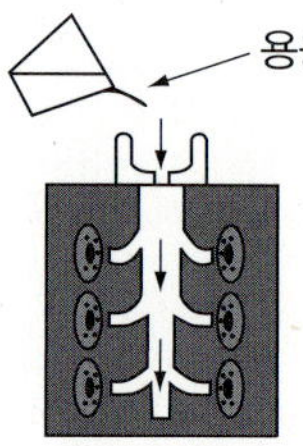

금속을 폴리스티렌 모형에 주입하기
</td><td>용융금속을 주입하면 고온의 금속이 폴리스티렌 모형을 기화시키면서 생성된 빈 공간을 채운다.</td></tr>
<tr><td>
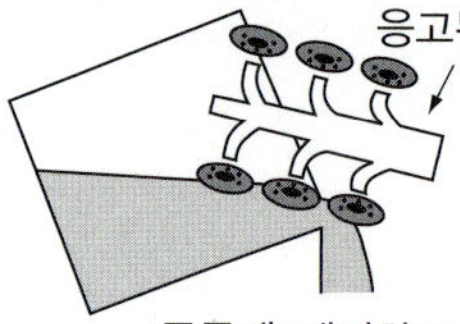

주물에 제거하고 주물사는 재사용하기
</td><td>응고된 주물을 주형상자에서 제거하고 응고되지 않은 주물사는 재사용한다.</td></tr>
</table>

그림 12 로스트폼주조공정의 개략도

기계가공공정(machining process) 또는 금속제거공정(metal removal process)은 원하는 형태나 표면상태를 얻기 위하여 공작물에서 어떤 부분을 제거하는 공정을 말한다. 가공될 재료와 공구의 접촉에 의하여 칩이 만들어진다. 그림 13은 선삭작업에서 칩이 생성되는 공정을 보여주고 있다. 제조 엔지니어는 절삭속도, 이송속도, 절삭깊이 등의 절삭조건을 결정해야 할 때도 있다. 또한 제조엔지니어는 작업을 위한 공구를 선정해야 하기도 한다. 기본적인 선반작업에 사용되는 절삭공구가 그림 14에서 보여졌다. 절삭공구는 공작기계에 설치되는데 공작기계는 원하는 작업을 하기 위하여 공구를 공작물 위에서 움직이게 한다(또는 공작물을 움직이게 한다). 최근에는 새로운 기계가공공정이 개발되고 있다. 7가지 기본적인 기계가공공정은 셰이핑(shaping), 드릴링(drilling), 선삭(turning), 밀링(milling), 톱가공(sawing), 브로칭(broaching), 그리고 연마제가공(abrasive machining)이다. 7가지 기본 공정의 개략도가 그림 14에 소개 되었다. 역사적으로 살펴보면, 기본 기계가공공정을 위하여 8가지의 기본 공작기계가 개발되었다. 이것은 셰이퍼(그리고 플레이너), 드랄 프레스, 선반, 보링 머신, 밀링 머신, 톱, 브로치, 그리고 연삭기이다.

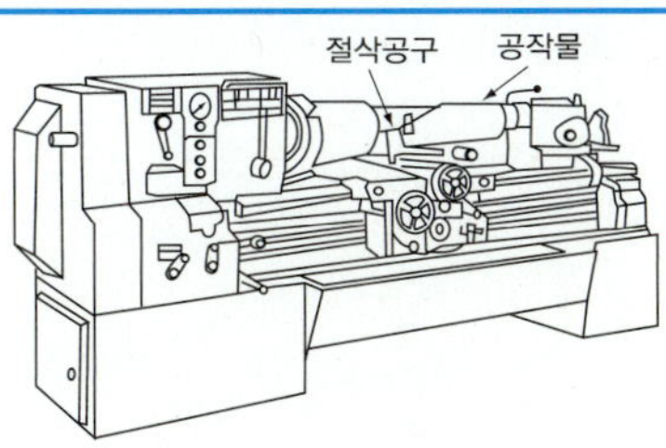	절삭공구가 장착된 공작기계(선반)에 공작물이 설치되었다.
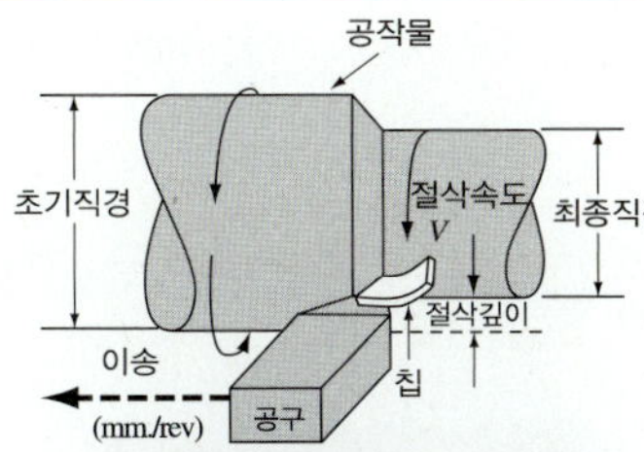	공구가 특정 이송속도(mm/rev)로 이송되는 동안 공작물이 회전한다. 원하는 절삭속도(V)에 따라 공작물의 회전속도가 결정된다.
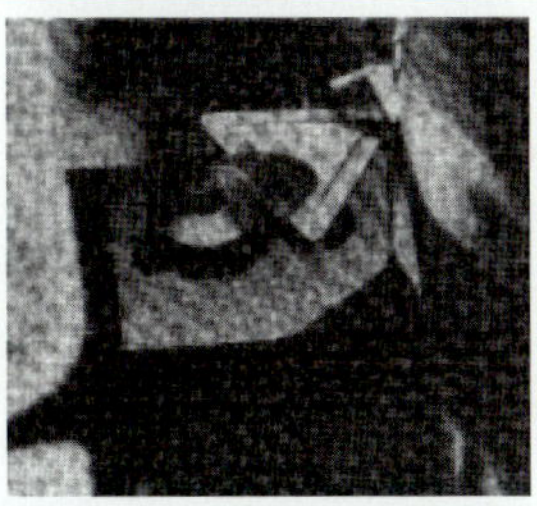	절삭공구가 공작물과 접속하면 전단공정에 의하여 칩이 형성된다. 이 사전에서 사용된 절삭공구는 칩절단홈(chip-breaking groove)이 있는 인덕서블 카바이드 공구(indexable carbide insert tool)이다.

그림 13 다인절삭공정인 선삭작업은 가공공정중 칩(chip)을 발생하며 새로운 표면을 생성

이들 공작기계 중 다수가 하나 이상의 기본적인 기계가공을 할 수 있다. 여러 가지 가공을 할 수 있는 기계로 머시닝 센터(machining center)가 탄생하였는데, 이 공작기계는 여러 개의 기본적인 기계가공과 그에 관련된 가공을 모두 하나의 기계 위에서 한번 공작물을 설치한 후에 수행할 수 있도록 설계되어 있다. 기계가공에 포함되어 있는 다른 종류의 가공공정은 화학적 방법이나 전기적, 전해적 방법 또는 열에 의한 방법으로 필요없는 금속을 제거하는 방법이다. 일반적으로, 이러한 특수 가공법은 전통적으로 고강도 재료를 가공할 때 너무 비용이 많이 들거나 시간이 오래 걸리는 단점을 극복하기 위하여 개발되었다. 레이저를 초고강도 금속에 구멍을 뚫기 위하여 처음 사용하였다. 현재는 레이저를 제트 엔진의 터빈 날개에 작은 구멍을 뚫을 때도 사용한다.

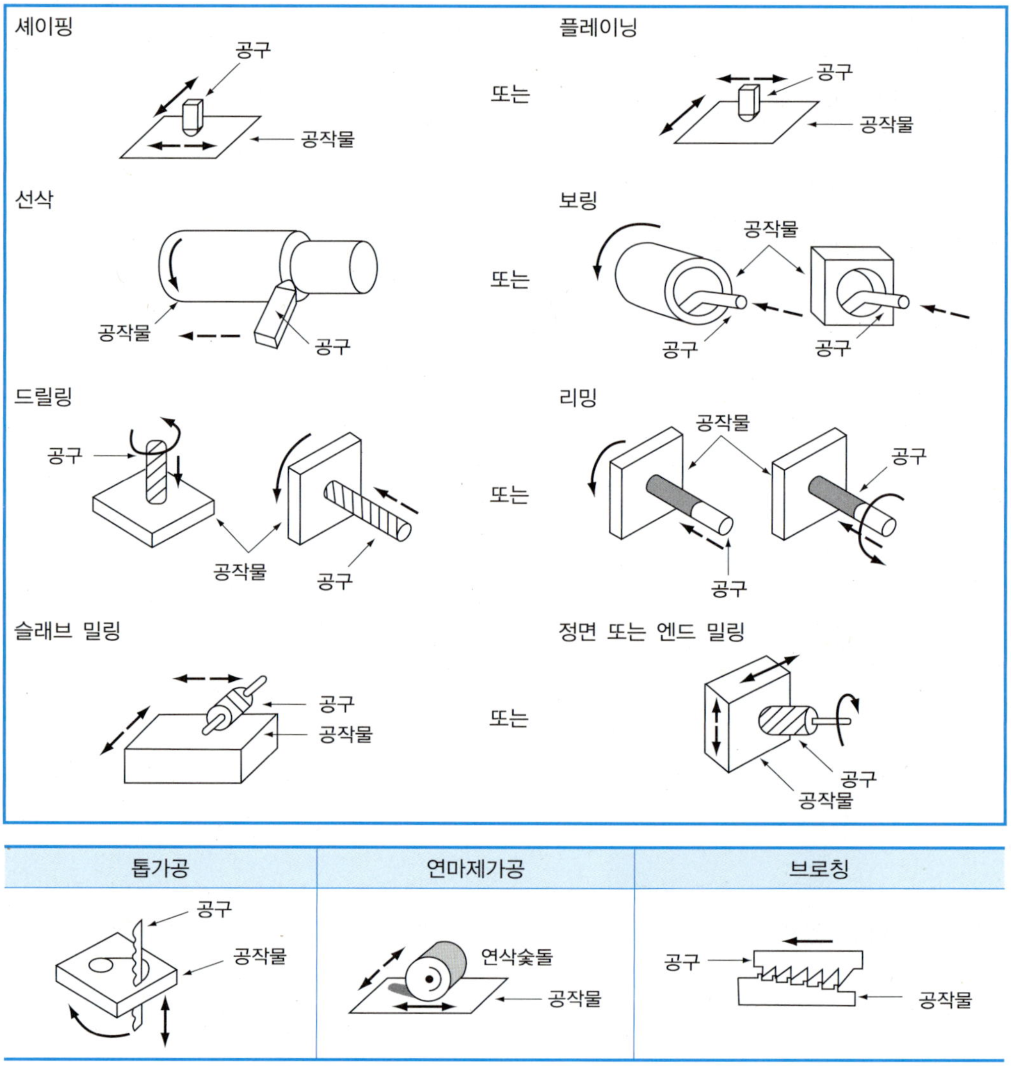

그림 14 7가지 기본 기계가공공정의 개략도

최근에 들어서 쾌속조형(rapid prototyping) 이라는 새로운 공정방법이 떠오르고 있다. 이 공정에서는 소프트웨어와 컴퓨터 설계 패키지에 포함된 전용기계를 이용하여 시제품을 만든다. 시제품은 현장실험하고 보완사항을 설계에 빨리 반영하는데 사용된다. 대부분의 경우 이 기술은 비철금속 부품을 제작하는데 사용한다. 반면 기계가공공정은 부품의 부가가치를 상승시키는 능력(value-adding capability), 즉 높은 정밀도와 정확도를 가진 부품을 생산하는 능력이 있다고 인식되고 있다. 종류에 있어서나 수량에 있어서 가장 다양한 공정을 가지고 있는 것은 아마 결합공정(fabrication process)일 것인데, 이것을 소개하면 다음의 6가지(기계적인 결합, 용접, 접착, 납접과 브레이징, 프레스, 수축, 또는 스냅 끼워맞춤, 조립공정)이다. 이러한 공정은 종종 플랜트의 조립부에서 볼 수 있다.

다듬질공정(finishing process)은 기계가공 후 남는 버제거(burr removing)나 세척 또는 공작물표면에 보호막이나 장식을 위한 막을 만드는 또 다른 전형적인 공정이다. 표면처리에는 화학적·기계적인 세척, 버어제거, 도장, 도금, 버핑, 금속도금 등이 있다. 열처리(heat treatment) 란 금속의 야금학적 성질이나 기계적인 성질을 바꿀 목적으로 금속에 열을 가하거나 냉각시키는 것을 말한다. 금속의 성질을 바꾸거나 조절하는 것은 공정상이나 금속의 성능에 매우 중요하므로 열처리는 가공공정에서 매우 중요한 위치를 차지한다. 각각의 금속은 열처리에 달리 반응한다. 결과적으로, 설계자는 선택한 금속이 열처리시 어떻게 변하는가를 알아야 할 뿐더러 동시에 가공공정중에 우발적으로 발생하는 가열이나 냉각에도 어떤 식으로 반응하는지 알아야 한다.

3.3 기타 제조관련 작업

공정 이외에도 우리가 고려해야 하는 또 다른 기본 공정이 있다, 검사(inspection)는 설계자가 원하는 성질을 제품이 제대로 가지고 있는지를 알아내는 공정이다. 이 과정은 공정이 어떻게 바뀌어야 하는지에 대하여 설계상이나 가공공정상에 피드백(feedback)을 주게 된다. 검사에 있어서 가장 기본적인 것은 측정이다. 시험(testing)은 제품의 실제 기능, 작동, 외부의 영향에 대한 반응 등을 조사하는 것이다. 시험이 검사와 유사한 형태를 지니고 있으나 같은 관점에서 해석되지 않는다. 가공에서 부품과 재료가 원하는 크기와 물리적인 특정을 가지고 있는지를 알아내는 것이 검사이고, 시험은 제품이 실제 상황에서 사용될 경우 어떻게 반응을 할 것인지에 대한 모의실험을 하는 것이다.

시험은 수명주기시험, 파괴시험, 공정중에 생긴 결함을 찾기 위한 비파괴시험, 풍동시험, 주행시험과 과부하시험 등이 있다.

공장에서의 제품의 운반(transportation)은 종종 제품의 물류(material handling)나 미완성의 제품이나 플랜트 내에서 가공중인 공작물을 옮기는 것, 또는 가공공정간 서로 이동하거나 한쪽으로 운반되는 것을 일컫는다. 장착과 위치잡기, 탈착도 물류에 속한다. 공장간의 운반은 트럭이나 기차로 하는 운반을 말한다. 공정시스템 설계와 기계화를 적합하게 함으로써 물류의 횟수와 시간을 줄일 수 있는 방법은 수없이 많아진다. 연속적인 자동물류는 가공에서 매우 중요한 부분이다. 자동화(automation)라는 말은 자동물류에서 유래되었다. 물류란 사람이나 컨베이어, 로더(loader) 등에 의하여 행해지는 기본적인 기능으로서 종종 인덱싱(indexing)이나 왕복막대, 슬라이딩 장치, 클램프 등으로 기계내에서 공작물을 정위치에 위치시키는 것도 포함한다. 최근에 들어서 전선으로 인도되는 무인자동차(AGVs)나 자동창고(AS/RSs) 등이 공장 내에서 지게차의 역할을 대신하도록 개발되고 있다. 다른 형태의 물류로서 칩이나 잘라낸 부스러기, 절단한 부분 등을 기계적으로 제거하는 것이 있는데 이는 제품의 취급보다 훨씬 더 어렵다. 칩제거는 부스러기칩이 매달려 툴링에 손상을 입히거나 공작물에 결함을 만들어내기 전에 이루어져야 한다. 소비자가 가장 처음 보는 것이 포장(packaging) 임에도 불구하고 제조공정을 다루는 설명에서 이에 대한 언급을 하지 않았다. 또한 포장은 제품이 완성된 후부터 사용되기 이전까지 제품의 품질을 유지하게 된다(포장은 또한 전기전자 제조공정에서는 마이크로 전자칩을 회로기판 위의 정위치에 올려놓는 것을 의미하기도 한다). 포장은 또한 제품을 사용자에게 배달하기 위한 준비를 하는 것을 의미한다. 그것은 항생제를 주사액 저장용 햄플에 주입하는 것부터 철띠를 둘러싼 알루미늄 잉곳(ingot)을 파렛트에 적재하는 것까지 다양하다. 제품은 여러 가지 포장공정을 필요로 하기도 한다. 무게를 측정하고 내용물을 채우며 새지 않도록 막고 이름표를 붙이는 것은 많은 공장에서 자동화가 매우 잘된 포장공정이다. 가능할 때는 판지상자 포장이나 겉을 둘러싸는 포장재료가 포장기계의 롤에 감겨져 있다가 만들어진다. 포장에는 제품 스타일 설계, 물류, 품질 관리의 특정요소가 결합되어 었다. 어떤 포장은 제품 그 자체보다 비용이 더 들기도 하는데, 화장품과 면도날 등이 그 예이다. 저장(storage)기간에는 시간이 흐르는 것을 제외하고는 제품에 인위적으로 가하는 행위는 없다. 부품이나 제품이 상품을 올려놓은 선반 위에서 품질이 저하되어 가는 것을 셀프 라이프(shelf life)라고 하는데, 이것은 제품에 아무일도 생기지 않는다고 생각하고 있는 동안 녹이 슬고 오래되어가고 썩고 손상되고 무르게 되고 부식하고 서서히 악화되어 가거나 그렇지 않으면 구조나 상태의 변화가 일어나는 것을 의미한다. 저장이라는 것은 이롭지 않은 것으로 공장의 시간과 자금을 허비 한다. 최고의 전략은 저장기간을 가능한 한 짧게하고 제품이 계속해서 유통되도록 하는 것이다. 공정내의 재고는 가능하다면 자동화나 컴퓨터화 하지 않으면서도 없애야 한다. 회사는 근원적인 문제를 해결하지 못하는 한 대규모 자동화 시스템에 과도하게 투자하는 일이 없어야 한다. 창고로부터의 출력이 입력에 비하여 개량되었는가? 또는 저장이 품질을 개선하거나 전체 작업시간을 줄이지 못하고 단지 비용만 증가시켰는가? 제품을 저장하지 않음으로써 피할 수 있는 것은 (1) 그것을 회수하는 일, (2) 그것이 어디에 있는지 기억하는 일, (3) 품질 저하를 걱정하는 일, (4) 저장비용을 지불하는 일이다. 저장하는 것은 그 어떤 것보다 낭비가 심한 것이므로 되도록 없애야 한다.

3.4 기업체의 역할

공장의 공정기술을 이해하는 것은 공장에서 일하는 모든 사람에게 중요하다. 제조기술은 제품과 제조시스템의 설계와 제조시스템이 제어되는 방법과 어떤 사람을 고용할 것인가를 결정하는 것과 어떤 재료가 공정에 사용될 수 있을 것인가 하는 것 등에 영향을 미친다. 표 1-4 에는 공정기술에 영향을 미치는 인자가 약술되었다. 비교적 잘 알고 있는 공정을 고른 후 그 인자에 대하여 생각해 보라. 제조 공장에 대하여 한 가지 확실히 비평할 것은 경영자가 공장의 제조기술을 이해해야 한다는 사실에 반감을 가지고 있다는 것이다. 공장의 업무(즉, 기본적인 공정기술 같은 것)를 이해하지 못함으로써 공장 전체를 실패로 몰아갈 수 있다. 기술적인 반감을 극복하기 위해서는 그 공정을 가동하고 그 기술에 대하여 연구해야 한다. 드릴을 사용하여 가공을 할 수 있는 사람만이 이송속도와 드릴 토크, 배분력간의 미묘한 관계를 이해할 수 있다. 모든 공정이 이와 같은 노하우(know-how)를 내포하고 있다. 공장에서 중요한 결정을 할때는 반드시 그 공정을 이해하고 있는 사람이 참여해야만 한다. 경영의 최고책임자가 공정을 이해하기 위하여 자신의 휴가기간 동안 작업현장에서 일하고 있다면 그는 멀지 않은 미래에 성공한 회사의 사장이 될 것이다.

■ 표 1-4 공정기술의 특성화

역학(공정의 정역학과 동역학)
• 공정의 작동원리는 무엇인가? • 공정역학은 무엇인가?(정역학인가, 동역학인가, 마찰관련 역학인가) • 물리적으로 어떤 현상이 발생하며 발생이유는 무엇인가?(물리학에 대한 이해)
경제적인 측면과 비용
• 툴링비용과 엔지니어링비용이 얼마인가? • 어떤 것이 단기 비용(short term cost)이고, 어떤 것이 장기 비용(long term cost)인가? • 셋업비용(setup cost)은 얼마인가?
소요시간
• 초기에 공정 셋업시간이 얼마나 걸렸는가? • 어떻게 이 시간을 줄일 수 있는가? • 공정 셋업이 끝난 후 공정중 특정 부분의 주기시간(cycle time)이 얼마인가? • 주기시간에 영향을 미치는 공정인지는 무엇인가?
제한조건
• 공정의 한계는 무엇인가? • 할 수 없는 작업은 무엇인가? • 이 공정의 제한조건(크기, 속도, 힘, 부피, 동력, 비용)은 무엇인가? • 주기시간에 영향을 미치는 공정인자는 무엇인가?
불확실성과 공정의 신뢰성
• 어느 작업이 잘못될 수 있는가? • 이 기계가 어떻게 오작동할 수 있는가? • 이 공정중에 작업자들이 걱정하는 부분은 어느 곳인가? • 이 공정은 신뢰도가 높고 안정되어 있는가?
기술
• 어떤 작업자의 기술이 중요한가? • 자동적으로 수행되지 않는 작업은 어떤 것인가? • 이 공정을 배우는 데 시간이 얼마나 걸리는가?
유연성
• 새로운 설계나 재료로 된 부품을 가공하기 위하여 공정이 유연하게 변경될 수 있는가? • 어떻게 변경하는 것이 가장 쉬운가?
공정능력
• 공정의 정확도와 정밀도는 어느 정도인가? • 이 공정이 어느 정도 공차까지 만족시킬 수 있는가?(공정능력이 어느 정도인가?) • 해당 공차의 반복정밀도는 어느 정도인가?

3.5 제조시스템 설계

제조시스템을 설계할 때, 제품을 구매하는 외부 소비자와 제품을 제조하는 내부 소비자(작업자)를 둘 다 고려해야 한다. 외부 소비자는 전 세계에 걸쳐 있을 수 있으며 좀 더 나은 성능과 신뢰도를 가진 다양한 제품을 요구한다. 내부 소비자는 종종 제품을 어떻게 만들 것인가를 결정하는 중요한 권한을 가진다. 제조시스템 설계문제의 복잡성을 이해하기 위한 보기가 그림 15에 주어졌는데, 여기서는 시스템 설계가 부피와 다양성을 전혀 고려하지 못한 방향으로 선택되었다. 제품을 제조하기 위하여 선택할 방법(또는 시스템)이 여러 가지라는 데는 이견이 없다. 하지만 제조업자는 시장의 크기와 다양성을 절대 예측할 수 없다. 만일 다양한 종류의 전문 제품이 시장에서 많이 팔린다면, 한 제품을 집중 생산하는 유동라인시스템(flow-line system)은 변화하는 요구를 만족시키기에는 유연성이 부족하다. 만일 한 가지 제품이 대량으로 시장에서 팔린다면 유연생산시스템을 갖춘 제조업자는 생산단가가 너무 높아서 자사의 유연성이 유용하지 못하다는 것을 알게 될 것이다.

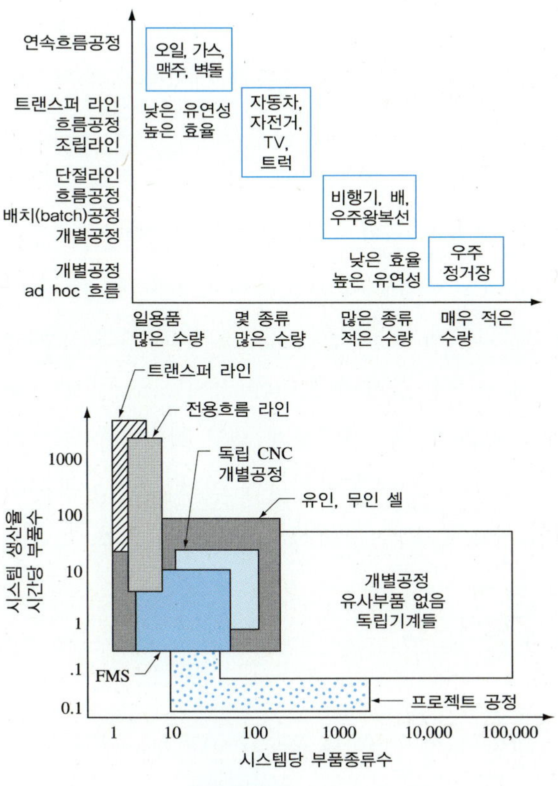

왼쪽 그림에서 제조시스템과 생산량과의 일반적인 관계를 소개한다. 왼쪽 윗부분에서는 저유연성과 고효율의 시스템을, 오른쪽 아랫부분에서는 적은 수량과 저효율의 시스템을 표시한다. 어떤 시스템이 어느 위치에 속하는가는 여러 요인에 의해 결정되는데, 그 요인 중 일부는 어쩔 수 없이 결정된다. 제조 엔지니어와 산업 엔지니어의 임무는 낮은 가격, 고품질의 제품이 다양한 방법으로 정시배달될 수 있는 시스템을 설계하고 적용하는 것이다.

왼쪽의 부품종류수-생산율표는 특정 시스템을 예시한다. 이 표는 실제 공장 데이터를 바탕으로 개발되었다. 표의 중간에 상당량의 겹친 부분이 있어서 제조 엔지니어가 제품 제조시 여러 가지 방법 중 하나를 선택할 수 있다는 점에 유의하라. 이 책은 원자재를 최종제품으로 변환하여 제품을 생산하는 제조시스템과 공정과의 관계를 보여줄 것이다.

그림 15 상이한 생산율로 제품을 생산하는 여러 가지 제조시스템

3.6 발전된 제조시스템

제조기술에 관한 한, 많은 나라가 거의 비슷한 수준의 공정 개발을 이루고 있다. 현재 존재하고 있는 대부분의 기술은 미국과 유럽에서 개발된 것이다. 일본이 그리고 최근 들어 대만, 한국, 중국이 합세하여 자동차와 전자시장을 필두로 세계 시장을 잠식하고 있다. 많은 사람이 인식하지 못하고 있는 것은 수많은 선진국들의 회사가 전혀 다른 종류의 제조시스템을 개발하고 발전시켜 나가고 있다는 사실이다. 미래에는 셀연결에 기초를 둔 새로운 시스템이 테일러 시스템의 과학경영이나 외국 시스템의 대량생산을 대체할 것이다. 많은 외국 회사가 저비용 생산방식을 나름대로의 새로운 방식으로 받아들여 성공적으로 운용하고 있다. 저비용 생산이 잘 작동하게 만들려면 100% 좋은 제품들이 다음 공정으로 아무 장애 없이 원활하게 흘러가야 한다. 이를 이룩하기 위해서는 통합품질관리(integrated quality control) 프로그램이 개발되어야 한다. 제조는 품질에 대하여 책임을 져야 한다. 고용자에게는 가장 처음에 제품을 올바르게 만들도록 권한이 주어져 있다. 계속적인 품질 개선을 위한 마음가짐은 어느 회사에서나 볼 수 있다. 목표는 항상 그것을 완벽하게 만드는 것이다. 품질 검사가 쉽도록 하고 그 누구라도 잘못된 점을 발견하였을 때 전 생산라인을 정지시키고, 필요하다면 결함이 다시 발생하는 것을 방지하기 위하여 철저한 조사를 하는 것이다. 품질 향상과 저비용과 소비자에게 제품의 적시납기라는 면에서 이 시스템의 결과는 놀라운 것이었다. 외국의 경우 일본은 높은 부가가치를 가진 새로운 제품 혁신에 총력을 다하고 있다. 그들은 판매가의 14%를 연구개발비(R&D)에 투자하고 있다. 전형적인 미국 회사는 연구개발비로 5% 미만을 소요한다. 게다가 많은 일본 회사와 다른 나라의 회사가 미국 회사와 합동벤처사업(joint venture)을 형성하고 있어서 이 새로운 제조시스템은 전 세계적으로 확산되어 가고 있다. 경제적이고 성공적인 제조를 위한 가장 중요한 요인은 가지고 있는 자원(노동자, 재료, 자금)을 잘 조직하고 경영하여 효과적으로 협력하게 하고 책임감을 부여하며 잘 관리할 수 있도록 하는 것이다. 저비용 생산시스템의 성공의 일부는 경영의 상이한 접근방법에서 기인한다. 이러한 접근방법은 사람의 전체적인 태도와 다음의 사항으로 특징지어진다.

1. 팀별 협동노동과 상호간 정보교환 개선
2. 경영진이 결정한 일치된 결정
3. 강력한 리더십을 갖춘 회사에서 사내의 가장 낮은 레벨에서 결정되는 의견
4. 노동자와 경영진간의 상호 신뢰, 협동, 책임감

5. 모든 노동자에게 보너스형태의 능률급을 포함한 혁신적인 지불방법
6. 안정된(또는 평생) 고용
7. 일시 노동고용자(일시 계약노동자)를 많이 수용할 수 있는 능력

미국에는 위의 요소를 일부 또는 전부를 수용하고 있는 많은 회사가 있으며, 분명히 한 회사가 조직되고 운영되는 방법에도 또한 여러 가지가 있다. 성공적인 제조의 진정한 사실은, 모든 사람이 쉽게 이해하는 작동방법과 관리방법을 지니고 이해하기 쉽고 올바른 수준에서 결정이 내려지는 간단한 시스템을 설계하는 것이다. 오늘날의 엔지니어는 반드시 설계와 재료와 공정과 경영과 회계와 인간관계에 대하여 넓고 기본적인 지식을 가지고 있어야만 한다. 제조산업에 있어서 저비용 대량생산은 통합제조생산시스템 내에서의 공동작업의 결과이다. 이것이 나은 품질의 제품을 저가에 그리고 적시에 생산할 수 있는 주안점이다.

시장에서 제품이 "성숙해져 간다"는 것은 일반적으로 그 제품의 경쟁자가 늘어난다는 의미인데, 이 단계에서 제품이 경쟁력이 있다는 것은 그것이 다른 제품이 가지고 있지 않은 특정을 가지고 있기 때문이라기 보다는 다른 제품보다 가격이 저렴하고 필요할 때 공급되기 때문이다. 제품의 수명주기에서 그 단계가 달라짐에 따라 경쟁력을 가지는 주안점이 달라지게 되는데, 이에 따라 제조공정에서 요구되는 사항(가격, 품질, 유연성, 적시납기)도 변하게 된다. 제품의 수명주기는 제품의 설계안정성, 제품개발 사이클의 기간, 공학적 변경 요구의 빈번도, 부속품의 공유성, 제조공정기술 등에 관련된 모든 것에 영향을 미친다. 제조비용과 조립비용의 대부분이 제품의 설계과정에서 결정된다. 제품 조립은 본질적으로 부품들을 하나로 통합하는 것이다. 제품의 수명주기 비용의 약 70%가 설계에서 결정되기 때문에, 설계과정에서 완벽한 조립이 되도록 설계를 하는 것이 중요하다. 재료와 제작방법과 조립방법은 주로 설계에 의하여 결정되고 물류방법 선택권, 검사기술, 그리고 기타 생산시스템의 작업 등 또한 어느 정도 설계의 영향을 받는다. 만일 제조 엔지니어와 내부 작업자들의 의견이 반영되지 않은 최종설계도면이 나온다면, 그들은 전체 비용의 극히 일부분에만 영향을 미칠 수 있다. 그러므로 제품 설계의 결과로 진정한 기능통합을 이루려변, 설계는 생산의 전반적인 면을 다 포함해야 한다.

컴퓨터와 컴퓨터로 제어되는 기계가 등장함에 따라서 컴퓨터를 이용하여 설계기능과 생산기능을 통합하는 기술이 현실화 되었다. 이것은 보통 CAD/CAM[컴퓨터설계(computer-aided design)/컴퓨터제조(computer-aided manufacturing)]이라 부른다. 중요한 점은 설계자,

공정 설계자, 제조 엔지니어 등이 누구나 사용하여 상세 도면을 만들 수 있고 또한 모든 툴링을 결정할 수 있는 일반화된 데이터 베이스를 만드는 것이다. 게다가 제조된 부품의 컴퓨터 시스템에 의한 시험과 검사(computer-aided testing and inspection)가 점점 더 늘어나고 있다. 이러한 경향은 컴퓨터의 가격이 내려가고 지능화됨에 따라 가속화될 것임에는 의심의 여지가 없지만, 아직까지는 컴퓨터 통합제조시스템(computer integrated manufacturing: CIM)을 위한 컴퓨터가 고가이고 소프트웨어는 너무 복잡하다. 또한 CIM을 제대로 작동시키려면 많은 인력자원이 필요하다. 그림 16은 원래의 아이디어만 있는 상태에서 실제 제조에 이르기까지 한 개의 제품이 거치게 되는 몇 개의 단계를 보여주고 있다. 각 단계는 서로 밀접한 관계에 있다. 예를 들어서, 툴링 설계는 생산될 부품의 설계에 따라 달라진다. 만일 부품의 설계가 약간 달라지거나 공정시스템의 설계가 약간 달라진다면, 툴령의 설계를 간단하게 하는 것이 가능하다. 이와 유사하게 재료의 선택이 툴링이나 선택한 제조시스템의 설계에 영향을 미칠 것이다. 설계를 변경함으로써 이미 우리가 가지고 있는 툴링으로 생산이 가능하게 하고 결과적으로 새로운 설비 구매를 방지하는 것이 가능할까? 만일 비용을 절약하는 것이 목적이라면, 제조의 여러 가지 관점에서 가능한 한 모든 조합을 시도해 보는 것은 필수 불가결한 것이다.

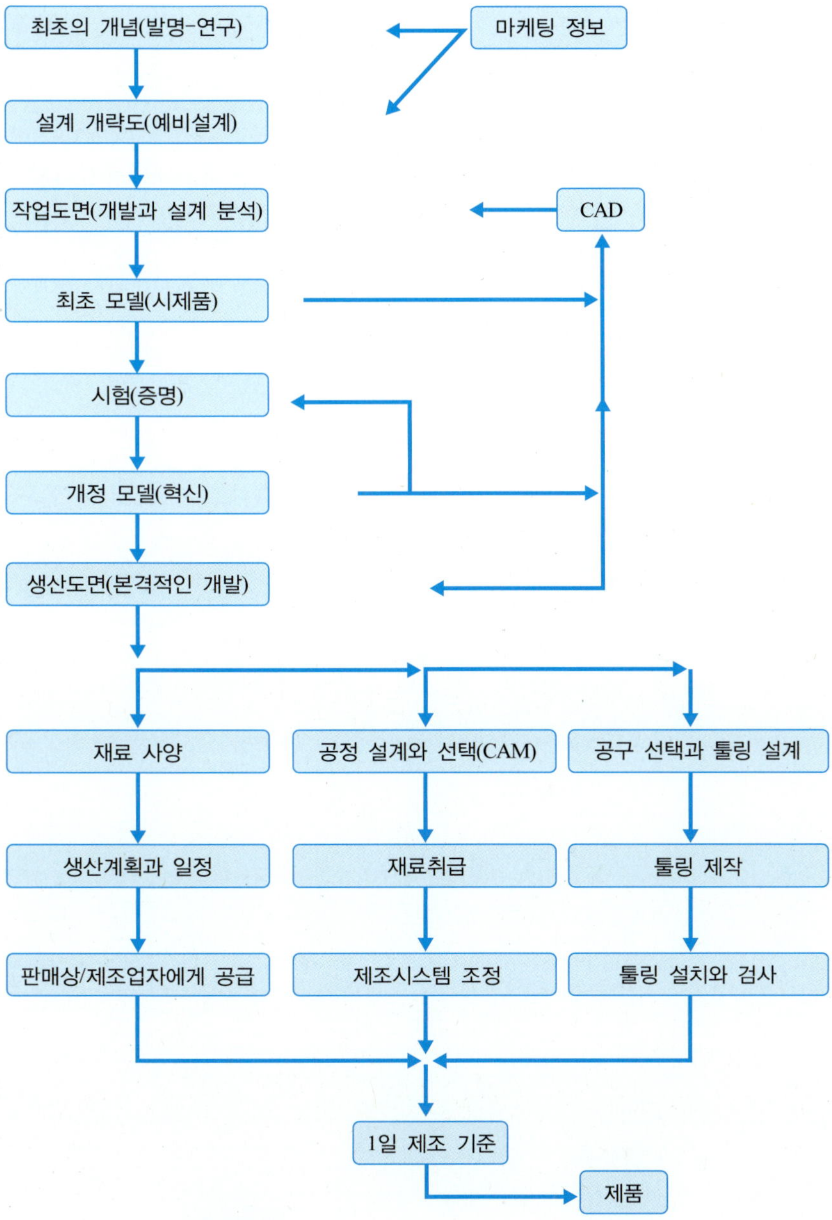

그림 16 아이디어를 제품화 하는 전형적인 단계

Chapter 02

문제해결중심의 창의설계

1 개요

문제해결(problem solving)은 수학을 학습하는 핵심적인 영역으로 문제해결자가 주어진 문제 상황을 해결하기 위해 이전에 학습한 지식, 기능, 이해 등을 동원하여 문제가 요구하는 바를 찾아가는 과정이라 할 수 있다. 문제해결에 대한 정의 역시 학자마다 다소 차이는 있지만 Polya(1971)는 발견술을 포함한 문제해결 능력을 훈련과 연습에 의해 연마될 수 있는 기능으로 간주하면서 이러한 기능은 학습자 혼자서 익힐 수 없기 때문에 처음에는 유능한 문제해결자의 수행을 관찰하고 모방해야 한다고 하였다.

「Skemp(1987)는 특별하고 발전된 방법으로 학습하는 능력을 '지능(intelligent)'이라 하면서, 이러한 지능은 폭넓고 다양한 조건과 계획에 의하여 목표 상태에 도달하는 능력의 결과로서 일종의 학습이라고 하였다.」

공학은 우리가 사용하는 모든 공산품의 안전성, 편의성, 효율성, 경제성, 쾌적성 등을 개선하는 활동이다. 이 세상에 존재하는 모든 인공적인 것들은 완전한 것이 없으므로 항상 개선될 여지가 있다. 생활에서 느끼는 불편함, 부족한 안전성과 불확실성, 새로운 기능이나 좀더 쾌적한 환경에 대한 욕구 등이 공학인이 해결해야하는 공학 문제들이다."창의적 문제해결'이란 용어에서 '문제'는 현재 존재하는 것과 앞으로 존재하기를 바라는것 사이의 차이에서 발생되는 것이라 볼 수 있다. 즉, 올바른 해결책을 통하여 현재 상태보다 개선된 상태로 변화가 요구되는 상황들이 모두 문제로 정의될 수 있는 것이다. 이러한 문제들은 그 특성에 따라 해결방법이 다르다. 우리는 학교 공부에서 수많은 문제를 풀었고 그것이 학교 공부의 중요한 부분을 차지했다. 학교에서 푼은 문제들은 대부분 문제가 이미 명확히 정의되어 있어서, 학생들은 주어진 조건에 따라 기억된 지식을 통하여 답을 찾았으며, 수학 및 과학 문제는 분석적 사고나 실험을 통하여 답을 찾으면 되었다.

그러나 공학적 문제해결은 문제가 존재한다는 것을 인식하고 그 실체를 정확히 파악하여 정의하는 문제정의부터 시작해야 한다. 그러므로 문제를 파악하고 정의하는 능력이 엔지니어가 갖추어야 할 가장 기본적이고 중요한 능력의 하나가 된다. 공학적 문제의 해결은 창의적 문제해결 과정을 통하여 이루어진다. 창의적 문제해결은 "문제의 정의, 아이디어의 창출, 평가, 판단, 실행"의 순서에 따라 최적의 해를 찾고 실행하는 일련의 과정이다. 다음 그림 1은 Thompson(1997)은 위의 과정을 종이 비행기의 개발에 관한

그림 1 종이 비행기의 설계(Brian S. Thompson, 1997)

예로써 설명하고 있는 것이다. 체계적 설계절차(systematic design procedure)는 '문제의 정의, 가능성 있는 해의 창안, 각 개념의 분석 및 평가, 가장 좋은 개념의 선정, 가장 좋은 개념의 반복적인 개선, 이 개념의 제품계획으로의 변환'과 같은 단계를 포함하고 있다.

1.1 창의적 문제해결 방법론

창의적 문제해결을 위해 알트슐러의 트리즈를 실용적으로 현업 문제해결에 쉽게 사용하기 위하여 개발하여 적용하고 있다. 실용트리즈의 체계는 2005년 한국의 김호종박사가 개발하였다. 2006년 이후 실용트리즈는 기업의 복잡한 현업의 고질적인 기술문제들을 해결하여 오고 있다. 많은 기업 연구기관 및 대학 등에서 실용트리즈 교육 및 컨설팅이 진행되었다. 2012년 현재 실용트리즈는 많은 사람들이 현업문제해결에 실제로 사용하는 새로운 방법론이 되었다. 실용트리즈는 기존 트리즈의 많은 방법론 중 일부만 사용한다. 하지만 현업 기술문제해결 능력은 아주 높다. 실용트리즈의 문제해결은 철저히 단계별로 진행된다.

3단계 문제해결(3SPS)은 1단계는 경계영역의 도식화, 2단계는 모순도출 3단계는 모순분석이다. 복잡한 문제의 경우 4단계로 문제를 해결한다. 4단계는 3단계에 기능분석을 추가한 것으로 강력한 문제해결 능력을 가진 것으로 평가되고 있다. 다음 그림 2에서 실용트리즈의 흐름도를 설명하고 있다. 문제해결 능력은 단순이 교육만으로 달성되는 것이 아니다. 직접문제를 단계적으로 많이 풀어 보아야한다. 책만으로 내용을 파악하는 것에는 한계가 있다. 특히, 실무중심의 전공능력향상을 위한 문제해결 방법을 터득하기 위해서는 스스로 많은 경험을 갖기를 필요로 하고 있다. 이는 실용적 실무능력 향상을 위한 교육에서 매우 중요한 부분이다.

방법론의 종류가 아주 적다. ➡ 4개 이내

공부에 소요되는 시간이 짧다. ➡ 20시간 이내

내용을 이해하기 쉽다. ➡ 고등학생도 가능

모순을 쉽게 찾는다. ➡ 도식화로부터 물리모순

구체적인 적용 단계가 있다. ➡ 3 또는 4단계

문제를 정확히 분석한다. ➡ 경계영역의 도식화

그림 2 실용TRIZ의 흐름도

1.2 협동학습 이론

협동학습은 세부적으로 규정지어진 틀을 갖춘 어떤 하나의 구체적인 수업 방식에 대한 고유명사가 아니라, 여러 가지 수업의 형태를 포괄하는 교수-학습에 대한 철학적, 방법적 일반 이론에 가깝다. 따라서, 협동학습의 개념을 학문적으로 정립하고 소개한 학자들 역시 이에 대해 매우 포괄적인 정의를 내리고 있다. 협동학습의 수업적 활용을 위해서 그동안 매우 다양한 형태의 수업모형이 연구 개발되어 현장에서 적용되어 왔다. 대표적인 협동학습의 수업 모형으로는 Student Teams AchievementDivisions 모형(STAD; Slavin, 1978), Teams-Games-Tournament 모형(TGT; DeVries & Slavin, 1978), Jigsaw 수업 모형(Aronson 등, 1978; Slavin, 1986), 팀보조 개별화 수업 모형(TAI; Slavin, Madden, & Leavey, 1984), 자율적 협동학습 모형(Kagan, 1985), 함께 학습하기 수업모형(Johnson & Johnson, 1987) 등이 있다.

1.3 KAGAN의 자율적 협동학습

Kagan이 고안한 모형으로 한 학급에서 정한 전체 과제를 여러 소집단으로 구성된 학급 전체가 협동으로 해결하기 위하여 소집단별로 협동학습을 하는 독특한 형태의 협동학습으로 학생들은 전체 학급에서 교사가 제시한 주제에 관한 대략적인 학습 내용을 토론하고 수행하며 완성하는 과정으로 전체 학급이 협동으로 학급의 과제를 하기 위해 모둠이 협동학습을 한다고 하여 Co-op Co-op 즉 '협동을 위한 협동'이라는 이름으로 불린다. Co-op Co-op 모형은 선택된 주제의 범위나 난이도, 계획, 학습되는 자료의 특성에 따라 짧게는 1차시에서 길게는 한 학기 또는 1년 내내 적용할 수 있는 것이 특징이다. 수업 모형의 단계는 '학습 주제 선택, 학생 중심 토론, 주제별 팀 구성과 활동, 주제의 정교화, 주제의 선택과 분업화, 개별학습 및 준비, 팀별 발표준비 및 발표, 평가와 반성 '등으로 이루어져 있다.

1.4 자기주도적 활동을 위한 C.P.S 학습모형

실용적 직무능력향상을 위한 공학교육에서 자기주도적 학습(self-directed learning)를 위한 동기부여와 전공이론(practical learning)을 활용한 창의적이고 합리적 문제해결 기법(logical problem based learning)을 체계적으로 팀 구성으로 협업하여 최종 목표 달성을 위해 다양한 경험을 할 수 있도록 하는 교육이 매우 중요하다고 볼 수 있다. 이러한 교육과정 중에 계획적인 물품구매 활동(market learning)을 통해 시장의 원리를 이해하고 현장을 체험할 수 있도록 하고, 자신들이 완성한 제품들을 직업체험 활동과 전시회 참여로 자존감(self-importance learning)과 자신감(experience guidance learning)을 향상시키기 위해 개발된 학습 모형이다.

이 학습모형(이양창, 2014)은 Kagan의 자율적형태학습 모형을 참고한 보완된 학습모형을 다음과 같이 개발하여 적용하였다. 주 목적은 협업과정(cooperative)을 통한 문제해결(problem solving), 자기주도적(self-directed), 실무중심의 교육내용 전계로 전공직무능력향상을 높이고자 함이고, 더불어 시장구매 활동과 멘토활동으로 자존감과 자신감 향상과 전공에 대한 Skill과 Communication을 키우고자 함이다. 수업 모형의 단계는 '프로젝트형 학습 주제 선택(교수자), 팀 구성과 리더 선정(학습자), 주요도면 및 부품 지급(교수자), 3D 프린팅 기술습득(학습자), 부품 상세설계(학습자), 학생 중심 자율적 토론(학습자), 주제의 선택과 정교화(분업화), 개별학습 전공학습(학습자), 팀별 발표준비 및 직업체험 멘토 활동, 발표, 평가와 개선' 등으로 이루어져 있다.

2 창의적 문제해결

창의적 문제해결 방법은 학생, 공학자, 개업자 또는 문제해결 기술을 향상 시켜 원하는 제품 개발이나 문제점들을 정확하게 해결하고자 함이다. 창의적 문제해결 방법을 학습하고 나면 잘못 정의된 문제를 만날 수도 있고 실제 문제를 정의하고 해법을 도출하거나 실현하고 직접성취한 것을 평가하게 될 것이다. 문제해결을 위한 요소를 조사하거나 문제풀이 과정에서 자신의 창의성을 확장하고, 강화하고, 도전하고, 친숙해지기 위하여 반복된 연습을 통해 목표를 달성하는데 필요한 기술을 발전시키게 될 것이다. 문제해결을 위해 장애가 되는 부분을 해결하는 과정에서 팀 활동에 의한 문제해결의 중요성을 강조하고자 한다. 다음은 창의적 문제 해결을 위한 방법의 하나로 참고하고자 한다.

1) 문제해결 전략(문제인식)

실질적인 문제를 해결하기보다 이미 인지된 문제를 정의하고 수행한 다양한 예제들을 기술하며, 실제문제를 정의하는데 도움을 줄 수 있는 문제해결 기법들을 말한다.

2) 효과적 문제해결에 요구되는 특성, 태도, 환경

효과적인 문제 해결자들이 사용하는 특정, 습관, 행동을 관찰하고 문제를 해결하기 위하여 함께 일하는 효과적이며 생산적인 팀 구성원이 되는데 필요한 기술들이다.

3) 문제에 대한 정보수집

실제 문제를 정의하고 해결하기 위해 정보를 수집하는 다양한 방법을 기술한다. 이러한 기술에는 정보를 수집하고 분석하기, 문제와 친숙한 사람들과 토론하기, 문제를 직접적으로 보기와 발견한 모든 것 확인하기 등이 포함된다.

4) 문제정의

이미 인지되어 있는 문제에 비하여 실제 문제를 정의할 수 있도록 도와주는 4가지 기법으로 비평적사고처리, Duncker도표, 진술-재진술기법과 Kepner-Tregoe 문제분석이다.

5) 아이디어 도출을 위한 장애물 세분화

문제에 대한 해법을 도출하고자 할 때 방해가 되는 언지된 관념과 장애물을 제거하도록 도와주는 기법을 제공한다. 또한 위험을 감수하며 시도하는 방법을 제안하는데, 이는 대부분의 혁신적인해법이 위험요소를 다소포함 하기 때문이다 .

6) 해결책 도출

올바로 정의된 문제에 대한 해법을 도출하도록 도와주는 다양한 기법을 제공하는데, 브레인스토밍, 수직/수평적 사고, 미래조망, 유추, TRIZ 등이다.

7) 행동방침 결정

어떤 일을 가장 먼저 할지, 어떤 해법을 선택할지, 어떻게 잠재적인 문제를 식별할지, 어떻게 미래에 발생할 문제를 예방할지 등을 결정하도록 도와주는 순서도를 제공한다.

8) 해결책의 실행

기술된 기법을 사용하여 결정된 것을 실현하기 위하여 필요한 단계를 기술한다.

9) 평가

문제를 완벽히 해결한 것인가, 윤리적인 것인가, 환경과 사람에게 모두 안전한가를 확실히 하며, 실행한 해법을 어떻게 평가하는가를 보여준다.

10) 트러블슈팅

오작동을 보이는 산업의 장비와 시스템의 문제에 대한 문제해결에 사용되는 순서도와 종합표를 제공한다. 또한 이 순서도를 비전문적인 문제에 적용하고자 한다.

11) 종합

1~10까지 제시된 모든 문제해결 기법들이 실제 삶에서 활용할 수 있는지 등에 활용하게 될 것이다.

3 실용 트리즈의 활용[1)]

트리즈는 문제에서 모순을 찾아 이를 해결하는 방법론이다. 즉, 모순을 찾는 것이 우선되어야 하지만 문제에서 어떻게 모순을 찾는가에 대한 이해가 쉽지 않다. 실용트리즈는 문제를 실제문제로 새롭게 정의하는 방법과 이를 통한 모순을 찾는 방법을 학생들이 쉽게 이해할 수 있는 도구를 제안하고 있다. 즉, 경계영역의 도식화, 모순도출, 모순분석으로 구성된 3단계 문제해결(3SPS)이 그 중 하나이다. 좀 더 복잡한 문제의 경우에는 3단계 문제해결에 기능분석을 추가하여 4단계로 문제를 해결하는 4SPS가 또 하나이다.

3.1 실용트리즈의 문제해결 방법론

3.1.1 경계영역[2)] 도식화

문제해결은 문제의 실제 상황을 정확하게 이해하는 것에서 시작된다. 경계영역의 도식화는 문제의 상황을 그림으로 나타내는 것으로 문제의 재정의(문제의 추상화)에 해당하는 것이다. 문제를 그림으로 그대로 나타내는 것이 아니라 문제를 발생시키는 경계를 그림으로 나타내는 것을 말한다. 문제의 실체를 정확하게 이해하는 가장 중요한 단계로 문제에 숨어 있는 물리모순을 쉽게 도출할 수 있게 한다.
경계영역의 도식화는 문제의 상황을 누구나 쉽고 빠르게 그리고 정확하게 이해할 수 있도록 한다. 이를 통해 문제를 일으키는 가장 본질적인 원인을 쉽게 이해할 수 있을 뿐만 아니라 트리즈의 물리모순을 쉽게 찾을 수 있다. 이때 주의할 점은 문제 자체를 그림으로 나타내는 것이 아니라는 점이다. 문제를 일으키는 경계부분을 그림으로 나타내어야 한다. 이렇게 함으로써 문제와 직접적인 관련이 없는 것을 배제하여 고정관념으로부터 자유롭게 문제를 해결할 수 있는 것이다.

1) 창의공학설계입문 실용트리즈(김호종 외 3명, 진샘미디어)의 내용을 근거로 재정리
2) 경계영역: 문제가 직접적으로 발생하는 경계부분을 의미

예제 유리문에서 손가락을 다치는 문제가 자주 발생하고 있다. 이 문제를 경계영역 도식화로 나타내어 분석하라.

[창의적 해결 방안] 손가락이 다치는 문제의 경계영역 도시화는 문제를 일으키는 직접적인 원인을 그림의 형태로 나타내는 것을 의미한다. 유리문에서 문제를 일으키는 경계영역은 손가락이 문에 끼여 눌려지는 부분이다. 그림은 손가락이 유리문에 끼여 다치는 상황을 전반적으로 나타낸다.

만일 그림 속에 손가락을 그려 넣지 않았다면 문제를 일으키는 경계영역의 도식화가 완전한 것이 아니다. 문제를 일으키는 각 요소들의 경계부분을 마치 사진을 찍는 것처럼 그림으로 나타내어야 한다. 그림으로부터 손가락이 다치는 원인을 쉽게 찾을 수 있다.

첫째는 문이 닫히기 때문이고, 둘째는 문의 닫히는 힘 때문이기도 하다. 셋째로 교차하는 두 문의 틈이 너무 좁기 때문이기도 하다.

일반적으로 문제를 일으키는 원인을 제거하면 가장 좋은 해결책이 나오는 것은 당연하다. 그렇다면 손가락을 다치게 하는 세 가지 원인들을 제거할 수 있는지 검토해 보자.

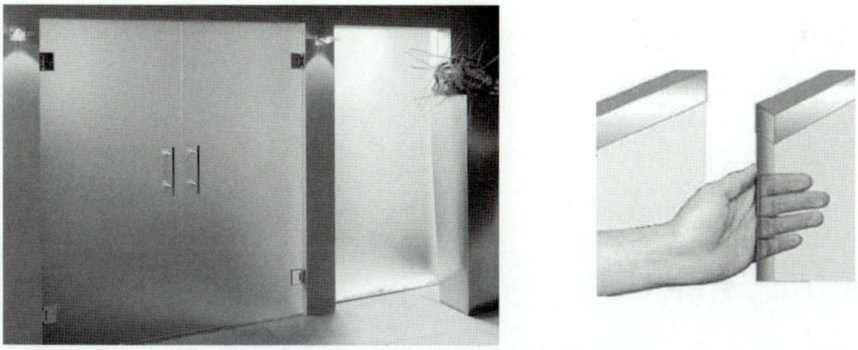

그림 3 유리문에 손이 끼어 다치는 문제

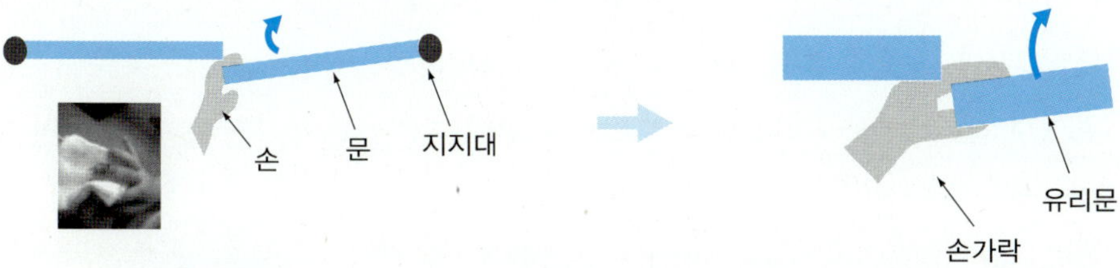

그림 4 유리문에 손이 끼어 다치는 문제에 대한 경계영역 도식화

먼저 문이 닫히는 것에 대해 검토해 보자. 손가락을 다치지 않게 하기 위하여 문이 닫히는 원인을 제거한다면 문을 닫지 않아야 한다. 이것은 해결책이 될 수 있는가? 문의 가장 본질적인 기능은 열리고 닫히는 것이기 때문에 문을 닫지 않는 것을 해결책이라 하기는 어렵다. 두 번째로 문이 닫히는 힘을 제거하면 문제가 해결될 수 있을까? 이 또한 닫히는 힘을 제거한다면 문의 기능을 수행할 수 없으므로 해결책이라 할 수 없다. 세 번째로 문의 좁은 틈을 고찰하여 보자. 손을 다치지 않기 위해서는 문의 틈을 넓히면 될 수 있다. 하지만 문의 틈을 넓히면 문의 차단 기능에 낮아져 또 다른 문제가 발생된다. 따라서 문제를 일으키는 3가지 원인은 해결책을 찾는데 도움이 되지 않는다. 따라서, 손가락을 다치게 하는 새로운 원인을 찾아야 한다. 그림을 자세히 보면 문제를 일으키는 것은 문의 끝 부분이 손가락보다 강한 유리로 되어 있기 때문인 것을 알 수 있다. 교차부분의 문의 끝 부분의 소재가 너무 딱딱하기 때문에 이를 부드러운 소재로 바꾸면 된다. 이 경우 문의 기능은 그대로 유지된다.

3.1.2 시스템에 대한 기능분석도

시스템의 기능이란 시스템이 수행하는 역할을 말한다. 예를 들면, 차의 기능은 사람이나 화물을 이동시키는 것이고 나사는 부품을 고정시키는 기능을 한다. 기능분석은 기술시스템이나 공정을 기능의 관점에서 분석하는 방법이다.

사람들은 제품 자체를 구입하는 것이 아니다. 제품의 기능(역할)을 구입하는 것이다. 모든 기술시스템(제품이나 부품)은 반드시 어떤 기능을 수행하도록 제작되었다. 때문에 신제품을 개발하거나 제품의 문제해결에 기능분석을 활용하는 것은 필수적인 것이다. 기능분석은 동사(기능)와 목적어(기능의 대상)의 형태로 나타낼 수 있다. 기능을 수행하는 것은 주어이고 기능을 받는 것은 목적어가 되는 형태이다. 예를 들어 '자동차는 사람을 이동시킨다.'라는 문장에서 주어는 자동차이고 기능은 이동이며 목적어는 사람이 된다. 기능의 정의에 따라 올바른 형태로 기능을 정립하는 것이 아주 중요하다. 기능은 반드시 대상의 파라미터를 직접적으로 변화시키거나 유지시킬 수 있어야 한다. 안전모를 예로 들어보자. 일반적으로 우리들은 안전모는 머리를 보호하는 것으로 생각하고 있다. 이에 대해 '안전모는 머리를 보호한다.'라고 기능분석을 할 수 있다. 하지만 이는 옳은 기능분석이 아니다. 왜냐하면 주체인 안전모는 머리에 직접적인 변화를 주거나 유지하는 기능을 수행하지 않아 실제로 안전모는 머리를 보호하지 않기 때문이다. 안전모는 머리를 향하여 움직이는 물체를 차단하는 기능을 할 뿐이다. 결과적으로 충격을 막아주면 머리는 보호된다. 이와 같이 일상에서 사용하는 용어나 문장은 기능분석에서 사용하는 것과 많은 차이가 있다. 이 차이를 정확하게 이해해야만 기능분석을 잘 이해할 수 있다.

기능분석의 정의에 따른 안전모의 기능은 '안전모는 물체를 차단한다.'이다. 이 경우 안전모의 기능은 명확해진다. 우리들은 기능분석으로부터 머리를 보호하기 위하여 차단벽을 튼튼하고 가벼운 구조를 가져야 함을 쉽게 생각해 낼 수 있다. 기능분석은 문제를 분석하기 위한 목적으로 사용된다.

예제 1 우리들이 생각하는 칫솔의 기능은 '칫솔은 치아를 닦는다.'이다. 이것이 올바른 기능분석인가?

[창의적 해결 방안] 칫솔이 치아를 직접적으로 변화시키지는 않는다. 칫솔이 직접적으로 작용하는 대상은 치아 사이에 끼어 있는 이물질이다. 그러므로 칫솔의 기능분석은 '칫솔은(치아 사이에 끼어 있는) 이물질을 이동시킨다.'로 되어야 한다. 즉, 칫솔 시스템의 대상은 이물질이다.

예제 2 에어컨의 기능은 무엇인가?

[창의적 해결 방안] 일반적인 표현으로는 '사람을 시원하게 한다'라 할 수 있다. 그러나 기능분석에 따르면 '공기를 냉각시킨다'가 되고 공기로 사람은 시원하게 느끼는 것이다. 그러므로 에어컨의 대상은 공기인 것이다. 유사한 것으로 선풍기는 어떨까? 역시 '선풍기는 사람을 시원하게 한다.'라고 할 수 있다. 그러나 올바른 기능분석은 '선풍기(날개)는 공기를 움직인다.'가 된다.

문제를 일으키는 각 요소들의 기능을 그림의 형태로 나타낸 것을 기능분석도라 한다. 문제를 일으키는 각 요소들의 기능 관계를 도식화시키면 문제의 원인을 쉽게 찾을 수 있다. 문제를 일으키는 각 요소들의 기능이 작용하는 경계부분을 그림으로 나타내어야 한다. 기능분석도에 필요한 3가지 구성요소는 기술시스템, 목표대상 및 환경요소이다. 기술시스템이 목표대상에 기능을 주는 과정에서 환경요소가 나타난다. 이 환경요소들은 기능수행에서 반드시 등장하게 된다. 높은 수준의 문제해결은 기능을 수행하면서 부가적으로 발생되는 유해한 환경요소들을 최소화시키는 것이다.

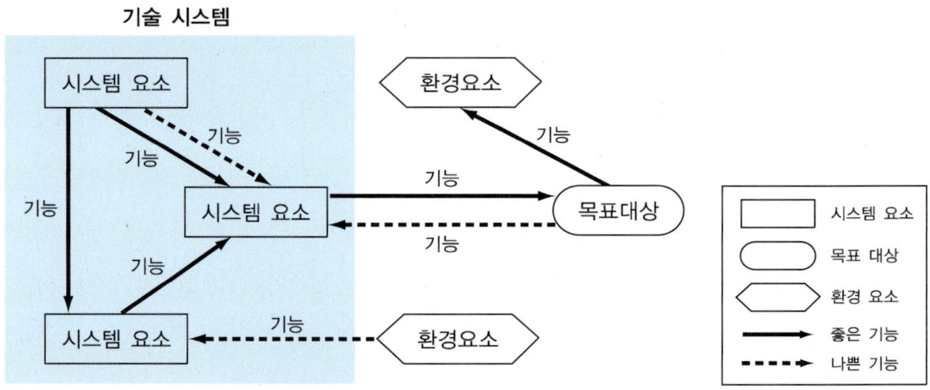

그림 5 기술시스템에 대한 기능분석도 작성 방법

기능분석도에서 시각적으로 각각의 관계를 쉽게 구별하기 위하여 모든 기술시스템은 사각형으로 목표대상은 둥근형으로 그리고 환경요소는 육각형으로 나타낸다. 그리고, 화살표는 기능의 방향을 의미하며 실선은 좋은(유익한) 기능, 점선은 나쁜(유해한) 기능을 나타낸다. 화살표 가운데 위치에 기능을 나타내는 단어(동작의 의미)를 적는다. 예들 들면 '자동차는 사람을 이동시킨다'에서 기술시스템은 자동차이고 목표대상은 사람이 된다. 이 경우에 화살표에 기록되는 단어는 '이동'이다.

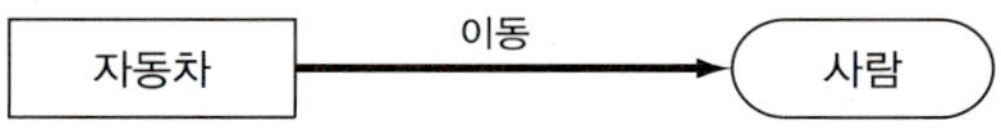

그림 6 자동차에 대한 간단한 기능분석도

예제 3 줄넘기는 많은 사람들이 즐기는 운동이다. 그런데 줄넘기는 줄이 발에 걸리는 문제가 있고 그 때마다 운동이 정지된다. 이에 대한 기능분석도를 그려보자.

[창의적 해결 방안] 기술시스템은 줄넘기이고 목표대상은 사람이다. 줄넘기가 사람을 점프하게 하는 것은 좋은 기능(운동측면)이다.

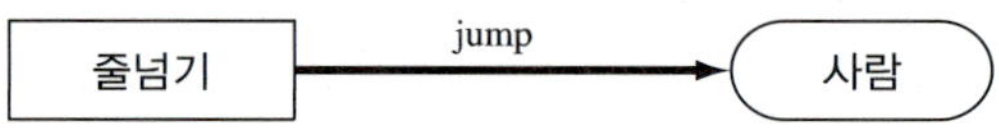

그림 7 줄넘기에 대한 간단한 기능분석도

줄넘기의 핵심부품은 손잡이와 줄이다. 손잡이는 줄을 회전가능하도록 하고 줄은 사람을 점프하게 한다. 그러나, 줄은 발에 걸리는 유해한 기능도 한다는 것을 알 수 있다. 줄은 좋은 기능과 나쁜 기능을 함께 수행한다. 때문에 줄에서 나가는 화살표는 실선과 점선 두 가지이다. 한 부품에 서로 다른 두 가지 선의 화살표로 연결되면 물리모순을 의미한다. 즉, 줄넘기의 줄은 있어야 하지만 없어야 한다. 줄이 없다면 줄이 발에 걸리는 문제는 절대로 발생하지 않는다.

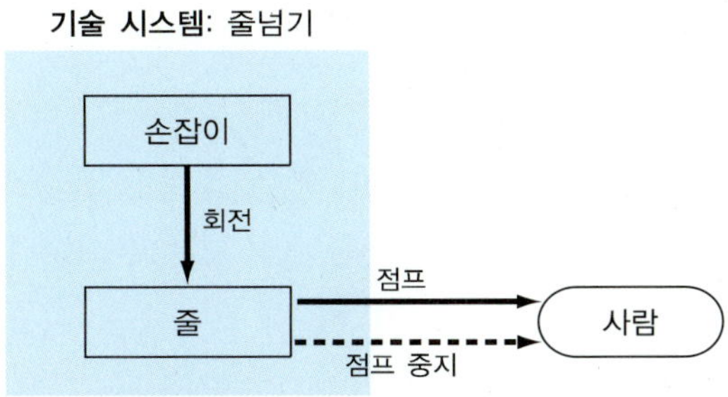

그림 8 줄넘기에 대한 기능분석도

예제 4 오이를 얇게 썰면 오이가 칼에 붙는 문제가 발생된다. 그래서 오이를 써는 속도가 늦어지게 된다. 이 문제에 대한 칼의 기능분석도와 문제를 일으키는 영역의 기능분석도를 각각 그려라.

[창의적 해결 방안] 기술시스템은 칼이고 목표대상은 오이이다. 칼이 오이를 절단하는 것은 좋은 기능(요구하는 기능)이다. 때문에 실선으로 표시한다.

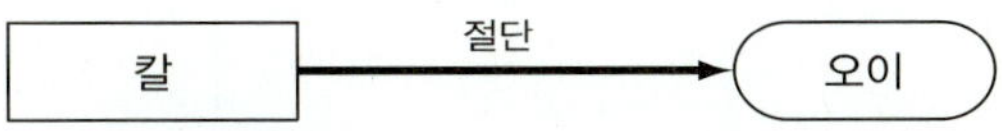

그림 9 칼에 대한 간단한 기능분석도

오이를 얇게 자르면 잘려진 오이 조각이 칼에 붙는 문제를 발생시키는 각 요소들의 기능관계를 기능분석도로 그려본다. 기능분석도를 그리기 위하여 문제를 일으키는 경계영역을 그리는 것이 중요하다. 특히 복잡한 문제의 경우에는 경계영역도시화를 하지 않으면 기능분석도를 그리는 것이 어려운 경우가 많다.

칼의 시스템 요소는 칼날, 칼면, 칼등이다. 칼면에 잘려진 오이조각이 붙어 있음을 쉽게 알 수 있다. 오이를 자르는 것은 칼이 아니라 칼날이다. 이를 바탕으로 기능분석도를 그리면 다음과 같다.

칼의 핵심 부품은 칼날과 칼면이다. 칼날의 기능은 오이를 자르는 좋은 기능(실선화살표)을 한다. 칼면은 칼날과 칼등을 고정(지지)하는 좋은 기능(실선화살표)을 한다. 오이는 칼날에 잘리면 오이조각이 생성되는 것은 좋은 기능(실선화살표)이다. 잘려진 오이조각이 칼면에 붙는 것은 나쁜 기능(점선화살표)이다. 칼면에 대해서 화살표는 실선과 점선 두 가지이다. 한 부품(또는 요소 및 성분)에 두 가지 화살표가 걸리면 물리모순을 의미한다. 물리모순이 걸리는 부품이 문제를 발생시키는 가장 핵심이다. 즉, 칼면은 있어야 하고 없어야 한다. 칼면이 없다면 오이조각이 붙는 문제는 절대로 발생하지 않는다. 하지만 칼면이 없다면 칼날의 자르는 기능 수행이 어렵다. 때문에 칼면은 정말 있어야 하지만 없어야 하는 물리모순이 도출된다. 다른 측면에서 보면 칼면의 면적이 물리모순인 것을 알 수 있다. 즉, 칼면의 면적이 작으면 오이조각은 칼면에 붙을 수 없게 되지만 칼날을 지지하는 힘이 부족하게 된다. 칼면의 면적은 커야하고 작아야 하는 명백한 물리모순이다.

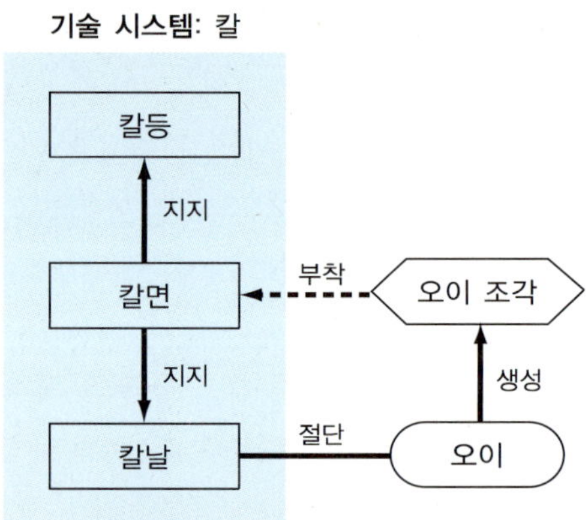

그림 10 칼에 대한 기능분석도

사례 1 불고기를 구이기(석쇠)에 굽고 있다. 구이기(석쇠)는 붙은 기름이 타는 문제로 인해 자주 교체해야 한다. 구이기(석쇠)와 문제를 일으키는 영역의 기능분석도를 그려라.

[창의적 해결 방안] 불고기 구이기의 기능분석도: 기술시스템은 불고기 구이기이고 목표대상은 불고기이다. 불고기 구이기가 고기를 가열(굽기)하는 것은 좋은 기능(실선 화살표)이다.

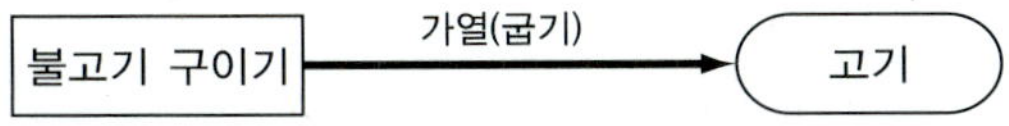

그림 11 불고기 구이기에 대한 간단한 기능분석도

[문제영역의 기능분석도] 불고기를 구울 때 기름이 타는 문제를 발생시키는 각 요소들의 기능관계를 그림으로 그려야 한다. 석쇠 위에 올려놓은 고기가 숯불에 의하여 굽히는 상태를 그림으로 나타내면 다음과 같다. 기술시스템인 불고기 구이기의 요소들은 숯불과 석쇠이다. 고기를 굽기 위한 숯불의 열원이 석쇠를 가열하고 있음을 쉽게 알 수 있다. 열원이 고기를 가열하면서 석쇠를 가열하는 것이 문제이다.

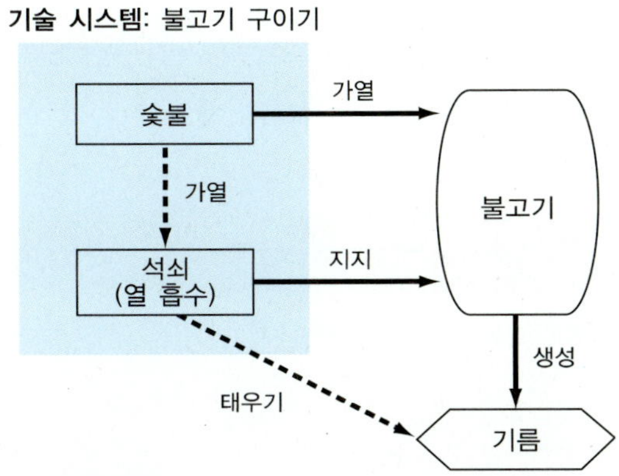

그림 12 불고기 구이기에 대한 기능분석도

불고기 구이기의 핵심 부품은 숯불이다. 숯불의 기능은 고기를 굽는 좋은 기능을 하는 반면 석쇠를 가열하는 나쁜 기능도 한다. 석쇠는 고기를 지지하는 기능을 하는 반면 석쇠에 흡수된 열은 기름을 태우는 나쁜 기능을 한다.

사례 2 진공청소기로 카펫트 속에 들어있는 먼지를 청소하고 있다. 카펫트 깊숙이 들어있는 먼지를 제거하기 위하여 고진공청소기가 필요하다. 고진공으로 청소기를 동작시키면 진공청소기의 헤드에 카펫트가 달라붙는 문제가 생긴다. 카펫트가 달라붙지 않는 시스템을 개발하기 위한 기능분석은?

[창의적 해결 방안] 일반적으로 우리들이 알고 있는 진공청소기는 먼지를 제거하는 기계이다. 이 경우 진공청소기의 기능은 '먼지를 제거한다.'이다. 하지만 진공청소기가 먼지를 어떻게 제거하는가? 정말 진공이 먼지를 제거하는가? 이런 형태로 진공청소기의 기능을 표현하는 것은 맞지 않다.

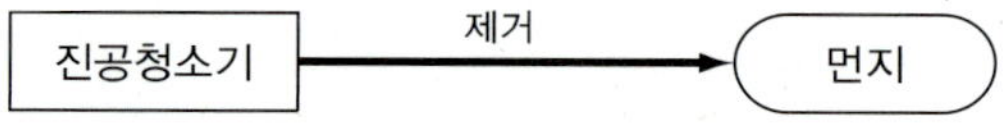

그림 13 진공청소기에 대한 잘못된 기능분석도

진공청소기는 진공으로 먼지를 제거하는 시스템이 아니다. 단지 공기를 이동시킬 뿐이다. 공기가 이동하려면 진공이 형성되어야 하고 그 결과 먼지가 제거된 것으로 볼 수 있다. 여기서 제거라는 용어도 잘못 사용되었다. 왜냐하면 제거라는 용어는 물리적인 의미를 가지고 있지 않기 때문이다. 먼지는 특정 위치에서 이동하는 것이지 제거되는 것이 아니다. 우리들은 먼지가 이동된 상태를 제거라고 할 뿐이다. 기능분석에서는 직접적인 의미를 갖는 용어를 사용해야 한다.

진공청소기가 먼지를 제거한다는 표현을 '진공청소기는 공기를 이동시킨다'로 표현해야 한다. 결과적으로 먼지가 제거된다.

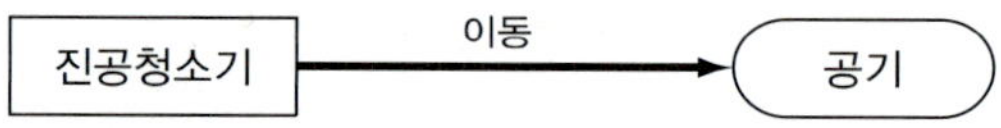

그림 14 진공청소기에 대한 간단한 기능분석도

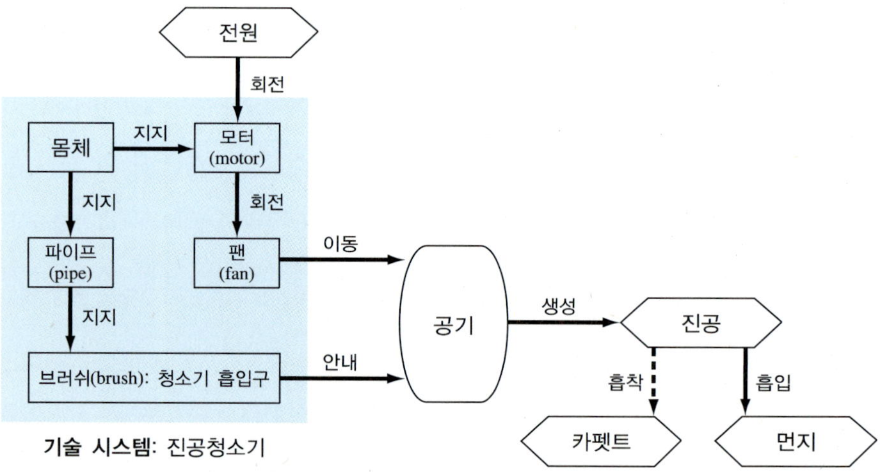

그림 15 진공청소기에 대한 기능분석도

기능분석도에서 기술시스템은 진공청소기이고 목표대상은 공기이다. 그리고 환경요소는 먼지와 카펫트이다. 전원이 모터를 회전시키면 팬이 공기를 이동시키고 이로 인하여 공기가 이동하게 된다. 이동하는 공기가 진공을 생성하고 이 진공이 먼지를 흡착하게 되어 청소가 된다. 먼지를 흡착하는 것은 좋은 기능이기 때문에 실선 화살표로 나타내었다. 반대로, 이 진공이 카펫트를 흡착하는 유해한 기능을 수행하기 때문에 점선 화살표로 나타내었다.

3.1.3 물리모순 도출과 분석

문제를 해결하기 위해서는 반드시 문제 속에 들어있는 모순을 찾아야 한다. 물리모순 도출이란 문제에 숨겨져 있는 물리모순을 찾아내어 간단한 문장의 형태로 명확하게 표현한 것을 의미한다. 어떤 물리량이 모순의 관계에 있는지를 명확하게 하는 아주 중요한 단계이다. 일반적으로 문제로부터 2개 이상의 모순을 찾아야 한다. 물리모순을 명확하게 정의하지 않으면 문제를 분석할 수 없다. 실용트리즈에서는 경계영역 도식화를 통해 쉽게 모순을 도출할 수 있다. 그리고, 모순 분석이란 도출된 모순을 트리즈의 분리원리를 적용하여 구체적인 해결책을 찾아가는 것을 말한다.

모순(矛盾; contradiction)이란?

트리즈 문제해결 방법론의 핵심은 모순이라는 개념이다. 모순을 해결하면 혁신적인 발명품을 만들 수 있다는 사실을 많은 특허를 분석하여 얻어낸 것이다.

기술문제는 하나 이상의 모순을 포함하고 있다는 사실의 발견은 트리즈 이론 체계에 아주 중요한 의미를 가진다. 모순은 어느 한 특성을 개선하면 다른 특성이 악화되는 상황을 말한다. 하나의 요소를 개선하려는 시도가 다른 것을 손상시키는 상황을 말한다.

모순을 근본적으로 해결하는 것이 가장 높은 수준의 문제 해결을 의미한다. 모순은 기술모순과 물리모순으로 구분할 수 있다. 그러나 실용트리즈에서는 기술모순을 사용하지 않고 물리모순만을 다룬다. 기술모순은 서로 다른 변수들이 충돌하여 모순을 야기시키는 것을 말한다. 즉, 특성 A가 향상되면 특성 B가 악화되는 것이 기술모순인 것이다. 예를 들면 큰 우산은 비를 잘 막아주지만 너무 무겁기 때문에 들고 있기 어려운 것과 같은 것이다.

물리모순은 하나의 요소가 서로 다른 물리량을 가져야하는 경우를 의미한다. 예를 들면 칫솔에 있어서 솔의 직경이 아주 가늘어야 이사이에 끼어 있는 음식물을 잘 제거한다. 하지만 너무 가는 솔은 휘어지게 되어 솔의 역할을 하지 못한다. 물리모순의 문장으로 간단히 표현하면 '솔의 직경은 가늘어야하고 굵어야 한다.'이다.

물리모순 도출을 칫솔을 통해 설명하도록 한다. 칫솔은 이 사이에 끼어있는 작은 음식물을 잘 제거하지 못하는 문제가 자주 발생한다. 양치질을 잘되지 않는 문제가 생기는 부분을 그림을 나타내 보자. 이 문제의 상황을 경계영역 도식화를 진행하면 문제의 실체를 명확하게 이해할 수 있다. 다음 그림은 이 사이의 작은 틈으로 칫솔의 솔이 들어가지 못하는 문제를 경계영역 도식화한 것이다.

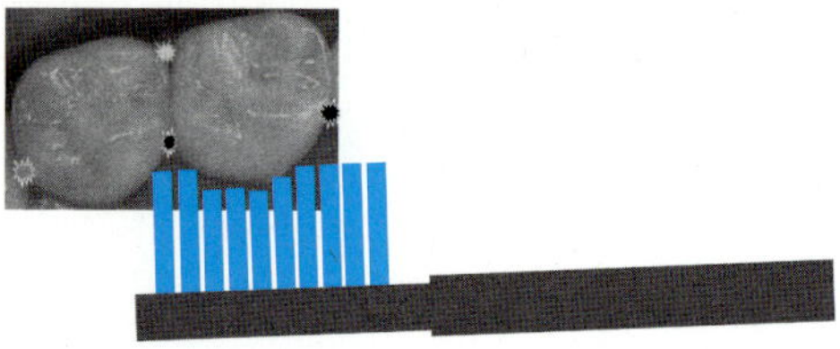

그림 16 음식물을 제거하지 못하는 칫솔 문제

경계영역 도식화로부터 물리모순을 도출하면 다음과 같다. 일반적으로 음식물을 잘 제거하기 위하여 칫솔의 솔의 직경이 작아야 한다. 이 경우 솔은 쉽게 휘어지게 되어 사용할 수 없다. 직경이 굵은 솔은 휘어지지 않는다. 하지만 큰 직경의 솔은 이 사이에 들어갈 수 없다. 때문에 좁은 이 사이에 있는 음식물을 제거할 수 없다. 칫솔의 솔 직경은 '커야하고 그리고 작아야 한다.'이다. 이것이 물리적 모순이다. 강력한 문제 해결 능력을 가진 핵심 개념이 바로 물리모순이다. 다음 그림과 같이 작은 직경의 솔과 굵은 직경의 솔을 합치는 의미이다.

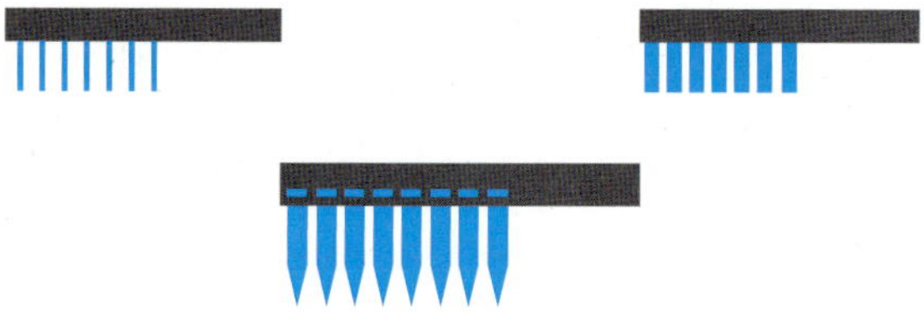

그림 17 칫솔에 대한 창의적 해결책

따라서 칫솔의 솔의 끝은 가늘고 몸체는 굵게 하면 된다. 이런 칫솔의 솔은 작은 음식물을 잘 제거하는 기능과 휘어지지 않는 기능을 동시에 수행하는가? 그렇다. 이런 솔을 실제로 만들 수 있다. 다음 그림은 솔의 직경이 크기도 하고 작기도 한 새로운 혁신적인 칫솔이다.

모순 분석은 앞 단계에서 도출된 모순을 분리원리를 적용하여 구체적인 모순해결방안을 찾는 과정이다. 모순의 관계를 시각적으로나 공간적으로 분리하여 분석하는 단계이다. 이 단계를 통하여 구체적인 모순해결책을 찾을 수 있다. 앞 단계에서 도출된 2가지 모순(물리모순, 기술모순)에 대하여 각각 분리원리를 적용하여 구체적인 모순해결책을 찾아야 한다.

트리즈에서 물리모순을 분석하는 구체적인 방법론은 분리원리이다. 분리원리는 트리즈의 방법론 중에서 가장 중요한 문제해결도구 중의 하나이다. 분리원리를 모르면 물리모순을 해결할 수 없다.

분리원리는 물리모순을 해결하는 4가지 '분리'를 가지고 있다.

① **시간분리**: 물리모순을 시간의 측면에서 독립적으로 바라보는 것이다.

② **공간분리**: 공간의 측면에서 독립적으로 바라보는 것이다.

③ **부분과 전체 분리**: 전체와 부분을 완전히 독립적으로 나누어 바라보는 것이다.

④ **조건분리**: 특정 조건하에서 물리모순을 바라보는 것이다.

4가지 분리원리 중 시간분리와 공간분리가 가장 중요하다. 시간분리와 공간 분리 만으로도 대부분의 물리모순 문제를 해결할 수 있다.

예제 1 비행기 바퀴는 착륙시에는 있어야 하지만 비행 중에는 없어야 공기저항을 덜 받아 효율적인 비행을 할 수 있다. 즉, 비행기 바퀴는 '있어야 하고 또한 없어야 한다.'이다. 이것을 명백한 물리모순으로 이를 분석하기 위해 분리원리를 적용해 보자.

[창의적 해결 방안] ① 시간분리: 비행기는 이착륙을 하기 위하여 바퀴가 반드시 있어야 한다. 하지만 비행 중에는 없어야 공기저항을 덜 받기 때문에 없어야 한다. 이 모순의 해결은 바퀴는 착륙시에는 비행기 동체의 바깥으로 나오지만 비행 중에는 동체에 들어가 있는 것이다. 즉 필요한 시간에는 있고 불필요한 시간에는 없어지는 구조로 시간에 따라 바퀴를 움직일 수 있게 하면 된다.

그림 18 착륙에 필요한 바퀴

예제 2 비행기가 이륙 및 착륙시에는 속도가 느리기 때문에 날개는 많은 양역을 얻기 위하여 면적이 넓어야 하고, 비행 시에는 공기 저항을 줄이기 위하여 면적이 좁아야 한다. 즉, 비행기의 날개는 넓어야 하고 좁아야 한다. 이에 분리의 원리를 적용하여 보자.

[창의적 해결 방안] 비행기의 보조날개는 이착륙시에는 비행기 동체에서 바깥으로 나오면서 면적을 넓혀 많은 양력을 발생시키는 구조가 된다. 이는 공간분리 원칙에 의해 개선되었다.

그림 19 비행기 날개의 면적 조절

사례 1 초기의 페달식 자전거는 체인이 적용되지 않은 앞바퀴 중심에 페달이 있는 형태였다. 시간이 지남에 따라 사람들은 자전거가 보다 더 빠른 속도를 낼 수 있었으면 하였다. 그러나 같은 사람이 더 빠른 속도를 내기 위해서는 바퀴의 직경을 크게 하면 되었는데 그렇게 되면 페달에 발이 닿지 않는 문제가 발생하였다. 이를 모순으로 표현하면 '바퀴의 직경은 커야하고 작아야 한다.'이다. 이를 문제의 직접적인 대상인 페달을 중심으로 생각하고 공간분리를 고려하여 고찰하여 보자.

[창의적 해결 방안] 페달에 대한 모순은 다음과 같은 표현으로 바꿀 수 있다. '페달의 위치는 바퀴의 중심에 있어야 하고 있지 않아야 한다.' 페달의 위치를 다른 곳에 두어야 한다는 생각을 자연스럽게 할 수 있다. 바퀴의 중심에 위치하고 있는 페달의 위치를 발이 쉽게 닿을 수 있는 두 바퀴 사이의 가운데로 이동시키면 된다. 이 경우 사람의 힘을 바퀴로 전달하기 위해 페달과 바퀴를 연결하는 동력전달장치인 체인이 필요하다.

그림 20 자전거 페달 문제

사례 2 건축 기초공사에서 땅 속에 큰 파일(pile)을 박고 있다. 파일의 끝이 뾰족하면 쉽게 땅 속으로 들어갈 수 있다. 하지만 이 경우 건물이 완공된 후 파일의 뾰족한 부분이 파괴되어 바닥이 침하되는 문제가 생긴다. 이 문제에 대하여 분리의 원리를 적용해 보자.

[창의적 해결 방안] 이 문제의 모순은 '파일의 끝은 뾰족해야 하고 뾰쪽하지 않아야 한다.'이다. 분리의 원리를 적용해보자. 시간분리를 적용하면 파일을 박을 때와 박은 후의 파일 끝의 모양을 그림과 같이 다르게 하면 된다. 즉 파일을 박은 후에 끝을 뾰족하지 않게 만들면 된다. 파일을 충분히 박은 후에 파일의 끝 부분을 제거하면 된다. 끝의 뾰족한 부분을 제거하는 방법은 여러 가지가 있다.

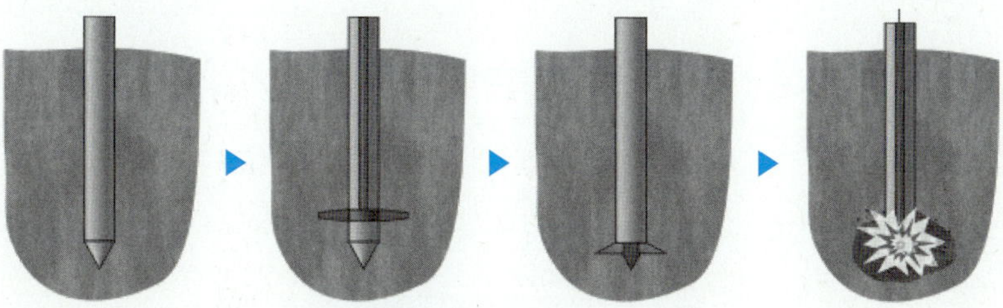

그림 21 건축물 파일 문제

3.2 문제해결 단계

트리즈에서 말하는 기술적인 문제란 무엇인가? 이것은 모순으로 표현되는 난이도가 높은 문제들을 말한다. 혁신적인 기술개발들은 문제의 모순을 극복하여 나온 것이다.
우리들이 가지고 있는 여러 가지 문제들을 해결하는데 가장 큰 어려움은 무엇일까? 아마도 많은 사람들은 문제에 대한 경험과 지식의 부족을 문제해결을 어렵게 하는 장애물로 생각할 것이다. 그러나, 문제를 해결하는데 있어서의 실제 상황을 보면 지식의 부족으로 어려움을 겪는 경우는 일부에 지나지 않다. 심리적 장벽에 의한 고정관념이 혁신적인 해결책을 찾는데 가장 큰 장애물이 된다. 문제 속에 모순이 들어 있는 경우에 대부분의 연구자들은 심리적으로 '자신의 문제는 해결할 수 없어'라고 생각하는 경향이 매우 강하다. '모순을 근본적으로 해결하는 방법은 절대 없다'라는 생각 때문에 결국에는 적당하게 절충하는 방법을 택하게 된다.
트리즈는 단계별 문제해결 과정을 통해 모순을 해결한다. 그렇다면 트리즈만으로 모든 문제들이 해결되는가? 트리즈는 문제를 해결해 가는데 있어서 체계적인 과정을 제안하는 것일 뿐 문제 해결에 필요한 전문지식은 연구나 학습을 통하여 이루어 져야 한다. 즉 문제해결에 있어서 해당 문제에 대한 전문지식은 전제 조건이다. 전문지식에 대한 학습은 지속적으로 이루어져야 한다.

3.2.1 3단계 문제해결(3SPS)

3SPS는 3단계로 문제를 분석하고 해결책을 찾아가는 과정이다. 각 단계의 이름은 경계영역 도식화, 모순도출, 모순분석이다.
3SPS에서 1단계인 경계영역 도식화가 가장 중요하다. 만일 1단계인 경계영역 도식화에 대한 이해가 부족하면 2단계에서 모순을 찾고 3단계에서 모순을 분석할 수 없다.

문제 제목: 3SPS

문제 정의	⇨	경계영역 도식화(1단계)

모순도출(2단계)	⇨	모순분석(3단계)	
		분리원리	모순분석
		1. 시간 분리	
		2. 공간 분리	

모순도출(2단계)	⇨	모순분석(3단계)	
		분리원리	모순분석
		1. 시간 분리	
		2. 공간 분리	

그림 22 3SPS 도구

예제 1 유리문에서 손가락이 다치는 문제

1) 경계영역 도식화 손가락이 다치는 문제의 경계영역 도식화는 문제를 일으키는 직접적인 원인을 그림의 형태로 나타내는 것을 의미한다. 유리문에서 문제를 일으키는 경계영역은 손가락이 문에 끼여 눌려지는 부분이다.

문제의 전체적인 상황과 경계영역을 그림으로 나타낸다. 그리고 그림으로부터 손가락을 다치게 하는 원인을 분석한다.

2) 물리모순 도출 경계영역 도식화에서 물리모순을 도출한다. 그림에서 손가락이 다친 원인은 문이 단단하기 때문이다. 그러므로 모순은 다음과 같다.

2-1) 물리모순 1: 문의 소재는 단단해야 하고 단단하지 않아야 한다. 단단해야 문의 기능을 수행하지만 단단한 것이 손가락을 다치게 하기 때문에 물리모순이 된다. 문의 소재가 단단한가, 단단하지 않은가는 명확한 물리모순이다.

2-2) 물리모순 2: 문의 틈새는 커야하고 작아야 한다. 문의 틈새가 크면 손가락을 다치지 않기 때문이다. 이 경우 문의 방범기능이나 바람을 막아주는 기능은 약화된다. 때문에 문의 틈새의 크기는 명백한 물리모순이 된다.

3) 물리모순 분석 물리모순은 분리원리를 적용하여 해결한다. 시간분리와 공간분리를 적용하여 물리모순을 분석하면 다음과 같다.

3-1) 물리모순 1의 분석: '문은 단단하기도 하고 단단하지 않아야 한다.'라는 모순을 시간과 공간적으로 분리시켜 분석한다.

- 시간분리: 문이 열리거나 닫히는 시간은 단단하지 않고 닫혀 있는 시간은 단단하다.
- 공간분리: 손가락이 닿는 부분은 단단하지 않고 손가락이 닿지 않는 부분은 단단하다.

3-2) 물리모순 2의 분석: '문의 틈새는 커야 하고 작아야 한다.'라는 모순을 시간과 공간적으로 분리시켜 분석한다.

- 시간분리: 문이 열리거나 닫히는 시간은 틈새가 크고 닫혀있는 시간은 틈새가 작다.
- 공간분리: 손가락이 닿는 위치는 틈새가 크고 손가락이 닿지 않는 위치는 틈새가 작다.

3-3) 모순 해결책

- 물리모순 1의 공간분리를 보자. 손가락이 닿는 부분은 단단하지 않고 손가락이 닿지 않는 부분은 단단하다. 손가락이 닿는 유리문의 모서리 부분에 단단하지 않은 소재를 부착하여 손가락을 다치지 않게 하였다. 실제로 특허로 등록된 창의적인 해결책이다.

- 물리모순 2의 공간분리를 보자. 손가락이 닿는 위치는 틈새가 크고 손가락이 닿지 않는 위치는 틈새가 작다. 이 모순의 해결책도 물리모순 1의 해결책과 같은 의미이다. 손가락이 닿는 유리문의 모서리 부분에 단단하지 않은 소재를 부착하여 손가락이 들어가면 휘어지게 하였다.

예제 2 석쇠에 붙은 기름이 타는 문제

1) 경계영역 도식화 석쇠에 붙은 기름이 타는 문제의 경계영역의 도식화는 문제를 일으키는 직접적인 원인들을 그림의 형태로 나타내는 것을 의미한다. 불고기를 굽는 시스템에서 문제를 일으키는 경계영역은 숯불이 석쇠를 가열하여 기름을 태우는 부분이다. 기름을 태우는 부분이 포함된 문제의 전체적인 상황과 경계영역을 그림으로 나타낸다. 고기를 구울 때 기름이 타는 문제가 발생하는 영역에 들어 있는 각 요소들을 그림으로 그려야 한다. 석쇠 위에 올려놓은 고기가 숯불에 의하여 굽히는 상태를 그림으로 나타내면 다음과 같다. 불고기 구이기의 기술시스템의 요소는 숯불, 석쇠이다. 그림으로부터 고기를 굽기 위한 숯불의 열원이 석쇠를 가열하고 있음을 쉽게 알 수 있다. 이로 인해 석쇠에 붙은 기름이 타는 문제를 발생시킨다. 즉, 열원이 고기를 가열하면서 석쇠를 가열하는 것이 문제이다.

2) 물리모순 도출 경계영역 도식화로부터 물리모순을 도출한다. 그림에서 기름을 태우는 원인은 석쇠가 높은 열을 받는 위치에 있기 때문이다.

2-1) 물리모순 1: '석쇠는 숯불 위에 있어야 하고 없어야 한다.'이다. 석쇠는 고리를 올려놓기 위하여 숯불 위에 있어야 하지만 이 경우 열을 흡수하여 기름을 태우는 문제를 야기시킨다. 따라서, 석쇠의 위치가 명확한 물리모순이 된다.

2-2) 물리모순 2: '석쇠는 열을 받아야 하고 열을 받지 않아야 한다.'이다. 열을 받지 않으면 고기를 굽기 어렵기 때문에 '석쇠의 온도가 높아야하고 낮아야 한다.'가 물리모순이 된다(여기서 석쇠 직경의 또 다른 물리모순이다).

3) 물리모순 분석 물리모순은 분리원리를 적용하여 해결한다.

3-1) 물리모순 1의 분석: '석쇠는 고기를 지지하기 위하여 있어야 하고 기름을 붙지 않게 하기 위하여 없어야 한다.'

- 시간분리: 석쇠가 시간에 따라 있기도 하고 없기도 하게 한다.

- 공간분리: 기름이 숯불에 타는 위치에는 석쇠가 없고 다른 위치에는 있다.

3-2) 물리모순 2의 분석: 석쇠는 열을 받을 받아야 하고 열을 받지 않아야 한다.

- 시간분리: 기름이 타지 않는 시간까지는 열을 받고 타는 시간은 열을 받지 못하게 한다.
- 공간분리: 석쇠를 열 받는 부분과 열 받지 않는 부분으로 나눈다.

3-3) 모순해결책

물리모순 2의 해결책으로 다음과 같은 것을 생각할 수 있다. 석쇠 속에 물을 넣어 열을 받는 공간과 열을 받지 않게 할 수 있는 구조로 만들 수 있다. 이런 제품은 실제로 특허로 등록되어 있다. 다음은 석쇠 속에 물을 넣은 모순해결책의 그림이다. 이것은 연기감소에 따른 덕트(duct)시설도 따로 필요없고, 인체에 해로운 화공약품 대신 일반세제로 세척이 가능한 것이 큰 장점이다.

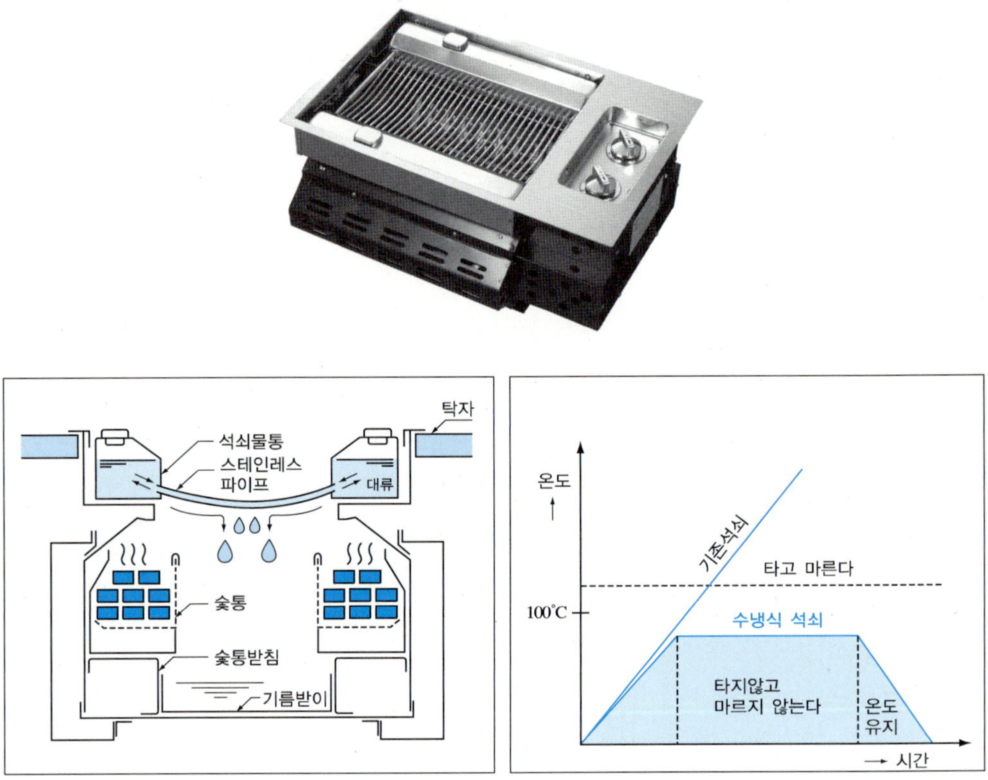

그림 23 석쇠에 붙은 기름이 타는 문제 해결책

3.2.2 4단계 문제해결(4SPS)

4SPS는 4단계로 문제를 분석하고 해결책을 찾아가는 과정으로 경계영역 도식화, 시스템의 기능분석, 모순도출 및 모순분석으로 구성된다. 4SPS는 2단계인 시스템의 기능분석을 제외하고 3SPS와 동일하므로 실전예제 1과 2를 통해 2단계를 주로 설명한다.

문제 제목: 4SPS

문제 정의:

경계영역 도식화(1단계) ⇨ **기능분석도(2단계)**

모순도출(3단계) ⇨ **모순분석(4단계)**

분리원리	모순분석
1. 시간 분리	
2. 공간 분리	

모순도출(3단계) ⇨ **모순분석(4단계)**

분리원리	모순분석
1. 시간 분리	
2. 공간 분리	

그림 24 4SPS 도구

예제 1 유리문에서 손가락이 다치는 문제

1) 경계영역 도식화

2) 시스템의 기능분석도 문제를 기능의 관점에서 분석한다. 1단계의 그림을 바탕으로 시스템의 기능을 분석하면, 시스템의 핵심요소들은 문, 문의 모서리, 지지대, 손가락 등이다. 기술시스템의 요소와 목표대상을 결정하고 그린 것이 다음의 기능분석도이다.

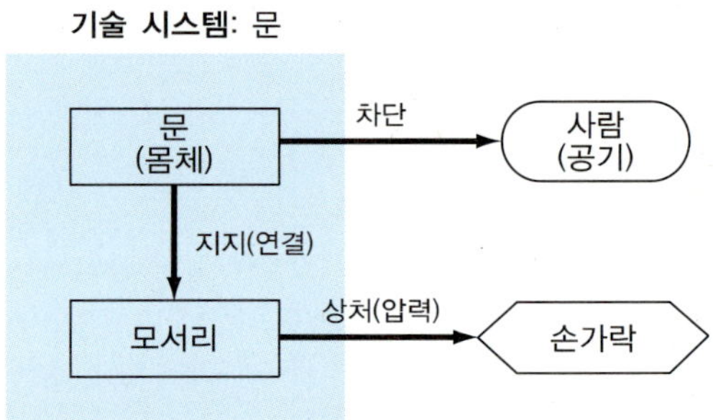

그림 25 유리문에 대한 기능분석도

기술시스템의 핵심요소는 문, 문의 모서리이다. 1단계 그림에 포함될 수 있는 문의 다른 요소는 지지대, 회전장치, 벽 등이 있다. 이들은 문제를 일으키는 직접적인 요소가 아니기 때문에 생략한다. 문의 목표 대상은 사람이고 손가락은 환경요소이다. 문에 연결되어 있는 모서리가 사람의 손가락에 상처를 주는 것이 문제이다. 문이 사람을 차단하는 유익한 기능을 수행하면서 생기는 유해한 기능이 바로 문의 모서리가 사람의 손가락을 다치게 하는 상황이다. 문이 사람을 차단하는 좋은 기능을 수행하기 때문에 문에서 사람으로 향하는 기능의 화살표는 실선이다. 반면 문의 모서리는 어린이의 손가락을 눌러 상처를 주기 때문에 점선 화살표이다.

문은 건물로 들어오는 침입자를 막아주고 바람과 비 등을 막아주는 좋은 기능을 주로 한다. 열려진 문이 회전장치, 바람, 옆 사람 등에 의하여 닫히는 경우 손가락에 상처가 생길 수 있다.

손가락은 문을 열기 위하여 문 가까이 위치할 가능성이 높다. 이것은 손가락이 문 모서리 가까이 위치하지 않도록 하면 손가락이 다칠 가능성이 낮다는 것을 의미한다. 구체적 예를 들면, 손가락으로 문을 열지 않는 경우 손을 다치는 경우는 발생하지 않는다. 즉 손가락이 문을 여는 기능을 다른 부분(부품)이 수행하게 하면 처음부터 손가락이 다칠 가능성은 없다. 또한, 손가락이 문을 여는 기능을 하지 않는 경우 문제(상처)가 발생할 가능성은 극히 낮다. 이것으로부터 많은 새로운 해결책을 생각할 수 있다. 기능분석도로부터 문은 닫힌 상태로 차단 기능을 수행하기도 하지만 열린 상태로 사람을 출입하게 한다.

문을 손가락으로 열기 때문에 문의 틈에 손가락이 순간적으로 위치할 가능성이 높다. 이로 인하여 손가락이 다치는 경우가 많다. 만일 문을 여는 기능을 손이 아닌 다른 부분이 수행하면 손가락이 다치는 경우는 발생하지 않는다는 사실을 알 수 있다.

3) 물리모순도출

4) 물리모순분석

예제 2 석쇠에 붙은 기름이 타는 문제

1) 경계영역 도식화

2) 시스템의 기능분석도 기술시스템은 불고기 구이기이고 목표대상은 고기이다. 기술시스템(불고기 구이기)는 사각형이고 목표대상(고기)는 둥근형으로 표현한다. 불고기 구이기가 고기를 가열(굽기)하는 것은 좋은 기능이므로 실선 화살표로 나타내었다.

기능분석에 이어 문제영역의 기능분석도를 그려보자. 기술시스템의 요소는 사각형이고 목표대상(고기)는 둥근형이며 환경요소(기름)은 육각형으로 표현한다. 불고기 구이기의 핵심요소 중 하나는 숯불이다. 숯불의 기능은 고기를 굽는 좋은 기능(실선 화살표)과 석쇠를 가열하는 나쁜 기능(점선 화살표)으로 구분할 수 있다. 석쇠는 고기를 지지하는 좋은 기능(실선 화살표)을 하지만 흡수된 열로 기름을 태우는 나쁜 기능(점선 화살표)도 한다.

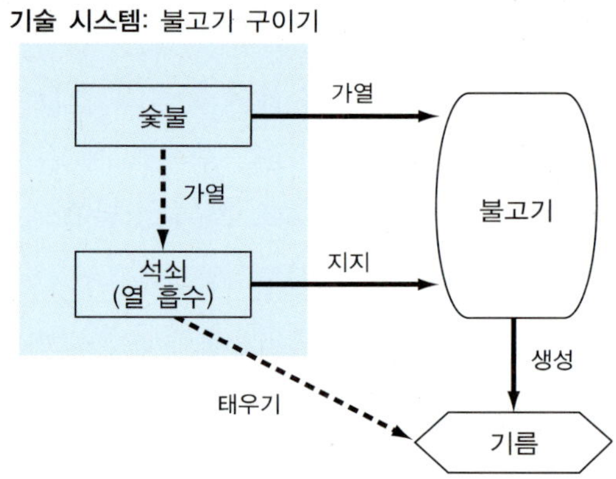

그림 26 불고기 구이기에 대한 기능분석도

3) 물리모순 도출 기능분석도로부터 여러 가지 모순들을 찾을 수 있다. 기능분석도의 석쇠에서 실선(유익)과 점선(유해) 화살표가 밖으로 나가고 있다. 이것은 물리모순이 석쇠에 있음을 의미한다. 3SPS의 경우에는 기능분석의 단계가 없어 물리모순 도출을 경계영역 도식화로부터 직관적으로 도출하였다. 그러나 4SPS의 경우는 기능분석도에 물리모순이 발생되는 요소가 도식적으로 나타나 쉽게 물리모순을 도출할 수 있다.

3-1) 물리모순 1: '석쇠는 있기도 하고 없기도 해야 한다.' 불고기 구이기에서 석쇠는 고기를 지지하기 위하여 반드시 있어야 한다. 하지만 이 경우 숯불로부터 열을 흡수하여 기름을 태우기 때문에 석쇠는 없어야 한다. 구이기에서 필요한 것은 석쇠 자체가 아니라 석쇠의 기능이다. 흡수한 열이 기름을 태우지 않게 하는 석쇠가 필요하다. 흡수한 열이 기름을 태우지 않게 하는 석쇠가 필요하다. 즉, 석쇠의 온도를 높지 않게 하면 된다.

3-2) 물리모순 2: '숯불은 고기를 굽기 위하여 있어야 하지만 석쇠를 가열하기 때문에 없어야 한다.' 숯불의 열원을 변화시켜 석쇠에 열이 적게 전달되게 하는 해결책이 필요하다.

4) 물리모순 분석 물리모순은 분리원리를 적용하여 해결한다. 3SPS에서 설명한 시간분리와 공간분리의 내용과 거의 비슷하다.

4-1) 물리모순 1의 분석: '석쇠는 고기를 지지하기 위하여 있어야 하고 기름을 붙지 않게 하기 위해 없어야 한다.'라는 모순을 시간과 공간적으로 분리시켜 분석한다.

- 시간분리: 석쇠가 시간에 따라 있기도 하고 없기도 하게 한다.
- 공간분리: 기름이 숯불에 타는 위치에는 석쇠가 없고 다른 위치에는 있다.

4-2) 물리모순 2의 분석: '숯불은 고기를 굽기 위하여 있어야 하지만 석쇠를 가열하기 때문에 없어야 한다.'라는 모순을 시간과 공간적으로 분리시켜 분석한다.

- 시간분리: 숯불은 석쇠가 가열되기 전에는 있고 가열되면 없다.
- 공간분리: 숯불은 고기에만 열을 가하고 석쇠에는 열이 가해지지 않는다.

4-3) 모순 해결책: 기능분석도에 따르면 석쇠는 단지 고기를 지지하는 기능을 수행한다. 고기를 가열하는 기능은 숯불이 수행하고 있다. 석쇠가 고기를 굽는 기능을 가지고 있지 않다면, 처음부터 석쇠는 고기를 굽는 장치의 핵심 기능요소가 아님을 알 수 있다. 만일 다른 요소가 석쇠의 기능을 대신할 수 있다면 석쇠를 제거하여도 고기를 구울 수 있다. 석쇠의 기능인 고기를 지지하는 역할을 할 수 있게 하는 방법은 무엇일까? 여기서 석쇠라는 특정 부품의 명칭은 제거되고 오직 부품의 기능만을 생각한다. 만일 고기를 공중에 매달면 석쇠는 없어도 된다. 여러 가지 생각을 할 수 있다.

Chapter 03

3D 프린터와 3차원 모델링

1 3D Modeling 시스템

3차원 모델링은 설계단계에서 전개되는 아이디어에 따라 설계할 물체의 형상을 구체화하는 과정이라 생각할 수 있다. 따라서 설계지원 도구로서의 CAD 소프트웨어는 이러한 형상의 상세화 과정을 용이하게 해주어야 한다. 따라서 전형적인 CAD 소프트웨어는 2 가지 부류로 구분될 수 있는데 하나는 설계 아이디어를 2 차원에서 구현할 수 있게 해주는 컴퓨터이용 제도 시스템(CAD system)과 3차원 형상 모델링이 있다. 형상 모델링 시스템을 이용한 설계과정은 찰흙을 이용하여 머릿속에 생각하고 있는 형상을 만들어 가는 과정을 생각해 보자 이들은 종이나 펜은 전혀 사용하지 않고 찰흙을 붙이거나 떼어내거나 변형시키면서 궁극적으로 원하는 형상을 완성시켜 간다. 이것은 아이디어의 전개에 따라 형상을 구체화시키는 과정이기 때문에 설계라 부를 수 있다.
즉, 도면에 관한 아무런 지식이나 펜, 종이 등이 없이도 설계가 수행되고 있는 것이다. 만일 이 설계 결과가 시험제작이나 양산을 위해 다른 사람에게 전달되어야 한다면 필요한 대부분의 정보가 담겨있는 만들어진 실물 모형이 사용될 수 있다. 하지만 도면없이 찰흙과 같은 재료만으로는 복잡한 형상을 정확한 치수로 상세화하는 것은 매우 어렵다. 더욱이 실물 모델로부터 생산에 필요한 모든 정보를 정확히 얻어내는 것은 실제로는 대단히 곤란한 일이다. 형상 모델링 시스템은 실물 모델을 만들고 자연스럽게 다룰 수 있는 실제와 유사한 환경을 제공하면서 실제모델을 사용할 때 발생하는 제반 문제점을 해결할 수 있다. 즉, 찰흙 모델을 가지고 하는 것처럼 설계자는 형상 모델링 시스템의 사용하여 형상을 변형시키고, 더하고 또 깎아낸다. 이렇게 가시화된 컴퓨터 모델은 실제 모델처럼 화면에 보일 수 있지만 만질 수는 없다. 그러나 3차원 컴퓨터 모델은 수학적 표현을 가지고 있기 때문에 시작품 생산이나 양산을 위한 정확한 치수 측정이 필요 없으므로 실물 모델의 가장 큰 단점을 해결할 수 있다. 형상 모델링 시스템은 그 변천과정에 따라 와이어프레임 모델링 시스템(wireframe modeling system), 곡면 모델링 시스템(surface modeling system), 솔리드 모델링 시스템(solid modeling system), 그리고 비다양체 모델링 시스템(nonmanifold modeling system)으로 분류된다.

1.1 와이어프레임 모델링 시스템

와이어프레임 모델링 시스템(wireframe modeling system)은 물체 위의 특징 선과 끝점으로 형상을 표현한다. 따라서 물체의 화면 표시도 이들 선과 점으로 구성되고 이들 선과 점의 수정을 통해 모델의 형상 수정이 이루어진다. 즉, 물체의 시각모델은 간단한 선으로 이루어진 골격이며, 이를 위해 저장해야 할 수학적 표현은 선들의 곡선 방정식, 점들의 좌표, 그리고 이들간의 연관성 정보이다. 여기서 연관성 정보란 어떤 점이 어떤 선의 끝점인지, 어떤 선과 어떤 선이 어디서 서로 인접하고 있는지 등을 이야기한다. 와이어프레임 모델링 시스템은 형상 모델링 시스템의 초기에 널리 사용되었다. 그 이유는 형상을 만들기 위한 사용자의 입력작업이 간단하고 또 개발이 용이하기 때문이었다. 그러나 이의 시각 모델은 선으로만 이루어져 있다. 또한 이의 수학적 모델은 물체의 내부와 외부를 경계짓는 면에 관한 정보가 없으므로 3차원 모델임에도 불구하고 질량에 관한 성질이 계산될 수 없고, 면가공을 위한 공구경로를 얻을수 없으며, 해석을 위한 유한요소의 자동생성이 불가능하다. 이러한 필수적 설계지원 기능의 미비로 인해 와이어프레임 모델링 시스템은 곡면 모델링 시스템이나 솔리드 모델링 시스템으로 대체되고 있다.

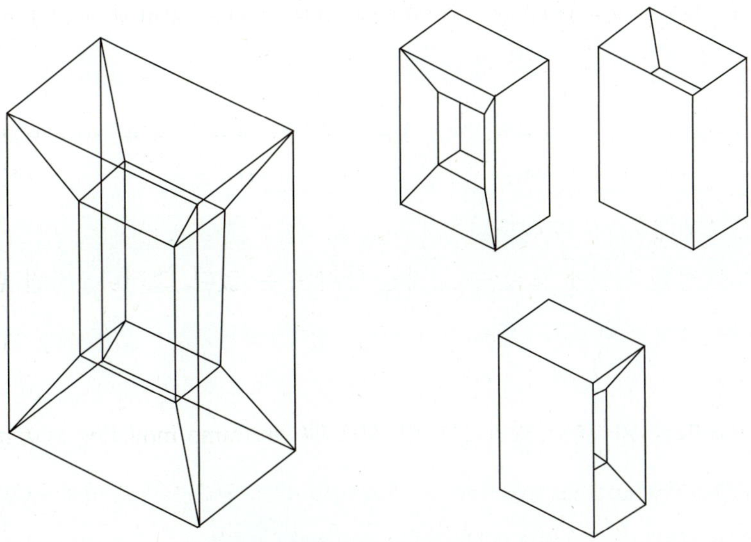

그림 1 와이어 프레임 모델링

1.2 서피스 모델링 시스템

곡면 모델링 시스템(surface modeling system)에서의 컴퓨터 모델은 와이어프레임 모델에서 지원하는 특정 선 및 끝점 정보에 덧붙여 면의 정보에 대한 수학적 표현을 포함하고 있다. 따라서 화면 위의 시각 모델을 조작하면 곡면 방정식의 리스트, 곡선 방정식의 리스트 및 끝점의 좌표로 이루어진 모델 데이터가 갱신된다. 곡면 모델링 시스템에서의 시각 모델은 면에 색을 칠하거나 음영처리를 하지 않으면 와이어프레임 모델처럼 보일 수도 있다.

모델의 수학적 표현은 곡면간의 연관성 정보를 포함할 수도 있다. 이런 인접 정보는 어떤 적용분야에서는 매우 유용하다. 예를 들면 NC밀링을 위한 공구경로 생성 프로그램은 가공할 곡면에 인접한 곡면에 가우징(예측하지 않은 과절삭)이 발생하는지를 검사해야 한다. 그러나 곡면 모델링 시스템은 대부분의 경우 무한 곡면의 곡면방정식(혹은 곡면을 정의하는 특성값들)만을 연관정보 없이 저장한다. 곡면을 정의하는 특성값이란 원통면을 예로 들면 중심축의 위치와 방향 그리고 반지름이 된다. 곡면 모델링 시스템이 연관성 정보를 제공하지 않으면 NC 공구경로 생성 등과 같은 응용 프로그램들은 스스로 곡면간의 교차경계를 계산해서 곡면간의 연관성을 유도해 낼 필요가 있다. 이러한 불편함 때문에 최근의 곡면 모델링 시스템들은 연관성을 정보를 지원하도록 개발되고 있다.

곡면 모델링 시스템에서 곡면을 생성하기 위해서는 다음 3가지 방법이 주로사용되고 있다. (1) 곡면상의 점들을 입력받아 이 점들의 보간 곡면을 생성하는 방법, (2) 곡면상의 곡선들을 그물형태로 입력받아 보간 곡면을 생성하는 방법, (3) 주어진 곡선을 직선이동 혹은 회전 이동하여 곡면을 생성하는 방법. 이들 생성 방법들은 곡면 모델링 시스템마다 조금씩 다를 수 있다. 복잡한 곡면을 생성할 수 있는 곡면 모델링 시스템이 사용되는 주요한 목적으로 두 가지를 들 수 있는데, 하나는 시각 모델을 통해 심미적 평가를 하고자 할 때이고, 다른 하나는 NC 공구경로를 계산하기 위해 가공할 곡면의 수학적 정보를 얻고자 할 때이다.

즉, 3차원 형상을 면(Surface)형식으로, 즉 3차원의 물체를 2차원 표면의 구성 요소로 분해하여 형상을 표현하는 기법으로 물체의 경계면을 구성하는 요소를 기초로 모델링이 이루어지므로 경계면 모델링(boundary surface modeling)이라고 한다. 이 방식은 곡면을 넙스(Nurbs)라고 하는 수학적 면 정보로 곡면을 정의하기 때문에 폴리곤 방식보다 더 정확한 형상을 구현할 수 있다. 가공면을 정확히 인식하므로 NC작업과 같은 CAM 가공이 용이한 방식이다. 한편 실제 치수를 기반으로 하지만 형상의 모든 부분을 면 정보로만 정의할 수 있기 때문에 표면에 대한 정보는 제공하지만 물체의 내부에 대한 정보를 제공하지 못하기 때문에 컴퓨터에 의한 물체의 용적이나 체적을 구할 수 없는 단점이 있다. 따라서 겉 표면만이 존재하는 모델링기법으로 인식되며 컴퓨터의 속도와 메모리의 용량을 적게 쓴다. 3D Max와 같은 프로그램이 이 방식에 해당하며 주로 표면을 랜더링하기 위한 목적이나 애니메이션 등의 필름용, 화면용으로 데이터를 출력하는 용도에 많이 쓰이며, 기계 및 공산품 설계와 조립 체계 등을 정립하는 데는 부적합하다. 최근 애니메이션 작업에서는 넙스의 부드러운 곡면과 수정이 편리한 폴리곤의 장점을 결합한 새로운 방식인 “서브디비전 서피스”(Subdivision Surface)를 많이 사용하고 있다.

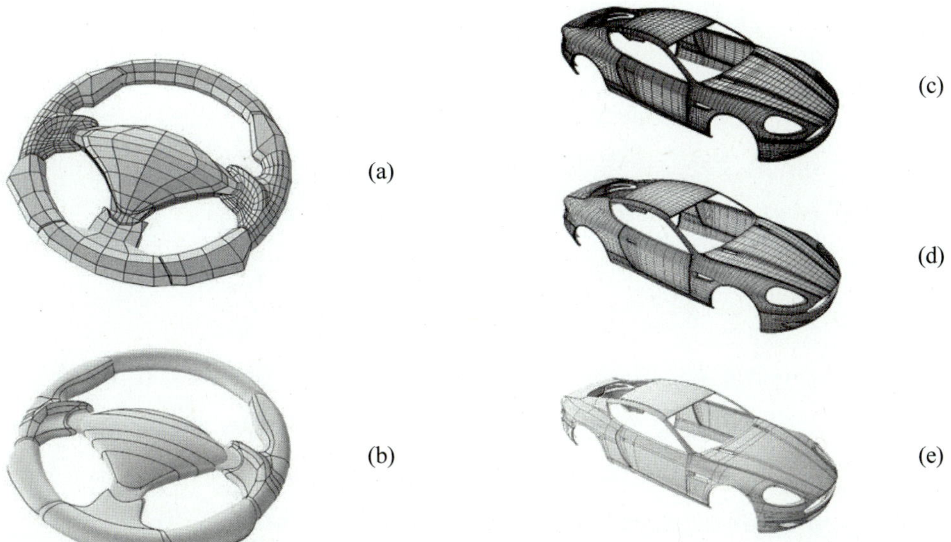

(a) & (c): Subdivision surface, (b) & (e): NURBS surfaces, (d): Smooth Subdivision surface

그림 2 서피스 모델링

1.3 솔리드 모델링 시스템

대부분의 솔리드 모델링 시스템에서 제공하는 모델링 기능은 크게 다섯 가지로 분류할 수 있다. 첫째는 시스템 내에 기본적으로 자주 사용되는 기본 입체(primitive)를 미리 기억시켜 두고 이를 크기만 바꾸어 불러내는 방법이다. 이는 기본입체 생성 기능이라 불린다. 한편 이들은 덧붙여지거나 빼내어져서 원하는 입체 형상이 되기도 하는데, 이렇게 조작되는 것을 “불리안 작업(Boolean operations)”이라 부른다. 이러한 첫번째는 모델링 기능은 찰흙을 이용해 실제 모델을 만드는 것과 비슷한 과정을 통해 설계자로 하여금 목표 물체와 유사한 모델을 빠르게 생성할 수 있게 해준다.

두 번째는 면을 이동시켜 모델을 만드는 기능이다. 여기에 속하는 모델링 기능으로는 스위핑(sweeping)과 스키닝(skinning)이 있다. 스위핑이란 평면에서 미리 정의한 폐쇄단면을 직진 이동 혹은 회전시켜 솔리드를 얻는 것이다. 회전시키는 것은 스윙잉(swinging) 이라고도 부른다. 평면 폐쇄단변을 정의할 때 형상을 직접적으로 정의하는 대신 사용자는 형상 구속조건이나 치수를 입력할 수 있다. 여기서 형상 구속조건이란 형상요소간에 유지되어야 할 조건을 말한다. 이 경우 시스템은 조건을 만족시키는 정확한 형상을 만들어 내고 따라서 형상 구속조건이나 치수조건을 수정하면 평면 폐쇄단면 및 이로부터 생기는 솔리드는 따라서 변하게 된다. 이런 모델링 기능은 파라미터를 변경함으로써 다양한 솔리드를 만들어 낼 수 있으므로 파라메트릭 모델링(parametric modeling) 이라고 부른다. 여기서 파라미터란 형상 구속조건 혹은 치수조건을 이루는 상수값들이 된다. 스키닝(skinning) 모델링 기능은 원하는 물체의 연속된 단면이 주어졌을 때 이를 감싸는 표면 곡면을 만들어 내는 기능이다. 단면만으로도 물체를 매우 정확히 표현할 수 있는 경우가 많이 있으므로 두 번째 모델링 기능은 설계자로 하여금 처음부터 최종 형태와 매우 유사한 모델을 만들 수 있게 해준다.

세 번째 모델링 기능은 주로 모델의 기존 형상을 수정하는 기능들이며 라운딩(혹은 블렌딩)과 리프팅이 전형적인 예이다. 네번째는 솔리드 모델을 이루는 하위 요소들 즉 꼭지점, 모서리, 그리고 면들을 직접 조작하는 경계 모델링(boundary modeling) 등의 방법이다. 이것은 곡면 모델링 시스템의 모델링 방법과 유사하다. 마지막은 기존의 설계자에게 익숙한 형상단위로 솔리드 모델을 만들 수 있게 해주는 방법이다. 즉, 형상 모델링(feature based modeling) 이라 한다. 이 방법은 최근 상당한 주목을 받고 있는데 이유는 이렇게 생성된 모델이 특징형상의 제작에 관한 정보를 가지게 되고 이것 없이는 공정계획이 자동으로 생성될 수 없기 때문이다. 다른 방법으로 만들어진 모델은 면, 모서리 , 꼭지점 등에관한 단순 기하학적 정보만을 가지게 된다.

기본 입체 생성 기능 이 기능은 미리 간단한 형상의 기본 입체를 프로그램에 기억시켜 놓고 사용자 지정한 크기로 만들어 불러낼 수 있게 한다. 대부분의 솔리드 모델링 시스템에서 제공하는 기본 입체를 보여준다. 그림에서 알파벳 기호가 붙여진 치수들은 사용자가 정해야 할 크기 파라미터들이다. 기본 입체들은 컴퓨터 내에 프로시져의 형태로 그것이 생성되는 과정이 저장되어 있고 크기 파라미터들은 해당 프로시져에 인수로 전달된다.

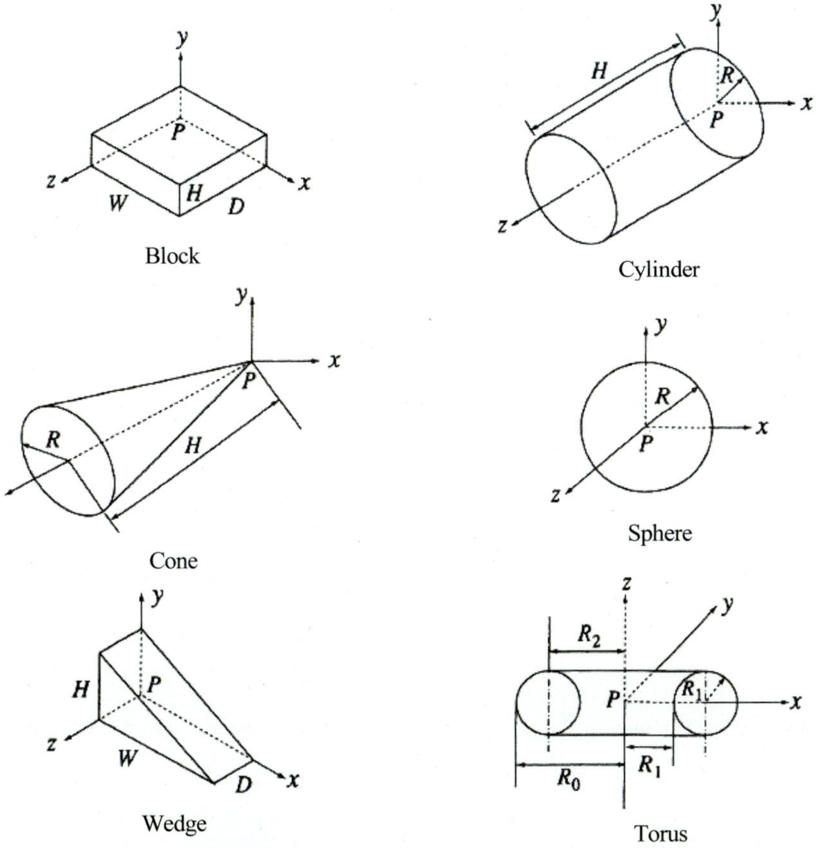

그림 3 파라메틱 모델링을 위한 기본형상

1.3.1 불리안 작업

솔리드 모델링에서 원하는 기본 입체를 불러내어 모델을 만드는 것은 매우 쉽고 효율적이지만 가능한 모든 적용분야에서 필요한 모든 형상을 미리 만들어 놓는 것은 불가능하다. 그러나 기본 입체의 조합은 모델 가능한 형상의 범위를 비약적으로 확장시킬 수 있다. 이런 목적으로 집합이론에서의 불리안 조작이 기본 입체를 조합하는 데 사용된다. 즉 각 기본 입체는 그것을 이루는 공간점들의 집합이므로 이점 집합들에 대해 불리안 조작이 수행되고 결과로 나온 점 집합에 의해 솔리드 모델이 형성된다. 대부분의 솔리드 모델링 시스템이 제공하는 불리안 작업은 합집합(union), 교집합(intersection), 그리고 차집합(difference)이며 다음 그림 4~6에 나타내고 있다. 여기서 불리안 작업시 각각의 물체에 대해 그 위치와 방향을 지정하는 작업이 선행되어야 하는 점에 유의하여야 한다. 또한 불리안 작업은 기본 입체뿐만 아니라 모델링 중간 단계의 임의의 물체 간에도 수행될 수 있다. 한편 불리안 작업과 유사한 방식으로 구현된 모델링 기능으로

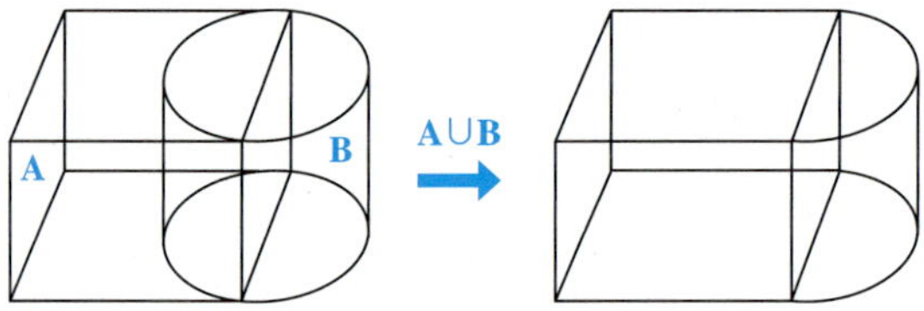

그림 4 합집합(union)

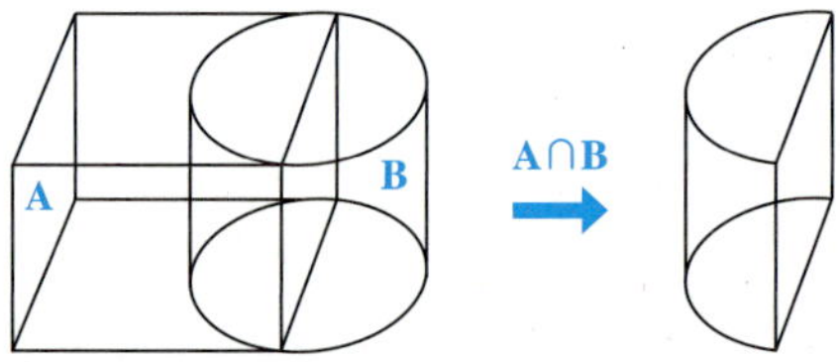

그림 5 교집합(intersection)

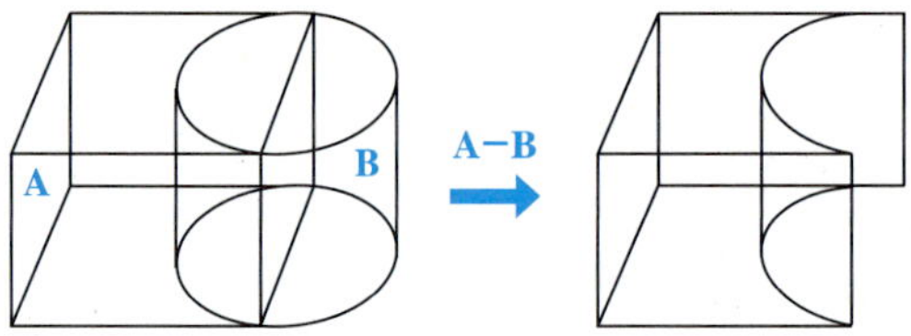

그림 6 차집합(difference)

절단(cutting)작업이 있다. 평면으로 솔리드 모델을 절단하면 결과 모델은 두 조각 혹은 그 이상의 솔리드 모델이 된다. 이와 같은 결과는 절단면을 포함하는 육면체를 이용한 차집합을 적용해도 동일하게 얻을 수 있으므로 불리안 조작의 특수한 형태로 구현될 수 있다. 불리안 조작을 사용할 때의 결과가 적절치 않을 수도 있으므로 주의하여야 한다. 그림 7은 조작의 결과로 솔리드 모델이 얻어지지 않는 경우를 보여준다. 이와 같은 결과가 예측되면 어떤 솔리드 모델링 시스템은 사용자에게 경고를 주지만 그렇지 않은 시스템의 경우는 작동이 정지되는 경우도 있다. 최근의 비다양체 모델링 시스템은 와이어 프레임, 곡면 및 솔리드 모델의 혼합 형태를 허용하므로 이러한 경우를 수용할 수 있다.

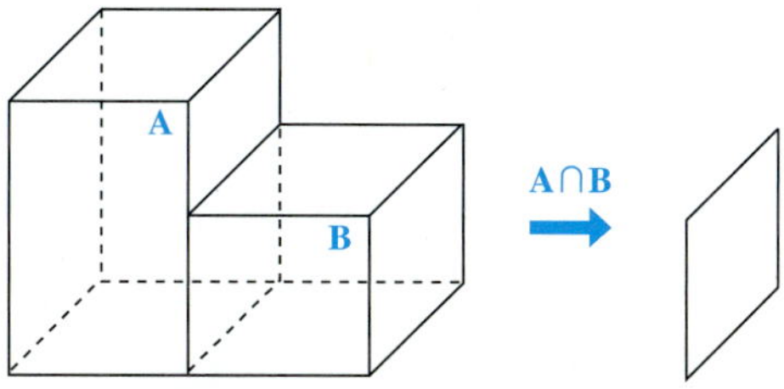

그림 7 주의해야할 모델링 편집

1.3.2 스위핑

스위핑이란 폐쇄된 평면 영역이 단면이 되어 직진 이동 혹은 회전 이동시켜 솔리드 모델을 만드는 모델링 방법이다. 단면이 직진 이동되면 직진 스위핑(transl-ational sweeping)이라 부르고, 회전되면 스위밍(swinging) 혹은 회전 스위핑(rotational sweeping) 이라 부른다. 만일 이동되거나 회전될 단면이 닫히지 않았다면 스위핑의 결과는 솔리드가 아닌 곡면이 될 것인데, 사실은 이것이 곡면 모델링 시스템에서 제공되는 스위핑 기능이다. 그림 8. 9는 두 가지 형태의 스위핑의 예를 보여주고 있다. 여기서 360도의 회전을 보여주고 있지만 대부분의 경우 회전각도가 360도 보다 작은 경우도 처리 가능하다.

1.3.3 스키닝

스키닝이란 미리 정해진 연속된 단면을 덮는 표면 곡면을 생성시켜 닫혀진 부피 영역 혹은 솔리드 모델을 만드는 모델링 방법이며, 그 예가 그림 10에 나와 있다. 이것은 경계나 단면이 되는 골격을 헝깊이나 비닐로 덮어 구조물을 만드는 것과 유사하다. 이 때 양끝 단면에 면을 형성시키지 않으면 결과 모델은 솔리드가 아닌 곡면이 되며, 이것이 곡면 모델링 시스템에서 제공하는 스키닝 모델링 기능이다.

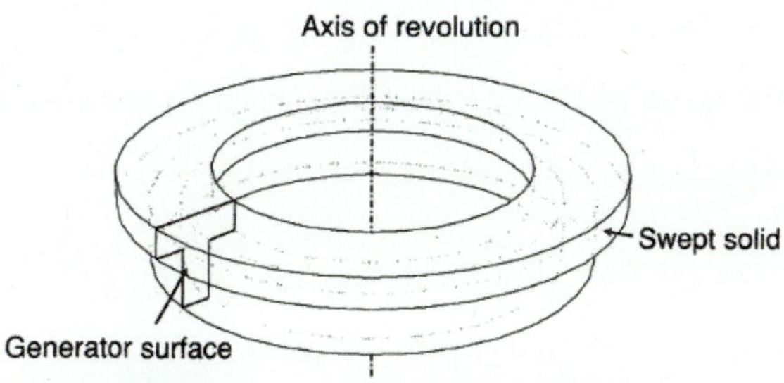

그림 8 회전 스위핑(rotational sweeping)

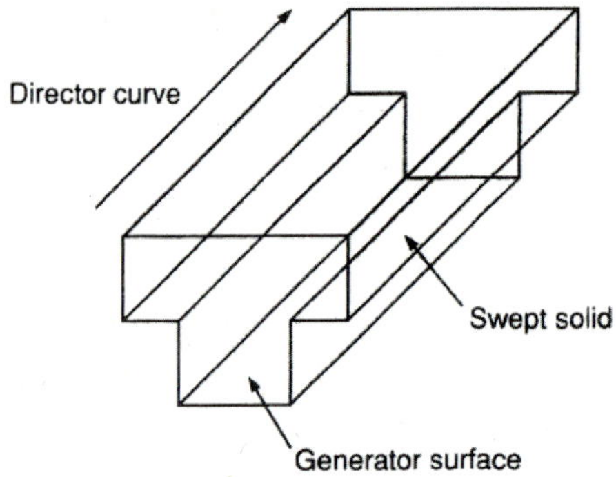

그림 9 직진 스위핑(transl-ational sweeping)

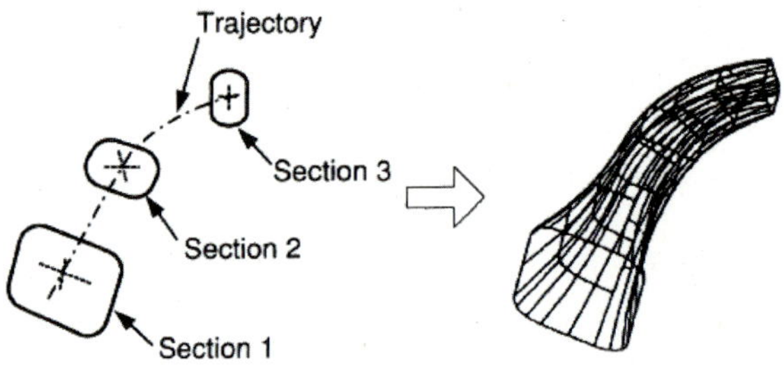

그림 10 스키닝

1.3.4 라운딩(필렛)

라운딩(또는 필렛)은 만들어진 모델을 수정하는 기능의 하나로, 면들이 모서리나 꼭지점에서 예리하게 만날 때 기존면에 법선벡터가 연속되는 부드러운 곡면을 생성하여 그 부분을 대치하는 작업이다. 그림 11의 (a)는 예리한 직선 모서리를 원통면으로 대치한 경우이다. 이 때 원통면의 법선벡터는 인접하는 평면과의 공통 경계선에서 연속이다. 그림 12는 예리한 꼭지점이 원통 면으로 대치된 경우이다. 마찬가지로 원통면의 법선벡터는 인접면과의 경계선에서 연속이다. 라운딩 효과를 얻기 위해 부피를 제거하는 것이 아니라 덧붙여야 할 경우도 있는데, 이를 필릿팅(filleting) 이라고도 한다. 그림 11의 (b)는 필릿팅의 예를 보여주고 있다.

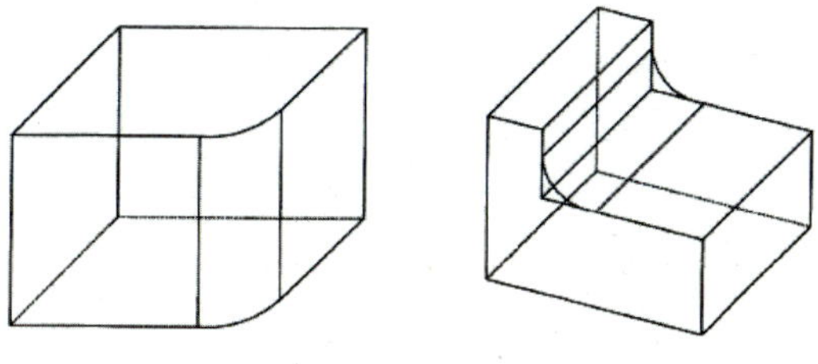

(a) (b)

그림 11 모서리 라운딩

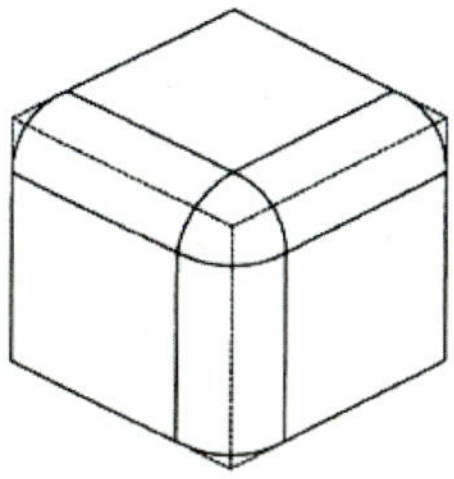

그림 12 꼭지점 라운딩

1.3.5 리프팅

리프팅이란 솔리드 모델을 구성하는 면의 일부 혹은 전부를 원하는 방향으로 당겨서 결과적으로 물체를 늘어나도록 하는 작업이다. 그림 13의 (b)에서 보인 바와 같이 면의 일부만 리프팅 시키려면 먼저 면을 분할해야 하며 사용자는 이를 위해 단순히 분할선을 지정해 주기만 하면 된다. 하지만 면 분할이 완성되기 위해 내부적으로는 면 연관성 정보의 갱신 등과 같은 많은 작업이 수행되어야 한다. 리프팅 기능을 사용할 때 리프팅 방향과 거리를 적절히 부여하여야 한다. 그렇지 않으면 그림 14과 같이 리프팅에 의해 확장된 부분과 물체 자신이 간섭을 일으킬 수 있다. 만일 리프팅에 의해 간섭이 일어날 때 불리안 작업의 합집합과 같은 결과가 얻어지게 하면 문제가 없을 수도 있으나 애초에 리프팅은 국부적이고 부분적이고 변형을 위한 기능이기 때문에 그림 14과 같은 경우는 원하지 않은(invalid) 결과를 만들어 낸다.

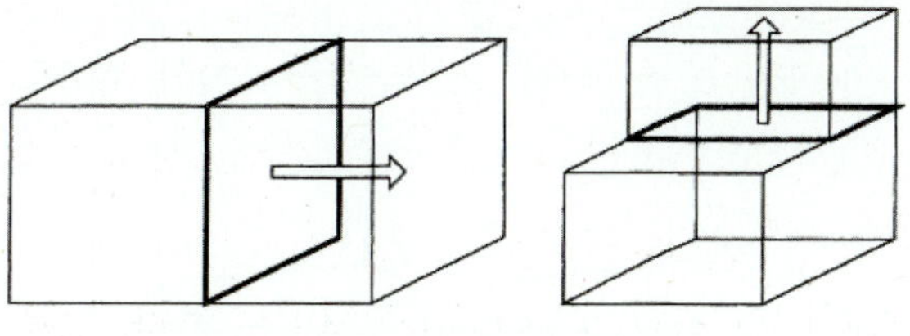

(a) (b)

그림 13 리프팅 작업

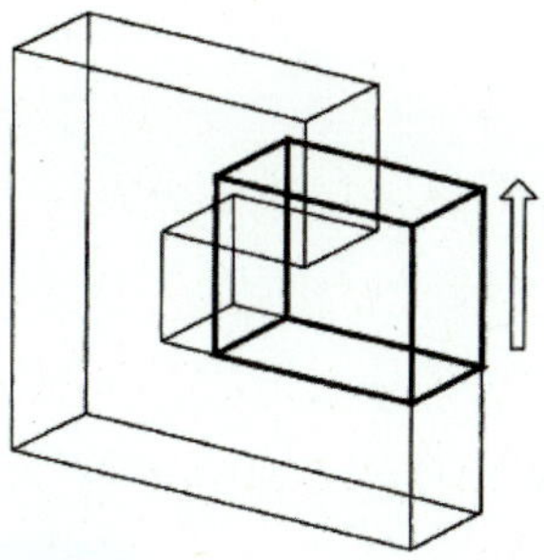

그림 14 리프팅 작업에서 주의점

1.3.6 경계 모델링

경계 모델링이란 솔리드 모델을 직접 조작하기 위해 하위 구성요소인 꼭지점, 모서리 및 면 등을 직접 더하고 빼고 수정하는 것을 모두 일컫는다. 따라서 경계 모델링 기능을 사용하는 과정은 곡면 모델링 시스템을 사용하는 것과 매우 유사하다. 즉 점을 생성하고, 이 점들을 잇는 모서리를 생성하고, 이를 경계 모서리로 하는 면을 생성한다. 그러나 곡면 모델링 시스템과 달리 솔리드 모델링 시스템에서는 닫힌 부피 영역을 만드는 모든 면을 정의해야 한다.

그림 15는 경계 모델링 방법을 이용해 쐐기모양 입체를 만드는 과정이며 점 생성 기능, 모서리 생성 기능, 면 생성 기능을 포함하고 있다. 그림에서 짐작할 수 있는 바와 같이 경계 모델링 기능만을 이용하여 모델을 만드는 것은 매우 지루하고 힘든 일이다. 이 기능은 사실 스위핑 혹은 스키닝 등을 위한 2차원 도형의 생성단계에서 주로 사용된다. 그러나 경계 모델링 기능은 기존의 물체를 수정하는데 효과적으로 사용될 수 있다.

그림 16과 같이 관련된 부분을 변형시키면서 꼭지점을 새로운 위치로 옮길 수 있다. 또한 그림 17와 같이 직선 모서리를 곡선 모서리로 바꾸고 그 모서리에서 만나는 면들을 새로운 곡면을 바꿀 수 있다. 그리고 그림 18과 같이 평면을 새로운 곡면으로 바꿔서 해당면과 그 경계 모서리를 변형시킬 수 있다. 때로 곡면 모델링 시스템에 의해 만들어진 곡면을 불러들여 기존 모델의 평면을 바꾸기도 하는데 이러한 모델링 기능을 트위킹(tweaking)이라 한다. 이 기능은 평면 다면체에 수월하게 적용할 수 있기 때문에 곡면으로 이루어진 입체를 모델링 하는데 매우 유용하게 사용될 수 있다.

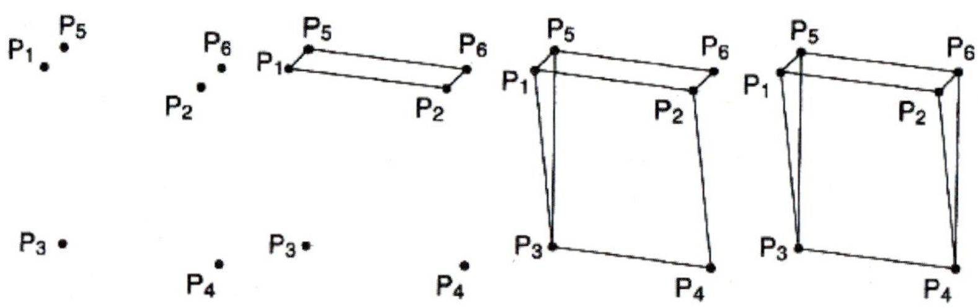

그림 15 경계 모델링 방법을 이용한 솔리드 모델링

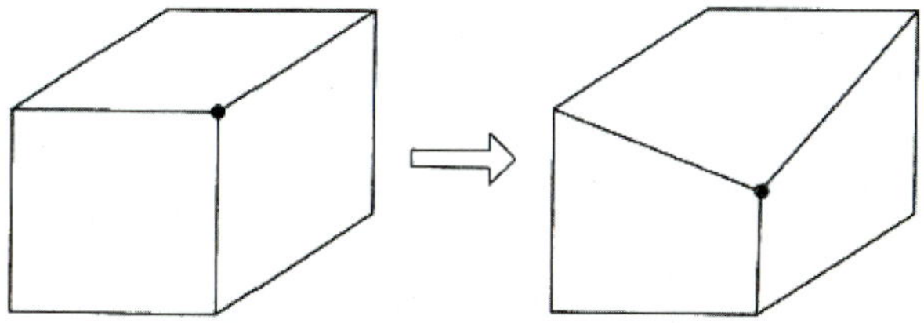

그림 16 꼭지점을 이용한 모델링 수정

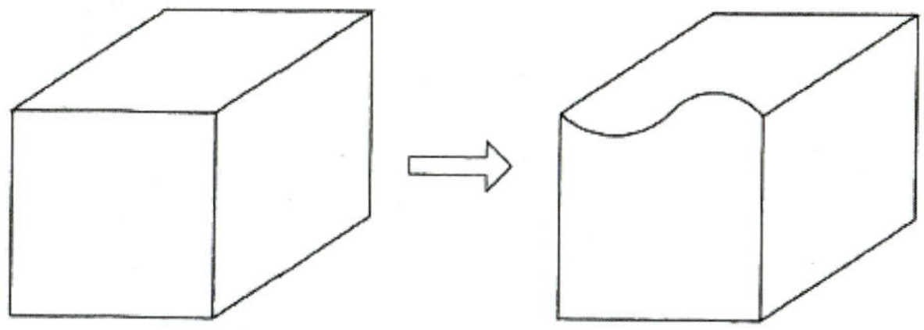

그림 17 모서리 변경에 의한 모델링 수정

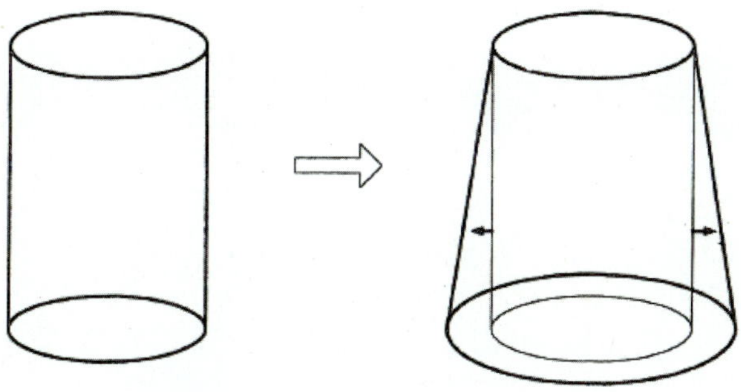

그림 18 면의변경에 의한 모델링 수정

1.3.7 특징형상 모델링

특징형상 모델링은 설계자에게 친숙한 형상단위로 물체를 모델링할 수 있게 해준다. 이렇게 만들어진 솔리드 모델은 꼭지점, 모서리 및 면 등의 기본적인 형상 구성요소에 관한 정보뿐만 아니라 형상단위에 관한 정보도 포함하게 된다. 예를 들면, 설계자는 "어떤 위치에 어떤 크기를 가지는 구멍을 만들어라" 혹은 "어떤 위치에 어떤 크기의 모따기를 해라"와 같은 명령을 사용할 수 있고 결과 물체에는 구멍과 모따기에 대한 존재사실, 크기 및 위치에 관한 정보가 담기게 된다. 이와 같은 형상단위를 특징형상(feature)이라고 부르며, 이러한 모델링방법을 특징형상 모델링(feature-based modeling)이라고 한다. 솔리드 모델링 시스템에서 지원되는 특징형상의 종류는 많이 사용되는 적용분야가 무엇인가에 따라 결정될 수 있다. 대부분의 시스템이 제공하는 전형적인 특징형상은 모따기(chamfer), 구멍(hole), 필릿(fillet), 슬롯(slot), 포켓(pocket) 등과 같은 것이다. 이들은 가공 특정형상이라 불리는 것들인데 각각이 하나의 가공단위가 되기 때문이다. 예를 들면, 구멍은 드릴링에 의해 가공될 수 있으며 포켓은 밀링에 의해 가공될 수 있다. 이와 같이 가공 특정형상의 존재여부, 크기 및 위치에 대한 정보가 있으므로 솔리드 모델로부터 공정계획을 자동으로 생성시키는 것이 시도될 수 있다. 사실 현재 CAD와 CAM은 컴퓨터이용 분야이면서도 서로 분리되어 존재하고 있다. 하지만 CAD 모델을 기반으로 한 자동화 공정계획 생성이 현장에서 사용될 수 있다면 둘 사이는 실제적인 연결점을 가지게 될 것이다. 따라서 그림 19에서와 같은 물체는 불리안 작업보다는 슬롯과 구명의 특정형상으로 모델링 되어 공정계획을 쉽게 만들어 주는 것이 바람직하다. 그림 20은 다른 특징형상의 사용을 보여준다.

특징형상 모델링에 있어서 한 가지 문제점은 여러 적용 분야에 대해 필요한모든 특징형상을 제공할 수 없다는 것이다. 이런 문제를 해결하기 위해 많은 특징형상 모델링 시스템은 필요한 특징형상을 정의할 수 있는 언어를 제공한다. 특정형상을 정의할 때 그 크기를 결정하는 파라미터들도 같이 정의되어야 한다. 기본입체가 크기 파라미터를 바꿈으로써 여러 다른 크기로 생성될 수 있듯이 특정형상도 파라미터를 바꾸어 다른 크기로 생성될 수 있다. 특정형상을 정의하는 파라미터의 값을 다르게 지정하여 모델의 크기를 바꾸는 것도 파라메트릭 모델링에 의한 형태이다.

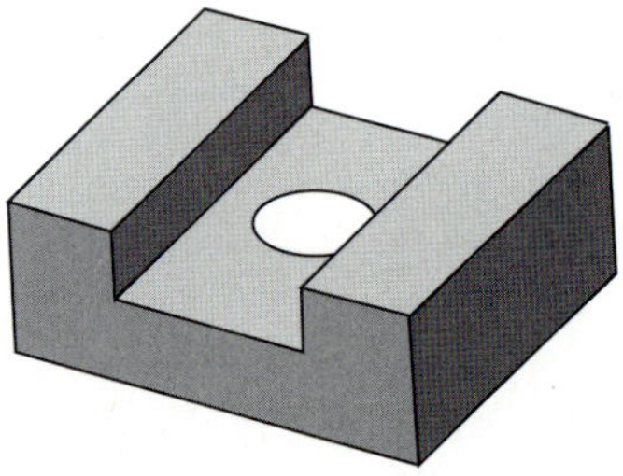

그림 19 슬롯과 구멍이 있는 모델링

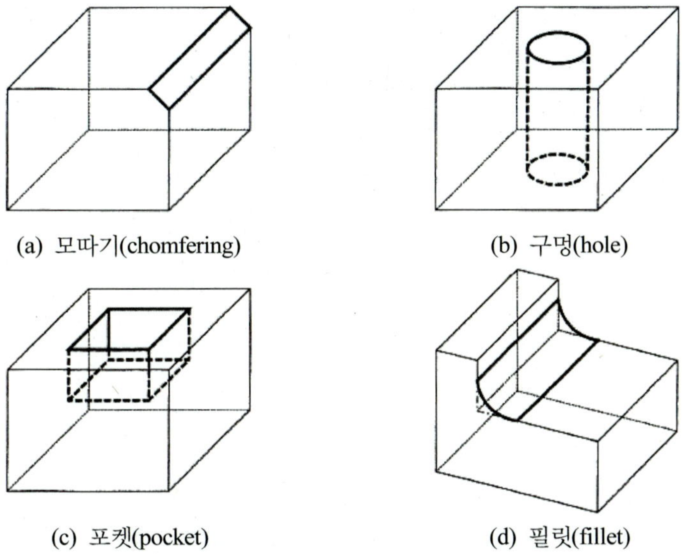

그림 20 특징형상들의 예

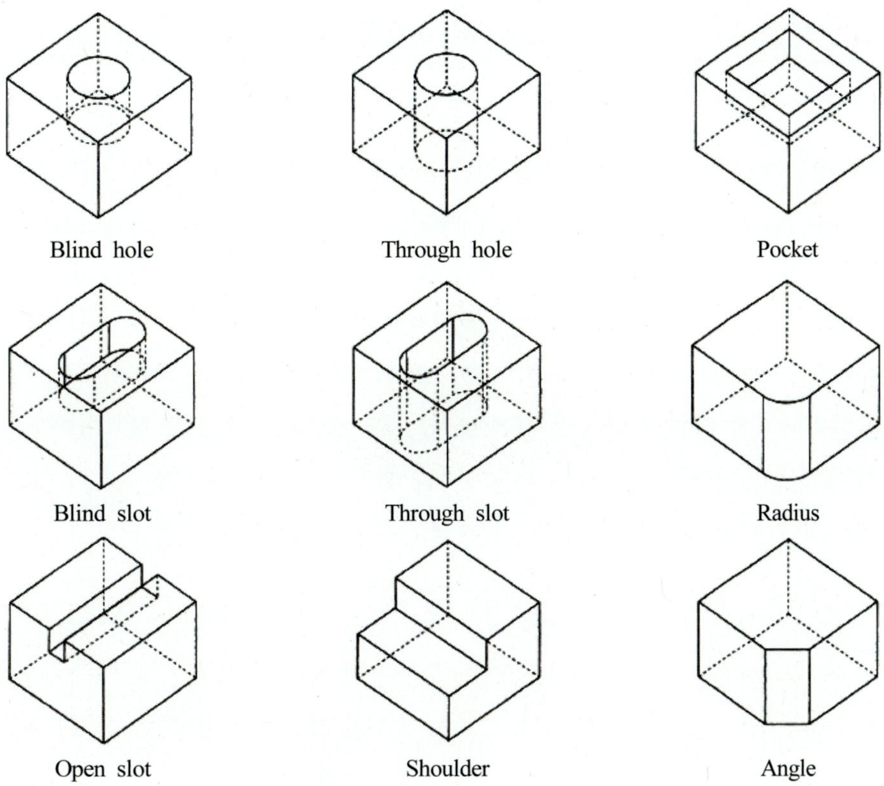

그림 21 전형적인 가공 형상들

1.3.8 파라메트릭 모델링

파라메트릭 모델링에서는 사용자는 형상 구속조건과 치수 조건을 이용하여 형태를 모델링 하게 된다. 또한 치수조건이란 형태에 부여된 치수값과 이들 치수사이의 관계를 말한다. 치수 사이의 관계는 설계자에 의해 수학식으로 부여된다. 따라서 파라메트릭 모델링 시스템은 형상 구속조건을 표현하는 수학식, 부여된 치수값으로부터 얻어지는 수학식, 그리고 치수관계로부터 얻어지는 수학식을 풀어 만족되는 형상을 만들어 낸다. 파라메트릭 모델링에서 형상은 보통 다음과 같은 순서로 만들어진다.

1. 자유(free) 스케치로 2차원 형태를 입력한다.
2. 형상 구속조건과 치수조건이 대화식으로 입력한다.
3. 주어진 형상 구속조건과 치수조건을 만족하는 2차원 형상이 재생성된다.
4. 형상 구속조건과 치수조건의 수정을 통해 물체의 형상을 조정하는 2번과 3번 과정을 바람직한 형상이 얻어질 때까지 반복한다. 이 과정이 그림 22에 나타나 있다.
5. 2차원 형상을 스위핑하거나 스위밍하여 3차원 물체를 만들어 낸다. 여기서 사용될 수치값은 두께 혹은 회전 각도인데, 이것도 역시 치수조건이 되므로 후에 3 차원 형상을 수정하는 데 쉽게 사용될 수 있다.

파라메트릭 모델링방식에서 사용자는 형상요소를 직접 수정하는 것이 아니라형상 구속조건, 치수값, 그리고 치수 관계식을 사용하여 효율적으로 형상을 수정 한다는 점을 주목할 필요가 있다. 따라서 사용자는 형상요소의 자세한 부분에 구속됨 없이 많은 대안들을 만들어 볼 수 있고 설계의 성능적인 면에 집중할 수 있다. 파라메트릭 모델링 기법은 구속조건식을 푸는 방법에 따라 두 가지 종류로 구분된다. 하나는 식들을 순차적으로 풀어나가며 다른 하나는 동시에 푼다. 전자에서는 구속조건이 부여되는 순서에 따라 결과형상이 달라질 수 있다. 후자에서는 구속조건의 순서에 관계없이 같은 결과가 얻어지지만 상충하는 구속조건이 있을 때 문제가 생길 수 있다.

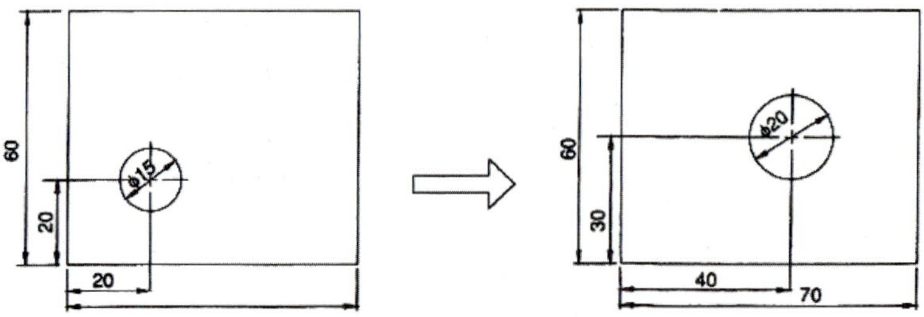

그림 22 구소조건에 의한 형상 수정(파라메트릭 모델링)

1.3.9 폴리곤 모델링

폴리곤(polygon)은 3D 그래픽을 구성하는 기본 단위인 '다각형 면'을 의미한다. 다각형 모양의 폴리곤이 여럿 모여서 하나의 캐릭터나 3D 오브젝트(3D Object)를 이루게 된다. 즉 입체 조형물은 각종 폴리곤들의 집합체로 구성되게 된다. 게임 제작에서 3D로 캐릭터나 각종 사물을 만들어 내는 3D 아티스트들이 3D 작업을 할 때 가장 많이 다루게 되는 것이 바로 이 폴리곤인데, 폴리곤의 모양을 변형하고 붙여가며 다양한 모양의 3D 오브젝트를 완성한다. 폴리곤의 개수에 따라 컴퓨터의 처리속도에 영향을 주므로 게임용 애니메이션 작업등에서는 하드웨어의 성능을 초과하지 않는 범위 내에서 폴리곤의 수를 조절하기 위해 많은 노력을 기울여야 한다. 폴리곤을 면을 일부러 적게 쓰는 '로우 폴리'(Low Poly)라고 불리는 모델은 형상 자체의 정교함은 떨어지지만 데이터 크기가 작기 때문에 빠른 움직임을 필요로 하는 게임 캐릭터 제작에 많이 사용한다. 이 방식의 가장 큰 장점으로는 삼각형 모서리를 자유롭게 움직여, 작업자가 직접 디테일한 조형이 가능하다는 점으로, 이 때문에 게임이나, 영화 등의 그래픽스 작업에 매우 적합하고, 널리 활용되고 있다. 그러나 실제 치수 기반이 아니기 때문에 CAD 작업이 어렵고, 완벽한 직선과, 완벽한 곡선을 만들 수 없는 것이 맹점이기에 기계 부품이나 공산품 설계 등의 작업보다는 유기적인 조형을 필요로 하는 작업에만 특히 유용하다.

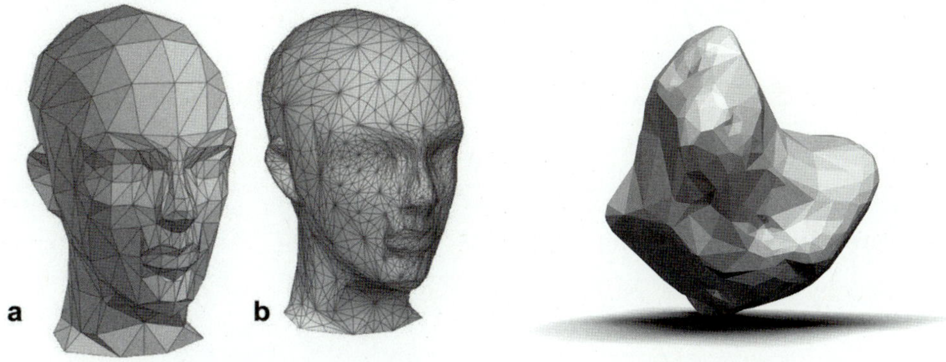

그림 23 폴리곤 모델링(a: Low Polygon, b: High Polygon)

2 3D 프린팅을 위한 STL FILE

STL은 3DSystem 사가 Stereolithograhy CAD소프트웨어 포멧으로 만들어 사용한 이후에 현재 다양한 CAD프로그램에서 사용하고 있다. STL 파일은 3차원 데이터를 표현하는 국제표준 형식 중 하나로 대부분의 3D 프린터에서 입력 파일로 많이 사용되고 있다. 이 파일을 창안한 사람은 3D SYSTEMS사의 공동 설립자인 찰스 홀이라고 한다. STL은 입체 물체의 표면 즉, 3차원 형상을 무수히 많은 3각형 면으로 구성하여 표현해주는 일종의 폴리곤 포멧이기 때문에 삼각형의 크기가 작을수록 고품질의 출력물 표면을 얻을 수 있는 것이다. STL 파일은 곡면을 표현하기가 곤란하지만 3각형의 분할 수를 많이 늘려서 보다 섬세한 삼각형으로 그려내면 거의 곡면과 유사한 형상이 된다. STL 파일의 생성은 보통 3D CAD SW에서 Export(내보내기)로 저장할 수 있다. STL 포맷은 모델의 컬러(색상)에 대한 정보는 저장하지 않으며 오직 한가지 색상만으로 저장한다. STL 파일의 종류는 ASCII, Binary Type이 있다.

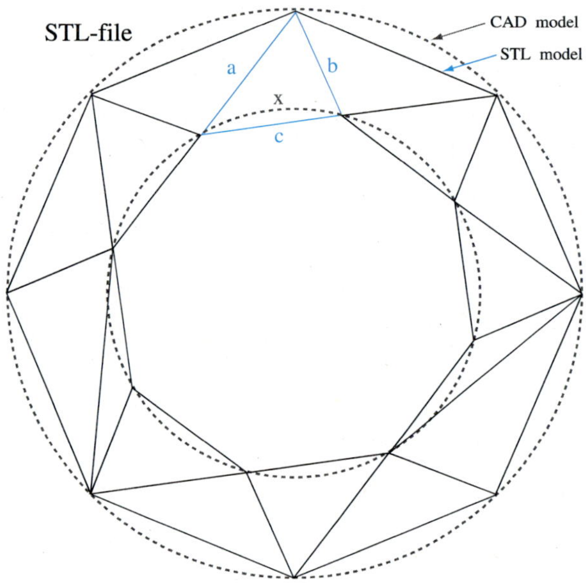

그림 24 STL 파일과 CAD 모델 파일의 비교(출처: https://en.wikipedia.org/wiki/STL_(file_format))

```
facet normal ni nj nk
    outer loop
        vertex v1x v1y v1z
        vertex v2x v2y v2z
        vertex v3x v3y v3z
    endloop
endfacet
```

(a) ASCII STL

```
UINT8[80] - Header
UINT32 - Number of triangles

foreach triangle
REAL32[3] - Normal vector
REAL32[3] - Vertex 1
REAL32[3] - Vertex 2
REAL32[3] - Vertex 3
UINT16 - Attribute byte count
end
```

(b) Binary STL

그림 25 입력된 3D 파일을 통해서 Triangle Mesh 형태로 변환

STL, OBJ, DXF, 3DS등 기존의 3D모델파일이 입력되면 방향성 X, Y, Z의 방향성 정보를 갖는 Normal Vector와 X, Y, Z축으로 점을 표현하는 Vertex 정보 3개를 이용해서 선을 연결하면, Polygon이 생성된다. 생성된 Polygon의 집합을 Mesh라고 한다. 결국 Triangle로 Mesh형태의 모델이 화면에 나타나게 된다.

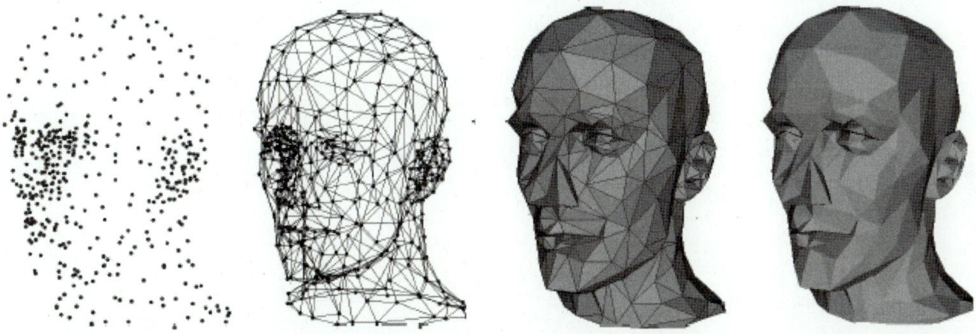

꼭지점 꼭지점+변 꼭지점+변+면 완성된 모델

그림 26 Triangle Mesh 변환 과정

외부로 입력된 모델의 폴리곤수가 적거나 너무 각진 경우 이를 드럽게 하여 모델의 품질을 높이는 SW기법이다. 루프분할면 기법은 위아래 면들로부터 모든 4분할 기법이 적용되어 추가 꼭지점 정보가 늘어나가는 방법이고, 나비분할면 기법은 추가될 꼭지점 정보는 주위 꼭지점 좌표로부터 보간법을 적용하여 설정된다. 부분별 Smooth 작업기능 브러쉬를 이용해서 특정영역의 객체를 선택한 부분만 Mesh Smooth를 통해 품질을 높이는 방법도 품질을 높이는데 필요하다.

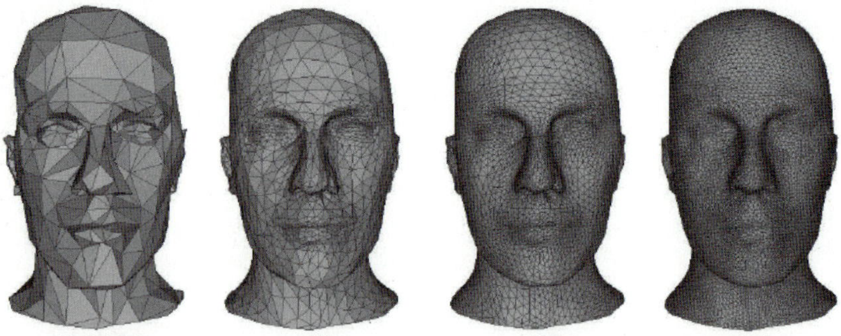

그림 27 루브분할면 기법을 통한 Mesh Smooth

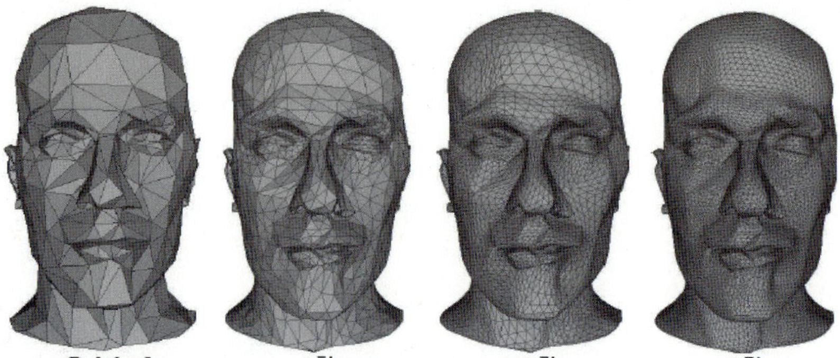

그림 28 나비분할면 기법을 통한 Mesh Smooth

3 3D 프린팅을 위한 슬라이서(Slicer)

모델링 또는 스캐닝으로 생성된 3D 모델 소스(.stl 파일)는 3D 프린터가 읽을 수 없는 파일이다. 따라서 3D 소프트웨어 등에서 편집 가능한 파일들은 3D 프린터가 어떠한 경로로 움직이며 원료를 사용해야하는지에 대한 정보가 포함되어 있지 않으므로 이러한 정보를 3D 모델 소스에 포함 시키는 작업이 필요한데, 이를 '슬라이싱(Slicing)'이라고 한다. 얇게 썰어낸다는 의미의 슬라이스라는 단어를 사용한데에는 3D 프린팅 기술이 모델의 단면을 한 층씩 쌓아 올리는 조형을 하기 때문이다. 그래서 '썰어져 있지 않은' 모델 파일을 '3D 프린터가 쌓을 수 있도록 층층히 썰어낸다'라는 의미인 것이다. 슬라이싱 변환 과정에는 단순히 적층면과 헤드 구동경로만 나누어 계산하는 것은 아니다. 색상 정보가 있다면 이도 함께 계산되며, 조형 방식 특성에 따라 적합한 3D 프린팅을 위한 정보들을 포함시키게 된다.

슬라이싱 과정을 통해 생성된 파일은 'G-code'라고 불리는 파일로 슬라이싱 된 모델에 대한 3D 프린팅 과정 명령을 담고 있다. 슬라이싱 작업을 도와주는 소프트웨어를 '슬라이서(Slicer)'라고 하며, 기술적인 측면에서는 'G-code 컴파일러(Compiler, 변환기)'라고 한다. 즉, 슬라이싱 소프트웨어는 3D 모델을 프린터가 처리할 수 있는 물리적인 명령어로 변환하는 소프트웨어이다. 슬라이싱 소프트웨어는 3D 모델링 개체의 STL 파일을 3D 프린터가 처리하는 G 코드로 변환한다. 다양한 종류의 유/무료 슬라이싱 소프트웨어가 개발되어 있으며, 전문 3D 프린터 업체에서는 자체 프로그램을 제공하고 보급형 3D 프린터 업체에서는 오픈 소스 프로그램을 제공한다.

대표적인 오픈 소스 프로그램에는 큐라가 있다. 큐라에서는 모델의 크기와 프린팅 환경 설정을 하여 프린팅할 수 있는 G-code로 변환해준다. 변환된 G-code는 프린트런이라는 프로그램을 이용하여 출력을 실행할 수 있다. 슬라이서는 3D 데이터를 가지고 실제 프린팅을 진행하기 위해 사용되는 원료의 쌓는 경로와 속도, 입출량 등을 계산해서 G-code를 만들어 내기 때문에 그 능력에 따라 같은 프린터로도 많은 품질의 차이가 발생한다. 슬라이싱을 위한 주요 설정 값을 다음과 같다(단, 슬라이서 웨어마다 조금씩 지원되는 제어 범위가 다를 수 있다).

① 적층 두께
② 쉘 두께
③ 내부 채움 비율
④ 인쇄 속도
⑤ 압출 온도 및 조형판 온도
⑥ 지지대(Support) 적용 유무 및 적용 유형
⑦ 플랫폼 적용 유무 및 적용 유형
⑧ 필라멘트 직경
⑨ 압출량 비율
⑩ 노즐 직경
⑪ 리트렉션 적용 유무 및 적용 범위(간격 및 속도)
⑫ 트래이블 속도
⑬ 쿨링팬 가동 유무

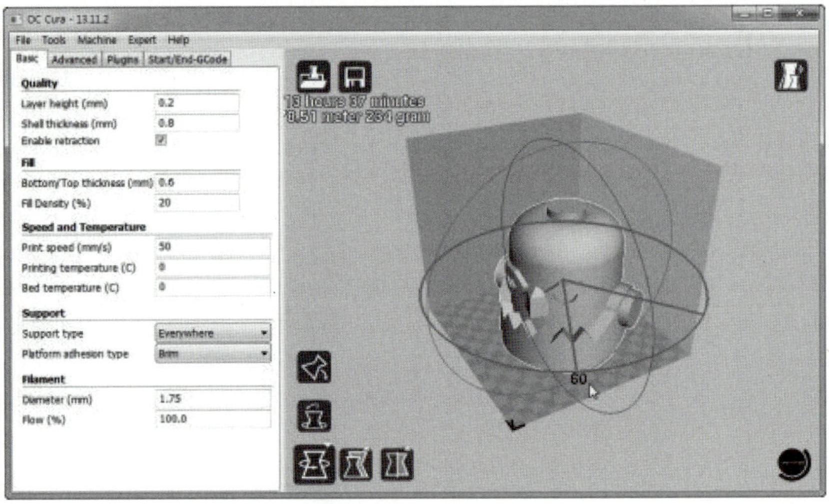

그림 29 슬라이싱 소프트웨어

■ 표 3-1 3D 프린터을 위한 3D CAD 파일 Export Format

.STL	가장 일반적이고 많이 사용되고 있는 포멧 확장자
.ZPR	Z Corporation사에서 설계, 컬러와 질감 정보를 갖고 있는 것이 특징
.OBJ	컬러와 질감 정보를 갖고 있는 것이 특징
.ZCP & .PLY	컬러, 질감, 기하적 모양 정보를 갖는 3D 스캐너 데이터 포멧
.VRML	컬러와 질감 정보 지원
.SKP	SktechUp native 포멧
.3DS	컬러와 질감 정보를 갖는 3D Studio Max 일반적 사용
.3DM	Rhino native 포멧
.AMF	STL 등 기존 포멧의 한계를 극복한 향후 표준 예상, 복합 재료, 다양한 색상, 작은 파일 사이즈 등 지원 향후 표준으로 될지 관심을 가질 필요

4 3D 프린터와 스캐너

3차원 스캐너는 실물 또는 실제 환경으로부터 그것의 형상이나 색깔을 디지털 데이터로 전환하는 장치를 통칭한다. 3차원 스캐너로부터 취득된 디지털 데이터는 3차원 디지털 모델화 되어 다양한 분야에 활용이 가능하다. 3차원 스캐닝은 3차원 스캐너를 활용한 데이터 취득에서부터 분석 및 그 응용을 포괄하는 용어로, 이 기술은 초창기에는 게임이나 영화 특수효과 등에 활용되기 시작하여, 근래엔 산업 디자인 분야에서는 역설계, 생산된 제품의 검사 목적으로도 활용되고, 의학 또는 치의학 분야에서 교정이나 보철물 제작 등에도 널리 응용되고 있다.

3차원 스캐너는 카메라와 매우 유사하다. 카메라처럼 원뿔 형태의 시야(Field of view)를 가지고 있고, 카메라가 피사체의 표면정보만 얻는 것처럼, 3차원 스캐너도 주로 물체의 표면정보만 취득한다. 그러나 카메라는 물체 표면에 있는 2차원 정보(x, y)에 색상 정보만 취득하지만, 3차원 스캐너는 물체의 깊이 정보(Depth, z)까지도 취득한다. 3차원 스캐너의 사용 목적은 물체의 표면으로부터 기하정보(주로 X, Y, Z)가 샘플링 된 점군(Point Cloud)을 형성하는 것이라 할 수 있다. 3차원 스캐너를 크게 두 종류로 구분한다면, 접촉식과 비접촉식으로 구분할 수 있다. 접촉식은 센서 등의 장치가 물체의 표면을 접촉하면서 그 값을 측정하고, 비접촉식은 빛, 초음파 등을 사용하여 접촉 없이 3차원 데이터를 측정하는 방법이다. 접촉식 방식으로는 파괴와 비파괴로 나뉘며, 파괴는 물체는 잘게 잘라서 그 모양을 확인하여 합치는 방식이고, 비파괴는 물체의 표면을 따라 측정하는 방법이다. 비접촉식 방식은 빛(적외성, 가시광선, 레이저), 초음파 등을 사용하여 3차원 데이터를 측정한다. 3차원 스캐너가 직접 빛을 피사체에 쏘는 여부에 따라 능동형과 수동형 스캐너로 분류하며, 최근 산업계에서 주로 사용하는 방식은 능동형 스캐너이고, 능동형 스캐너만을 3차원 스캐너라고 한정하기도 한다. 반면, 수동형은 주로 머신 비젼(Machine vision) 또는 로봇 비젼(Robot Vision)의 한 분야로 인식되고 있다. 접촉식방식은 고정밀 측정 가능하나, 측정 속도가 느리며, 장비 이동이 불가하다. 비 접촉식 레이저 방식은 측정 속도 비교적 빠르고, 장비 이동이 가능하나 정밀도가 낮으며, 비 접촉식 백색광방식은 고속 측정, 편리한 장비 이동성, 정밀도가 높은 측정이 가능하다.

3D 프린터가 인기를 얻으면서 3D 스캐너도 함께 이슈가 되고 있다. 3D 프린터를 사물을 스캔하여 모델 데이터로 만들어 주는 장치로 3D 모델링 작업을 하지 않고도 3D 모델 소스를 얻을 수 있는 방법이다. 3D 스캐닝은 기존 사물의 3D 모델 데이터를 얻기에 매우 유용한 기술로, 기존에는 직접 사람 손으로 모델링 작업을 해야 했지만, 3D 스캐닝 기술의 발전으로 점차 이러한 수고가 줄어들고 있다. 3D 스캐닝은 형상 정보뿐만 아니라 형상이 내포하고 있던 색상과 같은 정보도 입수할 수 있다. 하지만 광학기술을 응용한 것이어서 투명하거나 빛을 반사하는 물체 및 지나치게 빛나는 물체, 그리고 빛을 흡수하는 물체는 스캐닝이 되지 않을 수도 있다. 이 밖에도 3D 스캐닝을 통해 입수된 형상 정보는 폴리곤 표현 방식으로만 변환 가능한 단계여서 정확한 형태와 치수를 얻고자 하는 경우에는 부적합할 수도 있다. 또한 입수된 형상 정보가 실제와 다소 차이가 있기 때문에 편집 작업은 필수적이다. 이와 같이 여러 한계점이 있지만, 인체, 잎사귀, 돌맹이 등과 같은 유기적 형태를 띄는 고유의 형상을 지닌 자연물이나, 문화재, 수공예품 등과 같이 특별히 계산되어진 시스템에 의해 생산되지 않은 사람이 직접 하나 씩 만들어낸 사물 혹은 수가공품, 대중적으로 널리 사용되고 있어 특정 포맷을 갖춘 대량생산품과 같이 대상물에 따라서는 3D 모델 소스를 얻는 방법으로 3D 스캐너를 이용한 방법이 더 유용한 경우도 있다. 오히려 이러한 대상물의 경우엔 직접 3D 모델링을 진행하는 것은 시간, 노동, 비용 측면에서 낭비라고 볼 수 있을 것이다.

3D 스캐닝은 3D 프린팅 기술의 개인 보급이 가속화되기 시작하면서 조금은 늦게 주목을 받기 시작했다. 현재에는 오픈소스로 개인이 직접 3D 스캐너를 제작해볼 수도 있고, 저가형장비들도 시중에 속속히 등장하고 있다. 또 카메라를 이용해서 스캔할 수 도 있는데 이 경우에는 카메라로 사물을 사방으로 촬영한 후 '123D Catch'와 같은 프로그램을 이용하여 모델 데이터로 변환하여야 한다. 전문 산업 분야에서는 CMM(Coordinate Measuring Machine)이라는 3D 측정기를 이용해 3D 모델 정보를 입수하는데, CMM의 경우 시스템이 상당히 복잡하며, 온도 및 진동 등 주변 환경에 매우 민감하기 때문에 전문 교육을 받아야만 충분히 활용할 수 있는 장비이다. 이러한 것에 비해 3D 스캐너는 현재 측정 정밀도가 다소 낮긴 하지만 차세대 3D 모델 측정기로 주목받고 있으며 더욱 활용도은 높아질 것이다.

그림 30 색상 데이터도 함께 추출된 3D 모델 소스

그림 31 3D 스캐닝 서비스를 이용한 피규어 제작

그림 32 3D 스캐닝을 통한 형상 희소성이 큰 문화재 3D 모델 소스 확보

Chapter 04

3D 프린터와 소재

1 개요

3D 프린터(Three-Dimension Print)는 3차원 CAD 소프트웨어으로 설계한 파일이나, 산업용 스캐너, 의료용 스캐너, 비디오 게임등의 3차원 모델링 데이터를 기반으로 실물모형, 프로토타입, 툴 및 부품 등을 인쇄하듯 만들어 내는 장비이다. 또한 이를 작업하는 것을 3D 프린팅(3D printing)이라 한다. 3D 프린터의 유형은 사용하는 조형 재료의 형태에 따라 구분(액체 기반형, 분말 기반형, 고체 기반형 등)하거나, 프린팅 방식에 따라 구분(레이저 소결 적층 방식, 수지 압출 적층 방식, 박막 적층 방식, 잉크젯 적층 방식 등)된다. 물체 정보를 3D 그래픽 설계 소프트웨어를 통해 만들어낸 후 프린트를 통해 가루, 액체, 실형태의 원료를 사출 조형하는 것이다. 물체의 형상대로 얇은 층을 무수히 반복해서 쌓아 만들기 때문에 첨삭가공(Additive Manufacturing) 기술이라고도 한다. 쉽게 표현하자면 3D 프린터란 기존 프린트에서 Z축을 추가한 것으로 생각을 하면 된다.

3D 프린터의 원천기술은 1984년 미국 Chuck Hull(척헐)이 3D 프린팅 기술을 개발하고 1987년에 이미 상용화했지만, 적층가공 기술(Additive Manufacturing) 또는 쾌속조형(Rapid Prototyping)으로 불려 왔던 이 3D 프린팅 기술은 최근까지 특정 분야의 전문가들 위주로 사용되어 왔다. 그러던 중 2013년 미국에서 자국의 제조업 부흥과 고용창출을 위해 3D 프린팅 기술을 언급하면서 각 국가별로 기술 경쟁이 시작되었다. 영국의 경우 교과과정을 개편까지 하면서 11세 이상의 어린이들에게 3D 프린팅을 통한 창의 교육을 성공적으로 진행하고 있으며, 이웃 일본과 중국에서는 범정부 차원에서 3D 프린팅 산업을 육성하고 있다. 심지어 3D 프린팅 기술을 거품으로 평가 내렸던 미래학자들마저도 '인터넷 기술을 능가할 혁신 중의 혁신 기술'로 재평가하는 등 이제 3D 프린팅 기술을 3차 산업혁명으로 부르는 것에도 주저하지 않을 정도이다. 3D 프린팅에 있어서 약 90%는 3D 저작도구인 3D 모델러를 익히는데 시간 투자를 해야한다. 자신이 상상하는 바를 3차원으로 설계하는 것에서부터 3D 프린팅이 시작되기 때문이다. 따라서, 현재 상용화된 CAD/CAM 소프트웨어는 물론 일반인들이 쉽게 사용할 수 있도록 탬플릿 형태의 3D 저작도구인 모델러 소프트웨어들을 개발하여 사용하고 있다.

3D 프린터의 보급화로 일반인들이 융합기술에 대한 관심과 필요성을 절실히 느끼는 계기가 되었다고도 할 수 있다. 기계구조는 물론 아두이노(arduino) 보드를 활용한 제어기술과 컴퓨터에 의한 소프트웨어(software) 활용기술 등에 매우 많은 사람들이 관심

을 가지면서 다양한 랩랩(reprap)의 시장이 활성화 되는 계기가 되었다. 3D 프린터의 보급화로 컴퓨터 설계와 공학적 해석에 대한의 중요성이 현실적으로 강조되고 있다. 특히 컴퓨터 엔지니어링(CAE: Computer Aided Engineering) 분야는 더더욱 선행적으로 이루어져야 하는 분야로 인식되고 있는 것이 사실이다. 지금까지는 전문가들에 의해 사용되어져 왔지만, 앞으로는 모바일기기에서 가능하도록 개발될 것이다. 즉, 누구나 손쉽게 필수적으로 사용할 수 있도록 한다는 것이다. 3D 프린터의 발전은 복합소재를 프린팅할 수 있는 수준까지 왔으며, 의료분야에는 실용적으로 가능하도록 발전해 있다. 이렇게 3D 프린터의기술이 확장되도록 영향을 준 것은 오픈소스(open source) 활용에 의한 영향이 매우 크다고 볼 수 있다. 3D 프린터의 확대로 인해 그동안 미미했던 3D 스캐너 기술의 활용도가 급격히 요구되고 있다. 이는 사물을 아주 쉽고 빠르게 스캔하여 유사한 모델로 변경하거나 3D 프린팅을 하기 위해 많이 활용될 분야이다. 의료분야 뿐아니라 산업 전분야에 매우 중요한 부분으로 인식되고 있다. 그러나 아직도 산업발전을 위해 넘어야할 산이 많다. 특히, 기존 제조공정에서 생산된 제품들처럼 품질을 요구하는 부분에 있어서 많은 문제점들을 가지고 있기 때문이다. 소재분야 등 다양한 분야에서 기술적으로 해결해야 하는 부분들이 해결되기 위해서는 아직도 많은 시간이 필요하다. 3D 프린터의 계속된 발전으로 개인제조가 가능 Pesnerl Factory가 가능하게 될 것이다.

1.1 대규모 공장 없는 제조업

3D 프린터 기술은 대규모의 공장이 없이도 제품을 만들 수 있고 저렴한 초기 투자비용으로 기술개발을 가능하게 해 제조업 활성화에도 이바지하고 있다. 일반적인 시제품 제작 방식은 여러 단계를 거쳐야 하지만 3D 프린터는 디자인만 있으면 그 자리에서 시제품을 제작하고 오류의 수정도 손쉽게 할 수 있다. 또 별도의 금형을 제작하거나 여러 종류의 기기를 사용하는 일이 적어 초기 투자 규모도 크게 줄일 수 있다. 실례로 이탈리아 자동차업체 람보르기니는 스포츠카 시제품 제작에 4달 동안 4만달러의 비용을 들였으나 3D 프린터 기술을 이용하면서 시간과 비용을 20일, 3천 달러 수준으로 각각 낮췄다. 아디다스도 12명의 전문가가 한 팀으로 시제품을 개발했지만 3D 프린터의 도입 이후 필요 인력이 2명으로 대폭 감소했으며 제작기간도 4~6주가량에서 1~2주로 줄어들었다. 3D 프린터 기술은 턱뼈, 등뼈, 관절 등 인공뼈, 인공 치아 모형을 만드는 등 의료용으로도 사용되고 있다. 치과기공소에서는 3D 프린터 기술을 3D 구강 스캐닝,

CAD/CAM 및 디자인 소프트웨어 등과 함께 결합하여 치과용 스톤 모델 및 투명 교정기, 실제 치아와 유사한 다양한 치과교정장치를 신속하고 정교하게 제작할 수 있다. 또한, 2012년 10월 19일부터 21일까지 영국에서는 '3D 프린터 쇼 런던 2012'가 개최돼 3D 프린터 산업에 대한 세미나와 함께 여러 분야의 제작자들이 만든 기발한 작품들이 소개됐다. 3D 프린터는 일반인도 쉽게 접근할 수 있다는 점 때문에 교육, 패션 등 창의성이 필요한 부분에서 특히 많은 영감을 준다. 물건이 만들어지는 과정을 눈으로 확인하는 것은 그림으로 보는 것과는 전혀 다른 생생한 경험이며, 사물과 자연의 원리를 이해하고, 상품에 대해서도 더 진지한 자세를 갖도록 해준다. 디자인 업계는 3D 프린터 기술을 이용해 작품을 만드는데 적극적이다. 머릿속에서 사라져버리거나 기껏해야 컨셉 디자인으로 2D 상에서만 존재하던 아이디어들을 실물로 만들어볼 수 있다.

표 4-1 산업분야별 3D 프린터 활용 사례

활용분야	사례	예	활용분야	사례	예
자동차	대시보드, 바디패널 등 시제품 제작	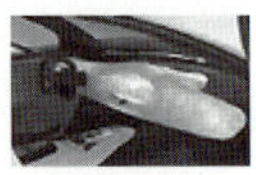	완구	완구류 모형 제작	
의료/치과	인공치아나 인공뼈, 인공 관절 같은 보형물 제작		패션	귀금속, 의류, 구두 등의 시제품 견본 제작	
항공/우주	무인정찰기 주요 부품 제작 (연료분사장치, 연소기 부품 등)		건축	건축 모형 제작	
엔터테인먼트	영화용 캐릭터 제작		소비자가전	소비자가 원하는 가전 직접 제조 (조립하는 헤드폰)	

1.2 3D 프린터의 기술별 분류

3D 프린터의 분류는 사실상 특정브랜드의 기술을 대표하는 기술명칭이자 특허기술의 이름이기도 하다. 차별화 하기위해 다른 명칭으로도 부르기도하고 신기술이 계속 나타나기 때문에 조금 더 넓은 범주에서 분류할 방법이 필요하기도 하다. 소재를 기준으로 분류하는 방법도 있겠으나, 가장 먼저 표준화를 시작한 ASTM의 분류기준을 따르는 것이 좋을 것 같다. 기술분류를 포함한 3D 프린터에 관한 표준화는 ISO TC261의 워킹그룹과 ASTM FA42를 통해 진행되고 있다. 현재 첫단계로 진행중인 용어정의(WG 1 Terminology)는 ISO와 ASTM이 체결한 PSDO계약체결에 따라 양기관의 Joint Group을 통해 진행되고 있다. 현재 한국도 표준화위원회를 구성하여 TC261에 참여를 하고 있다. 현재 TC261에서는 개념에 대한 용어의 정의를 시작으로 초기단계 이기는 하나 표준화는 단순히 표준이라는 측면보다는 시장선도자의 시장독점과 기술장벽형성이라는 매우 강력한 갑의 위치를 만들수도 있기 때문에 우리도 적극적으로 참여하여 영향력을 행사함으로써 주권을 가져야한다는 점에서 국내의 표준화위원회 구성은 큰 의미가 있다. 표준화가 얼마나 큰 의미가 있는지 조사한 자료를 요약해보면, 인터넷에 기반한 글로벌 지식사회에서는 IT를 비롯한 전 영역에서도 통합화, 표준화가 시장창출의 관건이다. 제조업에 있어서는 우리도 과거의 Fast Follower적인 자세보다는 표준화를 통해 시장을 주도해야 한다. 표준화는 경쟁력을 갖게 함은 물론이고 신규시장에서의 인프라 구축을 통한 시장선점이 가능하다. 많은 연구사업과제들도 표준화를 바탕으로 시장성을 확보해 나갈 수 있다. 환경을 비롯한 많은 규제들을 쉽게 풀어나아가기 위해서도 표준화가 큰 역할을 할 것이다. 수많은 기술개발과 발전속도가 가속화 되어가기 때문에 표준화가 동반되어야 체계적인 발전로드맵을 완성시킬 수 있다. 3D프린팅은 우리가 먼저 시작한 것이 아니고 외국에서 먼저 시작된 것이고 글로벌 시장이다. 표준화되어야 생존이 가능하고 생존해야 경쟁력도 생각해 볼 수 있다. 필수라는 의미라고 말할 수 있다. 따라서 국제표준화에 적극 참가하여 3D 프린터 분야에서 국제경쟁력을 확보해야 한다. 3D 프린터의 명칭을 표준화하여 큰틀로 잡은 기본개념이 있다. 미국의 ASTM F2792-12a의 7가지 기준을 기반으로 하였다. 이것은 국제표준으로 ISO TC261에서 선정되었다. 크게 7가지 분류는 하였다.

■ 표 4-2 ASTM F2792-12a의 7가지 기준분류표

(출처: AM SIG-adapted from ASTM AM classifications-2012)

명칭	기술분류	설명	재료	회사(나라)
Binder Jetting	3DP(CJP) Ink-jetting S-pritner M-printer	파우더 형태의 재료를 접착제를 분사시켜 결합하여 물체를 형성	금속, 폴리머, 세라믹	ExOne(미국) VoxelJet(독일) 3D Systems(미국)
Material Jetting	PolyJet Ink-jetting Thermojet MJM(MJP)	액상재료를 프린팅 노즐을 통해 분사시켜 자외선으로 경화하여 물체를 형성	폴리머, 왁스	Stratasys(미국) LUXeXcel(네덜란드) 3D Systems(미국)
Material Extrusion	FDM(FFF)	고체 재료를 열을 이용하여 노즐을 통해 분사시켜 물체를 형상	폴리머, 나무 등	윌리봇 등(한국) Stratsys(미국) Delta micro Factory(중국) 3D Systems(미국)
Direct Energy Deposition	Direct Metal Deposition Laser Deposition Laser Consolidation Elctron Bea Direct Melting	레이저나 전자빔으로 재료를 직접 증착 또는 녹여 물체를 형성	금속(파우더), 와이어	인스텍(한국) DM3D(미국) NRC -IMI(캐나다) Irepa Laser(프랑스) Trumpf(독일) Sciaky(미국)
Powder Bed Fusion	DMLS(DMP) SLM EBM SLS	파우더 재료를 베드위에 놓고 레이저나 전자빔을 조사하여 선택적으로 소결, 녹여 물체를 형성	금속, 폴리머, 세라믹	EOS(독일) Renishaw(영국) Phenix Systems(프랑스) Matsuura Machinery(일본) ARCAM(스웨덴) 3D Systems(미국)
(Vat) Photopoly merisation	SLA DLP	광, 레이저 조사로 액상 재료를 경화하여 물체를 형성	폴리머, 세라믹	캐리마(한국) EnisionTEC(독일) DWS Srl(이탈리아) Lithoz(오스트리아) 3D Systems(미국)
Sheet Lamination	Ultrasonic Consolidation LOM	얇은 필름 형태의 재료를 칼이나 레이저로 가공하여 접착제등으로 붙여 물체를 형성	Hydrids, Metallic, 세라믹	Fabrisonic(미국) CAM_LEM(미국)

ISO에서 적층방식에 대한 표준화를 진행중이며 7가지 방식으로 대표됨 [ISK TC261, ASTM F42]	
Binder Jetting	노즐을 통해 분사된 잉크가 경화물질에 분사/증착되어 적층되는 방식 (잉크: Bonding agent 역할)
DED	레이저, 전자빔, 플라즈마아크 등의 에너지원을 이용하여 재료를 녹여서 붙여나가는 적층방식(금속분말소재와 가스사용)
Material Extrusion	고온으로 가열한 재료를 다이스(노즐)를 통해 압력을 가하여 압출하여 적층하는 방식(FDM/FFF)
Material Jetting	프린터 헤드를 통해 액체원료를 분출시키고 자외선으로 경화시키는 방식
PBF	Powder Bed상의 고제입자를 레이저나 전자빔으로 가열하여 고형화하는 방식(SLS)
Sheet Lamination	얇은 필름형태의 재료를 적층하여 접착하는 방식(종이, 필름)
Vat Photo-polymerization	광경화성수지(액상)에 빛을 조사하여 경화가되는 원리를 이용하는 방식(DLP, SLA)

1.3 3D 프린터 역사

- 1984: 3D Systems사 Charles Hull이 SLA 방식 3D 프린터 최초 개발
- 1986: SLA 방식 특허 획득
- 1988: SLA 방식 첫 상용화, LOM 방식 특허 획득
- 1989: SLS 방식 특허 획득
- 1990: FDM 방식 첫 상용화
- 1992: FDM 방식 특허 획득, SLS 방식 개발, SLA 방식 Layer by Layer 방법으로 파트 완성
- 1993: MIT에서 3차원 프린팅 기술(잉크젯 기반) 특허 획득, 3DP 방식
- 1996: 스타라타시스 “Genisys”, 3D Systems “Actua2100”, Z Corporation “Z402” 출시
- 2002: 3차원 KIDNEY 동작
- 2005: 첫 고선명 컬러 3D 프린터인 Z Corporation “Z510” 출시, RepRap의 오픈소스 기반 3D 프린터 소개
- 2006: SLS 방식 제조 대량 커스텀화, Objet사에서 다양한 재료를 프린팅 가능한 제품 출시

- 2008: RepRap에서 첫 Self-Replicating 프린터 릴리즈, Shapeways의 DIY 서비스
- 2009: MakerBot 3D 프린터 DIY Kit 시장에 출시
- 2010: Southampton 대학 기술자들이 세계 최초 3D 프린터로 제작한 시험용 비행체 비행 성공
- 2011: 세계 최초 3D 프린터로 제작한 자동차 소개
- 2012: 네덜란드에서 3차원 프린터로 인공턱 구현, FDM 방식 특허 20년 기간 만료 대중화 진입 촉진
- 2013: 줄기세포 기반 3D 프린터 인공장기 소개, 권총 3D CAD 도면 인터넷 업로드(다운로드)
- 2014: SLS 방식 특허기간 만료로 FDM 방식과 같이 대중화에 많은 기여 예상

2 3D 프린터 기본 원리

3D 프린터는 크게 절삭형과 적층형으로 구분된다. 근본적인 원리 매우 간단하다. 절삭형(subtractive process)은 재료 덩어리를 깍아내는 형식으로 원하는 형태를 만들어가는 것이고, 적층형(additive process)은 원하는 형태를 한 레이어씩 쌓아가는 형식이다. 이는 과거에 쾌속조형(RP: papid prototyping) 분야에 기술개발이 이루지고 활용되면서 점차적으로 발전하여 다양한 분야에 적용이 가능하게 되었다. 따라서 현재는 절삭형(subtractive process)은 대부분은 사용되지 않고 적층형(additive process)으로 개발 절전되고 있다. 3D 프린터는 조형물을 프린트하기 위해 컴퓨터에서 3차원 모델링 소프트웨어를 이용하여 3D 데이터 파일을 만들어야 한다. 그리고 3D 프리트의 전용 소프트웨어를 통해 3D 모델링 데이터를 수평면 즉, 횡단면(cross section)으로 여러층으로 나눠 그 형상의 내외부의 곡선의 정보를 추출한다. 그리고 추출한 곡선의 정보를 이용해 수직방향(종축방향)으로 한층씩 정밀하게 쌓아가는 형식이다. 이때 내외부 곡선의 그리고, 그 사이의 공간을 조밀하게 채워나가는 형식으로 계속해서 조형물이 완성될때까지 쌓아올려서 완성하는 것이다. 이러한 원리를 이용하는 다양한 방식들이 개발되어 사용되고 있다. 이는 구동방식에 의한 것과 사용하는 재료의 특성에 의한 방식들로 구분되어 진다.

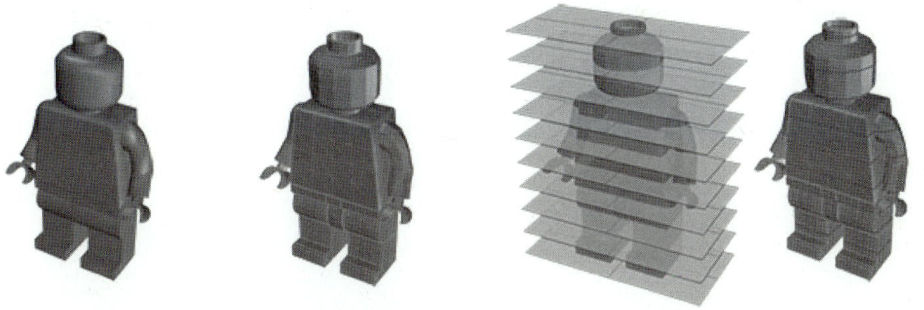

그림 1 3차원 모델링 데이터 및 3D 프린터 파일 변환

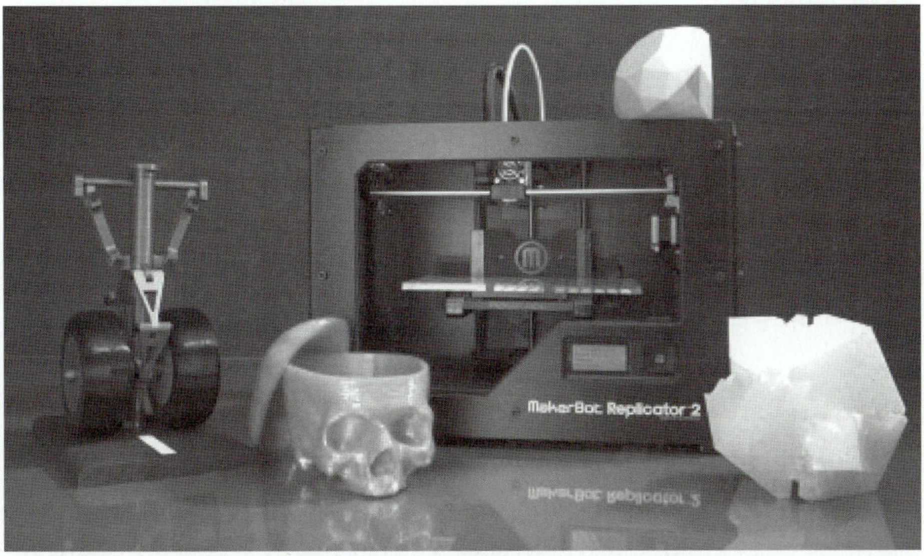

그림 2 3D 프린터와 조형결과

2.1 3D 프린팅 조형방식에 의한 분류[3)]

(1) 광경화 적층방식(photo curing process or photolithography process)

레이저빔이나 강한 자외선(UV)에 반응하는 광경화성 액상수지(photo curableresin)를 경화시켜 모형을 만드는 방식이다. 광경화성 레진의 가격이 비싸고, 대부분의 레진에서 역한 냄새가 난다. 프린터가 밀폐되지 않는다면 일반 가정환경에서 사용은 무리가 있어 보인다. 그리고 완성된 제품을 세척(Curing) 해주어야 하는 것도 쉽지는 않다.

3) 출처: http://blog.naver.com/PostView.nhn?blogId=daisyss&logNo=80205370614
http://blog.naver.com/PostView.nhn?blogId=jjjleon&logNo=130185942592

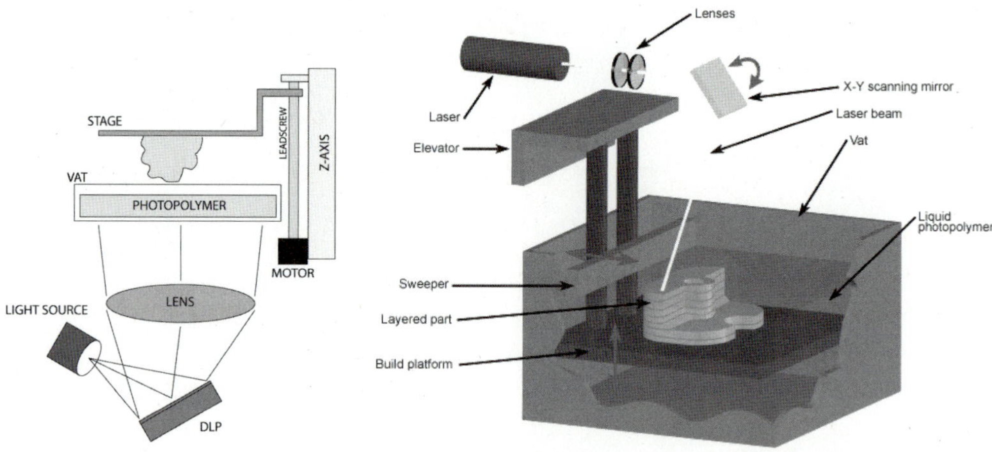

그림 3 DLP 및 SLA

또한 레진을 잘 보관하지 않으면 경화가 잘 이루어지지 않게 변질 될 가능성이 있다. 대표적인 시스템으로 미국 3D system사의 SLA, 일본 CMET사와 MEIKO사의 SLA, 이스라엘 Geometries사의 Polyjet, 독일 Envisiontec사의 DLP, 이탈리아 DWS사의 SLA 등이 있다.

(2) 레이저 소결 적층방식(laser sintering process or laser fusion process)

레이저빔으로 분말 상태의 소결제를 포함 플라스틱, 유리, 모래, 금속(알루미늄, 코발트크롬, 티타늄, 스테인레스)등을 녹여 형상을 조형하는 방식이다. 2014년 2월에 기본적인 방식에 대한 특허가 풀리면서 이슈가 되었다. 금속을 프린팅 할 수 있다는 점에서 큰 관심을 끌고 있다. 레이저를 사용하기 때문에 정확도가 매우 높은 편이다. 금속의 경우에는 표면은 매끄럽지 않고 거친편이다. 용도에 따라 연마가 필요 할 수 있다. 또한 후처리를 통해서 강도를 높일 필요가 있는 금속들을 사용하기는 쉽지 않다. 대표적인 시스템으로 미국 3D Systems사의 닌, 독일 Eos사의 SLS, 등이 있다.

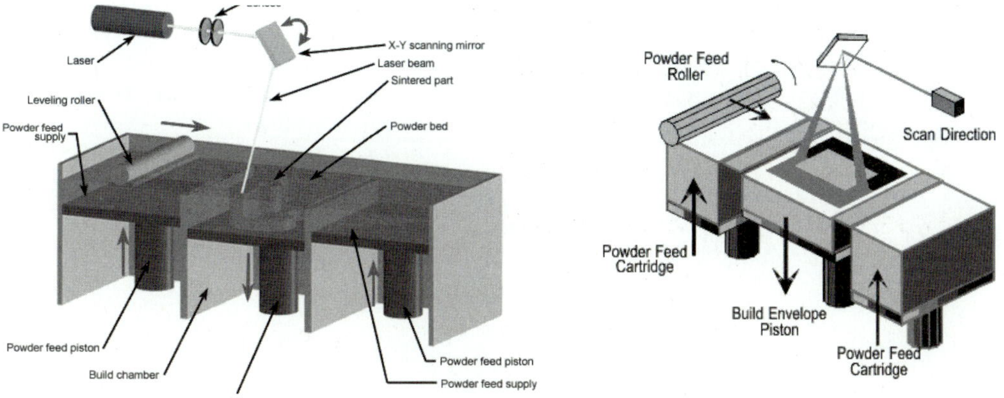

그림 4 SLS

(3) 박막 적층식방식(lamination process)

개체 접합 조형방식으로 마분지와 같은 얇은 두께의 종이판이나 롤상태의 PVC 라이네이트(laminate-얇은 판재), 시트(sheet)와 같은 재료를 CO2레이저나 나이프 에지와 같은 정밀커터로 자른 후 열로 가열접착하여 형상을 한층씩 제작하는 방식이다. A4 용지를 이용하는 프린터가 2013년 CES에서 이슈가 되었다. 풀컬러 인쇄가 가능했지만 종이이기 때문에 물에 약하고 강도를 기대하기 힘들었다. 인쇄 속도는 빠른 편이고 다양한 색상을 사용할 수 있다는 점이 가장 큰 장점인 것 같다. 미국 큐비탈사의 LOM, 일본 KIRA사의 PLT, 이스라엘 Solido사의 PSL 시스템이 있다.

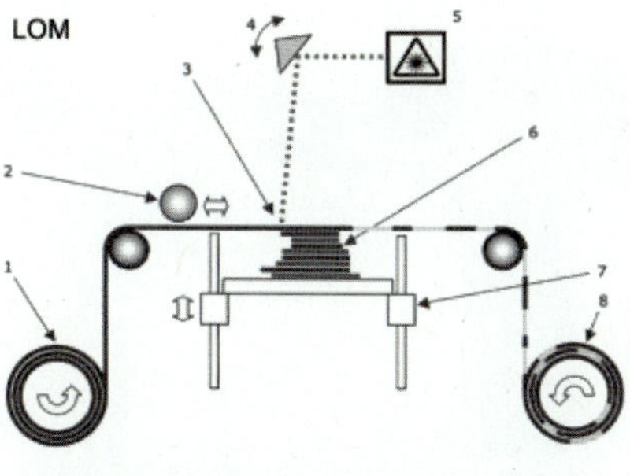

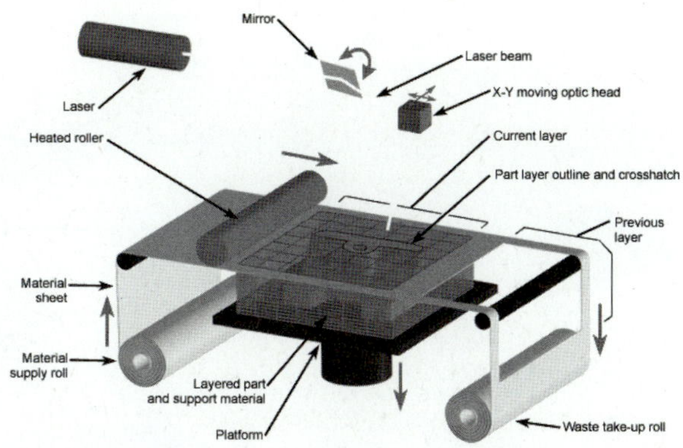

1. 시트는 가열 롤러와 기판에 부착한다.
2. 레이저로 원하는 위치에 추적한다.
3. 레이저로 잘린 다른 부분을 용이하게 한다.
4. 플랫폼을 아래로 위치시킨다.
5. 시트의 재료를 깨끗이 한다.
6. 플랫폼을 다른 층이 받을 수 있게 준비한다.
7. 이 작업을 반복한다.

그림 5 LOM(Laminated Object Manufaturing)

(4) 수지압출 적층방식(extrusion process)

열에 의해 녹는 와이어(wire) 형태의 가소성 수지 또는 왁스(wax) 상태의 재료를 사출헤드(extrusion head)fh 연속적으로 압출하여 형상틀 제작해 가는 방식이다. 최초의 3D 프린터의 형태이기도 하다. 현재 가장 먼저 특허가 풀려서 각국의 중소 벤처들이 개발하는 방식이기도 하고 재료는 ABS, PLA, SPLA, 등의 재료가 있으며 전도성 탄성(고무)재료와 탄소섬유 등 끊임 없이 개발되고 있다. 다만 아직 기본적인 특허만 풀렸을 뿐이고 챔버 기술 등 좋은 퀄리티의 출력물을 도와 줄 특허는 아직도 기한이 많이 남아 있다.

대부분 벤처들은 우회 특허 개발 등에 노력을 기울이고 있다. Stratasys가 가장 많은 특허를 보유하고 있으며 Makerbot을 인수함에 따라 신형 Makerbot FDM 프린터들은 편의와 출력물 퀄리티 등에서 다른 프린터들과 차별화 되고 있다. 방식이 비교적 간단하고 프린터 부피를 작게 할 수 있기 때문에 보급형 가정용 프린터로 관심을 나타내고 있다. ABS방식은 압출시 유독가스가 발생되기 때문에(플라스틱 녹는 냄새) PLA(분해성 녹말 플라스틱) 방식을 선호하고 있다. 미국 Stratasys사의 FDM 방식이 대표적이다.

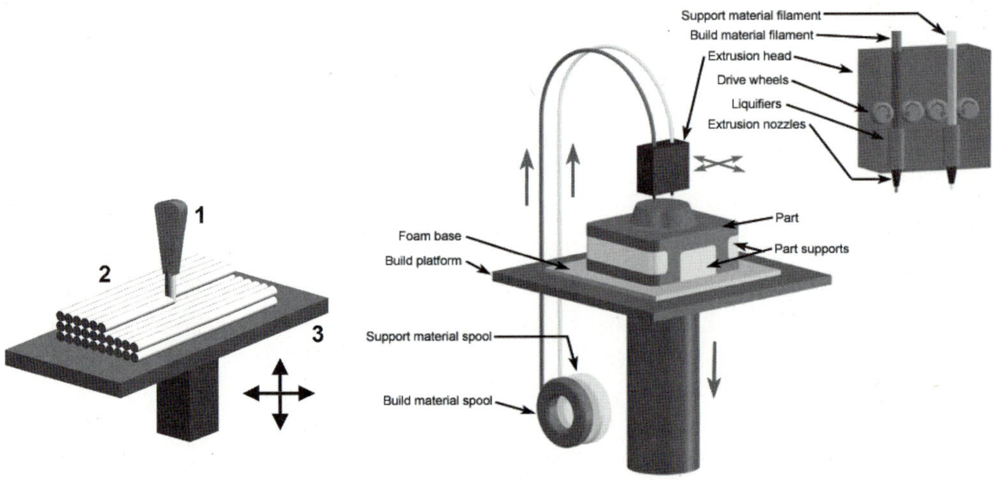

그림 6 FDM

(5) 잉크젯 적층방식(inkjet pringing process)

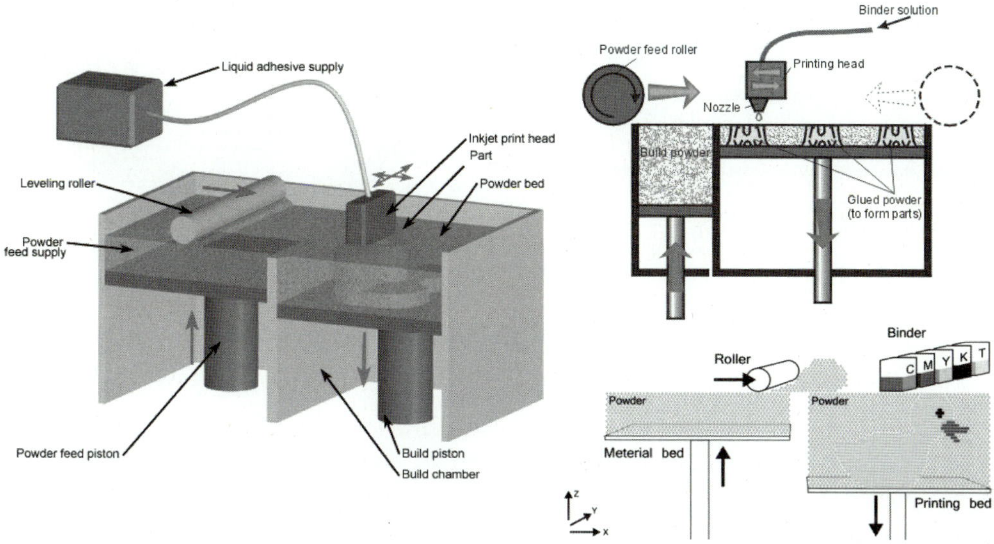

그림 7 Inkjet

가정에서 사용하는 컬러 잉크젯 프린터의 원리와 비슷하다. 잉크젯 프린터처럼 헤드의 노즐에서 액체 상태의 컬러잉크와 바인더라는 경화물질을 분말상태의 재료에 분사하여 형상을 제작해 가는 방식이다. 색상 구현이 가능하다는 장점이 있으나 비교적 속도가 느리고 분말 형태의 재료를 사용하기 때문에 집진장치 등이 필요하다. 현재 피규어를 제작하는 업체들이 많이 사용하고 있다. SLS 방식과 유사하고 조형면에서 모래와 같은 거친 느낌을 받을 수 있다. 또한 재료간의 결속력이 높지 않아서 떨어뜨릴 경우 쉽게 깨질 가능성이 높다. 이외에도 조형판에 재료를 직접 분사하여 자외선으로 경화시켜 제작하는 방식도 잉크젯 방식의 범주에 포함된다. 3DP, MM, MJM방식이 대표적이다.

(6) 폴리젯 적층방식(polyjet process)

Photopolymer Jetting 방식이라고 한다. 프린터 헤드에 있는 수백개의 미세 노즐에서 재료를 분사함과 동시에 자외선으로 동시에 경화시켜 형상을 제작하는 방식이다. 광경화 방식과 잉크젯 방식의 혼합형이다. 비교적 표면이 매끈하며 정교하여 보석세공용 샘플링에 많이 사용 한다. Polyjet 또는 MultiJet 방식이 대표적이다.

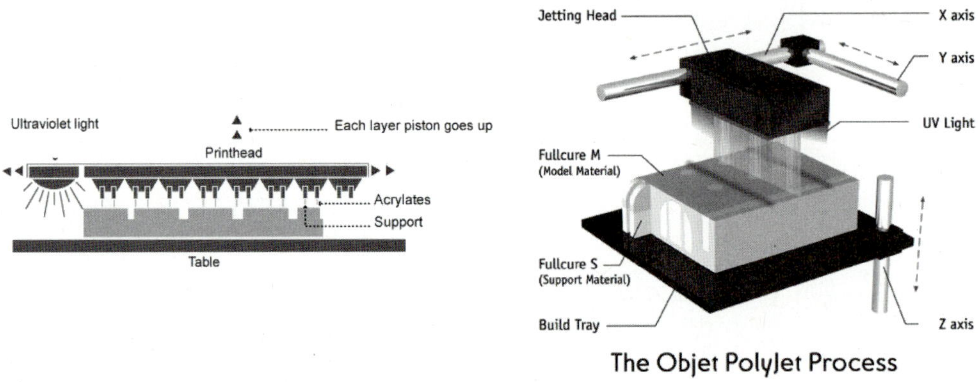

그림 8 Polyjet

2.2 사용재료에 의한 분류

(1) 액체기반

재료가 액체상태로 장비에 공급된다. 주로 레이저 빔이나 강한 자외선으로 재료를 순간 경화 시켜 형상을 만들어 낸다. 하지만 가시광선 등 다른 광선을 이용하는 경우도 있다(한국의 캐리마(Carima)에서 생산되는 프린터는 가시광선 경화 방식임). SLA 방식은 조형면이 깔끔한 편이라 세척만으로 실제 사용할 정도가 되는 것이 특징이다. 대표적인 시스템으론 미국 3D systems사의 SLA, 일본 CMET사, Meiko사의 SLA, 이스라엘 Geometries사의 Polyjet, 독일 Envisiontec사의 DLP, 이탈리아 DWS사의 SLA 등이 있다.

그림 9 UV레진(빛부분 경화)

그림 10 다보탑 조형

(2) 고체기반

분말을 제외한 고체를 재료로 하는 방식이다. 필라멘트 형태의 고체 재료가 헤드에 공급되면 열에 의해 녹아 압출되고 그것을 적층하여 조형하는 방식이다. 열에 의해서 녹아야 하기 때문에 재료가 열가소성수지가 대부분이다. 1984년 특허를 받은 최초의 3D 프린터의 형태라고 할 수 있다. 최초로 제출 된 특허가 2013년 해제됨에 따라 2012년 부터 많은 중소기업, 벤처들이 개발에 들어갔고 많은 업체들이 다양한 제품을 내어 놓고 있다. 원리가 간단하기 때문에 값이 저렴하고 크기를 다양하게 만들 수 있다. 옆면에 적층한 미세한 선이 남는 형태로 조형이 되는 것이 특징이다. 필라멘트 외에 패럿(Pellet-작은 필라멘트 알갱이 모양)을 이용하는 방식이다. 왁스 성질을 가진 것도 있다. 헤드에서 녹여서 노즐을 통해 분사하는 방식이다.

투명한 재료도 많이 개발되고 있다. 투명한 재료와 불투명 재료를 동시 사용해서 뼈가 비치는 형상 등을 프린팅 할 수 있다. 또한 녹는 점이 다른 왁스를 사용하여 서포터를 열로 쉽게 제거 하는 등의 활용을 할 수 있다. 3D Systmes사의 MJM, Stratasys사의 FDM, Solidscape사의 Inkjet 시스템 등이 있다.

종이를 재료로 하는 3D 프린터도 있다. 종이 혹은 얇은 판 형태의 재료를 레이저나 정밀 커터로 자른 후 열, 본드 등으로 접착하면서 붙이면서 쌓아 올리는 방식이다. A4 용지를 레이저로 커팅하면서 쌓아 올리면서 색상까지 입혀서 완전한 컬러가 들어간 형상을 만드는 것이다. 미국 Helisys, Cubic Technologies사의 LOM, 일본 KIRA사의 PLT, 이스라엘 Solido사의 PSL 시스템 등이 있다.

그 외 탄소섬유 재료도 프린트가 가능하다. 탄소섬유는 금속보다 가볍지만 강도와 탄성이 클 뿐만 아니라 부식이 없기 때문에 다양한 분야에 활용되고 있다. 낚싯대, 골프채 뿐만 아니라 항공기, 자동자 부품, 우주선에까지 사용되고 있다. 섬유유리는 내열성이나 내구성이 뛰어나 단열재와 전기 절연재 등으로 사용되고 있다. 최근 개발된 전도성 재료와 2개의 노즐인쇄를 이용하면 전기기판도 출력할 수 있다. 기존의 플라스틱 수지는 높은 강도가 필요한 부분에서 사용이 어려웠던 점이 사실이었는데 새로운 재료가 등장함에 따라 3D 프린터의 활용 범위가 광범위 해질 것으로 보인다.

그림 11 다양한 필라멘트[filament] 폴리머 소재

그림 12 사출용 패럿(Pellet) 폴리머 소재

(3) 분말기반

분말 형태의 재료를 사용하는 방식이다. 이 방식도 2014년 부터 일부 특허가 풀리기 때문에 큰 관심을 받고 있다. 분말은 플라스틱, 모래, 금속성분 등 다양하다. 이 분말을 한 층씩 깔면서 재료들을 서로 접착시키는 방식이다. 방법은 레이저 소결, 접착제 등이 있다. 석고나 모래 성분의 경우 접착제를 붙이게 되는데 접착제에 색을 넣어서 컬러 프린팅이 가능하다. 금속은 레이저를 쏘아서 녹여서 용접하거나 금속 가루를 고열의 불꽃과 함께 쏘아내는 방식도 있다.

그림 13 금속 분말소재(티타늄)

그림 14 분말소재 프린팅

(4) 포리머(열가소성) 소재 수축률과 3D 프린터 종류별 특성

구분	품명	수축률
1	ABS	5/1,000
2	PC	6/1,000
3	Polyacetal(POM)	23/1,000
4	PP	18/1,000
5	PP+T30	15/1,000
6	PA+ABS	7/1,000
7	Nylon66+GF30	5/1,000
8	Polyethylene	23/1,000
9	우레탄	5/1,000
10	PBT	7/1,000
11	TPE	15/1,000
12	PC+GF10%	6/1,000
13	PA6	12/1,000
14	PMMA(아크릴)	6/1,000~7/1,000

Technologies	Materials(재료)	Application
FDM (Fuesed deposition modeling)	열가소성 수지 (고체 수지)	ABS, PLA
Polyjet (Poly jet)	광경화성 수지 (액상 수지)	엘라스토머, 아크릴 계열
SLA (Stereolithograph Apparatus)	광경화성 수지 (액상수지)	아크릴 계열
DLP (Digital Light Processing)	광경화성 수지 (액상수지)	아크릴 계열
SLS (Selective laser sintering)	열가소성 수지 (분말 수지)	금속 분말 및 세라믹

FDM 방식	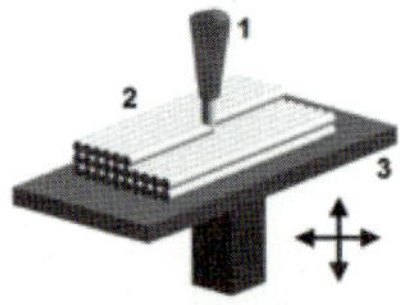		
Polyjet 방식	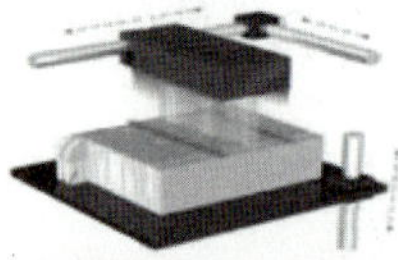		
SLA 방식			
DLP 방식	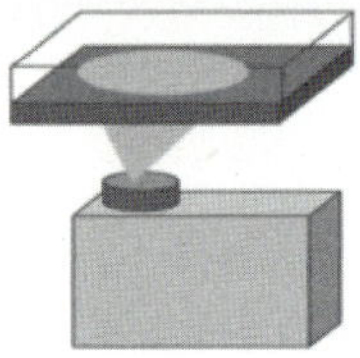		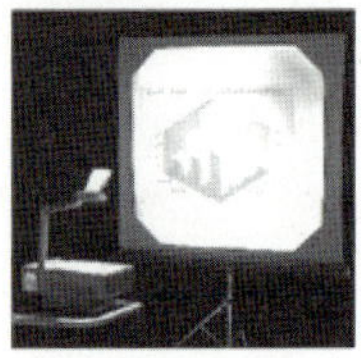

그림 15 (출처: http://www.3d-factory.co.kr/default/product/3dp.php?topmenu=1&left=4)

(5) FDM 3D 프린터의 구조와 원리

FDM(fused deposition modeling) 방식은 용융 적층 조형방식 또는 오픈소스 진영에서 FFF(fused filament fabrication-열가소성수지 압출 적층 조형법) 방식이라고도 부르는데 열가소성 고체 필라멘트를 스풀(spool)에 가는 철사줄처럼 동그랗게 말아놓은 것과 유사한 형태의 가는 재료(PLA 및 ABS 플라스틱)를 스테핑 모터로 구동하는 피더(feeder)로 공급하고 압출기(Extruder)를 통해 핫 엔드 노즐에서 녹여서 자동으로 분사하여 한 층씩 적층하며 조금씩 쌓아올리는 방식이다. 분사 노즐에서 나온 재료는 열가소성 수지로 적층하는 순간 경화되는데 한 층이 완료되면 모델 조형판(베드 또는 빌드 플랫폼)은 한 층의 두께(레이어 두께)인 보통 0.1mm ~ 0.3mm 정도 Z축으로 하강하고 다시 프린트 헤드는 스테핑 모터에 의해 X, Y축으로 빠르게 움직여가며 한 층을 쌓은 후 Z축이 하강하고 다시 X, Y축으로 쌓아가고 다시 Z축이 하강하는 과정을 계속 반복해가며 층을 쌓아 올려가는 출력 방식이다. 일반적으로 지름이 1.75mm 정도인 둥글고 가느다란 재료를 가열된 노즐을 통해 200°C 이상(보통 240~250°C)으로 녹여가며 압출하여 재료를 조형판(베드, 빌드 플랫폼) 위에 한 층씩 쌓아가며 출력을 하는 가장 기본적인 방식인 것이다. 그리고 출력시 원하는 3D 파일을 3D 프린터를 구동할 수 있는 G-CODE라는 기계언어로 변환시켜 집어넣으면 3D 프린터가 이를 읽어들여서 재료를 한층 한층 출력하게 된다. 이러한 과정에서 공중에 떠 있는 부분은 서포터라는 부위가 생성되어 떠받치면서 출력이 되는 구조이다.

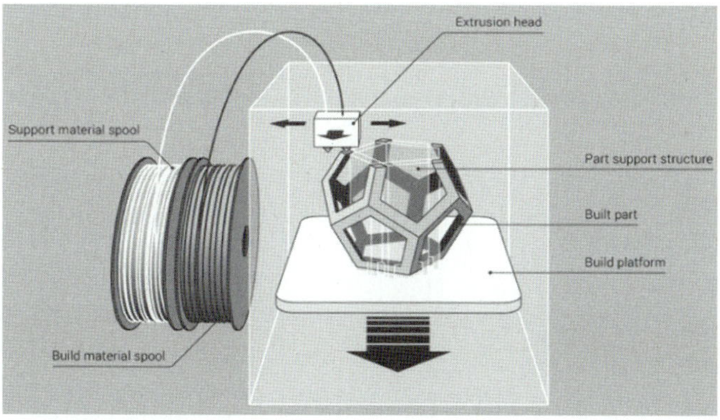

3 FDM 방식 3D 프린터의 G-code[4)]

여기서는 기본적으로 RepRap 펌웨어들이 사용하는 G-code 의 종류와 기능들이 어떻게 동작하는지 설명하기 위한 것이다. 주요 적용 대상은 FDM/FFF 공정을 사용하는 Additive Fabrication이다. 프린트 헤드의 움직임을 위한 코드들은 NIST RS274NGC G-code standard를 따른다. 따라서 RepRap 펌웨어들은 CNC 밀링이나 비슷한 방식에도 사용할 수 있다. 많은 다른 형태의 펌웨어들이 존재하고 그 개발자들은 이전에 다른 사람들이 했던 것을 찾아보거나, 구현방법에 대한 논의 없이 새로운 기능들을 구현하려는 경향이 있기 때문에, 3D 프린터를 위한 특정 코드들은 많은 세부 종류들이 여러 해를 거듭하여 개발되었다. 본 내용에서는 G-code에서 사용되는 일부분만 설명하기로 한다. 기타 많은 내용은 RepRap 사이트를 활용하면 된다.

4) 출처: http://reprap.org/wiki/G-code/kr#RepRap_G_Code_.ED.95.AD

(1) RepRap G Code

여기서는 글자가 앞에 나오는 항에 대해 설명한다. 각 항에 숫자는 nnn으로 표현한다. 숫자는 문맥에 따라 정수로 쓰이거나 소수점을 포함할 수 있다.예를 들어 X좌표는 정수(X175) 또는 소수(X17.62)를 사용할 수 있지만 압출기 번호 2.76은 아무 의미가 없다.

■ 표 4-3 RepRap G Code 의미

글자	의미
Gnnn	어떤 점으로 이동하라는 것과 같은 표준 G_code 명령
Mnnn	RepRap에 의해 정의된 명령. 예를 들면 쿨링 팬 회전
Tnnn	도구 nnn 선택. RepRap에서 도구는 압출기
Snnn	파라미터 명령. 예를 들어 모터로 보내는 전압
Pnnn	파라미터 명령. 밀리초 동안의 time
Xnnn	이동을 위해 사용하는 X 좌표
Ynnn	이동을 위해 사용하는 Y 좌표
Znnn	이동을 위해 사용하는 Z 좌표
Innn	파라미터. 현재는 사용하지 않음.
Jnnn	파라미터. 현재는 사용하지 않음.
Fnnn	1분당 Feedrate.(프린트 헤드의 움직임 스피드)
Rnnn	파라미터 - 온도에 사용
Qnnn	Parameter - not currently used
Ennn	압출형의 길이 mm. 이것은 정확히 X, Y, Z와 같지만 필라멘트를 압출하는 길이이다. Skeinforge 4D와 그 이상은 이것을 압출되는 출력 길이가 아닌 소모되는 필라민트의 절대 길이로 인터프리트한다.
Nnnn	선 번호. 통신 오류시 재전송 요청을 위해 사용
*nnn	체크섬: 통신 오류를 체크하는데 사용

(2) 주석

다음과 같은 G-code 주석들은 RepRap이 빈 줄과 마찬가지로 무시할 것이다. 그러나, 이런 줄들은 전송하기 전에 제거하는 것이 더 좋다. 대역폭을 절약할 수 있다(불필요한 데이터 전송을 방지).

```
N3 T0*57 ;This is a comment
N4 G92 E0*67
; So is this
N5 G28*22
```

(3) 각 명령어들에 대한 설명

```
검사: N and * (Example: N123 [...G Code in here...] *71)
int cs = 0;
for(i = 0; cmd[i] != '*' && cmd[i] != NULL; i++)
   cs = cs ^ cmd[i];
cs &= 0xff;  // Defensive programming...
```

줄번호와 체크섬이다. RepRap 펌웨어는 자기가 계산한 값과 체크섬을 비교한다. 만약 다르다면, 해당 라인의 재전송을 요청한다.

(4) 버퍼링되는 G 명령어

RepRap 펌웨어는 이 명령들을 실행을 위해 내부의 링 버퍼에 저장한다. 이것은 명령이 승인되고 다음 명령이 전송되는 동안 딜레이가 없다는 것을 의미한다. 이것은 연속된 선분들이 멈칫거리지 않고 차례대로 그려질 수 있다는 것을 의미한다. 이런 버퍼링 되는 명령들은(펌웨어에서) 받는 즉시 승인이 되고 저장이 된다. 만약 버퍼가 가득차면, 버퍼의 공간이 확보될 때까지 승인이 지연된다. 이것이 흐름제어를 하는 방법이다.

1) G0: 빠른 이동(rapid move)

예제 G0 X12(X = 12mm인 지점으로 빠르게 이동하는 경우)

RepRap 펌웨어는 빠른 이동(rapid move)에 통제된 이동(controlled move)에 사용된 것과 같은 코드를 사용한다. 따라서, RepRap 머신의 경우 이 명령은 별다른 효과가 없다(축들을 직선으로 구동하지 않는 몇몇 구형 장비들에서는 더 빠르게 이동하기 위해 사용된다. 그런 장비들의 경우에는 G0 명령은 목적지로 가능한 빠르게 도달하기 위한 어떤 움직임도 허용한다).

2) G1: 제어된 이동(controlled move)

예제 G1 X90.6 Y13.8 E22.4

현재 위치(X,Y)에서 (90.6, 13.8)의 위치로 직선 이동하고, 현재 압출된 길이에서 22.4mm 길이까지 압출이 되며 이동한다. RepRap은 Feedrate을 이용하여 세세한 것들도 할 수 있다.

```
G1 F1500
G1 X90.6 Y13.8 E22.4
```
이것은 feedrate을 1500mm/minute 으로 설정하고, 이 속도로 위에서 설명한 이동을 할 것이다.

```
G1 F1500
G1 X90.6 Y13.8 E22.4 F3000
```
이것은 feedrate 을 1500mm/min 으로 설정하고, feedrate 을 3000mm/min 으로 가속하면서 위에서 설명한 이동을 할 것이다. 압출 역시 모든 것이 동기화 되어 X,Y 축의 이동에 맞추어 가속이 될 것이다.

RepRap은 그래서 feedrate 을 선형적으로 보간하기 위해 또 다른 변수로 다룬다. (X, Y, Z, E 같은). 이것은 가감속 하는 동안 모든 움직임과 모든 지점에서의 올바른 양(부피)이 압출되는 것을 보장하는 어느정도 완벽한 제어를 하게 한다.

Note 모든 펌웨어가 이것을 구현한 것은 아니다. 예를 들어, 현재 Marlin은 이동의 시작점부터 새 feedrate 값을 사용할 것이다. 그리고 그 값을 변경하지 않는다. 첫번째 예제는 정속 이동을 어떻게 하는지 보여줬다. 두번째는 어떻게 가속과 감속을 하는지 보여준다.

```
G1 F1500
G1 X90.6 Y13.8 E22.4 F3000
G1 X80 Y20 E36 F1500
```
이것은 이전에 설명한 것처럼 가속을 하며 첫번째 이동을 한다. 그리고 3000mm/min에서 1500mm/min으로 감속을 하며 이동한다. 압출기를 주어진 양만큼 되돌리기 위해서는(예를 들어 내부 공중을 이동하면서 재료를 흘리지 않기 위해 노즐 내 압력을 낮추기 위한 예제로) 간단히 G1 을 사용하고 E 값을 현재 압출된 길이보다 작은 값으로 설정한다.

3) G28: 원점으로 이동

예제 G28

이 명령은 RepRap 기계를 X, Y, Z 축의 엔드스탑이 있는 곳으로 이동시킨다. "호밍(homing)"이라고 알려진 과정이다. 이것은 가속을 해서 홈위치로 빠르게 이동을 한다. 하지만 홈 위치에 도달했을 때 각 방향으로 1mm 정도 천천히 후진을 한 뒤, 다시 엔드스탑의 위치로 천천히 움직인다. 이것은 더 정확한 홈 위치를 잡을 수 있게 한다. 만약 명령에 좌표를 추가하면, 해당 축의 원점을 찾을 것이다.

```
G28 X0 Y72.3
```
이런 명령은 X와 Y축의 원점으로 이동하지만, Z 축은 수행하지 않는다. 좌표값은 무시된다.

4) 주요 G-code 및 M-code[출처] Cura13버전 설명

```
start Gcode

;Sliced at: {day} {date} {time}
;Basic settings: Layer height: {layer_height} Walls: {wall_thickness} Fill:
{fill_density}
;Print time: {print_time}
;Filament used: {filament_amount}m {filament_weight}g
;Filament cost: {filament_cost}
G21 ;metric values - mm단위사용 <->인치 G20
G90 ;absolute positioning -홈0점을 기준으로 이동 <->G91 설정값만큼이동
M107 ;start with the fan off -쿨링팬 끔 <->M106 팬작동
G28 X0 Y0 ;move X/Y to min endstops - X,Y축 0점 초기화
G28 Z0 ;move Z to min endstops - Z축 0점 초기화
G1 Z15.0 F{travel_speed} ;move the platform down 15mm - Z축 15mm 상승
G92 E0 ;zero the extruded length - 압출기 0점 초기화
G1 F200 E3 ;extrude 3mm of feed stock - 원료 3mm 출력
G92 E0 ;zero the extruded length again - 압출기 0점 초기화
G1 F{travel_speed} - 이동속도 설정
M117 Printing... -출력시작
Cura13버전부터는 G90이 마지막에 자동으로 붙어 있도록 되어 잇으나 작동안할수도 있다. G91(현재
위치를 0점으로 설정값 만큼 이동)은 꼭 필요할경우만 사용(예: 베드클립사용)

End GCode
M104 S0 ;extruder heater off - 노즐 0도 off
M140 S0 ;heated bed heater off (if you have it) - 베드 0도 off
G91 ;relative positioning - 설정값만큼 이동
G1 E-1 F300 ;retract the filament a bit before lifting the nozzle, to release some
of the pressure -원료 1mm 300속도로 되감기(흘러내림방지)
G1 Z+0.5 E-5 X-20 Y-20 F{travel_speed} ;move Z up a bit and retract filament even
more
Z축 0.5상승, 원료 5mm되감기, X,Y축 -20 이동
G28 X0 Y0 ;move X/Y to min endstops, so the head is out of the way
출력물 앞으로 이동시키기 위해 간단히 초기화코드로 응용
M84 ;steppers off -모터 전원차단
G90 ;absolute positioning -위 코드에 G91이 있어서 G90으로 마무리
```

```
// look here for descriptions of gcodes: http://linuxcnc.org/handbook/gcode/
   g-code.html
// http://objects.reprap.org/wiki/Mendel_User_Manual:_RepRapGCodes

//Implemented Codes
//-------------------
```

```
// G0 -> G1
// G1 - Coordinated Movement X Y Z E
// G4 - Dwell S<seconds> or P<milliseconds>
// G28 - Home all Axis
// G90 - Use Absolute Coordinates
// G91 - Use Relative Coordinates
// G92 - Set current position to cordinates given

//RepRap M Codes
// M104 - Set extruder target temp
// M105 - Read current temp
// M106 - Fan on
// M107 - Fan off
// M109 - Wait for extruder current temp to reach target temp.
// M114 - Display current position

//Custom M Codes
// M80 - Turn on Power Supply
// M20 - List SD card
// M21 - Init SD card
// M22 - Release SD card
// M23 - Select SD file (M23 filename.g)
// M24 - Start/resume SD print
// M25 - Pause SD print
// M26 - Set SD position in bytes (M26 S12345)
// M27 - Report SD print status
// M28 - Start SD write (M28 filename.g)
// M29 - Stop SD write
// M42 - Set output on free pins, on a non pwm pin (over pin 13 on an arduino mega)
use S255 to turn it on and S0 to turn it off. Use P to decide the pin (M42 P23 S255)
would turn pin 23 on
// M81 - Turn off Power Supply
// M82 - Set E codes absolute (default)
// M83 - Set E codes relative while in Absolute Coordinates (G90) mode
// M84 - Disable steppers until next move,
// or use S<seconds> to specify an inactivity timeout, after which the steppers
will be disabled. S0 to disable the timeout.
// M85 - Set inactivity shutdown timer with parameter S<seconds>. To disable set
zero (default)
// M92 - Set axis_steps_per_unit - same syntax as G92
// M115 - Capabilities string
// M140 - Set bed target temp
// M190 - Wait for bed current temp to reach target temp.
// M201 - Set max acceleration in units/s^2 for print moves (M201 X1000 Y1000)
// M202 - Set max acceleration in units/s^2 for travel moves (M202 X1000 Y1000)
```

3.1 FDM 방식 3D 프린터로 만든 조형물의 품질

FDM 방식의 3D 프린터로 형성되는 조형물의 품질을 결정짓는 요인들은 다음과 같다.

① 적층 두께
② X, Y, Z축의 이동 정밀도
③ 프린팅 헤드의 이동 속도
④ 익스트루더 및 베이스 기판의 온도 제어 정밀도 및 안정성
⑤ 필라멘트 재료의 공급(feeding) 장치
⑥ 필라멘트 재료의 특성
⑦ 3D 프린터 설치 환경(온도, 습도, 바람 등)
⑧ 작동 명령(recipe)

위에서 언급한 것들 외에도, 여러 요인들이 그리고 각 요인들의 조합이 조형물의 품질을 결정하게 된다. 이 중 몇몇 요인들은, 기계적, 물리적 특성을 고정시킬 수 있기 때문에, 좋은 품질의 부품과 재료를 사용하면, 기본적인 특성을 확보할 수 있다. 특히, ①~⑤는 좋은 부품이 그 특성을 결정한다. ⑥ 필라멘트 재료도, 3D 프린터 제조사에서 제공하는 재료가 자장 적합하다. FDM 방식의 3D 프린터는 오픈소스 하드웨어와 소프트웨어로부터 발전을 한 것이기에, 3D 프린터 기기 자체는 대동소이 하다. 즉, 모두가 비슷한 회사의 부품을 사용하고, 비슷한 디자인을 갖고 있는 것이 특징이다.
따라서 제품의 사양(product specification)을 비교해 보면 바로 알 수 있다. 또한, 베이스 기판과 프린터 헤드 사이의 간격(gap)을 일정하게 유지하는 것이 중요하다. 고가의 센서를 통해 자동화를 시킬 수 있으나, 그리 되면 제품의 단가가 높아지고, 유지 보수가 어려워서, 대부분의 제품은 수동 방식을 유지하고 있다. 사실 종이를 이용해, 헤드와 베이스 기판 사이의 간격을 측정하는 방식과, 자동화된 제품을 이용하는 것이 별 차이가 없다. ABS 필라멘트의 경우, 수축을 잘 고려해야 한다. 일반적으로 탑, 컵, 화병 등 원형 대칭성이 있는 제품은 크기에 관계 없이 좋은 결과를 주지만, 그렇지 않은 경우, 프린팅 도중 조형물이 변형되는 경우가 종종 발생한다. 이를 줄이기 위해 베이스 기판의 온도를 높여주고, 주변의 환경 온도가 높은 것이 좋다. 부피가 큰 조형물이 변형될 확률이 크다.
PLA필라멘트의 경우, 비교적 빠른 시간에 수축에 의한 변형 우려 없이 조형을 할 수 있다. 그러나, 장시간 프린팅시 익스트루더 막힘이 잦다. 이를 막기 위해서는 용융점이

높은 식용유(카놀라유, 해바라기씨유 등)를 필라멘트에 발라주는 것이 도움이 된다. 또한, PLA는 습기를 흡수한다. 하여, 보관시에는 가급적 흡습제와 함께 건조한 실온에 두는 것이 필요하다. 습기가 있는 상태에서 프린팅할 경우, PLA에 있던 습기가, 기포를 발생시켜 조형물의 품질을 저하시킨다.

즉, FDM(Fused deposition modeling) 방식으로 출력하는 3D 프린터는 열가소성 플라스틱 재료를 반 액체 상태로 가열하여 녹인 다음 컴퓨터가 제어하는 경로(X,Y,Z축)를 따라 압출하는 방식으로 설정한 레이어값으로 층층이 부품을 적층한다. FDM 방식은 완제품을 구성하는 모델링 재료와 지지대 역할을 하는 서포트 재료의 두 가지 재료를 사용하여 프린팅 작업을 수행한다. 모델용 재료 필라멘트가 3D 프린터의 재료 공급부에서 프린트 헤드로 공급되면, 프린트 헤드는 X 및 Y좌표를 따라 이동(출력 속도)하면서 재료를 분사한다. 한층의 레이어가 완성되면 빌드플렛폼(베드)이 Z축을 따라 내려가고 다음 레이어 작업이 시작된다. 3D 프린터에서 빌드 작업이 완료되면, 사용자는 서포트 재료를 떼어내거나 물과 세제로 녹여서 제거한 후 완성된 부품을 사용하면 된다.

좀더 설명하면 우리가 손으로 작업하는 글루건과 재료인 글루건심을 매칭하면 도움이 된다. 수동으로 작업하는 글루건은 열에 녹는 글루건심을 손으로 조형하므로 조형 모양이 일정하지 않다. 글루건 대비 3D 프린터는 3D Physical Object Sample을 가로, 세로로 헤더(노즐)과 높이로 트레이(베드)가 X축(가로, 좌우), Y축(세로, 전후), Z축(높이, 상하)로 모터 3개를 이용하여 이동하면서 3D CAD 파일의 모양에 따라 자동으로 조형

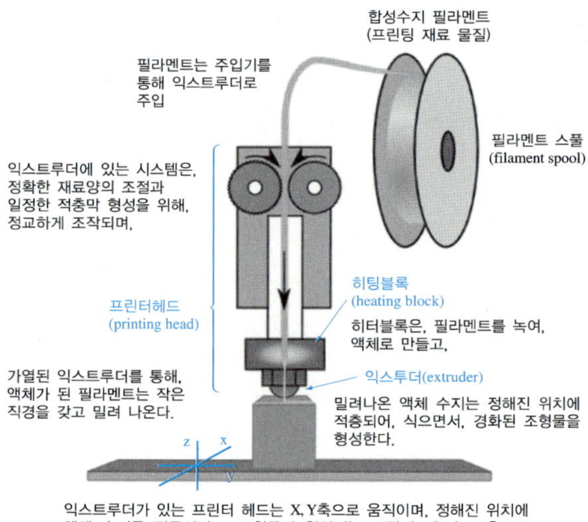

익스트루더가 있는 프린터 헤드는 X, Y축으로 움직이며, 정해진 위치에 액체 수지를 적중시키고, 조형물이 형성되는 프린터 베드는 Z축으로 움직이며, 재료의 적층을 조절한다.

물을 완성하는 것으로 볼 수 있다. 또 다른 하나의 모터는 헤드(노즐)로 ABS/PLA 필라멘트를 열로 녹여서 사출(압출)할 수 있도록 밀어주는(Roller) 기능으로 사용된다. 글루건심은 ABS/PLA 필라멘트로 개념이해 측면에서 매칭하면 된다. FDM 방식, ABS/PLA 필라멘트 사용 가정하에 적층 Layer 두께를 0.1mm 이상 간격으로 적층한다. 우리가 집에서 사용하는 2D 프린터인 종이프린터와 원리는 비슷하다. 열에 녹는 플라스틱 등 필라멘트(Thermoplastic, Semi-Liquid)를 상온 또는 팬을 사용하여 적층고형 한다. 어떤 방식을 이용하더라도 3D 모델링, STL Format 변환, Layer Slicing 절차를 거쳐서 Layer by Layer 방식 AM(Additive Manufacturing) 프로세서로 조형물을 완성한다. 3D 프린터는 적층 방식으로 XY축 해상도와 함께 각 층의 두께로 해상도가 정해진다. 즉 한 층의 두께와 XY축의 해상도를 dpi(dots per inch)로 표현하게 된다. 2013년 현재 기술로는 일반적으로 한 층에 100μm정도 되고 어떤 기기들은 16μm정도까지도 표현하기도 한다. XY해상도는 50~100μm정도이다.

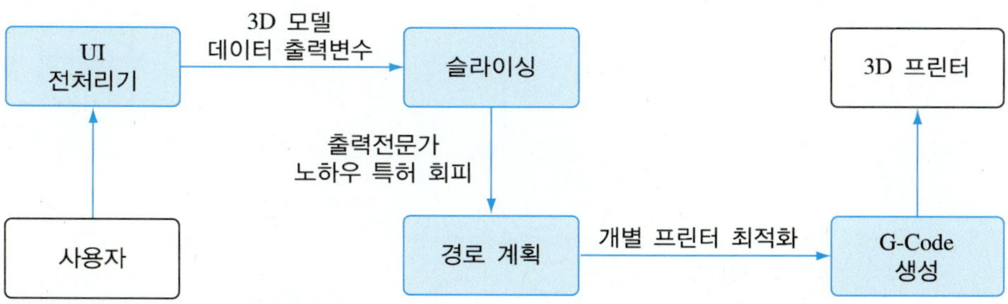

- UI 및 전처리기
  - 사용자 편의성 고려하여 지속적인 개선이 필요
  - Web 서비스 및 클라우드 서비스로 발전 가능
- 슬라이싱
  - 계산 기하학 알고리즘 적용으로 발전 가능성 높음
  - 효율성 상승을 위한 고급 자료구조 및 HPC 적용 가능
- 경로 계획(Path planning)
  - 출력 전문가들의 다양한 노하우가 반영되어야 함.
  - 3D 모델과 출력물의 특성을 반영하여 경쟁력으로 활용
- G-Code 생성
  - 각 3D 프린터의 개성과 특징을 반영해야 함.
  - 일반적인 틀을 제시하고 개별 업체가 customize

그림 16 FDM 3D 프린터의 G-code 생성흐름도

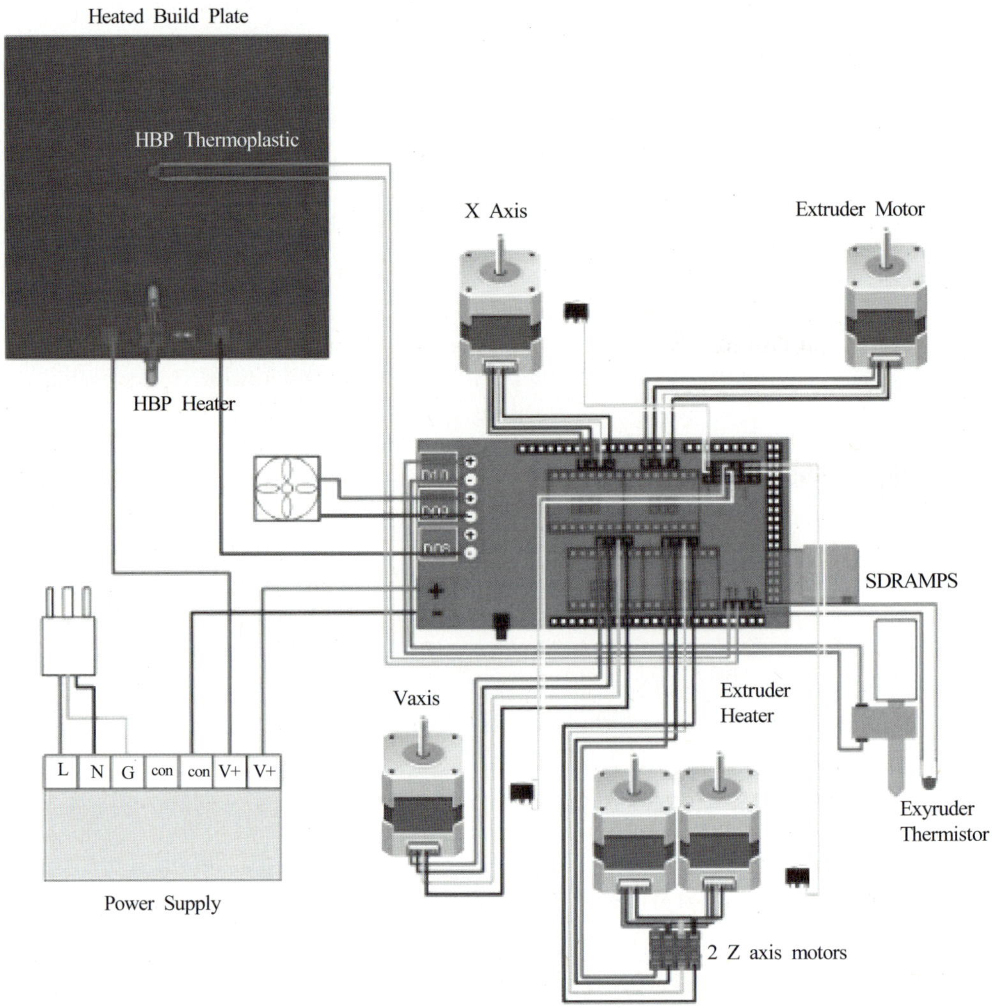

그림 17 RepRap Arduino Mega Pololu Shield 1.2

3.2 DLP 3D 프린터의 구조와 원리

DLP(Digital Light Processing) 기술은 Vat Photopolymerization 기술로 분류되는 대표적인 3D 프린터 기술이다. 빛에 의해 고체화되는 액상의 광경화수지를 재료로 하며, 경화를 시키기위한 DLP엔진을 내장하고 있다. DLP엔진하면 특별한 것이 아니고 흔히 회의할 때 사용하는 프로젝터를 생각하면 된다.

(a) DLP 핵심 부품(DMD칩)

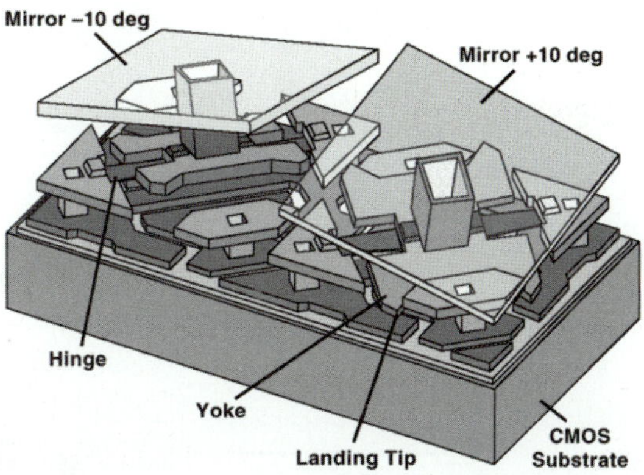

(b) DLP 구성

그림 18 DLP 원리(출처: http://blog.naver.com/PostView.nhn?blogId=airrex&logNo=220331604841)

내부에 DMD칩셋이 들어있는데 미국 TI사의 특허기술인 DLP가 그대로 사용되어진 것이다. 프로젝션해서 보고있는 한 픽셀 한 픽셀에 해당하는 반사 거울이 미세하게 들어있어서 거울마다 방향이 전기신호에 의해 개별적으로 움직여서 영상을 만들게 되고, 우리가 잘 볼 수 있도록 확대한 것이 프로젝터이다. DLP방식의 3D 프린터의 핵심부품이라고 할 수 있는데, 정밀한 부품을 프린팅 하기에 장점이 있다.

원리는 빛이 투광될 수 있는 수조(Vat)에 액상재료를 담고 아래쪽에서 DLP엔진을 통해 조형대상물의 단면영상을 재료에 투사함으로써 필요한 부분만 경화시킬 수 있다. DLP방식은 조형대(Build Platform)와 재료통(Vat)사이에 일정한 높이의 재료를 단번에 정밀한 두께로 조형할 수 있는 것이 장점이다. 경화 후 높이방향으로 적층을 하기위해 Z축 구동부를 내장하고 있으며, 투사광선은 주로 자외선이 포함된 영역을 주로 사용한다. 일반적으로 50µ(micron) 이상의 높은 해상도를 갖기 때문에 정밀한 부품이나 캐스팅을 위한 주얼리 제품의 원본제작에 주로 응용되어지고 있다.

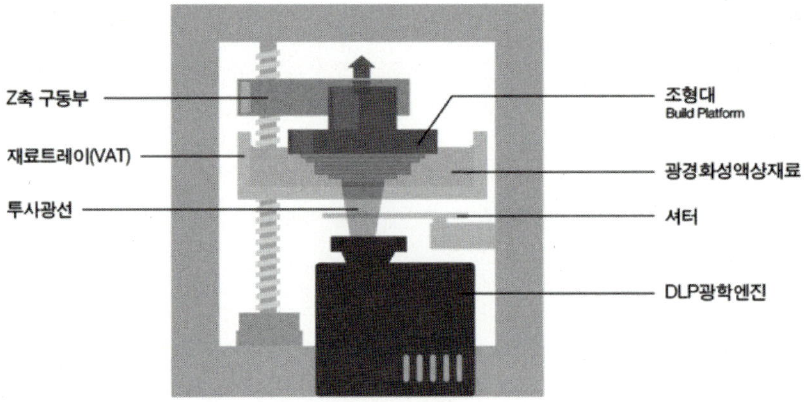

위 그림에서 보듯 조형대가 위쪽으로 레이어 두께만큼 올라가게 된다. 트레이와 접하여 빛을 받고 있는 부분 빨간색으로 표시해두었는데, 그 부분은 현재 빛을 받아 경화중인 부분이며 큐어링(Curing)이라고 한다. 이렇게 굳은 부분이 지속적으로 위쪽으로 올라가게 되는데, 지속적으로 재료트레이와 부품간에 이형과정이 반복되기 때문에 재료트레이는 이형성을 좋게하기 위한 코팅이나 필름이 일반적으로 적용된다. 자세한 출력되는 순서는 다음 그림과 같다.

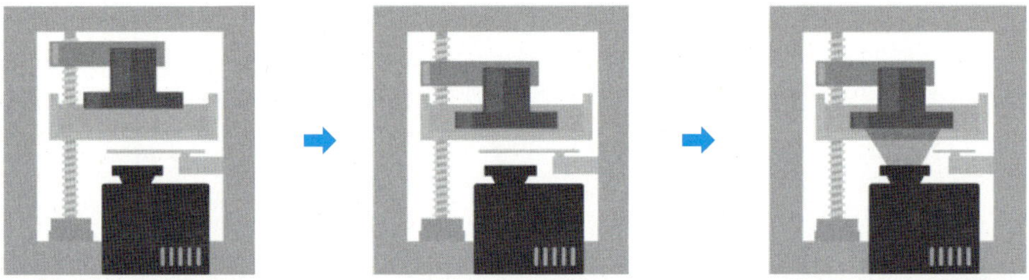

① 재료의 공급과 출력준비 ② 조형대의 하강 ③ 첫 레이어 영상투영

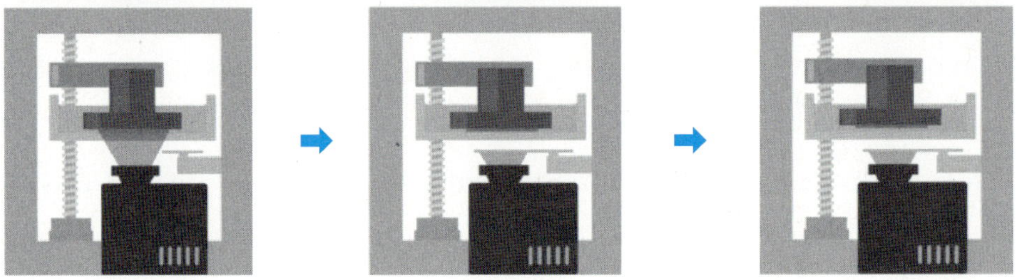

④ 경화(Curing) ⑤ 투영중지 ⑥ 조형대의 상승(다음 레이어 준비)

재료의 DLP 3-D 프린터 솔루션 프로세스 연속 층 3-D의 물리적 개체를 생성한다. 객체는 3 차원 컴퓨터 지원 설계(CAD) 모델에 의해 지정된다. 3D 프린터 소프트웨어 오브젝트를 인쇄에 적합한 일련의 층으로 가상 3 차원 모형을 변환한다.
그것은 종종 신속하게 상세한 프로토 타입을 만드는 데 사용된다. 이러한 기술을 통해 재료의 인쇄 부분은 단일 공정 흐름에서 수행 될 수있다. 3D 프린터는 빠른 프로토 타이핑이 더 이상 제조 공간을 필요로 하는, 사무실에 있는 모든 방법을 가져되지 않는 중소 규모 기업을 위한 더 저렴하게 되고 있다. 3D 프린팅을 위한 두 가지 일반적인 방법은 디지털 노출과 레이저 소결이다. 3D 인쇄 솔루션으로 DLP 기술을 통합하는 높은 수준의 원리는 두 가지 방법을 적용 할 수 있지만, 디지털 노광 시스템의 블록도 표현된다. 디지털 노광 기술의 경우, 3D 객체는 자외선(UV) 경화형 액상 감광 수지 연속 얇은 수평 단면 또는 층을 내려 놓고에 의해 구성된다. 각 층에 있어서, DLP® 디지털 마이크로 미러 디바이스(DMD)에서 UV 광 이미지가 광에 노출되는 중합체 수지를 경화 패턴을 생성한다. 단면 패턴은, 현재 레이어의 각 화소에 대응하는 각각의 거울들에 의해 생성된다. UV 경화 액체 감광 수지의 표면에 촬상 렌즈를 통해 패턴이 프로젝트 화소에 어디 경화 또는 경화. 도면에 도시된 바와 같이, 하나의 수지로는 빌드 재료이고, 두 번째는 생성 중에 돌출된 특징과 얇은 직벽을 지원하는 재료이다. 서포트 물질은 이후의 가열에 의해 제거 또는 용매 또는 물에 용해시킨다. 이들 층은 자동으로 융합 및 모델이 구축 될 때까지 프로세스는 한 번에 하나의 층을 반복한다. 경화 속도는 층마다 0.2초에서 가능하다. 층 두께는 일반적으로 해상도에 영향을 미치는 것으로 사용되는 UV 광의 파장과 수지 기초 250um 범위이다. 보다 상세한 이미지 결과 객체의 연속 매끄러운 표면 효과를 추정하기 위해 더 많은 이산 단면을 필요로 한다.

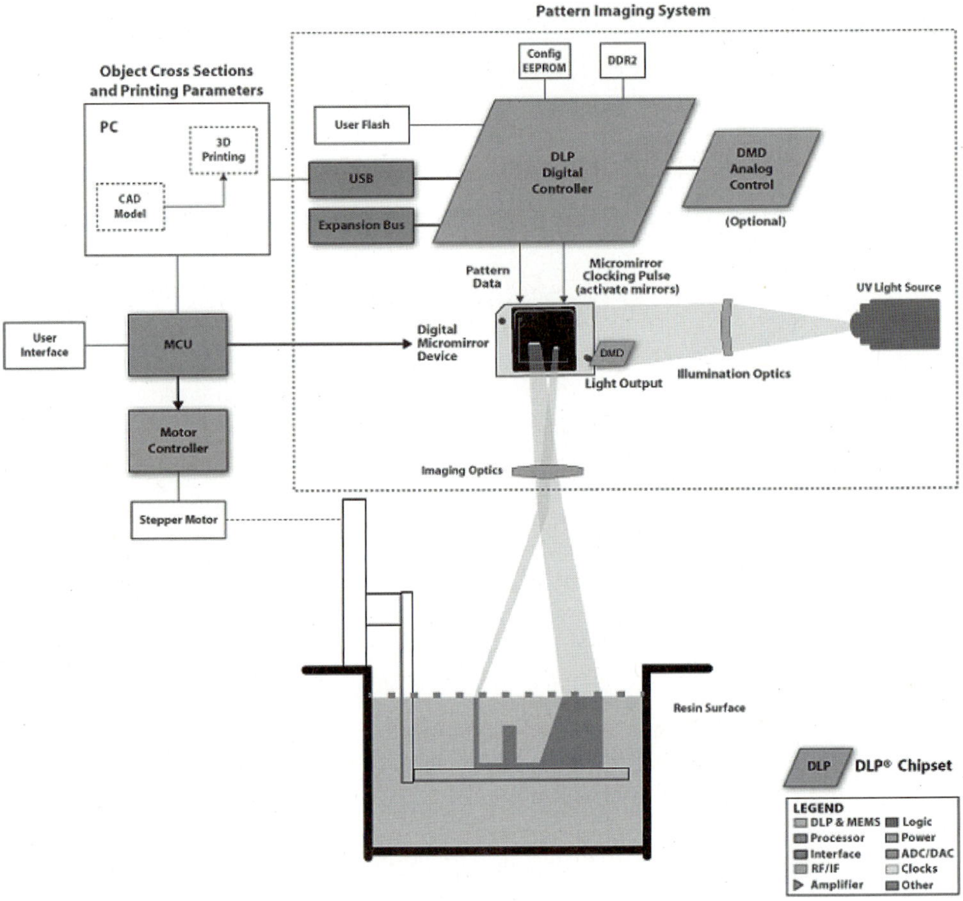

그림 19 블록 다이어그램(출처: http://translate.google.co.kr/translat)

위 그림 19는 DMD 및 DMD 컨트롤러 칩, 플러스(특정 DLP 칩셋에 따라 다름) DMD 아날로그 제어 칩을 포함하는 DLP 칩셋을 보여준다. DLP 칩셋은 다른 DMD 크기, 픽셀 피치, 해상도 및 기타 사양을 사용할 수 있다. DLP는 또한 UV 광을 사용 대상 기기를 제공한다. DLP 칩셋을위한 최선의 선택은 수지를 경화 목표 대상물 피처 크기, 속도 및 패터닝 필요한 파장에 의존할 수 있다. CAD 모델은 PC에서 실행되는 소프트웨어에 의해 생성된다. 시스템 제어 및 신호처리 임베디드 프로세서에 의해 수행된다. 전력 TI 전력 장치들에 의해 제공된다. 광학 레이아웃 및 구성 요소의 세부 사항은 도면에 도시되지 않는다. 가능한 한 간단 DLP 기반 3D 프린터 애플리케이션의 전반적인 기능을 전달하도록 의도된다. 실제 제품은 전체 기능을 달성하기 위해 부가적인 광학 부품 및 광학 설계를 필요로 한다.

3.3 3D프린팅 후가공 공구모음

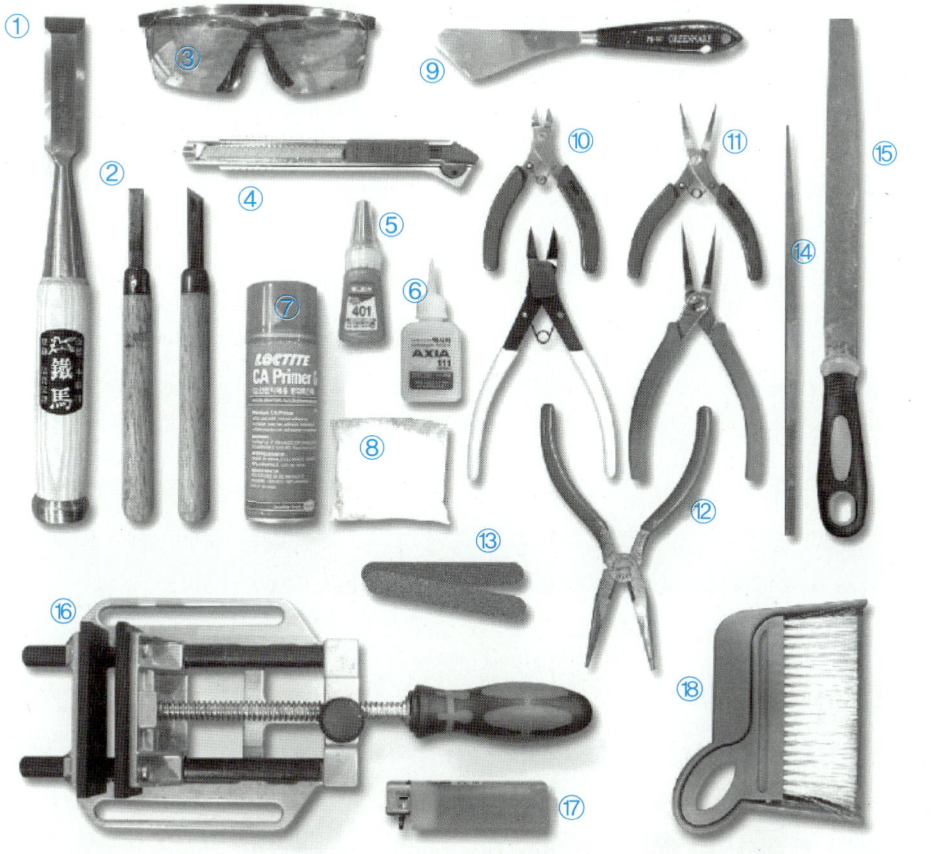

FDM 3D 프린터에서는 특히 서포트 분리나 사상 등의 후가공을 요하는 경우가 많다. 주로 많이 사용하는 것을 정리하였다.

① 끌: FDM의 경우 출력판에 레프트(Raft) 단단히 붙어서 잘 떨어지지 않거나, 떼어낸 이후에도 남은 부분이 있으면 쉽게 제거 가능

② 조각도: 레프트나 서포트 제거에 사용하며, 특히 평조각도는 레프트(Raft)가 바닥면에서 떨어지지 않는 경우에 사용하면 좋은 출력물과 출력판의 경계 틈새에 밀어넣은 후 비틀어 젖히는 방식으로 힘들이지 않고 분리시키는데 유용

③ 안전고글

④ 커터칼

⑤ 순간접착제(고점도): 일반적인 접착이나 틈이 넓은 경우, 경화제와 함께 매꾸는 용도로 사용

⑥ 순간접착제(저점도): 식용소다등의 파우더와 같이 사용하여 삼투압 효과를 이용해 빈 공간을 매꾸는 용도로 사용

⑦ 급속경화제: 순간접착제와 병행하여 급속히 경화시킴(겨울철 또는 빠른 접착속도를 원할 경우)

⑧ 식용소다: 빈 공간을 채울때 필러로 사용하는 것으로 저점도의 접착제와 사용 / 식용소다 대신 퍼티형 필러를 구입해도 좋다.

⑨ 유화용 나이프: 제소나 퍼티를 평평하게 바를 때

⑩ 니퍼: 사출물 커팅용 니퍼로 옆에서 보면 아주 얇은것을 선택하는 것이 좋다. 구석구석 서포트 제거에 용이하며 출력물 분할이나 절단시 절단면이 칼로 자른 듯 깨끗하게 나옴.

⑪ 플랫롱노우즈(Flat long-nose): 일반 롱노우즈 보다 좁고 얇고 평형하며, 좁아야 서포트 틈새로 깊이 집어넣어 파쇄하기 좋다. 취급하는 곳이 많지 않으며 큰 공구상가나 인터넷에서 구할 수 있다(큰 것보다는 작은 것이 훨씬 쓰임이 많다).

⑫ 롱노우즈

⑬ 샌드블럭(샌드패드): 일반 사포의 경우 사포가루가 묻어 검게 변하는 경우가 있는데 샌드블럭은 다루기가 쉽다.

⑭ 사각줄: 각형 구멍이나 구석진 틈새의 사상에 유리

⑮ 평줄: 일반적으로 출력물의 외관에 사용하기 편리(강한 치솔등을 준비하여 사용 후 수시로 틈새를 브러쉬하여 관리할 것)

⑯ 소형바이스: 출력물의 외관사상시에 매우 유용함.

⑰ 라이터: 백화현상을 줄여주는 역할, 파란불꽃부분이 온도가 낮으므로 바짝 붙여서 사용. 그을음과 과다가열 주의

⑱ 소형비와 쓰레받이

4 3D 프린터 소재(재료)

3D 프린터(Three-Dimension Print)에서 소재는 매우 중요한 부분이다. 소재의 형태 따라 3D 프린터의 특성이 구분되어지기도 한다. 크게 폴리머(레진) 재료와 금속 재료로 구분되어진다. 3D 프린팅에는 고분자, 세라믹, 섬유, 고무, 금속 등 다양한 소재를 적용할 수 있지만, 이들 소재 중 현재 상업적으로 직접 부품 제조에 활용되고 있는 것은 고분자 및 금속 소재로 볼 수 있다. 고분자 소재는 시제품 제작, 개인 맞춤형 제품, 피규어 등 다양한 분야에서 활용도가 높고, 현재 3D 프린팅 제품이라고 하면 이들 고분자 소재를 활용한 제품을 떠올릴 만큼 전체 3D 프린팅 시장에서 차지하는 비중이 높으나 소재특성상 강도가 낮아 실제 산업용 구조용 부품 제조에 사용하기에는 어려운 부분이 있다.[5)]

4.1 금속소재

금속소재는 항공기, 자동차 부품의 제조와 쥬얼리, 악세사리 제조에 많이 사용된다. 금속분말 재료를 사용하여 조형물을 만들 수 있으며 스테인레스강, 청동, 금, 알루미늄, 코발트크롬 등 다양한 금속재료들이 있다. 앞으로 기술의 발전으로 다양한 소재들이 사용 가능하게 될 것이다. 금속소재는 금액이 비싼 것이 단점이지만 매우 효과적이다. 조형물의 적층두께는 보통 0.05mm~0.2mm까지 정밀하게 할 수 있다. 금속소재는 분말 형태로 가장 빠른 금속 프린팅 공법은 결합제를 함유한 분말 금속 복합체를 침전시키는 것이며 각 층들이 침전된 이후에 결합제가 녹아 금속이 일시적으로 함께 고정되게 되고 최종적으로 오븐에서 굽게 되면 융합이 일어나는 방법이다. 또한, 레이저를 사용하여 서포트 없이 빠르고 정밀하게 조형할 수 있는 장점이 있다.

금속 소재 부품 등 금속 제품을 대체하는 데는 한계가 있기 때문에 최근에는 실제 부품 제작, 의료용 임플란트, 금형 소재 등에 직접적으로 활용될 수 있는 금속 소재 3D 프린팅 기술에 대한 관심도가 높아지고 있다. ASTM에서 분류한 제조 기술 중에서 금속 소재를 이용한 3D 프린팅 기술은 Powder Bed Fusion(PBF), Direct Energy Deposition (DED), Binder Jetting(BJ), Sheet Lamination(SL) 등 4가지가 있다. 3D 프린터용 금속 소재의 대부분

5) 출처: http://blog.naver.com/, http://www.hellot.net/new_hellot/

은 금속판이나 와이어 타입의 사용은 많지 않으며, 대부분 PBF 방식이나 DED 방식으로 제조되기 때문에 금속분말이 대부분 사용된다. 금속 3D 프린터의 기본은 SLS(Selective Laser Sintering; 선택적 레이저 소결)이며 공식용어는 PBF이다. 이는 구형 분말에 레이저를 조사해 녹인 후 적층시켜 입체 조형하는 방식으로 한층을 용융한 후 파우더 베드가 하강하고, 다시 한층에 분말을 공급하여 또다시 레이저를 조사하는 과정을 반복하게 되면서 3차원 형태의 제품이 완성된다. 수년전에는 결합강도가 약해 소결된 분말을 재소결하여 강도를 증진시켰으나, 최근에는 소결이 아닌 분말을 용해하여 후공정인 소결 공정을 없애는 방식이 보편화됐다. 아울러 최대 성형 크기도 증대되고 있으며, 수 마이크로 크기의 미세 분말을 사용하여 초소형 정밀 부품을 제조하는 장비도 소개되고 있다.

두 번째 방식인 DED 방식은 보호가스 분위기에서 분말을 실시간으로 공급하고, 고출력의 레이저를 사용하여 공급 즉시 용융시켜 적층해 가는 방식이다.

방식	기본원리	기술 개요	장단점
Powder Bed Fusion	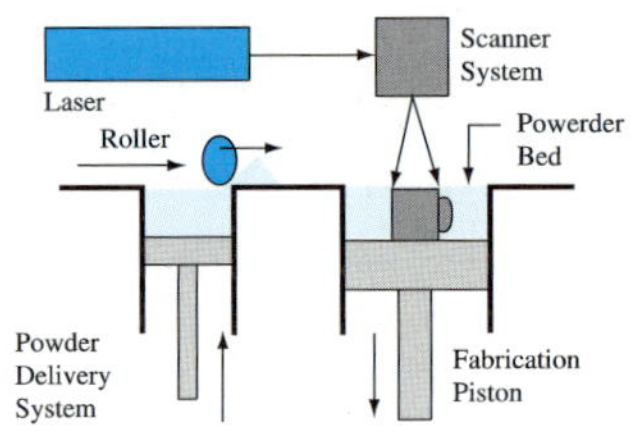	금속분말을 편평하게 깔고 레이저를 선택적으로 조사하여 금속분말을 국부적으로 융용 또는 소결	• 비교적 단순한 기계 구조 • 정교한 금속 제품 성형 • 오버행 구조를 갖는 조형물의 제작 용이 • 고가의 구형분말 사용 • 불활성 또는 고진공 분위기 • 일부 재소결 필요
Direct Energy Deposition	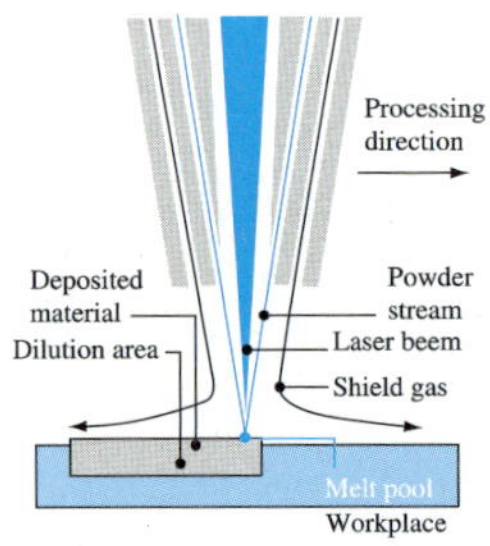	고출력 레이저 빔을 금속 표면에 조사하면 순간적으로 melt pool의 생성과 동시에 공급되는 금속분말을 실시간으로 공급하여 적층	• 복잡한 중공 형태나 오버행 구조 적층에는 문제점 • 3D 적층 외로 금형 수정 보수 등에 활용 가능 • 일반 분말 사용 • 금속층의 높이를 정밀 제어하기 위해 공정 변수의 실시간 제어가 필요

그림 20 PBF와 DED 방식의 비교

금속 3D 프린터의 가장 보편화된 4대 소재는 타이타늄합금, Co-Cr강, 금형강, 인코넬합금으로 타이타늄합금 및 Co-Cr합금은 치과 및 인공뼈 등에 사용되며, 초내열합금인 인코넬합금은 우주항공용 연소기 부품 등에 사용한다. 금형용 부품 제작에는 프린터 제조업체별로 일반 금형강의 성분을 조절하여 3D 프린터에 적용하고 있다. 그러나 경량 소재인 알루미늄이나 마그네슘합금은 소재 자체의 산화성 등으로 인해 일부 합금만 부분적으로 사용 또는 연구 개발되고 있다. 금속분말은 수십 나노미터에서 수백 마이크로에 이르기까지 다양한 크기를 가지는 금속입자를 통칭하며, 보통 가루 형태로 존재하여 체적 대비 표면적이 넓다. 또한 액체와 같은 유동성을 가지고 외부의 압력이나 고온에 노출될 경우 고체 고유의 특성을 얻을 수 있는 특징이 있으며 표면적이 넓어 분진 폭발의 위험성도 가지고 있다. 금속분말의 제조 방법으로 Atomizing(Water, Gas), Electrolytic, Chemical Reduction, Plasma Rotating Electrode Process(PREP) 등의 방법이 있는데, 구형화 및 회수율이 높은 Gas Atomizing 및 PREP 방법이 주로 사용되는 것으로 알려져 있다.

금속분말을 사용해 부품을 제조하는 기존의 분말야금 방법은 분말을 성형 압축시켜 소결이란 여러 공정을 거치게 되는데, 3D 프린터를 활용하면 프린터 내에 공급된 금속분

■ 표 4-4 3D 프린터에 사용되는 주요 금속 소재 및 용도

Materials name	Material type	Typical applications
MaragingSteel MS1	18 Mar 300/1.2709	Injection molding series tooling: Engineering parts
Stainlessteel GP1	Stainless steel 17-4/1.4542	Functional prototypes and series parts: Engineering and medical
Stainlessteel PH1	Hardenable stainless 15-5/1.4540	Functional prototypes and series parts: High temperature turbine parts etc.
NickelAlloy IN625	Inoonel™ 625. UNS N06625. AMS 5666F. W.Nr 2.4856 etc.	Functional prototypes and series parts: High temperature turbine parts etc.
CobaltChrome MP1	CoCrMo superalloy, UNS R31538, ASTM F75 etc.	Functional prototypes and series parts: Engineering medical, dental
CobaltChrome SP2	CoCrMo superalloy	Dental restorations
Titanium Ti64	Ti6A14V. TiA16V4 EU	Functional prototypes and series parts: Aerospace, motor sport etc.
Aluminium	AlSi10Mg, AlSi12	Functional prototypes and series parts: Engineering automoive etc.
ETC	CL 50CU(Bronze), Yellow gold(18carat), Silver alloy(930sterling)	Arts and Jewelry

말의 국부적인 용융과 융착이 반복되는 간단한 제조 공정을 거쳐 일정한 형상의 부품이 제조된다. 또한 3D 프린터를 사용하면 스크랩 등의 재료 손실도 없고, 유사한 디자인이나 형상 변경에 대한 설계 변경이 자유롭다는 장점이 있다. 아울러 기존 주조 방법으로 제조가 불가능한 언더컷, 다중공 형태 제품의 생산이 가능하며, 두께도 0.3mm 이하로 제작 가능하여 정밀한 부품 제조가 가능하고 Net-shape 성형이 가능하기 때문에 성형 이후 후가공 공정을 대폭 줄일 수 있다.

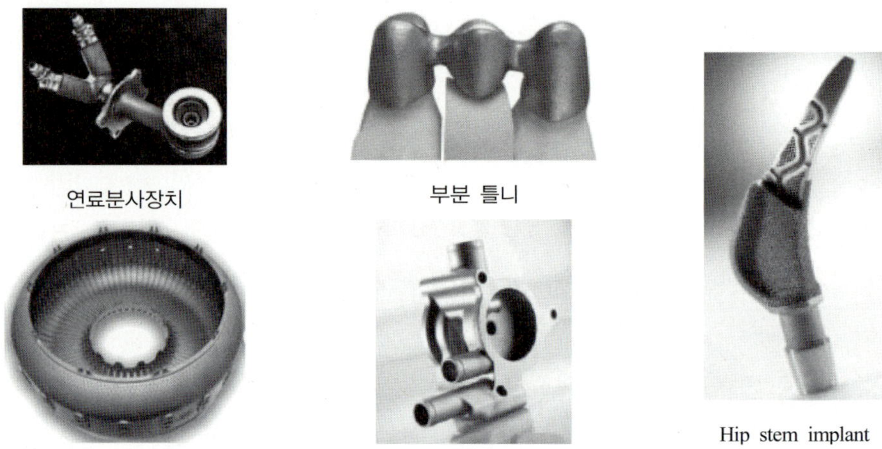

연료분사장치 / 부분 틀니 / 항공기 연소기 부품 / 자동차 Oil pump housing / Hip stem implant

그림 21 다양한 금속 3D프린팅 제품

3D 프린터에서 금속은 플라스틱과는 달리 매우 높은 온도에서 액체 상태가 될 뿐 아니라, 열처리 과정 등을 통해 강도를 비롯한 기초물성이 많이 달라질 수 있으므로 금속을 소재로 3D프린팅을 한다는 것은 간단한 문제가 아니다. 3D 프린터의 기본적인 작동 원리를 금속 재료에도 그대로 적용해 보면 높은 온도에서 금속을 분사해 이를 공기 중에서 조금씩 식혀 나가면서 원하는 모양으로 만들 수 있지만 이 같은 과정이 말은 쉬워도 실제로 구현하는 것은 기술적으로 매우 어려운 일이다. 특히 금속은 높은 온도에서 유동성이 있는 액체 상태이기 때문에 쉽게 흘러내리거나 모양이 변하기 쉽고, 또한 사용하려는 금속의 소재마다 녹는점이나 산화성 등 여러 가지 특성이 달라 그 동안 금속을 재료로 하는 3D 프린터 개발에 대해 기술적인 면이나 경제성 면에서 부정적인 시각이 많았던 것이 사실이다. 또한 분말제조 기술이 난이도가 높고 각 합금마다 적층 조건이 다르기 때문에 3D프린팅에 적용할 수 있는 금속 소재가 제한적이지만, 다양한 Energy source의 개발 및 금속분말의 개발에 따라 시장 수요를 넓히고 있고 의료용이나 금형 냉각코어 제조 분야에서는 활용도가 급속히 높아지고 있다.

4.2 폴리머 소재

3D 프린터 방식 중 FDM, Polyjet, SLA, SLS 등 다수의 방식에서 가장 많이 사용하는 재료가 폴리머이다.

폴리머(Polymer)라는 단어는 그리스어로 많다는 의미의 "poly"와, 부분 개체라는 의미의 'meros'라는 단어의 합성어로서 많은 개체들의 결합 이라고 할 수 있다. 여기서 하나의 개체를 모노머(monomer)라고 하고 이 모노머가 수많이 모여 하나의 다른 물질로 만들어진 것을 폴리머(고분자 화합물)이라고 한다. 폴리머는 흔히 플라스틱과 혼동이 되는데, 생화학이나 무기고분자들도 폴리머가 될 수 있기 때문에 폴리머와 플라스틱은 일치하는 말이 아니다. 즉, 모든 플라스틱은 폴리머이지만 폴리머가 곧 플라스틱이라고 할 수는 없다. 다만, 일반적으로 폴리머는 플라스틱으로 쉽게 인식된다. 플라스틱이란 가소성을 갖고 있는 물질이다. 가소성이란 힘을 가하면 변형되고, 힘을 제거해도 변형된 상태로 남아있는 성질을 말한다. 그 성질을 이용해서 원하는 형상의 물건을 만들 수가 있다. 이를 곧 성형이라고 한다. 현재의 플라스틱은 유기고분자 재료를 사용한 성형품이란 의미로 많이 사용된다. 레진(Resin,수지)은 플라스틱의 다른 표현이며, 일반적으로 플라스틱은 최종제품의 의미로, 레진은 원료의 의미로 사용된다.

■ **표 4-5** 플라스틱 소재의 장·단점

장점	단점
가볍고 단단함	열, 불에 약함
가공, 착색, 투명 구현이 쉬움	온도 변화에 따른 물성변화가 큼
녹이 슬지 않음	강도, 내구성, 내약품성 등이 부족함
절연성(전기가 안 통함)이 있음	저가 이미지가 존재함
복잡한 형상 구현이 가능함	
가격 경쟁력이 있음	

플라스틱 소재는 가열에 의해 연화되어 자유롭게 모양을 바꿀 수 있는 열가소성 수지(Thermoplastic Resin)와 가열시 경화되어 더 단단해지는 열경화성 수지(Thermosetting resin)로 나눌 수 있다. 3D 프린터에서는 가공 공정이 까다로운 열경화성 수지보다는 제품의 형상을 쉽게 가공하기 좋은 열가소성 수지가 사용된다.

4.2.1 열가소성 수지(Thermoplastic Resin) - (FDM에서 주로 사용)

가열하면 형태를 변화시킬 수 있고, 냉각하면 다시 단단해지는 성질이 있는 수지이다. 압출 · 사출 성형에 의해서 능률적으로 가공할 수 있는 장점이 있어서, FDM(FFF) 방식에 사용되는 수지이다. 열가소성 수지는 결정성(Crystalline)과 비결정성(Amorphous)으로 분류할 수 있다. 결정성 플라스틱은 빛이 결정성 플라스틱의 내부를 통과할 때 결정화 부분과 비정질 부분의 밀도가 달라 바로 직진하지 못하고 반사 또는 굴절되므로 반투명 또는 불투명으로 보이는 특성이 있다. 비결정성 플라스틱은 비록 불규칙적인 원자 배열을 하고 있지만 내부 전체가 균일한 밀도의 동일한 구조를 가지고 있으므로 빛은 굴절 없이 투과되어 투명하게 보이게 된다.

결정성 열가소성수지에는 폴리에틸렌, 나일론, 폴리아세탈수지 등이 포함되고, 비결정성 열가소성수지에는 염화비닐수지, 폴리스타이렌, ABS수지, 아크릴수지 등이 포함된다. 다음의 열가소성수지는 3D 프린터에서 주로 사용되는 열가소성 수지들이다.

(1) ABS(Acrylonitrile Butadiene Styrene)

ABS는 아크릴로니트릴(A), 브타디엔(B), 스티렌(S)의 세 가지 성분으로 되어 있고, 각각의 혼성중합체의 성질을 동시에 가지는 혼합수지다, 각각의 혼성중합체의 성분 조합이 다르면 제품 성능도 미묘하게 변화하므로 용도에 따라 조합을 바꿀 수 있다.

- 아크릴로니트릴(Acrylonitrile) 증가: 경도, 인장강도, 탄성률, 내충격성, 내용제성, 내열성 증대
- 브타디엔(Butadiene) 증가: 내충격성, 내마모성 ,신장이 증대
- 스티렌(Styrene) 증가: 성형성, 전기적 특성, 유융 유동성 증대

내충격성과 내부식성은 매우 좋고, 내열성도 좋은 편이다. 용제에는 침식되나, 약산과 약알칼리에는 견디는 특성을 갖고 있다. ABS는 플라스틱 중 가장 도금하기 쉬운 재료이기도 하다. 본래의 색은 유백색으로 불투명하며 착색과 성형성이 우수하다. ABS는 수축성이 있어서 큰 조형물을 프린팅 시에 너무 빠르게 식히면 균열이나 휨 현상이 발생할 수 있다. 재료와 출력물의 최적 성질을 얻기 위하여, 가공 전에 습기 제거가 필요하며, 완성된 출력물의 건조는 70~80도에서 2~4시간 실시하면 된다.

ABS는 범용적으로 사용되는 플라스틱 수지로서, 각종 가전제품, 자동차 부품, 사무기기, 잡화 등에 사용되고 있다.

ABS는 압출하면서, 가벼운 가스가 생성된다. 이 가스는 일반적으로 허용되는 범위 안 이지만, 호흡 곤란이 있거나, 특정 성분에 민감한 사람들은 위험할 수 있다. 사용 시 3D 프린터가 통풍이 잘 되는 장소에 있는지 확인해야 되며, 되도록 연기를 흡입하지 않도록 노력하는 것이 좋다.

- 프린팅 적정온도(Printing Temperature): 220~260℃
- 첫 레이어 적정온도(First Layer Temperature): 240~250℃
- 베드 적정온도(Bed Layer Temperature): 100~110℃
- RAFT 필요여부: 필요함
- 성형수축률: 0.3~0.6%

(2) PLA(Polylactic Acid)

PLA는 옥수수와 사탕수수를 원료로 만들어진 친환경 재료로 생분해성 고분자(Biodegradable Polymer)인 폴리락트산이다. 최종적으로는 H2O, CO2로 생물 분해된다. PLA는 결정성과 비결정성 두 가지가 다 만들어질 수 있다. PLA는 ABS 대비 80%의 강도를 지니며, 이산화탄소 발생량이 적다. 바이오소재의 특성상 출력 시 유해한 성분이 발생하지 않으며, 출력 시 달콤한 냄새가 난다. 또한, ABS보다는 균열이나, 휨 수축 현상이 적다. 또한, 점착성이 우수하며, 기포발생이 없다.

- 프린팅 적정온도(Printing Temperature): 190~230℃
- 첫 레이어 적정온도(First Layer Temperature): 180~190℃
- 베드 적정온도(Bed Layer Temperature): 80~90℃
- 성형 수축률: 0.3%
- RAFT 필요 여부: 선택적으로 필요

(3) PVA(PolyVinyl Alcohol)

고분자화합물로 탄소(C), 수소(H), 산소(O)로 구성되어 있으며, 폴리아세트산비닐(아세트산비닐수지)을 가수분해하여 얻어진다. 화장품(팩), 의약품(눈약,알약)에도 사용되는 극히 유해성이 낮은 소재이며, 잉크와의 접착성이 좋아서 그라비아 인쇄가 가능하다. 물에는 녹고, 일반 유기용매에는 녹지 않는다. 비닐론의 원료이고, 도료, 접착제, 에멀션화제 등에도 사용된다. 3D 프린터에서는 물에 쉽게 녹는 특성을 이용하여, 이중 압출기를 지원하는 3D 프린터에서 서포트 재료로 사용된다. 조형물을 출력한 후에 일반 수돗물에 담그면 서포트 부분은 쉽게 녹여서 제거할 수 있다.

- 프린팅 적정온도(Printing Temperature): 160~190°C
- 첫 레이어 적정온도(First Layer Temperature): 160°C

(4) PP(Polypropylene)

폴리프로필렌(polypropylene)은 폴리에틸렌과 같이 석유에서 얻어진 프로필렌을 지글러나타 촉매로 중합시킨 것으로서, 고밀도 폴리에틸렌(HDPE)와 같은 저압법으로 만들어진다. PP는 가볍고 유연성이 좋으며, 투명성과 표면광택이 좋다. 비중은 0.92로서 현재 있는 플라스틱 중에 가장 가벼우며, 구부리면 백화현상이 일어나며 물에 뜹니다. 빛이나 산소에 의해 산화되고, 기계적 성질이 저하된다. 내약품성, 전기적, 화학적 성질이 우수하다. 수축률이 크고, 내한성은 PE보다 떨어집니다. 표면에 직접 인쇄가 어려우며, 연소 시에는 왁스 타는 냄새가 난다. 용해 온도도 135~160℃로 높고, 그 응용범위도 넓다. 그러나 착색하기 힘든 단점도 존재한다. 용도는 포장용 필름, 섬유, 파이프, 일용잡화, 완구, 공업용 부품, 컨테이너 등으로 사용된다.

- 성형 수축률: 0.8 ~1.5%

(5) HDPE(High Density Polyethylene)

HDPE(High Density Polyethylene/고밀도 폴리에틸렌)는 매우 일반적인 엔니지어링 플라스틱이다. 이는 폴리에틸렌의 한 종류로, 특수한 촉매와 에틸렌을 반응시켜 만들어진다. 저압법(치글러)법으로 만들어지기에 저압 폴리에틸렌이라고 불리기도 한다. 특징으로는, 딱딱하고 광택이 적으며, 유백색의 반투명으로 투명도는 좋지않고 밀도는 1보다 작다. 질긴 재질로서 잘 휘어지고, 물에 넣으면 뜨며. 내수성, 내약품성, 전기절연성이 우수하고 무독, 무취이다. 산과, 알칼리에는 강하나 기름(Oil)에는 약하며, 탄산가스, 유기용매의 투과성이 크고 보향성(향기차단)이 약하다. HDPE는 샴푸 용기, 세제 용기, 전선, 호스, 파이프, 로프 등 압출성형품에 사용되는 합성수지이다.

(6) HIPS(High Impact Polystyrene)

스티렌 부타디엔 검(styrene butadiene gum)이나 폴리부타디엔을 스티렌 단위체에 융해한 후 과산화물을 중합개시제로 첨가하여 중합한 중합체로서 검 성분이 균일하게 분산되어 있기 때문에 내충격성을 갖는다. 내충격성 폴리스티렌은 현재 요구르트 병에 널리 사용되고 있는데, 가공품의 외관은 약간 흐린 상태로서 투명한 제품을 만들 수 없는 결점이 있다. 강도는 ABS와 PLA 의 중간 정도이며, 광택이 나는 성질이 있다. 또한, 수축현상이 존재하기에, 출력물을 너무 빨리 식히지 않는 것이 좋다. 또한, 프린팅시 플라스틱 냄새가 조금 발생할 수 있다.

- 프린팅 적정온도(Printing Temperature): 220~260°C
- 첫 레이어 적정온도(First Layer Temperature): 260°C
- RAFT 필요 여부: 필요함

(7) PC(PolyCarbonate)

폴리카보네이트. 엔지니어링 플라스틱에 속하며, 강인성으로 특히 충격강도가 크다. 내열성이 크고, 저온특성도 좋으며(135~−100°C), 빛에도 안정되어 있고, 가공시의 산화가 적다. 전기특성이 뛰어나며, 투명하고, 치수안정성 및 내후성도 좋으며, 흡수성도 작다. 독성이 없고, 물, 강산에 강하다. 전기부품, 기계부품, 일용품(식품, 가스라이터, 화장품 용기), 보안용 헬멧 등에 널리 이용된다.

- 성형 수축률: 0.5 ~0.8%

4.2.2 광경화성수지(Photopolymer Resin) - (SLA, Polyjet 방식 등에서 사용)

자외선(Ultraviolet, UV)등 빛에너지를 받아 가교, 경화하는 합성 유기 재료를 광경화성 수지라고 한다. 변화되는 물성은 용해서, 접착성, 화학적 친화성, 광학적 성질 등 다양하다. 자외선에 의해 경화하는 수지를 자외선 경화성(UV 경화성) 수지, 자전선에 의해 경화하는 수지를 전자선 경화성(EB 경화성) 수지라고 부른다. 3D 프린터 중 MJM, Polyjet, SLA, DLP 방식에서 광경화성 수지가 사용된다. UV 경화성 수지는 올리고머, 모노머, 광중합 개시제, 각종 첨가제 등으로 구성된다.

(1) 올리고머(베이스 수지)

올리고머는 수지의 물성을 좌우하는 중요한 성분으로, 중합 반응에 의해 고분자 결합을 형성하여 경화 피막을 이룹니다. 골격 분자의 구조에 따라 폴리에스테르계, 에폭시계, 우레탄계, 폴리에테르계, 폴리아크릴계 등의 아크레이트로 분류를 한다.

(2) 모노머(반응성 희석제)

반응성 올리고머의 가교제, 희석제로서의 역할을 하며, 중합하여 경화 피막을 형성시키기 위한 원재료이다.

(3) 광중합 개시제

UV 경화수지의 가장 기본이 되는 원재료로써 광중합 개시제는 자외선을 흡수하여 라디칼 혹은 양이온을 생성시켜 중합을 개시시키는 역할을 하며 단독 혹은 2~3 종류를 섞어서 첨가되는 경우가 많다.

(4) 첨가제

용도에 따라 광증감제, 착색제, 증점제, 중합 금지제 등이 첨가된다. 이는 소비자의 요구사항에 따라서 혹은 각각의 산업에 요구사항에 맞추어 수지에 특별한 능력을 부여하는 것이라고 이해하면 된다.

■ 표 4-6 UV 경화성 수지의 구성 성분

구성 성분	구분	
	라디칼중합 타입	카티온중합 타입
올리고머	• 폴리에스테르 아크릴레이트 • 에폭시 아크릴레이트 • 우레탄 아크릴레이트 • 폴리에테르 아크릴레이트 • 실리콘 아크릴레이트	• 지환식 에폭시수지 • 글리시딜에티르 에폭시수지 • 에폭시 아크릴레이트 • 비닐에테르
모노머	• 단관능성 혹은 다관능성 모노머	• 에폭시계 모노머 • 비닐에테르류 • 환상 에테르류
광중합개시제	• 벤조인에테르류 • 아민류	• 디아조늄염 • 요오드늄염 • 술포늄염 • 메탈노센화합물
첨가제	• 충전재, 중합 금지제 등	• 실란커플링제

■ 표 4-7 UV 경화성 수지용 모노머의 종류 및 경화물

모노머 종류	특성
1관능성 모노머	희석성, 밀착성, 유연성, 저수축성
2관능성 모노머	희석성, 유연성, 내굴곡성, 연화성
다관능성 모노머	경화성, 가교성, 내마모성, 내후성
인함유 모노머	수용성, 금속 밀착성 개량제

■ 표 4-8 UV 경화성 수지용 모노머의 종류 및 경화물 특성

종류	특성
에폭시아크릴레이트	접착성, 내열성, 내약품성
우레탄아크릴레이트	강인성, 유연성, 내굴곡성
불포화포릴에스테르수지	저가, 경화속도 느림
폴리에스테르아크릴레이트	경도, 내오염성 양호
포릴에테르아크릴레이트	유연성 양호
불포화아크릴수지	내후성, 내약품성

Chapter 05

3D 프린터를 위한 요소설계

1 좌표계

좌표계는 기하학에서 숫자나 기호를 써서 위치 또는 운동을 표기하는 방식을 뜻한다. 이 때의 위치 또는 운동을 지정하는 숫자나 기호는 좌표라 불린다. 같은 위치(운동)라도 선정되는 좌표계에 따라 위치의 표현이 달라지므로, 위치(운동)의 표현이 쉽도록 적절한 좌표계를 선정하는 것이 중요하다.

좌표계는 여러 종류가 있으며, 각각의 특성이 있어서 용도에 적합한 것이 사용되곤 한다. 평면위치(운동)을 나타내는 데는 2방향의 좌표가 있으면 되는데, 직교좌표계(cartesian coordinate system), 극좌표계(polar coordinate system), 법선 및 접선 성분(normal and tangential components)이 주로 사용된다. 3차원 공간 위치(운동)을 나타내기 위해서는 직교좌표계(cartesian coordinate system), 원통좌표계(cylindrical coordinate system), 구좌표계(spherical coordinate system) 등이 사용된다.

1.1 직교좌표계

직교좌표계는 2개(3개)의 직교하는 축 위의 두점(세점)의 교점을 이용해서 공간상의 좌표를 표시하는 체계로, 가장 흔한 2차원 혹은 3차원의 경우, 직교 좌표를 통상적으로 라틴 문자 x, y, z로 적는다. 오늘 날에 사용하는 3차원 직교좌표계는 xy, xz, 그리고 yz 평면으로 이루어지는데, 이 세 평면은 서로 직교하며, 평면을 이루는 x축(수평 방향)과 y축(수직 방향) 그리고 z축 또한 서로 직교한다. x, y, z축이 만나는 점을 원점이라고 부른다. 일반적으로 2차원 직교좌표계는 xy 평면을 이루는 서로 직교하는 x축(수평 방향)과 y축(수직 방향)으로 정의한다. x축과 y축이 만나는 점을 원점이라고 부른다.

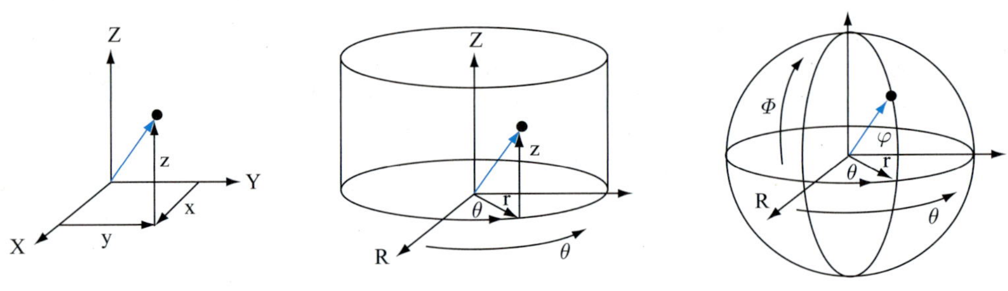

직교좌표계(X, Y, Z) 원통좌표계(R, θ, Z) 구좌표계(R, θ, Φ)

그림 1 3차원 공간 좌표계

1.2 직교형 스테이지의 구조와 원리

스테이지는 위치를 정밀하게 이동시켜 주는 장비로, 사용되는 좌표계에 따라 직교형 스테이지, 원통형 스테이지 등으로 구분된다. 일반적으로 직교형 스테이지는 서로 직교하는 x축(수평 방향)과 y축(수직 방향) 그리고 z축에 대해 각각 독립적으로 이동할 수 있는 구조를 갖고 있으며, 직교형 스테이지의 정밀도는 축의 직진도, 축간의 직각도 등에 따라 결정된다. 직진도는 스테이지 이동할 때 얼마만큼 직선으로 이동하는가를 나타내는 량이며, 직각도는 축과 축이 얼마나 수직하게 위치하고 있는지를 나타내는 량이다. 각각의 면이 이동할 때 기준면으로부터 얼마나 흔들리는가를 나타내는 평단도로 스테이지의 정밀도를 표현할 수도 있다.

2 스테핑 모터의 구동원리

스테핑 모터(stepping motor)란 한 바퀴의 회전을 많은 수의 스텝들로 나눌 수 있는 브러쉬리스 직류 전기 모터이다. 모터의 위치는 모터가 적절하게 장치에 설치되어 있는 한, 어떤 피드백 장치 없이도 아주 정확하게 조절이 가능하다. 직류 브러쉬 모터는 전극에 전압이 적용됨에 따라 연속적으로 회전하는 반면에, 스테핑 모터는 다수의 톱니 모양 전자석이 금속기어를 중심으로 주변에 매칭되는 구조로써, 이때 전자석은 마이크로컨트롤러 같은 외부 제어 회로로부터 전류를 받아 작동한다. 모터의 한축을 돌리기 위해선 일단 한 전자석이 전력을 받게 하여 기어의 톱니를 전자석으로 끌어당기게 한다. 첫 번째 전자석에 기어의 톱니가 일직선으로 맞춰지면 기어는 서서히 다음 전자석으로 치우쳐지게 된다. 따라서 다음 전자석이 전력을 받게되면 이전의 전자석은 꺼지게 되며, 기어의 톱니는 다음 전자석에 일직선이 되며, 이런 작용들을 반복시킨다. 이때, 회전의 각각 작용을 '스텝'이라 하며 수많은 스텝들이 전체의 회전을 만들어 낸다. 이를 통해서 모터는 정밀한 각으로 회전될 수 있다. 이 때 전자석에 전기 신호는 펄스(Pulse) 형태로 주어지며, 이 펄스에 의해 정해진 각도로 회전하고, 일정한 속도로 구동된다. 스테핑 모터의 회전 각도는 입력 펄스 신호의 수에 비례하고, 회전 속도는 입력 펄스 신호의 주파수에 비례하는 것이 특징이다.

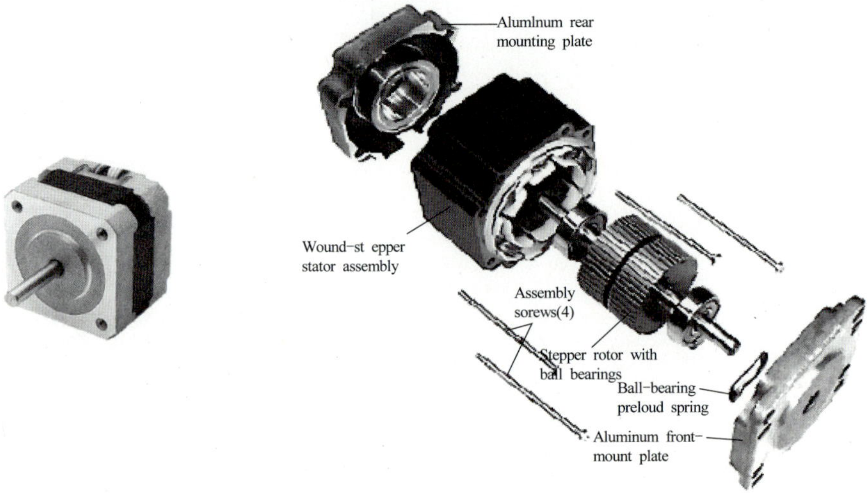

그림 2 일반적인 스테핑 모터의 외형과 구조

2.1 스태핑 모터의 사용법

스테핑 모터는 회전각도 및 회전속도를 다음의 그림과 같이 입력되는 펄스수 및 펄스 속도로 간단하게 제어할 수 있다.

1) 회전 각도 제어

$$\text{회전 각도}[^\circ] = \text{스텝각}[^\circ] \times \text{펄스수}$$

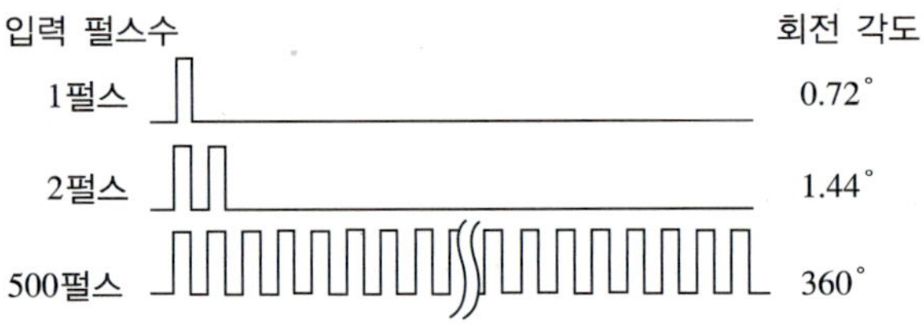

5상 스테핑 모터(0.72°) Full Step 구동의 예

2) 회전 속도 제어

$$\text{회전 속도[rpm]} = \frac{\text{펄스 속도[Hz]}}{360^\circ/\text{스텝각}[^\circ]} \times 60\text{[sec]}$$

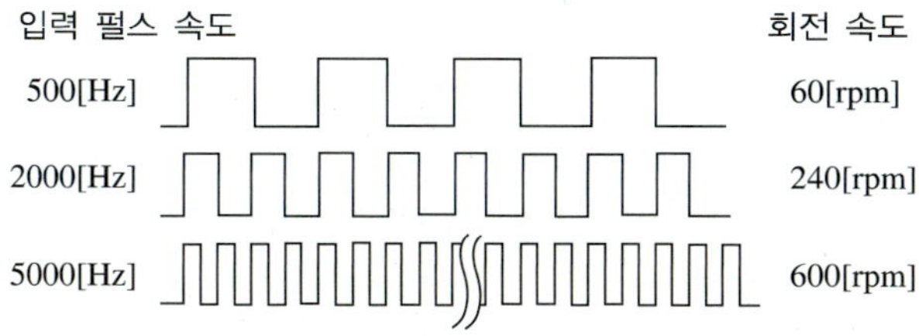

5상 스테핑 모터(0.72°) Full Step 구동의 예

3 Linear Motion 가이드

LM(linear motion) 가이드란 직선운동베어링으로 직선 운동부분을 지지하는 용도로 사용된다. 정교하게 가공된 직선형 레일을 접촉점이 한 점으로 된 볼이 구르면서 블럭을 직선으로 이송시키는 장치로, 볼의 직경이 클수록 큰 힘을 견디고 내충격성도 강해 지금은 베드형 이송장치를 대체하는 용도로 각광받고 있다.

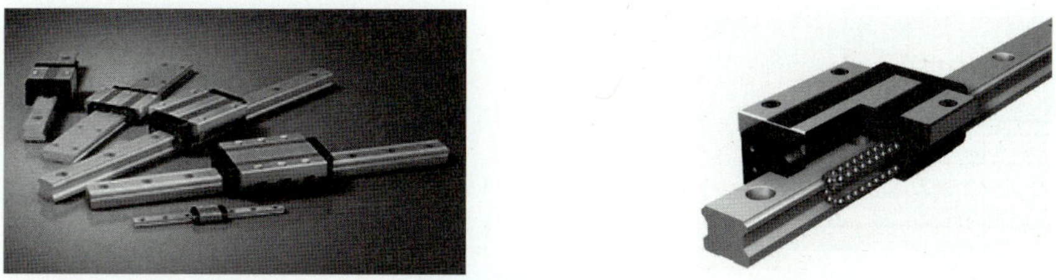

그림 3 LM 가이드

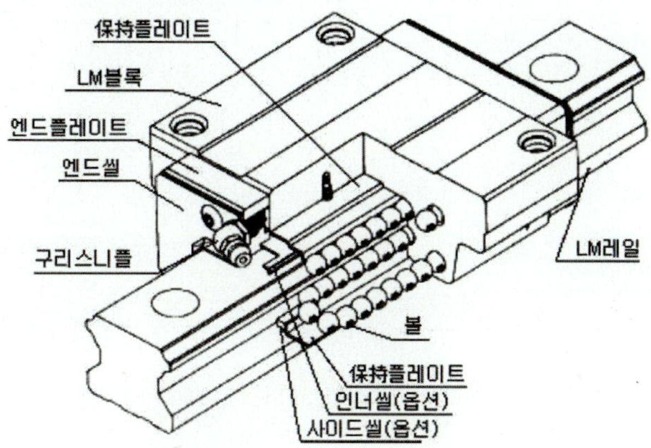

그림 4 LM 가이드의 구성

3.1 LM 가이드의 특징

직선 안내면에서 요구되는 기능	
• 허용하중이 크다.	• 글리어런스 없이 가볍게 움직인다.
• 모든 방향에서 높은 강성	• 고속성이 우수하다.
• 위치결정정도가 높다.	• 메인터넌스가 간단하다.
• 주행정도를 내기 쉽다.	• 다양한 환경에서 사용할 수 있다.
• 장기간 고정도 유지가 가능하다.	

LM 가이드의 특징
큰 허용하중과 고강성
장착면 오차를 흡수하는 정도 평균화 효과
이상적인 4열 서큘러아크홈 2점 접촉구조
DF구조에 의한 흔들림 오차 흡수능력
작은 마찰계수
다양한 옵션(윤활장치 QZ, 적층형 접촉 스크레이퍼 LaCS 등)

그 결과

메인터넌스 간단
장치의 생산성 향상
에너지 절약 효과
토탈 코스트가 싸다.
기계의 고정도화
기계 설계의 효율화

3.2 LM 가이드의 종류

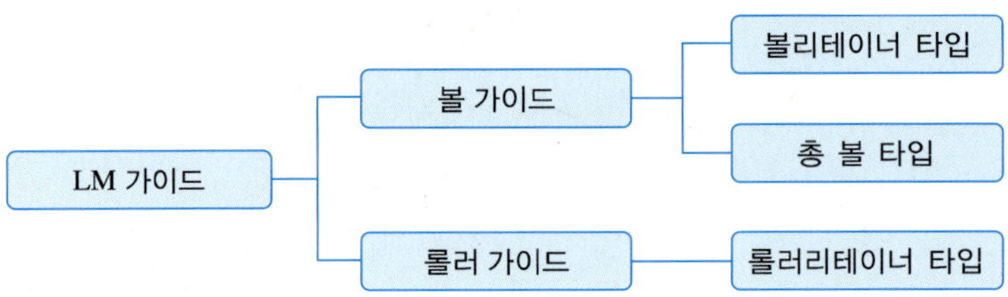

3.3 LM 가이드의 선정

다음은 LM 가이드의 선정 방법을 흐름도로 나타낸 것이다. 일반적으로 사용조건은, 안내부의 스페이스, 치수, 장착자세, 작용하중의 크기, 방향, 위치, 사용빈도, 속도 및 가속도, 스트로크의 길이, 요구수명, 운동 정도, 사용환경 등을 이야기 한다.

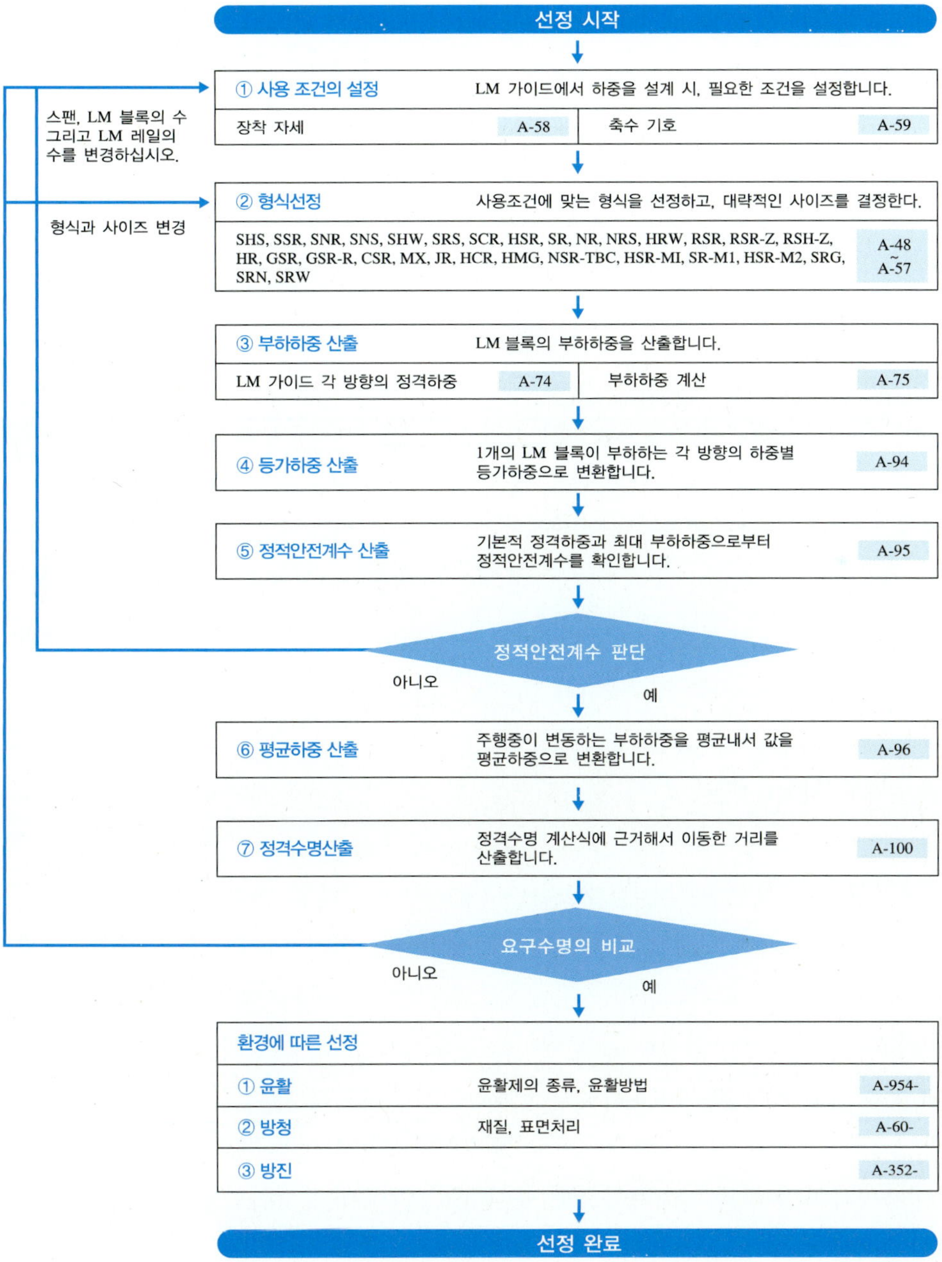

4 삼각나사와 볼나사

4.1 나사(screw)의 원리

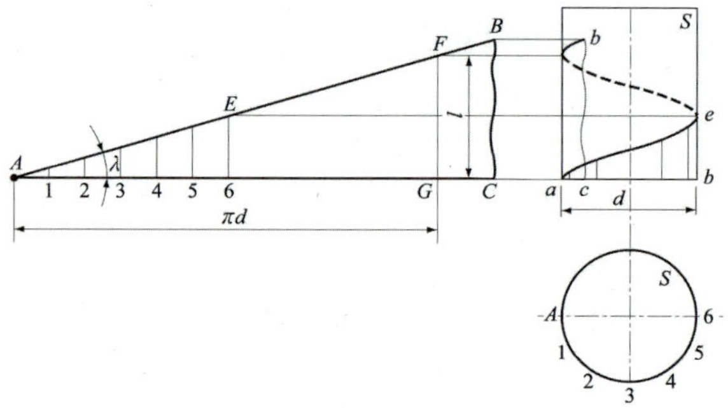

그림 5 나사의 원리

나사는 수나사와 암나사의 상호운동에 의한 회전운동과 직선운동과의 상호변환 요소로서 작은 회전 모멘트로 큰 축방향의 힘을 얻는 운동용 나사와 볼트·너트의 나사이음으로서 물체를 체결하는 체결용 나사로 구분할 수 있으며, 이는 중요한 기계적 요소이다.

그림 5와 같이 지름 d인 원기둥에 밑변 AG = πd인 직각 삼각형 AGF를 감으면 사변 AF는 원기둥 위에 나선(helix)이라는 곡선을 그린다. 이 나선을 따라 원기둥을 1회전하면 GF=l 만큼 올라간다. 이 l을 리드(lead)라 한다. 나선이 원기둥에 왼쪽으로 감기면 왼나사(left handed helix)이고 오른쪽으로 감기면 오른나사(right handed helix)라 한다. 그림 5에서 AEF를 따라 산이 형성되면 이를 나사산(screw thread)이라 한다.

그림 6은 나사의 각 부 명칭을 표시한 것으로 피치(p, pitch)는 나사의 축선을 포함하는 단면에서 서로 이웃한 나사산의 대응하는 2점 사이의 축방향 거리, 리드(l, lead)는 일반적으로 l=np, 여기서 n은 나사의 줄 수이다. 따라서 한줄나사는 리드와 피치가 같다. 바깥지름(d)은 수나사의 산봉우리에 접하는 가상적인 원기둥의 지름, 암나사에서는 골지름이 된다. 골지름(d_1)은 수나사의 골지름 밑에 접하는 가상적인 원의 지름이다. 유효지름(d_2)은 나사산의 폭과 홈의 폭이 같아지는 가상적인 원기둥의 지름이다. 나사와 암나사는 그 나사산의 모양, 지름 및 피치가 동일할 때 서로 체결되거나 운동할 수 있다.

보통 수나사의 호칭은 바깥지름으로 표시하고, 암나사는 결합되는 수나사의 바깥지름으로 표시한다.

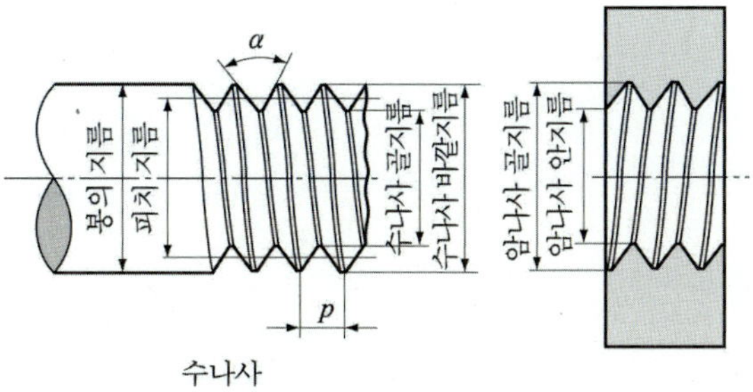

그림 6 나사 각부의 명칭

4.2 삼각나사

삼각나사가 체결용 나사로 가장 많이 사용되며 호환성이 크게 요구되므로 표준화가 이루어져 있다.

(1) 미터나사(meteric thread)

KS에서는 미터계 보통나사(coarse thread)와 미터계 가는나사(fine thread)를 제정하고 있다. 보통나사는 호칭지름에 대하여 피치를 한 종류만 정하고 있고, 가는나사는 기준산 모양은 같으나, 지름에 대한 피치와 리드각이 보통 나사에 비해 작다.

가는나사는 같은 호칭지름에 대하여 골지름이 크므로 강도가 보통나사에 비하여 크고 나사에 의한 조정을 세밀하게 할 수 있는 장점이 있다.

KS B 0201에 규정된 미터 보통나사의 호칭치수는 바깥지름의 치수(mm)로 하고, 피치는 그 값의 한 종류만 mm로 나타내고, 나사산의 각도는 60°이다. 표 5-1에 기준산의 모양, 각 부의 비례치수 및 기준치수를 표시한다.

■ 표 5-1 미터 보통나사의 기본치수(KS B 0201)

① 산모양	② 기본치수의 계산식
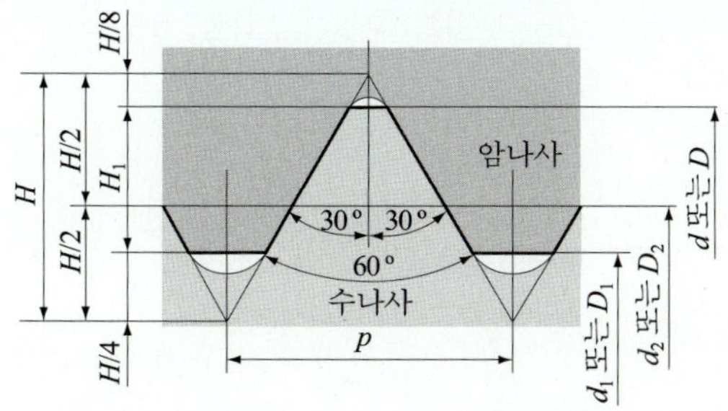	$H = 0.866025p$ $D = d$ $H_1 = 0.541266p$ $D_2 = d_2$ $d_2 = d - 0.649519p$ $D_1 = d_1$ $d_1 = d - 1.082532p$

KS B 0204에 규정된 미터 가는나사의 규격이 표시되어 있다. 이 규격을 보면, 호칭 지름에 대하여 피치가 한 종류뿐만 아니고, 또한 서로 다른 지름의 것에 동일한 피치의 나사를 형성할 수 있다.

(2) 유니파이나사(unified thread)

인치계 나사로는 영국의 위트워스나사(Whitworth thread), 미국의 표준나사가 있었으나 이 나사들을 통합하여 1948년 11월 미국의 워싱턴에서 영, 미 캐나다 3국 사이에 조인한 협정 나사이다. 1962년 ISO에서 유니파이나사를 ISO 인치나사로 채택하여 오늘에 이르고 있다. 유니파이나사는 나사산의 각도가 미터나사와 같이 60°이며 기준산의 모양도 같다.
다만 기준 치수의 단위가 인치로 되어 있고, 또한 피치는 나사축선 1 in(25.4mm)에 대한 나사산수로 표시되어 있다. 우리나라에서도 KS B 0203(유니파이 보통나사)과 KS B 0206(유니파이 가는나사)에 규정되어 있다. 표 5-2에 유니파이 보통나사의 기준모양과 기준치수를 표시하였다.

■ 표 5-2 유니파이 보통나사의 기준치수(KS B 0203)

① 산모양	② 기본치수의 계산식
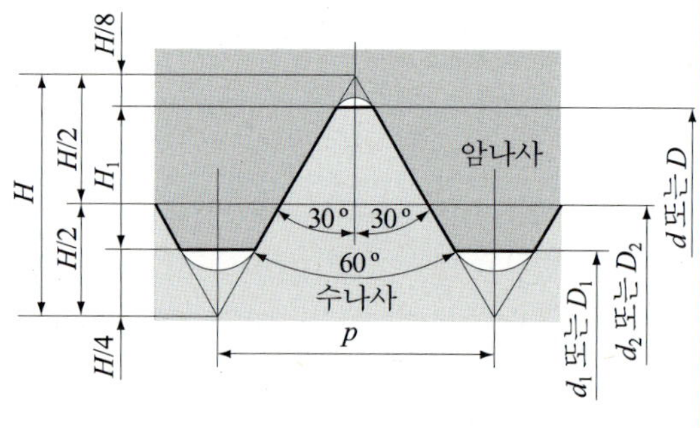	$p=\frac{25.4}{n}$ $H=\frac{0.866025}{n}\times 25.4$ $H_1=\frac{0.541266}{n}\times 25.4$ $d=(d)\times 25.4$ $D=d$ $d_2=\left(d-\frac{0.649519}{n}\right)\times 25.4$ $D_2=d_2$ $d_1=\left(d-\frac{1.082532}{n}\right)\times 25.4$ $D_1=d_1$ n: 25.4mm에 대한 나사산의 수

4.3 볼나사(ball screw)

그림 7과 같이 나사의 미끄럼 접촉면에 강구를 넣어 나사구조에다 볼베어링의 저마찰 특성을 도입한 고효율 나사이다.

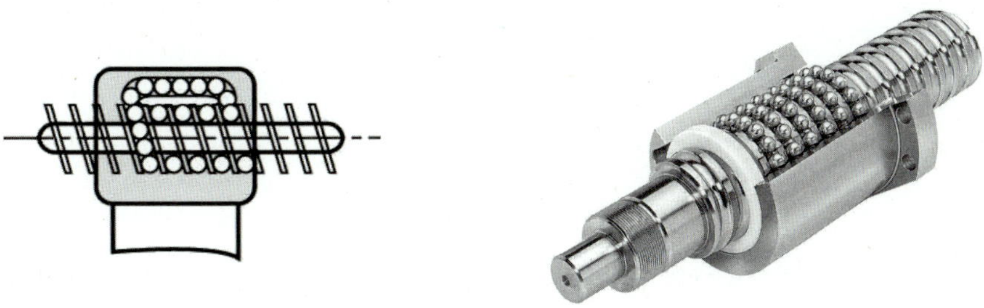

그림 7 볼나사

그림 8과 같이 미끄럼 마찰면이 구름마찰면으로 되어 있으므로 미끄럼마찰을 사용하는 사각나사에 비하여 효율이 높다.

너트를 두 개로 분할하여 예압을 주면 백래시를 없애고 강성을 높일 수 있다. 이와 같은 특성을 이용하여 공작기계의 이송나사(feed screw), 자동차 및 항공기의 스티어링 장치(steering gear)에 사용되고 있다.

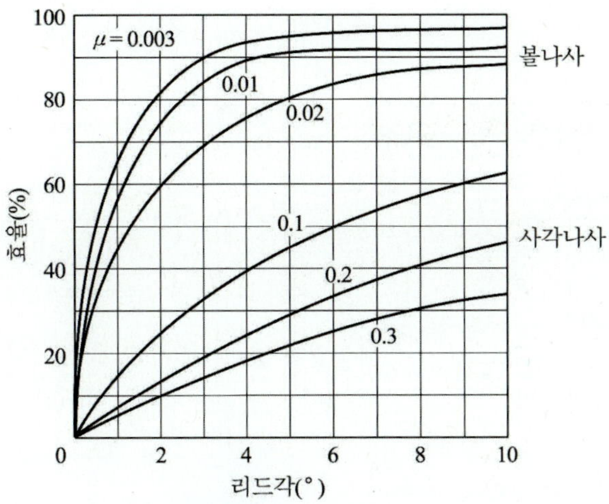

그림 8 볼나사의 효율

4.4 볼트(bolt)와 너트(nut)

나사의 부품으로 널리 사용되는 것은 체결용으로 쓰이는 볼트, 너트 및 그 부속품으로서 KS 규격에 제정되어 있으므로 참고하여야 한다. 볼트, 너트는 주로 육각볼트가 많이 사용되며, 그 재료에는 그 사용목적에 따라 강 또는 황동이 사용되며 강계통의 것은 일반적으로 냉간 인발강봉이 많이 쓰이고 있다. 인장강도는 $\sigma_b = 34 \sim 45 \mathrm{kg/mm^2}$, 연신율은 15~30 % 정도의 연강이 가장 많이 쓰이나, 사용목적에 따라서는 항복점이 100 $\mathrm{kg/mm^2}$ 이상인 특수강도 사용된다.

KS 규격에서는 볼트의 등급을 표 5-3의 가공 정도, 나사 정밀도 및 기계적 성질을 조합한 것으로 하고 '흑 3급 T', '상 1급 4T'와 같이 표시한다. 표 5-4 및 표 5-5에 가공 정도 및 기계적 성질의 구분을 표시한다.

■ 표 5-3 육가볼트의 등급

종류	등급		
	가공정도	나사정밀도	기계적 성질
육각볼트(미터나사)	상 · 중 · 흑	1급 · 2급 · 3급	0T, 4T
소형 육각볼트(미터나사)	상 · 중	1급 · 2급 · 3급	0T, 4T

■ 표 5-4 육각볼트의 가공정도

구분	가공 정도	
상	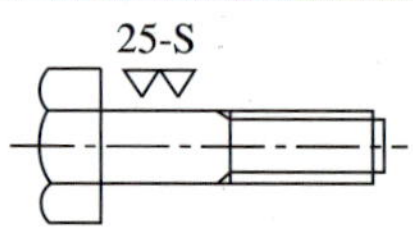	전면의 표면거칠기가 25-S(▽▽)
중	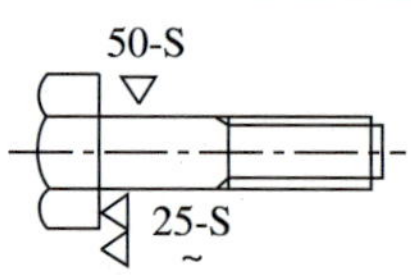	자리면의 표면거칠기가 25-S(▽▽)축부가 50-S(▽) 기타(나사의 플랭크면을 제외한다)가 흑피
흑	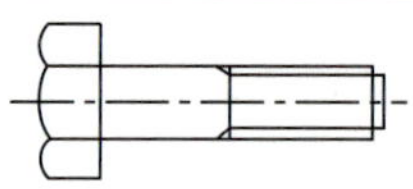	전면(나사의 플랭크면을 제외한다)이 흑피 그대로

■ 표 5-5 육각볼트의 가공정도

구분		0T	4T	참고				
				5T	6T	7T	8T	10T
인장강도 (kg/mm^2) 경도(H_B)		–	40이상 105~229	50이상 135~241	60 이상 170~255	70이상 201~277	80 이상 229~321	100 이상 293~352
참고	연신율(%) 항복점 (kg/mm^2)	–	10 이상 23 이상	10 이상 28 이상	10 이상 40 이상	15 이상 50 이상	15 이상 65 이상	15 이상 90 이상
적용재료의 보기		–	SB41 SM20C MSWR3	SB50 SM35C SM20C-D HSWR1	SM40C SM35C-D HSWR2	SM45C SM50C	SCr2 SCr3 SCM2 SCM3	SNCM5 SNCM7 SNCM8

기계적 성질을 나타내는 0T, 4T의 T의 기호는 인장강도의 머리문자를 딴 것으로서 0T의 0(zero) 특별히 기계적 성질을 정하지 않고, 단지 강재의 볼트임을 표시한다. 또 4T의 4는 인장강도가 40 kg/mm^2 이상이라는 것을 뜻하는 것으로, SB41, SM20C, MSWR3 등의 재료를 사용한 것이다. 또한 표 5-6의 5T, 6T, ⋯, 10T의 것은 현재의 KS에는 규정되어 있지 않으나 장래의 기준으로 참고로 표시한 것이다. 이 경우 볼트와 너트는 표 5-7에 조합으로 사용하는 것이 좋다.

일반적으로 8T 이상의 강도를 갖는 볼트를 고력볼트(high tension bolt)라 하며, 철골 구조물, 교량 등에 사용하고 있다. 표 5-6과 표 5-7은 KS 규격에 규정되어 있는 육각볼트 및 너트의 주요 치수를 표시한 것이다.

■ 표 5-6 육각볼트(미터 보통나사) (KS B 1002)

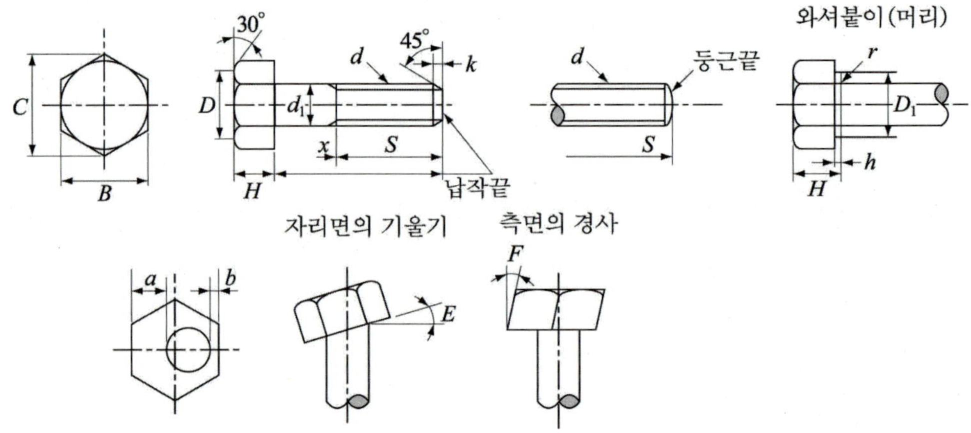

(단위: mm)

나사의 호칭 d	d_1		H		B		C	D	$r(*)$	k	$a-b$	E 및 F	S	L
	기본 치수	허용차	기본 치수	허용차	기본 치수	허용차	약	약	최대	약	최대	최대	약	최소 최대
M 3	3		2		5.5		6.4	5.3	0.2	0.6	0.2		12	5~32
M 4	4	0	2.8	±0.1	7	0	8.1	6.8	0.3	0.8	0.2		16	6~40
M 5	5	−0.1	3.5		8	−0.2	9.2	7.8	0.3	0.9	0.3		16	7~50
M 6	6	0	4	±0.15	10		11.5	9.8	0.5	1	0.3		18	7~70
M 8	8	−0.15	5.5		13	0	15	12.6	0.5	1.2	0.4		22	11~100
M10	10		7		17	−0.25	19.6	16.5	0.8	1.5	0.5		26	14~100
M12	12		8		19		21.9	18	0.8	2	0.7		30	18~140
(M14)	14		9		22		25.4	21	0.8	2	0.7		34	20~140
M16	16	0	10		24	0	27.7	23	1.2	2	0.8	1°	38	20~140
(M18)	18	−0.2	12	±0.2	27	−0.35	31.2	26	1.2	2.5	0.9		42	22~140
M20	20		13		30		34.6	29	1.2	2.5	0.9		46	28~200
(M22)	22		14		32		37	31	1.2	2.5	1.1		50	28~200
M24	24		15		36	0	41.6	34	1.6	3	1.2		54	30~200
M30	30		19		46	−0.4	53.1	44	1.6	3.5	1.5		66	40~240
M36	36	0	23	±0.25	55		63.5	53	2	4	1.8		78	50~240
M42	42	−0.25	26		65	0	75	62	2	4.5	2.1		90	55~325
M48	48		30		75	−0.45	86.5	72	2	5	2.4		102	60~325
M56	56		35		85		98.1	82	2.5	5.5	2.8		124	135~400

비고 1. S : 유효나사부의 길이, l : 나사의 호칭에 대한 추정된 길이, %: 불완전나사부의 길이로서 약 2산으로 한다.

2. (*)r 의 수치는 목 및 둥글기의 최대값으로서 목 밑에는 반드시 둥글기를 붙인다.

3. 나사의 호칭에서 ( ) 안의 것은 되도록 사용하지 않는다.

■ 표 5-7 육각너트(미터나사), (KS B 1002)와 암나사 구멍용 드릴 치수

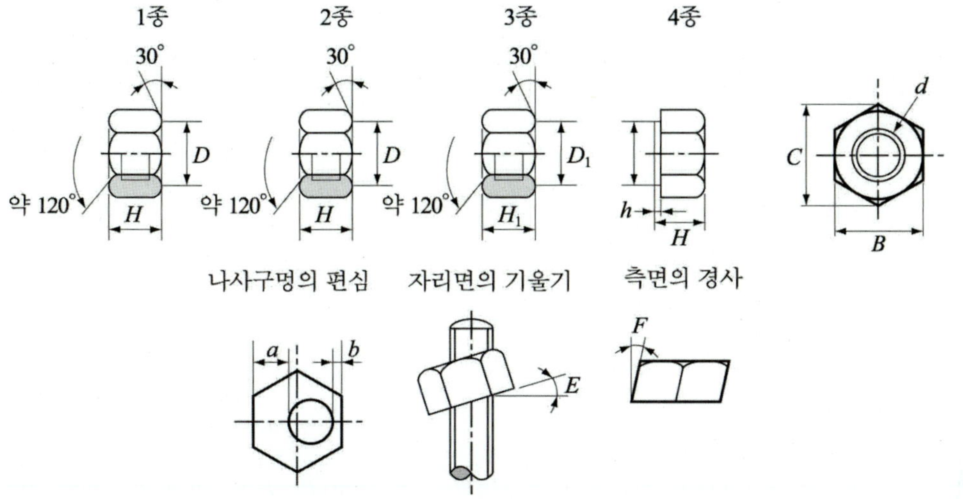

(단위: mm)

나사의 호칭 d	수나사의 바깥지름	H 기본치수	H 허용차	H_1 기본치수	H_1 허용차	B 기본치수	B 허용차	C 약	D 약	D_1 최소	h 약	$a-b$ 최대	E 및 F 최대	드릴 지름 A열	드릴 지름 B열
M 3	3	2.4		1.8	±0.1	5.5		6.4	5.3	–	–	0.2		2.45	2.40
M 4	4	3.2		2.4		7	0	8.1	6.8	–	–	0.2		3.25	3.30
M 5	5	4	±0.1	3.2		8	−0.2	9.2	7.8	7.2	0.4	0.3		4.1	4.0
M 6	6	5		3.6		10		11.5	9.8	9	0.4	0.3		5.0	4.9
M 8	8	6.5	±0.15	5	±0.15	13	0	15	12.6	11.7	0.4	0.4		6.8	6.7
M10	10	8		6		17	−0.25	19.6	16.5	15.8	0.4	0.5		8.5	8.4
M12	12	10		7		19		21.9	18	17.6	0.6	0.5	1°	10.2	10.0
(M14)	14	11		8		22		25.4	21	20.4	0.6	0.7		12.0	11.8
M16	16	13		10	±0.2	24	0	27.7	23	22.3	0.6	0.8		14.0	13.8
(M18)	18	15	±0.2	11		27	−0.35	31.2	26	25.6	0.6	0.9		15.5	15.2
M20	20	16		12		30		34.6	29	28.5	0.6	0.9		17.5	17.2
(M22)	22	18		13		32		37	31	30.4	0.6	1.1		19.5	19.2
M24	24	19		14	±0.2	36	0	41.6	34	34.2	0.6	1.2		21.0	20.7
M30	30	24	±0.25	18		46	−0.4	53.1	44	–	–	1.5		26.5	26.1
M36	36	29		21		55		63.5	53			1.8		2.0	31.6

비고 1. 너트의 구멍을 드릴로 만들 때 보통 A열을 사용하나 필요에 따라 B열도 사용한다.
2. 나사의 호칭에서 ( ) 안의 것은 되도록 사용하지 않는다.

5 타이밍벨트와 풀리

5.1 회전비

그림 9와 같은 원통 마찰차가 완전한 구름접촉을 하여 완전히 미끄럼이 없다고 하면 표면 속도는 같다. 즉, 원동풀리는 종동풀리를 접속선에 있어서 마찰에 의하여 밀착시켜서 같은 속도로 회전작용을 계속적으로 한다.

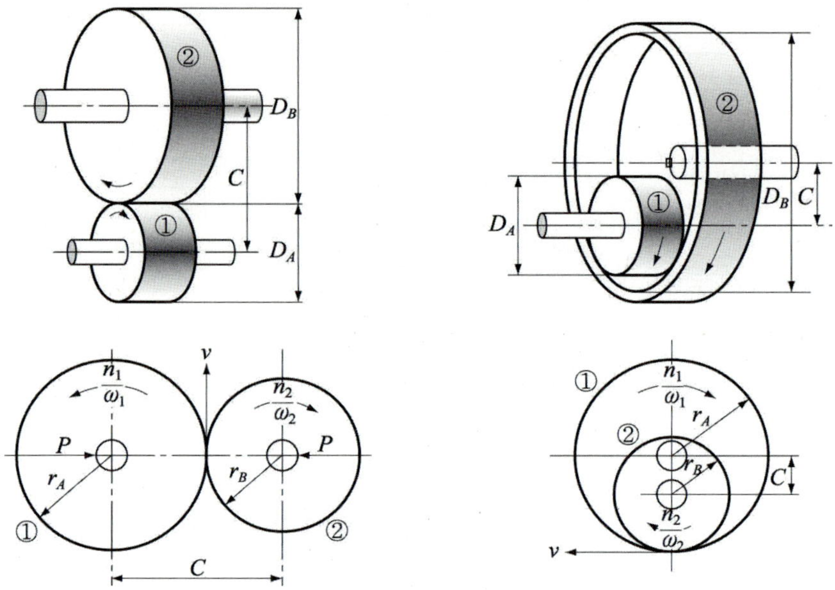

그림 9 원통 마찰차의 회전비

그림 9에서 r_A, r_B를 양 풀리의 반지름, ω_A, ω_B를 그 각속도, 매분의 회전수를 각각 n_A, n_B라 하면

$$\omega_A = \frac{2\pi}{60} n_A , \ \omega_B = \frac{2\pi}{60} n_B$$

$$\frac{\omega_A}{\omega_B} = \frac{n_A}{n_B}$$

속도 $V = r_A \omega_A = r_B \omega_B$

$$\therefore \frac{r_B}{r_A} = \frac{\omega_A}{\omega_B} = \frac{n_A}{n_B} = \frac{D_B}{D_A}$$

즉, 회전수는 지름에 반비례한다. 기어와 같이 원통의 표면에 돌기(기어의 이)가 있는 경우는 돌기가 서로 맞물리면서 회전하며, 돌기의 수는 원통의 원주길이에 비례하기 때문에 회전수는 잇수에 반비례한다. 회전비의 관점에서 보면, 평벨트 구동장치는 원통 마찰차의 응용예로, 타이밍 벨트 구동장치는 기어의 응용예로 볼 수 있다.

5.2 타이밍 벨트(timing belt)의 설계 절차

기어처럼 등간격의 홈을 가진 벨트 풀리의 홈에 정확히 맞물리도록 내측에 같은 간격의 홈을 가진 벨트로 회전을 정확하게 전달할 수가 있다.

그림 10 타이밍 벨트와 벨트 풀리

타이밍벨트를 설계하기 위하여 다음의 조건이 필요하다.

1. 구동모터마력
2. 구동부의 RPM
3. 종동부의 RPM 또는 회전비
4. 축간 거리
5. 일 가동시간 및 기계종류

단계 1 설계마력의 계산

설계 마력 =
모터마력 X(부하 보정계수 + 아이들러 보정계수 + 회전비 보정계수)

- 각각의 보정 계수는 제조업체에서 제안하는 값을 참고하여 선정한다.

단계 2 벨트 비치의 선정

그림 11을 이용하여 설계 마력과 작은 풀리의 회전수로부터 벨트의 피치를 선정한다.

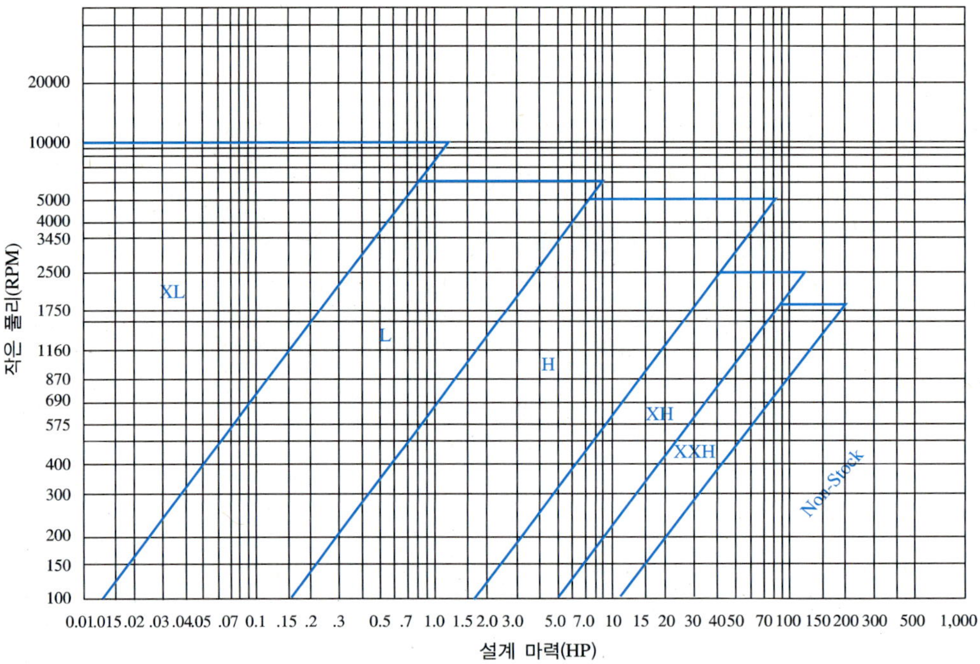

그림 11 벨트 피치 선정도

단계 3 풀리, 벨트길이 및 축간거리 선정

1. 각 풀리의 잇수 및 작은 풀리의 피치 지름을 선정
   - 제조업체에서 제공하는 RPM에 따른 최소 잇수 표를 보고 선정한다.
2. 큰 풀리의 피치 지름 선정
   - 회전비 공식을 사용하여 큰 풀리의 피치지름을 선정한다.
3. 축간거리 및 벨트 길이 계산
   - 다음의 식을 사용하여 벨트의 길이 계산한다.

$$L_p = 2C + 1.57(D_p + d_p) + \frac{(D_p - d_p)^2}{4C}$$

여기서, L_p: 벨트의 피치 길이(mm)

C: 축간 거리(mm)

D_p: 큰 풀리의 피치 지름(mm)

d_p: 작은 풀리의 피치 지름(mm)

   - 산출된 벨트길이에 가까운 표준 벨트 길이를 결정한다.
4. 벨트 폭 계산
   - 다음의 공식을 이용하여 작은 풀리의 맞물림 홈수를 구한 후 제조업체에서 제공하는 보정계수를 사용하여 기준 전동 마력 용량값에 맞는 벨트폭을 계산한다.
   - 맞물림 홈수 계산식

$$Z_m = Z_1 \times \frac{\theta_1}{360}$$

$$\theta_1 = 180 - \frac{57(D_p - d_p)}{C}$$

여기서, Z_m: 작은 풀리의 맞물림 홈수

Z_1: 작은 풀리의 치(齒)수

θ_1: 작은 풀리의 접촉각

D_p: 큰 풀리의 피치 지름(mm)

d_p: 작은 풀리의 피치 지름(mm)

– 벨트 폭 계산식(벨트 폭 계수는 제조업체에서 제공하는 값 사용)

$$K_b = \frac{P_d}{P_r \cdot K_m}$$

여기서, K_b: 벨트 폭 계수

P_b: 설계 마력

P_r: 폭당 기준 전통 마력 용량

K_m: 맞물림 보정계수

6 베어링

회전축을 지지하는 기계요소를 베어링(bearing)이라 하며, 축이 베어링에 의하여 지지되는 부분을 저널(journal)이라 한다. 따라서 저널과 베어링은 회전짝(rotating pair)을 이루고 있다. 저널과 베어링은 상대운동을 하기 때문에 마찰이 생겨, 이것이 동력의 손실을 일으킴과 동시에 열을 발생시켜 심하면 녹아붙음(seizing)이 일어나서 기계의 손상을 일으키는 원인이 된다. 기름 등에 의하여 마찰을 감소시키고, 또한 발생하는 열을 제거하는 것을 윤활(lubrication)이라 하고, 윤활에 사용되는 물질을 윤활제(lubricant)라 한다.

베어링은 형식에 따라 크게 2가지로 나눌 수 있는데, 하나는 축과 베어링이 면접촉으로 미끄럼 운동을 하는 미끄럼 베어링(sliding bearing)이고, 또 하나는 볼(ball)이나 롤러(roller)로 중개하여 축과 베어링이 간접적으로 구름운동을 하는 구름 베어링(rolling bearing)이다. 또 베어링에는 이에 작용하는 하중의 방향에 따라 레이디얼 베어링(radial bearing)과 스러스트 베어링(thrust bearing)이 있다.

레이디얼 베어링은 레이디얼 하중, 즉 축선에 직각으로 작용하는 하중을 지지하고, 스러스트 베어링은 스러스트 하중, 즉 축선 방향으로 작용하는 하중을 지지한다. 또한 미끄럼 레이디얼 베어링을 저널 베어링이라고 부르기도 한다.

6.1 구름 베어링(rolling bearing)과 그 종류

구름 베어링은 그림 12와 같이 2개의 궤도륜(race ring) 사이에 몇 개의 전동체(rolling body)(볼 및 롤러)를 넣고, 이들 전동체가 서로 접촉하지 않도록 적당한 등간격으로 배치하기 위하여 리테이너(retainer)를 끼운 구조를 가지며, 전동체에 의하여 미끄럼접촉을 구름접촉으로 바꾸어 마찰손실을 크게 감소시키기 위하여 사용된다.

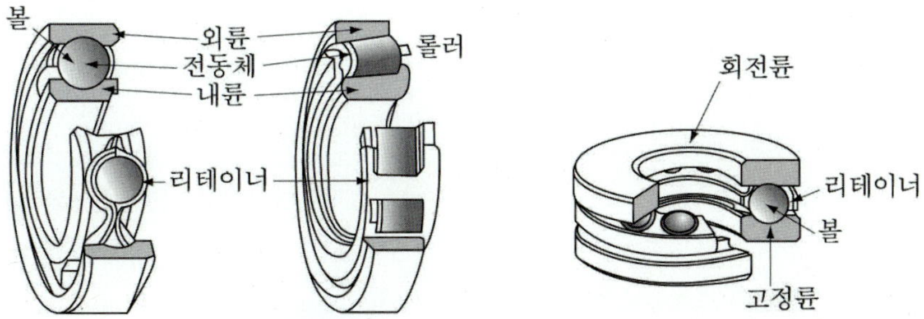

그림 12 구름 베어링 각부의 명칭

구름 베어링은 전동체의 모양에 따라 볼 베어링(ball bearing)과 롤러 베어링(roller bearing)으로 대별된다. 또 작용하중의 방향에 따라 레이디얼 베어링과 스러스트 베어링으로 나누어지며, 레이디얼 베어링은 어느 정도의 스러스트 부하능력이 있으나, 스러스트 베어링은 일반적으로 레이디얼 부하능력은 없다.

볼 또는 롤러가 1줄로 배열되어 있는 것을 단열(single row), 2줄로 배열되어 있는 것을 복렬(double row)이라고 부르며, 베어링 안지름 d가 10mm 미만이고 베어링 바깥지름 D가 9mm 이상인 것을 소경 베어링, 바깥지름이 9mm 미만인 것을 미니어처 베어링(miniature bearing)이라고 한다.

표 5-8은 전동체의 종류, 열수, 내부 구조 등에 의하여 구름 베어링을 분류한 것이다.

■ 표 5-8 구름 베어링의 분류

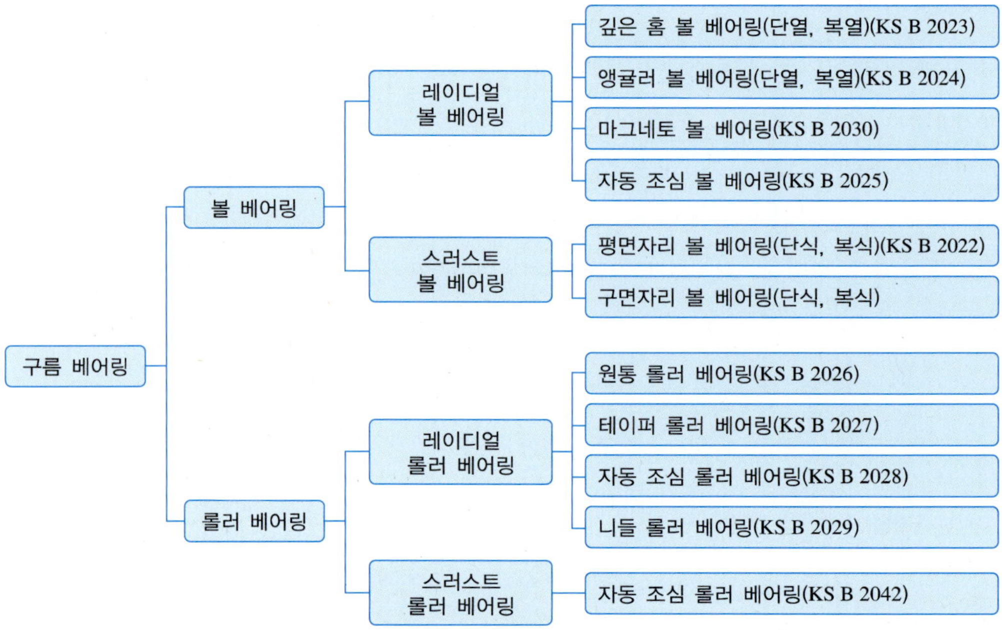

(1) 레이디얼 베어링

1) 단열 레이디얼 볼 베어링(single row radial ball bearing)

이것은 구름 베어링 중 가장 다방면으로 사용되는 대표적인 베어링이다. 궤도면의 홈이 비교적 깊으므로 깊은 홈형(deep groove)이라고 하여, 주로 레이디얼 하중을 받으나 어느 정도의 스러스트 하중도 받을 수 있다. 구조가 간단하므로 정밀도가 높은 것을 만들 수 있고, 고속회전용으로서 가장 적합하다.

또한 고무 시일(rubber seal) 또는 시일드판(shield plate)을 부착하여, 양질의 그리스를 봉입한 밀봉 베어링도 만들어지고 있다.

2) 단열 앵귤러 볼 베어링(single row angular contact ball bearing)

이것은 볼과 내외륜과의 접촉점을 잇는 직선이 레이디얼 방향에 대하여 어느 각도를 이루고 있는 베어링이며 이 각도를 접촉각이라 한다.

구조상 한 방향의 스러스트 하중 및 합성하중을 받는 경우에 적합하다. 접촉각이 클수록 스러스트에 대한 부하능력이 증가되며, 지름이 큰 볼을 다수 사용할 수 있으므로 단열 레이디얼 볼 베어링보다 부하용량도 커진다.

이 베어링은 보통 하나의 축에 2개를 상대시켜서 사용한다. 이 형식에서 볼을 복렬로 한 복렬 앵귤러 볼 베어링은 접촉각의 방향이 반대로 되어 있으므로 양방향의 스러스트 부하능력을 갖는다.

3) 복렬 자동 조심 레이디얼 볼 베어링(self-aligning double row radial ball bearing)

이것은 외륜궤도면이 구면으로 되어 있고 그 중심이 베어링 중심과 일치하고 있으므로 내륜이 기울어져도 내륜과 볼과의 외륜에 대한 상대위치는 동일하다. 즉, 자동 조심성이 있다. 그러므로 축이나 베어링 하우징의 공작, 부착 등에 의한 축심의 어긋남을 자동적으로 조절할 수 있다. 그러나 스러스트 부하능력은 그다지 크지 않다.

4) 원통 롤러 베어링(cylindrical roller bearing)

이것은 전동체로서 원통 롤러를 사용한 것이며 궤도륜과 선접촉을 하므로 레이디얼 방향의 부하용량이 크다. 따라서 중하중에 적합하다.
롤러는 내륜 또는 외륜의 턱(shoulder)에 의하여 안내되며, 내외륜의 턱의 유무에 의하여 여러 가지 형식이 있다. 턱이 내륜 또는 외륜에만 있는 형식의 것에서는 축이 어느 정도 축방향으로 이동할 수 있다.

5) 테이퍼 롤러 베어링(taper roller bearing)

이것은 전동체로서 테이퍼 롤러를 사용한 것이다. 내륜, 외륜 및 롤러의 원추의 정점이 한점에 모이며, 롤러는 내륜의 턱에 의하여 안내된다. 따라서 레이디얼 하중과 한 방향의 스러스트 하중의 합성하중에 대한 부하능력이 크다. 그러나 순 레이디얼 하중이 작용하는 경우에는 축방향의 분력이 생기므로 보통 2개를 상대시켜서 사용한다.

6) 구면 롤러 베어링(spherical roller bearing)

이것은 표면이 구면으로 되어 있는 롤러를 전동체로 사용한 것으로서 자동 조심성이 있으므로 축심의 어긋남은 자동적으로 조절된다. 레이디얼 부하능력이 크고, 양방향의 스러스트 하중에도 견딜 수 있으므로 중하중 및 충격하중에 적합하다.

7) 니들 롤러 베어링(needle roller bearing)

이 베어링은 지름 5mm 이하의 바늘 모양의 롤러를 사용한 것으로서 일반적으로 리테이너는 없으며, 내외륜이 있는 것과 내륜이 없고 축에 직접 접촉하는 구조의 것이 있다.

니들 롤러 베어링은 축지름에 비하여 바깥지름이 작고 부하능력이 크므로 다른 롤러 베어링을 사용할 수 없는 좁은 장소라든가 충격하중이 있는 경우 등에 사용된다.

(2) 스러스트 베어링

1) 단열 스러스트 볼 베어링(single row thrust ball bearing)

이것은 스러스트 하중만을 받을 수 있으며 고속회전에는 부적당하다. 한쪽 방향의 스러스트 하중만을 받을 수 있는 단식(single direction)과 양쪽 방향의 스러스트 하중을 받을 수 있는 복식(double direction)이 있다. 단식에서는 회전륜과 고정륜 사이에 볼을 배열하고, 복식에서는 상하에 고정륜, 중간에 회전륜이 있으며, 축은 회전륜에 부착된다. 회전륜의 자리는 모두 평면이고, 고정륜의 자리는 평면자리의 것과 구면자리의 것이 있으며, 구면자리의 것은 자동 조심성이 있다.

2) 스러스트 구면 롤러 베어링(thrust spherical roller bearing)

구면 롤러를 접촉각 45∼50° 정도로 경사시켜서 배열한 것으로서 고하중을 받을 수 있으나 고속회전에는 부적합하다. 스러스트 하중이 작용할 때 어느 정도의 레이디얼 하중을 받을 수도 있다. 궤도면은 구면이므로 자동 조심성이 있다.

6.2 구름 베어링의 주요 치수와 호칭 번호

구름 베어링의 설계에 있어서는 미끄럼 베어링의 경우와 같이 계산에 의하여 각부의 치수를 결정하는 것이 아니라, 호칭번호를 지정함으로써 주요 치수가 정해진다. 즉, 전문 제조업체의 표준 규격제품의 주요 치수를 조사하여 그 제품을 구입 사용하게 된다. 구름 베어링을 사용할 때 직접 필요한 치수는 안지름, 바깥지름, 폭(또는 높이) 및 모떼기 치수이다. KS 규격 및 국내 제조업체의 구름 베어링은 안지름을 기준으로 하고, 그 안지름에 대하여 여러 가지의 바깥지름 및 폭을 조합한 것으로 되어 있다. 같은 안지름의 구름 베어링에서는 바깥지름이 클수록 중하중에 견딘다. KS에서는 그림 13에 표시하는 바와 같이 안지름에 대한 바깥지름 및 폭의 단계를 정하여, 이것을 지름기호 및 폭기호로 표시하고 있다. 또 폭기호와 지름기호를 조합한 것을 치수기호라고 한다. 이상은 레이디얼 베어링의 경우이나, 스러스트 베어링의 경우에는 폭기호 대신에 높이기호(1, 2, 3, 4)를 사용한다.

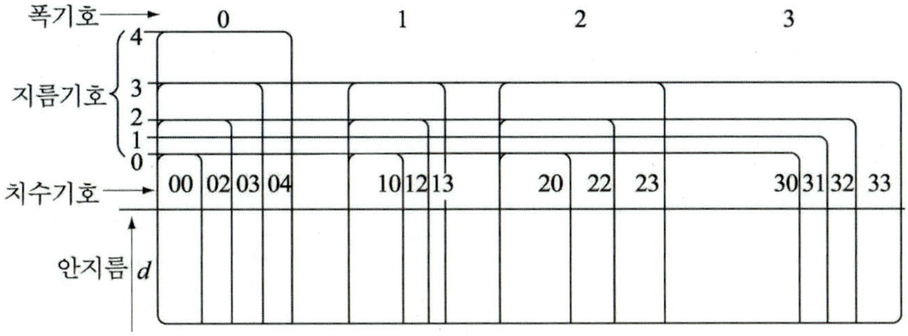

그림 13 구름 베어링의 치수기호

또한 구름 베어링의 안지름을 표시하는데, 안지름 20mm 이상, 500mm 미만에서는 이것을 5로 나눈 수를 안지름 번호(2자리)로 하고 있다. 따라서 안지름 25mm일 때에 안지름 번호는 05로 표시한다. 또 안지름 20mm 미만의 것에서는 안지름 번호 00은 10mm, 01은 12mm, 02는 15mm, 03은 17mm를 나타내며 10mm 미만의 것에서는 안지름 치수를 그대로 안지름 번호로 한다. 이 밖에 구름 베어링의 형식에 따라 형식기호가 정해져 있으며, 구름 베어링의 호칭번호는 위에서 설명한 형식기호, 치수기호(폭기호는 생략하는 수가 있다), 안지름 번호를 이 순서대로 조합하여 4자리 또는 5자리의 숫자(또는 기호)로 표시하도록 규정되어 있다.

이 밖에 필요에 따라 실 또는 실드기호, 틈새기호, 등급기호 등의 보조기호를 병기하여 사용한다. 베어링 호칭번호의 보기를 설명하면 다음과 같다.

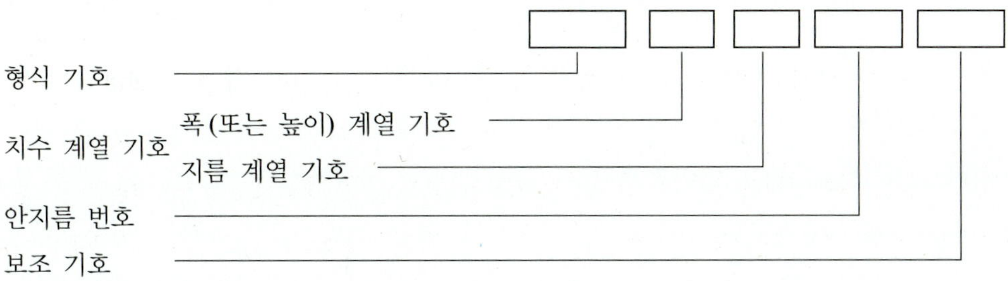

6.3 구름 베어링의 선정

다음은 구름베어링의 선정 방법을 흐름도로 나타낸 것이다. 일반적으로 하중, 베어링 사용부위의 공간, 허용경사각, 강성, 설치와 해체, 회전정밀도, 회전소음, 허용회전수를 고려하여 다음과 같은 순서로 적절한 구름 베어링을 선정한다.

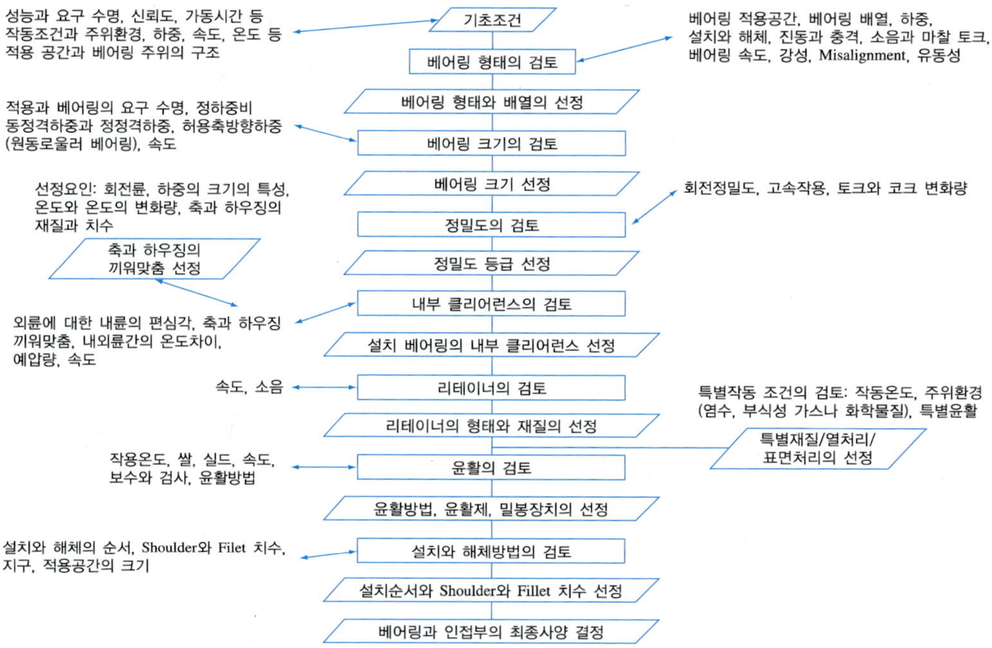

6.4 커플링(플렉시블 커플링)

두 축을 연결하는 기계요소로 커플링(coupling)과 클러치(clutch)가 사용되지만, 커플링은 두 축을 반영구적으로 고정하는데 사용되고, 클러치는 구동 중에 단속을 필요로 할 때 사용된다. 커플링은 모터나 발전기 등과 같은 제품의 축연결, 수리나 교환하기 위한 분해, 축 중심선의 어긋남, 기계의 유연성, 어떤 축에서 다른 축으로 이동하는 충격하중 감소, 과부하에 대한 보호, 회전체 진동의 감소 등을 위하여 사용되며, 플렉시블 커플링(flexable coupling)은 일반적으로 두 축이 일정한 일직선상에 있지 않을 때 두 축을 연결하기 위해 사용된다.

2축의 중심선을 정확히 일치시키기 어려울 때나, 전달 토크에 심한 변동이 있을 때에는 베어링이 타 붙거나 진동의 원인이 된다. 이와 같은 상태를 피할 수 있도록 다소의 휨성이 있고, 또 충격이나 진동의 완충, 전기의 절연 등도 겸할 수 있도록 설계한 것이 플렉시블 커플링이다. 일반적으로 이 커플링은 고무·피혁 또는 스프링을 통하여 토크가 전달될 수 있으므로 고정축 이음 정도로 큰 토크는 전달하지 못한다. 따라서 고속회전의 곳이나 전동기에 가까운 곳들에서 주로 사용된다.

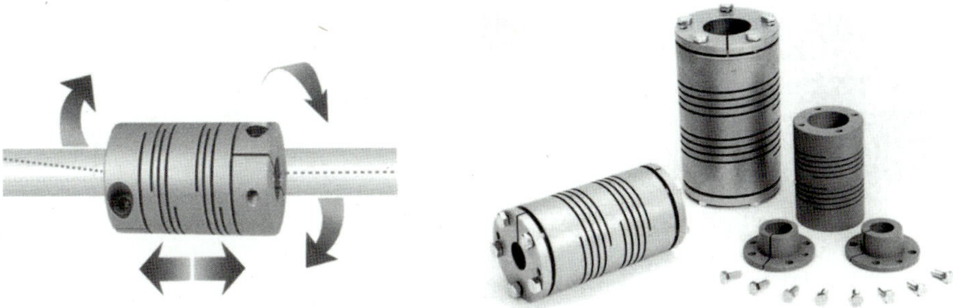

그림 14 플렉시블 커플링

그림 15 플렉시블 커플링의 적용례

Chapter 06

3D 프린터 제어부 이해

1 개요

3D 프린터의 제어부는 아두이노(Arduino) 보드를 사용한다. 아두이노 보드는 오픈 소스 프로그램을 기반으로 하여 마이크로 컨트롤러(micro controller)를 내장한 기기(hardware) 제어용 기판이다. 이 기판에 다양한 센서나 부품 등의 장치를 연결할 수 있다. 사용자가 작성한 프로그램을 컴퓨터와 연결해 아두이노 보드에 업로드하면 그 프로그램에 따라 동작을 하게 되며 제어용 전자 장치부터 3D 프린터나 로봇과 같은 임베디드 시스템을 구현할 수 있다.

아두이노의 가장 큰 장점으로는 사용자가 마이크로컨트롤러를 쉽게 동작시킬 수 있다는 것이다. 또한 오픈 소스라는 개념을 도입하여 프로그램들을 손쉽게 공유하고 확장하며 개발할 수 있도록 하였고 이것을 하드웨어 부문까지 확산시켜 모듈화된 여러 가지 보드를 추가 확장하며 손쉽게 하드웨어를 구성하고 제어할 수 있도록 하였다.

본 장에서는 전자 회로에 사용되는 소자들과 아두이노 프로그램 구조와 개발 언어(C/C++기반)를 익히고 실제 3D 프린터의 제어부로 사용하는 아두이노 보드에 작성한 프로그램을 업로드하면서 근접센서, 온도센서 등 각종 센서들의 측정값들을 입력받아 LCD장치에 출력하며 스텝모터 등을 구동시켜보는 실습을 통해 3D 프린터의 제어부인 아두이노 보드의 사용법을 정확히 익히고 응용할 수 있도록 하였다.

또한 3D 프린터의 Firmware 프로그램인 Marlin의 사용법을 잘 이해하여 실제 3D 프린터를 구동하는데 도움이 되도록 하였다.

1.1 아두이노 보드의 구조와 특성

아두이노(Arduino)는 마이크로 컨트롤러를 기반으로 만들어진 소형보드이며 이를 이용하여 원하는 프로그램을 개발할 수 있는 소프트웨어 개발 환경까지 함께 이르는 말이다.

(a) 전면 (b) 후면

그림 1 아두이노 Mega 2560 보드

Microcontroller	ATmega2560
Operating Voltage	5V
Input Voltage(recommended)	7-12V
Input Voltage(limit)	6-20V
Digital I/O Pins	54
PWM Digital I/O Pins	14
Analig Input Pins	16
DC Current per I/O Pin	40mA
DC Current for 3.3V Pin	50mA
Flash Memory	256KB
Flash Memory for Bootliader	8KB
SRAM	4KB
EEPROM	16MHz
Clock Speed	16MHz
Lenght	101.52mm
Width	53.3mm
Weight	37g

그림 2 아두이노 Mega 2560 보드의 특성

아두이노 보드는 인터넷 사이트를 통해 손쉽게 구입할 수 있으며 아두이노 홈페이지 https://www.arduino.cc/와 인터넷 전자쇼핑몰 등을 통해 구매할 수 있다. 아두이노 보드의 종류는 작은 크기의 "아두이노 미니"부터 고성능의 "아두이노 메가", '아두이노 두에"까지 다양하다. 여기서는 실제 3D 프린터의 제어부로 사용되는 "아두이노 메가 2560"으로 설명하도록 한다 다음은 아두이노 Mega2560 보드의 전면과 후면 그리고 구조를 타나내고 있다.

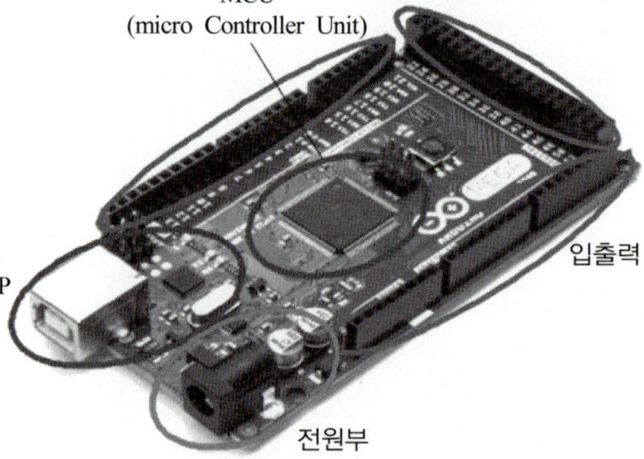

그림 3 아두이노 Mega 2560 보드의 구조(출처: https://store.arduino.cc/product/A000067)

다음 표는 다양한 종류의 아두이노 공식 보드들의 특징이다.

■ 표 6-1 아두이노 공식 보드 종류

종류	마이크로 컨트롤러	디지털 핀 수	PWM 핀 수	아날로그 핀 수	플래시 메모리(KB)	클럭 (MHz)	기타
아두이노 우노	ATmega328	14	6	6	32	16	
아두이노 미니	ATmega328	14	6	8	32	16	• 소형 아두이노 보드 • USB 커넥터 없음.
아두이노 나노	ATmega328	14	6	8	32	16	• 아두이노 미니 보드에 브레드보드 장착용 핀과 USB 연결 커넥터 추가
릴리패드 아두이노	ATmega328V	14	6	6	16	8	• wearable computer용 원형 아두이노 보
아두이노 레오나르도	ATmega32u4	20	7	12	32	16	• USB 통신 기능 내장
아두이노 마이크로	ATmega32u4	20	7	12	32	16	• USB 통신 기능 내장 • 소형
아두이노 윤	ATmega32u4	20	7	12	32	16	• USB통신 기능 내장 • 이더넷 전용의 리눅스 기반의 Atheros AR9331 프로세서 포함
아두이노 메가2560	ATmega2560	54	15	16	256	16	• ATmega2560 사용 많은 입출력 핀 제공
아두이노 메가ADK	ATmega2560	54	15	16	256	16	• 구글 ADK 지원을 위한 USB호스트 기능 추가
아두이노 두에	SAM3X8E (ARM Cortex-M3)	54	15	12	512	84	• 32비트 마이크로 컨트롤러

또한 3D 프린터의 다른 센서들과는 달리 구동부는 많은 전력을 필요로 한다. 특히 스텝모터 5개를 구동하기 위해서는 아두이노 보드 자체의 전력으로는 부족하므로 구동 드라이버가 반드시 있어야한다. 구동 드라이버로는 1.5A의 전류를 공급해줄 수 있는 A4988 Stepper Motor Driver를 사용한다.

(a) 앞면 (b) 뒷면

그림 4 스텝모터 드라이버

그리고 이 스텝모터 드라이버에 전력을 원활히 공급해주고 아두이노 보드와 연결해주기 위해 “RAMPS 1.4” 마더보드를 사용한다.

(a) 앞면 (b) 뒷면

그림 5 RAMPS 1.4 마더보드

1.2 개발환경 및 설정

원하는 작업을 프로그램 하고 아두이노 보드에 업로드하여 실행하기 위해 아두이노 IDE(Integrated Develope Environment: 통합개발환경)를 설치한다.

아두이노 IDE는 공식홈페이지 https://www.arduino.cc/en/Main/Software에서 다운로드 받는다.

자신의 컴퓨터 운영체제가 윈도우라면 Windows installer를 선택한다.

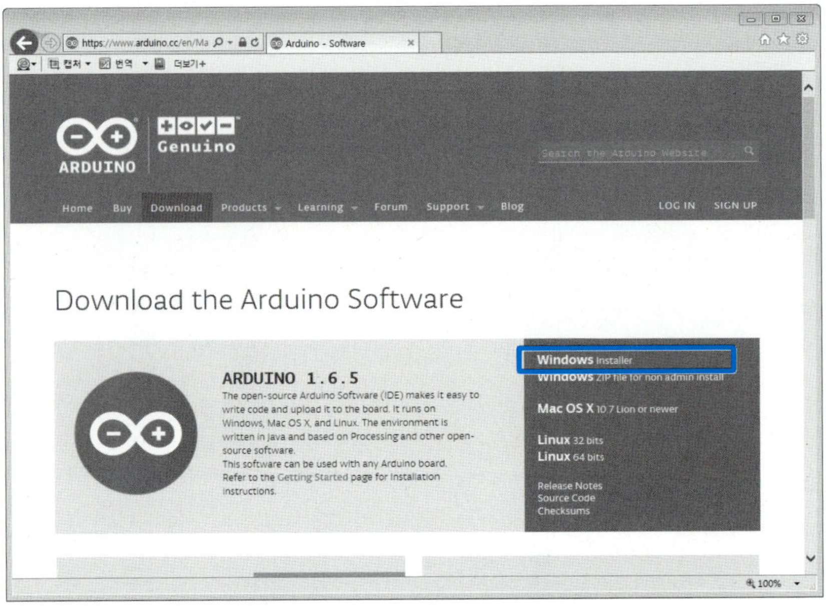

그림 6 아두이노 IDE 다운로드(1)

화면 아래 "JUST DOWNROAD"를 클릭한 후 저장한다.

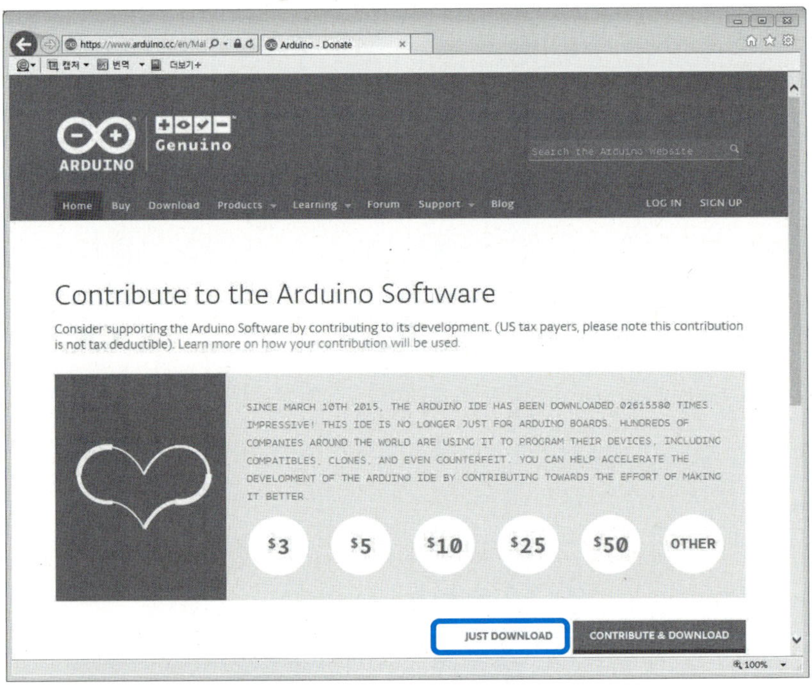

그림 7 아두이노 IDE 다운로드(2)

다운로드 폴더에 다음과 같은 실행 파일이 생성이 된다.

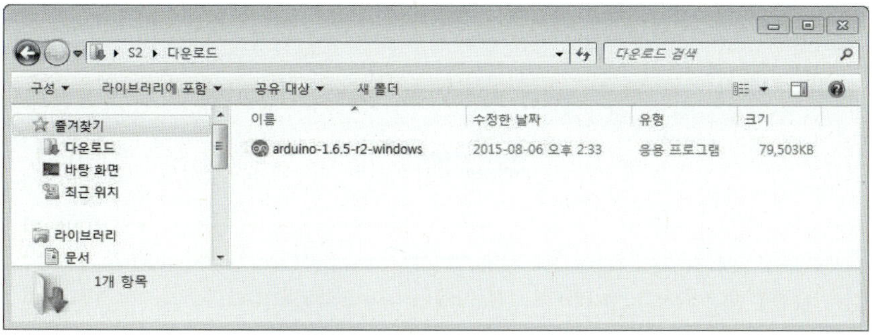

그림 8 아두이노 IDE 다운로드(3)

실행파일을 실행하여 압축을 풀고 설치한다.

바탕화면에 다음과 같은 아이콘이 생성된 것을 확인하고 생성된 아이콘을 클릭하여 아두이노 IDE를 실행한다.

그림 9 아두이노 IDE 아이콘

처음 실행하면 다음과 같은 화면이 나온다.

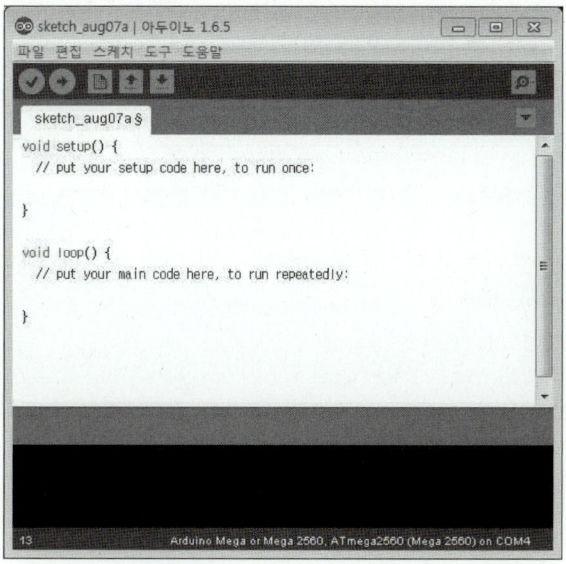

그림 10 아두이노 IDE 실행화면

화면 구성부터 살펴보면 다른 윈도우용 응용프로그램들과 마찬가지로 메뉴바가 있다. 아두이노 IDE의 모든 기능은 메뉴 항목에 포함되어 있다.

그림 11 메뉴바

다음은 툴바이다. 메뉴바의 기능들 중에서 자주 사용하는 기능을 손쉽게 사용할 수 있도록 따로 빼내서 만든 것이다.

그림 12 툴바

먼저 간단히 설명하면, 첫 번째 확인 버튼은 저장과 컴파일을 한다. 컴파일 이란 사용자가 작성한 프로그램 파일을 컴퓨터가 인식할 수 있는 '0'과 '1'로 된 코드(기계어) 파일로 바꿔주는 것을 말한다.

두 번째 업로드 버튼은 컴퓨터에서 컴파일한 프로그램을 연결된 아두이노 보드에 업로드 해준다.

다음 세 개의 버튼은 순서대로 새파일, 열기, 저장 버튼이다.

마지막 제일 오른쪽에 있는 '시리얼 모니터 버튼'은 컴퓨터와 아두이노 보드가 통신하며 통신 내용을 시리얼 모니터 창에 나타내 준다.

다음은 컴파일 창이고 컴파일 중 발생하는 오류 메시지 등을 표시해준다.

그림 13 컴파일 창

다음은 코드창이며 사용자가 원하는 프로그램을 작성하는 곳이다.

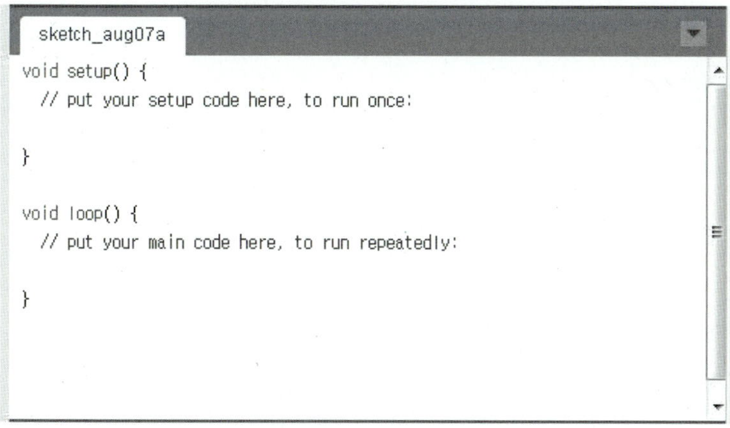

그림 14 프로그램 창

이제 아두이노 IDE는 준비가 다 되었으므로 아두이노 mega2560 보드를 컴퓨터에 USB 케이블로 연결한다.

그림 15 컴퓨터와 아두이노 보드의 연결

다음으로 아두이노 IDE에 아두이노 보드의 정보와 포트를 설정해주면 된다.
바탕화면의 내컴퓨터를 우클릭한 후 "관리"를 선택하고 좌측에 장치 관리자 항목을 선택하면 다음과 같은 화면이 나타난다.
가운데 창에 "포트"를 클릭하여 Arduino Mega2560이 "COM4"에 연결되어 있음을 확인할 수 있다. 여러분은 COM4가 아니라 COM3나 COM5 등 다른 번호로 나타날 수 있는데 그 번호를 잘 기억한다.

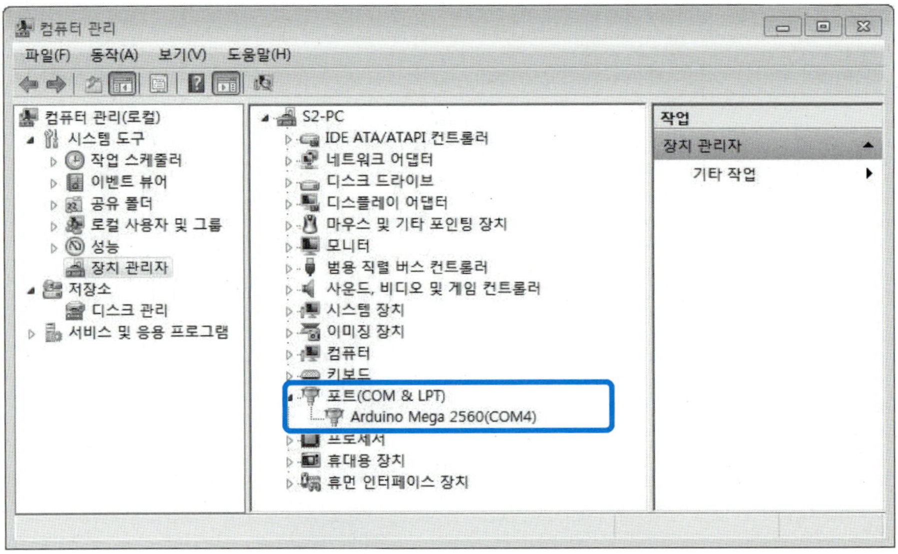

그림 16 컴퓨터의 포트 번호 확인

다시 아두이노 IDE로 돌아와서 메뉴바에 [도구] → [보드] 에 나오는 다양한 보드들 중에 "Arduino Mega2560"을 선택한다.

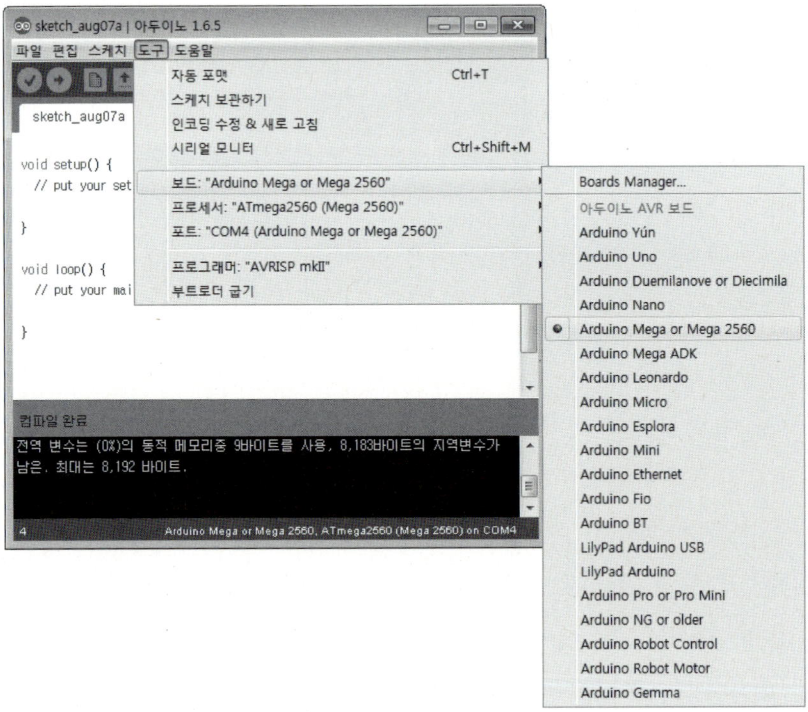

그림 17 아두이노 보드 선택

그리고 [도구] → [보드]의 "포트"에서 조금 전 확인한 COM포트의 번호를 선택한다.

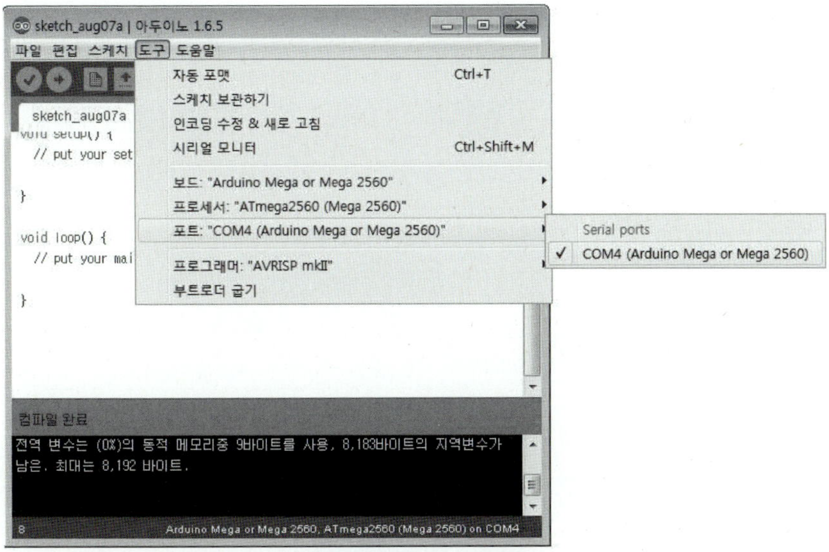

그림 18 포트 선택

이것으로 프로그램을 작성할 모든 준비가 다 된 것이다. COM포트 번호는 컴퓨터를 재부팅하거나 USB를 다시 연결할 때 바뀔 수 있으므로 업로드가 되지 않는 경우 번호를 다시 확인하여 맞춰준다.

1.3 아두이노 테스트(Blink)

이제 아두이노 보드에 있는 LED를 깜빡이도록 프로그램을 해보자. 이미 예제로 만들어져 있는 프로그램을 불러오기 해서 깜빡이도록 한다.

예제를 불러오려면 [파일] 메뉴 → [예제] → [Basics] → [Blink]를 선택하거나

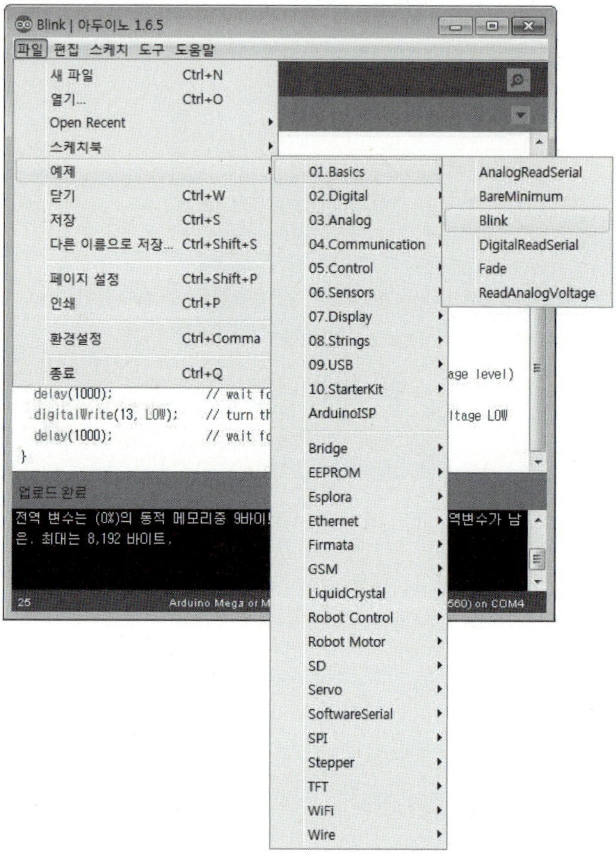

그림 19 파일 메뉴의 Blink 예제

또는 간단히 툴바의 열기 버튼을 눌러 [01.Basics] → [Blink]를 선택한다.

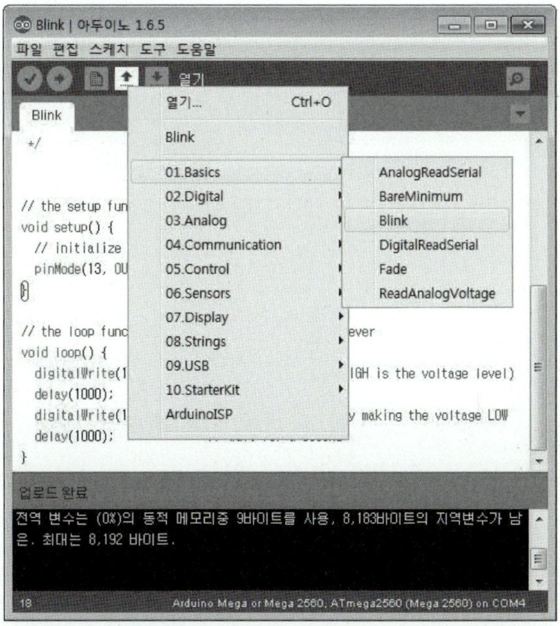

그림 20 툴바를 이용한 Blink 예제

예제프로그램 불러오기가 되었으면 “확인” 버튼을 눌러 컴파일하고 “업로드” 버튼을 눌러서 아두이노 보드에 업로드한다.

잠시 기다리면 아두이노 보드에 LED가 깜빡이는 것을 확인할 수 있다.

이제는 이 예제 프로그램을 변경하여 LED가 깜빡이는 속도를 빠르게 해본다. 먼저 프로그램 창의 스크롤을 내리면 “delay(1000)”이라는 코드가 두 개 있다. 프로그램을 지연시켜주는 코드이며 괄호안에 숫자는 1000ms(1초)를 의미한다. 괄호 안에 숫자를 200이라고 쓰면 0.2초를 의미한다. 두 개의 delay함수 모두 괄호 안에 숫자를 200으로 바꿔본다. 그리고 다시 ”확인“버튼을 눌러 컴파일 한 뒤 “업로드” 버튼을 눌러 아두이노 보드에 업로드 한다.

LED가 좀 더 빠르게 깜박이는 것을 확인할 수 있다.

켜있는 시간을 좀 더 길게 하고 싶으면 위에 delay함수의 숫자를 좀 더 높인다.

2 전자 소자의 이해

아두이노를 폭넓게 사용하기 위해서는 전자부품에 대한 지식이 필요하다. 가장 자주 사용하는 전자부품인 저항, 커패시터, 다이오드, 트랜지스터, 브래드 보드에 대해 알아 본다.

2.1 저항

저항은 전류의 흐름을 방해하는 소자이며 여러개를 직렬로 연결하면 저항값의 비율대로 전압을 분배하고 전류는 저항마다 일정하게 흐르며, 병렬로 연결하면 각 저항마다 전압이 일정하게 걸리고 전류가 저항비에 따라 다르게 흐른다. 기호는 R, 단위는 Ω(옴)이다. 전압(V)과 전류(I)와의 관계에서 다음과 같은 옴의 법칙을 따른다.

$$R = \frac{V}{I} \quad \text{(식 7.1)}$$

저항값은 일반적으로 저항에 표시된 색띠로 알 수 있다. 색띠는 보통 4줄로 표시되어 있으며 색마다 의미하는 숫자는 다음 표에 나타내었다. 다음 사진은 왼쪽부터 가변저항, 어래이저항, 고정밀저항, 일반저항 그리고 오른쪽 위는 일반저항 오른쪽 아래는 가변저항의 기호이다.

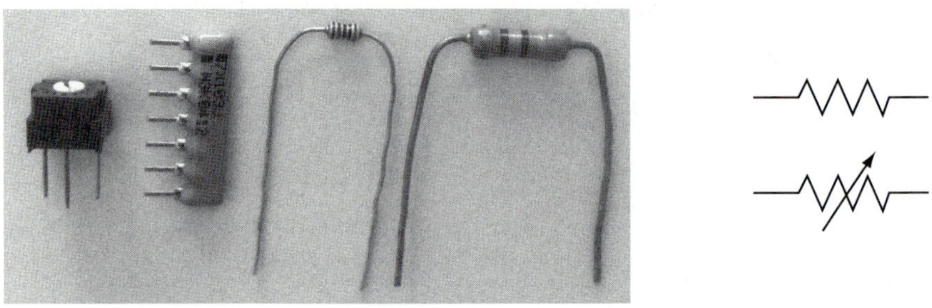

그림 21 저항과 기호

■ 표 6-2 저항 표준 색상 코드

색상	흑	갈	빨	주	노	초	파	보	회	백	금	은
숫자	0	1	2	3	4	5	6	7	8	9	5%	10%

첫 번째 색과 두 번째 색은 색에 해당하는 숫자를 그대로 읽는다. 세 번째 색은 10의 몇 제곱인지를 의미한다. 네 번째 색은 %오차를 나타낸다.

예 노 초 빨 금

4 5 2 5%

$\Rightarrow 45 \times 10^2 = 4,500\Omega = 4.5k\Omega$ (오차 5%)

2.2 커패시터

커패시터(C)는 콘덴서라고도 하며 단위는 F(패럿)이며 일반적으로 pF(피코 패럿: 10^{-12}F)이 기본 단위이다. 다음 그림에 왼쪽은 전해콘덴서 이며 극성이 있다. 다리가 긴 쪽은 +에 작은 쪽은 −에 연결하여 사용한다. −쪽에는 몸통에 하얀색 줄로 표시되어 있다. 몸통에는 최대 전압과 용량이 표시되어있다. 저주파 잡음을 제거하는데 주로 쓰인다. 그 옆에는 세라믹 콘덴서이며 극성이 없고 고주파 신호에 쓰인다. 사진에 기호는 극성이 있는 전해콘덴서와 극성이 없는 일반적인 콘덴서 기호이다.

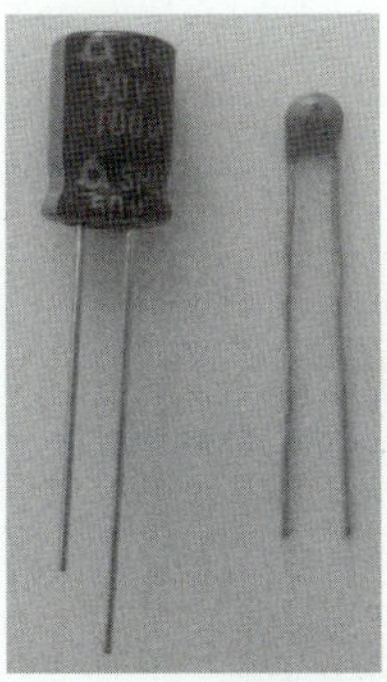

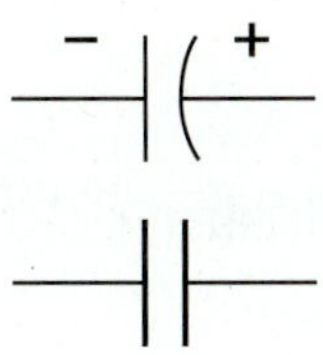

그림 22 커패시터(콘덴서)와 기호

2.3 다이오드

다이오드는 전류를 한쪽방향으로만 흐르게 하는 특징이 있는 소자이다. 특별히 전류가 흐를 때 빛을 내는 다이오드를 LED(Lignt Emighting Diode)라고 한다. 사진 왼쪽이 다이오드이며 몸통 왼쪽에 하얀선이 있는 쪽에 +를 연결하면 전류가 흐르지 않고 오른쪽에 +를 연결해줘야 전류가 흐른다. 가운데는 LED이며 마찬가지로 다리가 긴쪽에 +를 연결해야 전류가 흐르고 불이 켜진다. 오른쪽은 제너다이오드이며 검은색띠에 +를 연결하면 일정 전압을 유지시켜주므로 전원부에 많이 쓰인다.

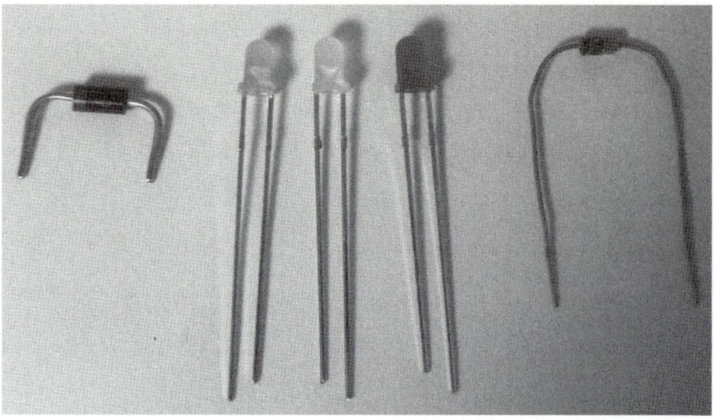

그림 23 정류다이오드, 발광다이오드(LED), 제너다이오드

다음은 각 다이오드의 기호이며 정류다이오드나 발광다이오드와는 달리 제너다이오드는 오른쪽에 +를 인가하며 일정한 전압을 유지하는 전원부 등에 사용한다.

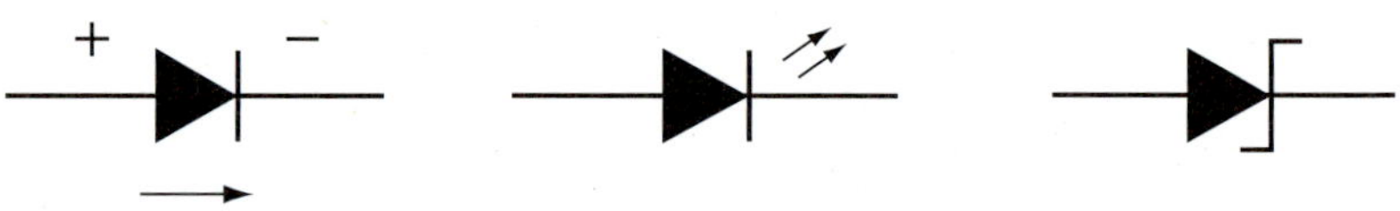

그림 24 정류다이오드, 발광다이오드(LED), 제너다이오드의 기호

2.4 트랜지스터

트랜지스터는 1948년 발명되어 낮은 소비전력과 크기가 작아 이전에 사용하던 진공관을 대체하며 제품의 소형화 경량화로 전자혁명을 일으켰다. 스위칭 기능과 작은 전압으로 전압, 전류를 제어(증폭)할 수 있는 특징이 있다.

외형적으로는 다리가 3개가 있으며 각각 베이스(Base), 에미터(Emiter), 콜렉터(Collector) 라고 부른다. 베이스에 작은 전압을 인가하면 PNP형 또는 NPN형에 따라 콜렉터 또는 에미터 쪽으로 큰 전류를 흐르게 할 수 있다.

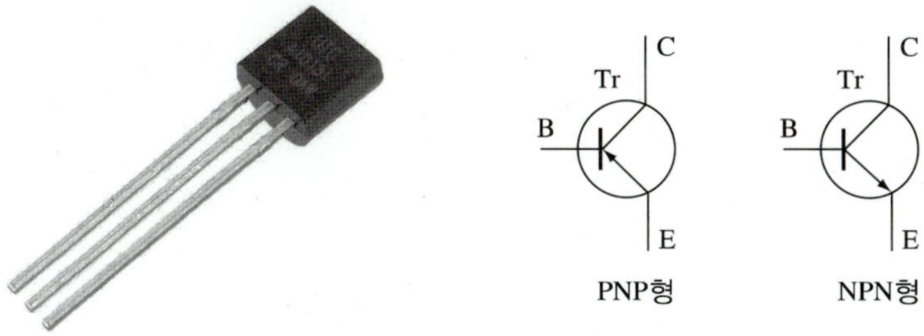

그림 25 트랜지스터와 기호

이 TR(트랜지스터)을 단위 체적 안에 10만개 이상 집적한 것을 VLSI 집적회로라고 한다. 아두이노 보드에 사용되는 MCU인 ATmega2560에는 플래쉬메모리만 256KByte 이므로 수백만 개의 TR이 집적되고 다양한 기능들이 더해졌다. 45나노 공정의 일반 컴퓨터 반도체는 8억개 이상이 집적되어 있다.

2.5 브래드보드

브래드보드는 다음 사진과 같이 여러 가지 전자 소자나 IC 등을 전선으로 연결하며 회로를 손쉽게 연결할 수 있도록 해준다. 우리가 만약 회로를 구성할 때 전선 두 개를 연결하려면 두 전선을 꼬아서 연결하거나 납땜을 해야한다. 하지만 브래드 보드의 구멍에 꽂아서 쉽게 연결할 수 있다. 브래드보드에는 수많은 구멍들이 있는데 그 구멍들이 어떻게 연결되어 있는지만 알면 쉽게 사용할 수 있다.
브래드 보드는 크기가 다양하지만 구멍들의 연결은 모두 동일하다. 세로로 빨간 줄과 파란줄이 보이는데 빨간줄은 빨간줄대로 파란줄은 파란줄대로 구멍들이 모두 연결되어 있다. 그리고 나머지는 가로로 5개씩 연결되어 있다. 사진 왼쪽에 작은 브래드보드는 가운데 골이 나있는데 이부분은 연결되어 있지 않다.

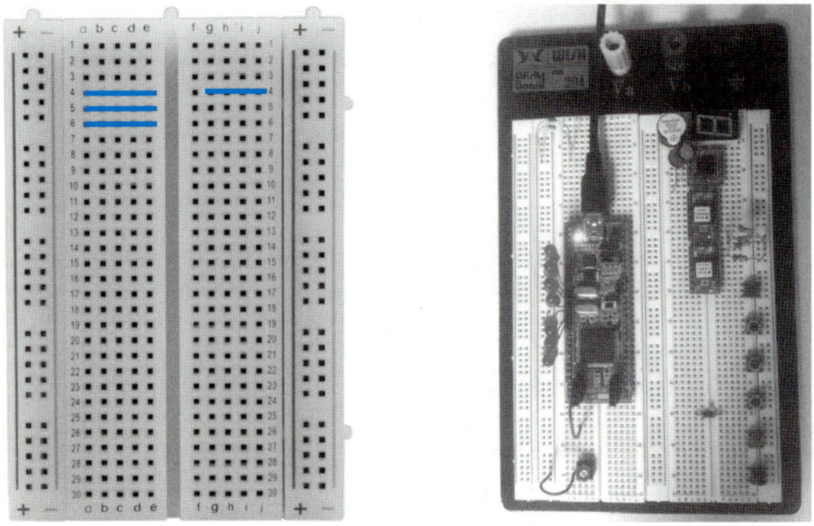

그림 26 브래드보드

브래드 보드는 세로선과 골을 제외한 5개 구멍이 가로로 연결되어있기 때문에 다음과 같이 전원선과 LED를 연결하면 불이 들어온다.

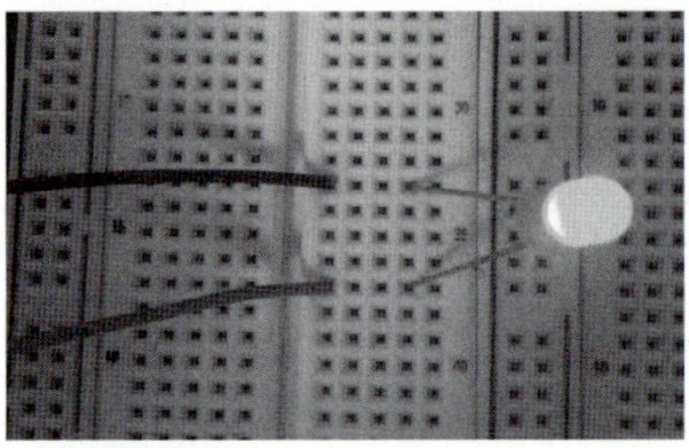

그림 27 브래드보드 LED 연결

다음은 LED 3개를 병렬로 연결하여 같은 밝기로 불이 켜지게 연결한 것이다. 만약 6V를 인가하였다면 병렬로 연결시 각 LED는 모두 6V가 걸리게 된다.

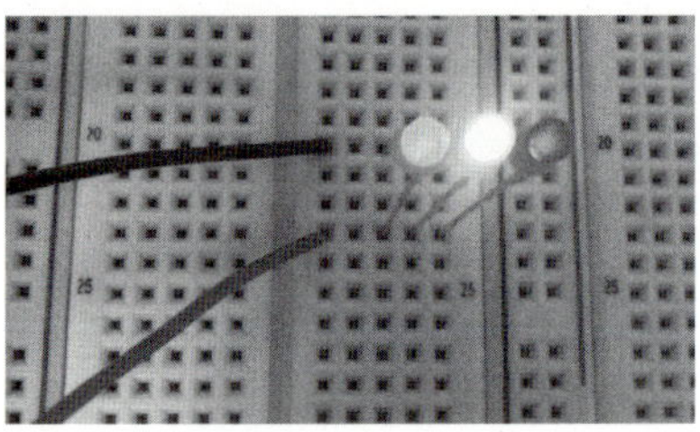

그림 28 LED 병렬연결

다음 그림의 왼쪽은 LED를 직렬로 2개연결한 것이고 오른쪽은 직렬로 3개를 연결한 것이다. 만약 6V를 인가하면 왼쪽은 한 개의 LED마다 3V씩 걸리고 오른쪽은 2V씩 걸려서 오른쪽이 불의 밝기가 약하다.

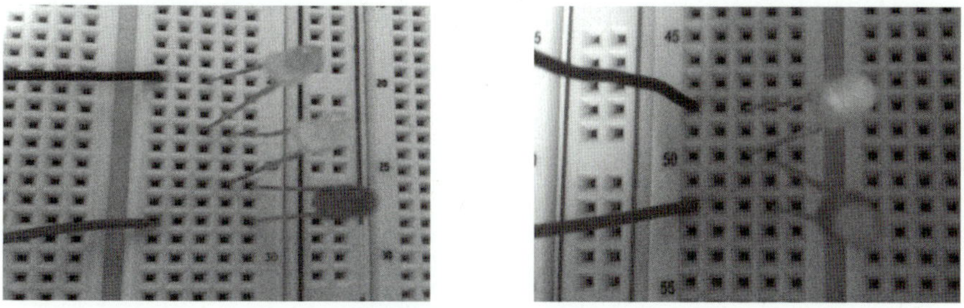

그림 29 LED직렬연결

다음 그림에 전원과 LED를 직렬과 병렬로 다양하게 연결하여 본다.

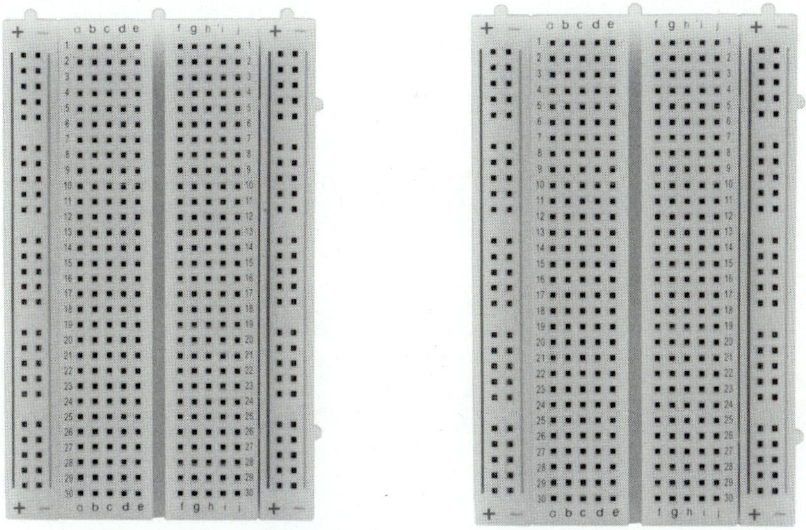

그림 30 브래드 보드 연습

3 아두이노 프로그래밍 기본문법

아두이노 보드를 컴퓨터와 연결하고 컴퓨터에 아두이노 IDE를 실행 시켜서 프로그래밍 문법(C/C++)을 학습할 수 있다. 컴퓨터 모니터 상에서만이 아니라 실제 아두이노 보드의 LED를 켜보고 밝기도 조절하면서 어려운 문법을 재미있게 익힐 수 있다.

3.1 프로그램 구조

아두이노 IDE를 실행시키면 다음과 같이 **setup(), loop()** 두 개의 기본 함수로 구성되어 있는 것을 볼 수 있다. setup() 함수에는 MCU의 통신 설정이나 포트 입출력 설정 등 한번만 수행하면 되는 MCU관련 설정 등을 해준다. loop()함수에는 반복하여 실행할 사용자가 원하는 프로그램을 작성한다. 모두 작성한 뒤 컴파일 하고 아두이노 보드에 업로드하면 작성한 프로그램대로 작동하게 된다.

```
void setup() {
  //이곳에 MCU 설정 등 프로그램을 작성하면 처음 한번만 실행됩니다.

}

void loop() {
  //이곳에 사용자가 원하는 프로그램을 작성하면 계속 반복해서 실행됩니다.

}
```

그림 31 아두이노 프로그램 구성

3.2 데이터형

프로그램은 컴퓨터나 MCU의 메모리에 값을 읽고 쓰고 저장하는 것이다. 최소 단위는 0과 1을 구분할 수 있는 bit이다. 8bit를 1Byte라고 한다. 따라서 1Byte는 2^8 = 256 가지 다른 문자나 숫자를 인식할 수 있는 단위이다. 프로그램에서는 기본적으로 키보드의 모든 문자를 구분하여 인식할 수 있는 Byte단위를 사용한다.

메모리에 값을 저장하고 사용하려면 메모리를 몇 바이트나 사용할지를 할당받아야 한다. 표는 할당되는 메모리 크기에 따른 종류들을 나타내고 있다. 다음 데이터형들 중 하나로 변수를 선언하여 값을 저장할 수 있다. 여러 가지 데이터형으로 나누는 이유는 한정된 메모리를 효율적으로 사용하고 연산 속도를 빠르게 하기 위해서다.

■ 표 6-3 아두이노의 데이터형

데이터형	메모리 할당(Byte)	범 위	설명
int	2	-32768 ~ 32767	정수
unsigned int	2	0~65535	부호 없는 정수
long	4	-2147483648 ~ 2147283647	큰 정수
unsigned long	4	0 ~ 4294967295	부호 없는 큰 정수
float	4	3.4028235E+38 ~ -3.4028235E+38	실수
double	4	float과 같음	MCU나 시스템에 따라 다름
boolean	1	false(0) 또는 true(1)	0 이외의 모든 수는 참
char	1	-128 ~ 127	문자를 저장
byte	1	0 ~ 255	작은 숫자

*int

int 형은 정수를 저장하기 위한 데이터형이다. 다음은 int형 변수 'a'를 선언하고 100을 입력한 뒤 Serial.println() 함수를 사용하여 시리얼 모니터에 결과를 출력하는 프로그램이다.

이때 대소문자를 구분하므로 주의하여 작성한다. 시리얼 모니터는 [도구] → [시리얼 모니터] 항목을 클릭하거나 툴박스 제일 오른쪽 버튼을 클릭한다.

```
void setup() {
  Serial.begin(9600);    //통신 속도 관련 설정.
}

void loop() {
  int a;                 //int(정수형) 변수 'a' 선언
  a = 100;               //변수 'a'에 정수 저장

  Serial.println(a);     //'a'를 컴퓨터로 전송하여 시리얼 모니터에 출력.

  delay(1000);           // 1초간 대기.

}
```

그림 32 int형 변수의 사용

*char

char형은 문자를 저장하기 위한 데이터형이다. 다음은 char형 변수 'a'를 선언하고 문자 'z'를 입력한 뒤 Serial.println() 함수를 사용하여 시리얼 모니터에 결과를 출력하는 프로그램이다. 주의 사항은 문자 한글자는 ‘ ’작은따옴표로 묶어주고 문자열인 경우에는 “ ”큰따옴표로 묶어준다.

delay()함수에 1000을 넣으면 1초를 지연한다는 뜻이다. 값을 100으로 변경해서 결과를 관찰하자.

```
void setup() {
  Serial.begin(9600);
}

void loop() {            //{ }안을 반복
  char a = 'k';          //문자형 변수 a를 선언과 동시에 'k'를 저장
  Serial.println(a);     //a에 저장된 문자를 출력
  delay(1000);           //1초간 지연, 500 이면 0.5초 지연

}
```

그림 33 char형 변수의 사용

*static

모든 함수는 함수 안에 있는 문을 다 수행하면 함수 안에서 선언된 변수의 값들이 다 사라진다. 사라지지 않고 최종값을 유지하게 하고 싶으면 변수 선언 앞에 static이라고 써주면 된다. 1부터 누적되어 출력되는 것을 확인할 수 있다.

```
void setup() {
  Serial.begin(9600);
}

void loop() {                  //{ }안을 반복
  static int a = 1;            //반복 해도 a의 최종값이 사라지지 않는다.
                               //a에 1을 더한 값을 다시 a에 저장한다.
  Serial.println(a);           //a에 저장된 문자를 출력
  a = a + 1;

  delay(500);
}
```

그림 34 static의 사용

"a = a + 1"의 위치를 Serial.println(a) 위에 위치시키면 처음 시리얼 모니터에 출력되는 값은 2부터 나타날 것이다. 프로그램은 위에서부터 순서대로 실행하는데 먼저 더하고 출력하기 때문이다.

"static int a = 1"에서 1대신 0으로 바꾸면 0부터 1씩 누적되는 것을 확인할 수 있다.

static을 지우면 누적되지 않고 반복할 때마다 이전값을 잃어버리고 1을 출력한다.

아두이노 보드에 텍 스위치를 누르면 프로그램을 다시 실행한다.

프로그램의 한줄한줄을 문(statement)이라고 한다. 문이 끝나는 오른쪽에는 항상 ‘ ; ’ 세미콜론을 입력한다.

"Serial.println(a)" 문은 변수a에 저장된 값을 시리얼 모니터에 전송하라는 뜻이다.

"a = a + 1" 문은 a에 1을 더해서 다시 a에 입력하라는 뜻이다. 즉, 프로그램을 반복할 때마다 a에 1씩 누적하여 더하라는 뜻이다. 같은 뜻으로 "a += 1;" 표기법이 있다.

"a = a + 2;"로 입력하면 2씩 증가하는 것을 확인할 수 있다.

3.3 연산자

앞서 여러 가지 데이터형으로 변수를 선언하여 메모리 공간을 할당받고 원하는 값을 저장하였다. 연산자는 이 변수에 저장된 값을 연산을 통해 우리가 원하는 값으로 가공할 수 있게 해준다. 연산자에는 산술 연산자, 비교 연산자, 논리 연산자, 비트 연산자, 복합 연산자 등이 있다.

*산술 연산자

다음 표와 같은 산술 연사자들이 있다. 일반적인 산술연산자의 사용과 같다.
"%" 연산자는 "x = 7 % 2"와 같이 사용하며 7을 2로 나눈 나머지인 1이 된다.

■ 표 6-4 산술 연산자

연산자	의미	사용예	비고
+	더하기	a = b + 2;	
-	빼기	a = b - 2;	
*	곱하기	a = b * 2;	
/	나누기	a = b / 2;	
%	나머지	a = b % 2;	a를 b로 나눈 나머지
=	대입		cf. "=="(비교연산자)

다음 프로그램은 산술 연산자를 이용하여 정수와 실수 연산을 수행하는 프로그램이다. int형으로 선언된 변수 a와 b에는 정수를 담을 수 있다. float형으로 선언된 c와 d에는 실수를 담을 수 있다.

Serial.println() 함수는 문자열을 출력해주는 함수이다. 괄호 안에 "" 큰따옴표 안에 있는 문자를 그대로 출력하고 한줄을 띈다. Serial.print()함수는 한줄을 띄지 않는다. '+' 연산자를 사용하여 " " 큰따옴표 안의 문자열과 변수끼리의 연산 결과를 붙여서 출력할 수 있다. 이 때 Serial.println()함수는 문자열 출력함수 이므로 연산결과를 문자열로 바꿔줘야한다. String()함수가 문자열로 바꿔주는 함수이다.

숫자는 문자로도 인식할 수 있다. 만약 int형 변수 a와 b에 1과 2를 대입하고 String() 함수를 통해 문자열로 바꾸면 "int a=1, b=3; Serial.println(String(a) + String(b));"은 3이 아니라 1과 2를 붙여서 12를 출력한다.

```
void loop() {
  int a = 7, b = 3;          //int형 변수 a, b 선언과 동시에 값 대입
  float c = 7.0, d = 3.0;    //float형 변수 c, d 선언과 동시에 값 대입

                //" "안을 그대로 출력하고 붙여서 a % b를 문자형으로출력
  Serial.println("a % b = " + String(a % b));
                //" "안을 그대로 출력하고 붙여서 a % b를 문자형으로출력
  Serial.println("a / b = " + String(a / b));

  Serial.print("c / d = "); // " " 안을 그대로 출력하고 줄을 띄지 않음
  Serial.println(c / d);     // c / d 를 출력하고 줄을 띔

  while(true);   // 무한 루프 다음 문으로 넘어가지 못함
}
```

그림 35 산술 연산 프로그램

마지막 줄에 while(true)는 다음 제어문에서 배우게 되는데 ( ) 안의 값이나 조건이 참(true)인 동안 반복하라는 문이다. 괄호 안이 "true"이므로 아무 일도 하지 않고 무한 반복한다. 프로그램을 한번만 수행하고 대기하는 효과를 볼 수 있다.

Serial.println()을 Serial.print()로 바꾸면 줄이 바뀌지 않아서 옆으로 붙어서 출력된다. 다른 산술 연산자로 바꿔서 결과를 확인해보자.

*비교 연산자

비교연산자는 두 값의 크기를 비교하는 연산자이며 결과값은 항상 참(true) 또는 거짓(false)로 나타난다. 다음 표는 비교연산자들을 나타내고 있다.

■ 표 6-5 비교 연산자

연산자	의미	사용예
>	크다	a > b
>=	크거나 같다	a >= b
<	작다	a < b
<=	작거나 같다	a <= b
==	같다	a == b
!=	다르다	a != b

다음 프로그램은 a에 3을 입력하고 a가 3이 맞으면 "true"를 시리얼 모니터에 출력하는 프로그램이다. 같은지를 물어 볼 때 "=="를 사용한다. "true"가 잘 출력될 것이다.

하지만 등호를 하나만 쓰게 되면 대입연산자가 되어 "a = 3"은 a에 3을 대입하라는 뜻이 된다. 그럼 a는 0이 아닌 값을 갖게 되므로 참이고 참이므로 { } 안의 문을 수행한다. a의 값을 바꿔서 결과를 확인해본다. "==" 대신 다른 비교 연산자들로 바꿔서 결과를 확인해본다.

```
}

void loop() {
  int a = 3;

  if(a==3){                  //만약 괄호 안이 참이면 { }안에 문들을 실행한다.
    Serial.println("true");
  }

  if(a = 3){                 //"=="가 아니라 "="를 사용하면 괄호 안이 참이 된다.
    Serial.println("true???");
  }

  while(true);               //무한루프 프로그램 대기상태
}
```

그림 36 비교 연산자

*논리 연산자

논리연산자에는 AND, OR, NOT이 있으며 논리연산의 결과도 항상 참(true) 또는 거짓(false)으로 나온다. 다음 표는 논리연산자를 나타내고 있다.

표 6-6 논리 연산자

논리연산자	의미	사용예	설명
&&	AND	(a>10) && (a<20)	좌우 값이 둘다 같으면 참
||	OR	(a==10) || (a==20)	둘 중 하나라도 참이면 참
!	NOT	!(a<10)	참과 거짓을 반대로

*비트 연산자

아두이노 보드를 비롯하여 마이크로컨트롤러들은 프로그램 상에서 레지스터를 조작하여 기능을 설정한다. 이때 비트 논리 연산자와 비트 이동 연산자를 이용하여 설정할

수 있다. 마이크로 컨트롤러마다 다양한 레지스터들이 있다. 레지스터는 변수라고 생각할 수 있고 그 변수에 어떤 값을 쓰느냐에 따라 기능이 선택된다고 보면 된다.

■ 표 6-7 비트 논리 연산자 및 이동 연산자

구분	사용예	의미	설명
비트 논리 연산자	a & b	비트 AND	a와 b를 bit끼리 AND연산
	a | b	비트 OR	a와 b를 bit끼리 OR연산
	a ^ b	비트 XOR	a와 b를 bit끼리 XOR연산
	~a	비트 NOT	a의 비트를 반대 연산
비트 이동 연산자	a<<n	비트 왼쪽 이동	a를 n비트 왼쪽으로 이동
	a>>n	비트 오른쪽 이동	a를 n비트 오른쪽으로 이동

논리 연산자는 두 값이 참인지 거짓인지 판별하고 해당 논리를 수행한다. 그 값이 0이면 거짓이고 0이외의 모든 값(5, 0.3, -7, "a" 등)은 참이다.

이와는 달리 비트 논리연산자를 이해하려면 먼저 우리가 사용하는 10진수를 컴퓨터가 사용하는 2진수로 바꿀 수 있어야한다.

■ 표 6-8 2진수 10진수 16진수 변환표

2진수	10진수	16진수
0000	0	0
0001	1	1
0010	2	2
0011	3	3
0100	4	4
0101	5	5
0110	6	6
0111	7	7
1000	8	8
1001	9	9
1010	10	a
1011	11	b
1100	12	c
1101	13	d
1110	14	e
1111	15	f

8bit 즉, 1Byte는 2진수 8자리를 의미한다. 2진수는 4자리씩 끊어서 해석하면 좋은데 2진수 4자리는 16진수 한자리로 간단히 표현할 수 있다. 따라서 8bit는 2진수 8자리 16진수 두자리로 표현 가능하다. 8bit 마이크로 컨트롤러란 명령어 레지스터에 8bit 값으로 설정한다는 뜻도 가지고 있다. 이 값은 2진수, 10진수, 16진수 어떤 값으로도 표현할 수 있고 설정할 수 있다. 진수 변환이란 값이 바뀌는 것이 아니라 하나의 값을 다르게 표현하는 것이다.

비트논리 AND(bit-wise AND)는 다음과 같이 계산한다.

① 각각의 숫자를 2진수로 나타낸다.

② 두 수를 위아래로 놓고 위아래 비트끼리 AND를 취한다.

③ 결과를 다시 10진수로 바꿔준다.

예1 7 비트논리 AND 3 = 3

7	→	... 0 1 1 1
bit AND 3	→	... 0 0 1 1
... 0 0 1 1	→	3(10진수)

다음과 같이 프로그램으로 확인해보면 3이 나오는 것을 확인할 수 있다.

```
void loop() {
  int a = 7;
  int b = 3;

  Serial.println(a & b);     // a&b 결과 출력

  while(true);
}
```

그림 37 a bit-wise AND

예2 8 비트논리OR 2 = 10

8	→	... 1 0 0 0
bit AND 2	→	... 0 0 1 0
... 1 0 1 0	→	10(10진수)

위 프로그램에서 a, b의 값과 연산자 기호만 바꿔서 실제 10이 나오는지 확인한다.

앞서 정수의 표현방법에 10진수, 2진수, 16진수가 있다. 이것을 구분하기 위해 숫자 앞에 0b를 쓰고 16진수는 0x를 써준다.

10진수 36은 0×24 또는 0b 0010 0100로 표현할 수 있다.

세 값이 36이 맞게 나오는지 다음 프로그램으로 확인해보자.

결과는 모두 36으로 나온다.

```
void loop() {
  int a = 36;          //10진수 36
  int b = 0x24;        //16진수 0x24
  int c = 0b00100100;  //2진수 0b 0010 0100

  Serial.println(a);
  Serial.println(b);
  Serial.println(c);

  while(true);
}
```

그림 38 10진수 2진수 16진수의 표시형식

*특정비트 셋트

비트논리 AND와 OR는 8bit 레지스터에서 특정 bit를 선택하는데 사용된다.

임의의 8bit 값에 오른쪽에서 3번째 bit를 1로 만들고자 하면 4와 OR를 취해주면 된다.

예 임의의 8bit → x x x x x x x x

bit-wise OR 0 0 0 0 0 1 0 0

x x x x x 1 x x

코드로는 다음과 같이 3가지 방법으로 a의 3번째 비트를 1(셋트)로 만들 수 있다(a는 임의의 8bit값 또는 8bit레지스터).

① a = a | 0b 0000 0100;

② a = a | 0x 04;

③ a = a | (0x01 << 2);

*특정비트 클리어

임의의 8bit 값에 오른쪽에서 4번째 bit를 0으로 만들고자 하면 4와 AND를 취해주면 된다.

예		
임의의 8bit	→	x x x x x x x x
bit-wise AND		1 1 1 1 0 1 1 1
		x x x x 0 x x x

코드로는 다음과 같이 3가지 방법으로 a의 4번째 비트를 0(클리어)으로 만들 수 있다(a는 임의의 8bit값 또는 8bit레지스터).

① a = a & 0b 1111 0111;

② a = a & 0xFE;

③ a = a & ~(0x01 << 3);

*특정비트 토글(반전)

임의의 8bit 값에 오른쪽에서 4번째 bit를 반전시키고자 할때 4와 AND를 취해주면 된다.

예		
임의의 8bit	→	x x x x x x x x
bit-wise XOR		0 0 0 0 1 0 0 0
		x x x x $\overline{x}$ x x x

코드로는 다음과 같이 3가지 방법으로 a의 4번째 비트를 반전(토글)시킬 수 있다(a는 임의의 8bit값 또는 8bit레지스터).

① a = a ^ 0b 0000 1000;

② a = a ^ 0x 08;

③ a = a ^ (0x01 << 3);

비트논리를 이용한 셋, 클리어, 토글은 뒤에 실제 실습 프로그램에서 많이 사용되므로 잘 알아두어야 한다.

*비트 이동 연산자

a = 0b 0000 0001 (2진수)일 때 a = a << 2를 하게 되면

a = 0b 0000 0100 → 4가 된다.

16진수로 표현해보면

a = 0x 01 일 때, a = a << 2를 하게 되면

a = 0x 03 → 4가 된다.

다음 프로그램으로 4가 나옴을 확인한다.

```
void loop() {
  int a = 0b0000001;
  int b = 0x01;

  Serial.println(a = a << 2);
  Serial.println(b = b << 2);

  while(true);
}
```

그림 39 비트 이동 연산자

*복합 연산자

위 프로그램에서 a = a << 2;는 a를 2번 왼쪽으로 이동하고 그 값을 다시 자기 자신에게 대입하라는 뜻이다. 이것을 줄여서 a<<=2;라고 표현할 수 있다.

a = a + 2;와 같은 표현도 마찬가지로 a += 2;라고 쓸 수 있다.

이러한 복합 연산자를 다음 표에 나타내었다.

■ 표 6-9 복합 연산자

분류		연산자	의미
복합 대입 연산자	산술 연산자	a += b;	a = a + b;
		a -= b;	a = a - b;
		a *= b;	a = a * b;
		a /= b;	a = a / b;
		a %= b;	a = a % b;
	비트 연산자	a &= b;	a = a & b;
		a |= b;	a = a | b;
		a ^= b;	a = a ^ b;
		a <<= b;	a = a << b;
		a >>= b;	a = a >> b;
증감 연산자		a++;	a = a + 1;
		a--;	a = a - 1;

특히, a = a + 1;은 a값을 1씩 증가시키는 표현이고 자주 쓰인다. a += 1;로 표현할 수 있지만 증감연산자인 a++로 간단히 쓸 수 있다.

a = a - 1;도 마찬가지로 a -= 1; 과 a--로 표현할 수 있다.

3.4 제어문

프로그램은 위에서부터 순서대로 한문장씩 명령을 처리한다. 제어문은 명령 순서를 조건에 따라 건너뛰거나 조건에 따라 반복하게 하여 프로그램 문(statement)의 순서를 제어하는 것이다. 제어문에는 분기문과 반복문이 있다. 분기문에는 if-else문과 switch-case문이 있고 반복문에는 while문, do-while문, for문이 있다.

*if-else문

if문은 앞에서 간단히 알아보았다. if-else문의 형식은 다음과 같다.

```
if(조건){
   문1;
}
else{
   문2;
}
```

그림 40 if-else문 형식

다음 프로그램에서 if문에 조건은 (a>0)이다. 참이면 해당 문을 수행하고 아니면 else 문을 수행한다. else는 "그밖에"로 해석하면 된다. 결과는 positive로 나온다.

```
void loop() {
  int a = 3;

  if(a>0){
    Serial.println("positive");
  }
  else{
    Serial.println("negative");
  }

  while(true);
}
```

그림 41 if-else 문

a의 값이 여기서는 3으로 주어졌지만 나중에 임의의 센서값이 될 수도 있다. 그 센서값이 양수인지 0인지 음수인지를 판별하는 프로그램이라고 할 수 있다.
0의 값도 정확히 구분하기 위해 else 다음 if(조건)을 추가할 수 있다.

```
void loop() {
  int a = 3;

  if(a>0){
    Serial.println("positive");
  }
  else if(a==0){                    //else 뒤에 if(조건)을 추가할 수 있다.
    Serial.println("zero");
  }
  else{
    Serial.println("negative");
  }

  while(true);
}
```

그림 42 else if문

특히, else if(조건식)에서 (a==0) 표현을 (a=0)으로 잘 못 실수하지 않도록 한다. 즉, 비교연산자 "=="와 대입연산자 "="를 혼동하지 않도록 주의한다.

*switch-case문

switch-case문의 형식은 다음과 같다. switch(정수식) 정수식(정수형 변수)의 값이 특정한 값인 경우에 해당하는 문을 수행하도록 하는 분기문이다. 정수값만 사용할 수 있다. 특히 Case문 뒤에 세미콜론이 아니라 ':' 콜론을 사용한다는 걸 주의하고 Case문이 끝나면 break; 문을 기본적으로 써주도록 한다.

```
switch(정수식){
  case 정수값1:
    문1
    break;
  case 정수값2:
    문2;
    break;
  case 정수값3:
    문3;
    break;
}
```

그림 43 switch-case문 형식

다음 프로그램은 a에 1, 2, 3 의 정수중 하나를 입력하면 그 값에 따라 해당하는 문을 수행하는 프로그램이다. 메뉴를 선택할 때 주로 사용할 수 있는 프로그램이다. 결과는 apple이 출력된다.

```
void loop() {
  int a = 3;

  switch(a){                          // a가
    case 1:                           // 1인경우 아래문을 수행
      Serial.println("grape");        // 'grape'출력
      break;                          // switch문을 빠져나온다.
    case 2:                           // 2인경우 아래문을 수행
      Serial.println("orange");       // 'orange'출력
      break;                          // switch문을 빠져나온다.
    case 3:                           // 3인경우 아래문을 수행
      Serial.println("apple");        // "apple"을 출력
      break;                          // switch문을 빠져나온다.
  }
}
```

그림 44 switch-case문 메뉴선택

*while문과 do=while문

while문과 do-while문의 형식은 다음과 같다. 둘다 조건식을 만족하는 동안 문을 반복한다. 차이점은 while문은 조건을 먼저 판별해서 조건이 거짓이면 문을 수행하지 않는다. do-while문은 먼저 문을 한번 실행하고 그다음 계속 반복할지 조건을 판별한다. 형식에서도 차이점은 문;을 기준으로 while(조건식)의 위치가 먼저 나와있냐 뒤에 나와있냐 차이가 있다. 그리고 앞에 do를 붙여준다.

while(조건식){
  문;
}
	do{
	  문;
	}while(조건식);

(a) while문 형식 (b) do-while문 형식

그림 45 whlie 반복문

다음은 do-while문을 사용하여 1~10까지 더하는 프로그램이다.

```
void loop() {
  int i=0, s=0;

  do{              //일단 먼저 문을 한번 수행한다.
    i++;           //반복할 때마다 i를 1씩 증가
    s += i;        //반복할 때마다 i를 s에 누적
  }while(i<10);    //반복할 때마다 i가 1씩 증가하다가 10이되면 빠져나옴

  Serial.println(s);

  while(true);
}
```

그림 46 do-while 문을 사용한 프로그램

다음은 while문을 사용하여 1~10까지 더하는 프로그램이다. do-while문과 비교하여 while(조건식)의 위치를 비교해본다.

```
void loop() {
  int i=0, s=0;

  while(i<10){    //i가 10보다 작은 동안 문을 반복
    i++;           //반복할 때마다 i를 1씩 증가
    s += i;        //반복할 때마다 i를 s에 누적
  }                //반복할 때마다 i가 1씩 증가하다가 10이되면 빠져나옴

  Serial.println(s);

  while(true);
}
```

그림 47 while문을 사용한 프로그램

i++;와 같은 표현은 i = i + 1;이다. i = i + 2;로 바꿔주면 2씩 증가하며 짝수들의 합이 출력된다.

*for문

for문은 원하는 횟수만큼 반복할 때 쓰인다. for문의 형식은 다음과 같고 원하는 횟수를 명시할 초기값, 최종값(조건식), 증감식(변화량)을 정한다.

```
for(초기값; 조건식; 증감식){
  문;
}
```

그림 48 for문 형식

다음은 for문을 사용하여 1~10까지 더하는 프로그램이다.

```
void loop() {
  int i, s=0;

  for(i=1; i<=10; i++){  //i=1부터 10보다 작거나 같은 동안 i를 1씩 증가하며 문을 반복
    s += i;              //반복할 때마다 i를 s에 누적
  }

  Serial.println(s);

  while(true);
}
```

그림 49 for문을 사용한 프로그램

반복문에서 반복 횟수를 카운트하는 변수를 제어변수라고 한다. 위 프로그램에서는 i가 제어변수이다. 반복문을 한 번에 이해하기는 어렵지만 반복할 때마다 변수 i와 s가 어떻게 변하는지 표를 그려보면 좀 더 이해하기 쉽다.

■ 표 6-10 변수 I와 s값의 변화

반복 횟수	i	s
초기값	i = 1	s = 0
1	1	1
2	2	3
3	3	6
4	4	10
5	5	15
6	6	21
7	7	28
8	8	36
9	9	45
10(최종)	10(마지막에 11이 되고 for문을 빠져 나온다.)	55

3.5 배열

지금까지 변수는 정수형이든 실수형이든 문자형이든 값을 하나씩만 담을 수 있었다. 배열은 데이터형이 같은 많은 변수들을 사용할 때, 변수들의 이름을 같게 하고 번호를 매겨 편리하게 관리할 수 있다.

int형 변수 5개를 만들고자 한다. 그럼 다음과 같이 배열을 선언하고 관리할 수 있다.

```
int a[5] = {10, 15, 20, 25, 30};
```

a라는 int형 배열을 선언하고 원소를 5개로 설정했다. 그리고 5개의 배열 원소에 5개의 값을 한번에 대입하였다. int형 배열에는 int형 값들만 담을 수 있다. 배열의 원소들은 a[0] ~ a[4]까지 배열명에 [번호]가 매겨진다.

세 번째 원소의 이름은 a[2]이고 값은 20이라는 것을 알 수 있다.

```
void loop() {

  int a[5] = {10, 15, 20, 25, 30}; //int형 원소5개 배열 a[]선언과 초기값 입력
  int i;

  for (i=0; i<=4; i++){
    Serial.println(a[i]);     //a[0]~a[4]까지 출력
  }

  while(true);
}
```

그림 50 배열 선언과 for문의 사용

for문을 사용하여 배열a의 a[0]부터 a[4]까지 원소를 모두 출력하는 프로그램이다.

for문을 사용하여 a[0]부터 a[2]까지 출력하려면 i<=4를 i<2로 바꿔준다.

a[3]의 값을 27로 변경하려면 a[3] = 27; 과 같이 사용한다.

다음은 배열을 이용해서 문자열을 출력하는 프로그램이다.

```
void setup() {
  Serial.begin(9600);
}

void loop() {
  char a[] = {"Arduino 3D Printer"};  //문자열을 담을 때는 배열의 갯수를 생략가능.

  Serial.println(a);          //char형 배열 a를 출력

  while(true);
}
```

그림 51 배열을 이용한 문자열 출력

문자열을 담을 때는 위와같이 char형 배열의 선언과 동시에 문자열을 대입하고 문자열의 개수는 생략가능하다. 저장된 문자열을 출력하려면 배열명을 쓰면 된다.
배열명은 배열 첫 번째 요소의 주소라는 포인터의 개념이 있다. 따라서 배열 첫 번째 요소의 주소로 가서 그 값을 출력하고 char형 1Byte씩 문자들을 출력하면서 문자열의 마지막까지 출력하게 된다.

3.6 함수

지금까지는 void loop()라는 함수 안에서만 프로그램을 작성하였다. 이번에는 다른 사용자 함수를 만들어 사용한다. 이전 제어문에서 반복문은 반복할 문을 특정횟수나 조건을 만족하는 동안 반복하였다. 사용자 함수를 만드는 이유는 특정횟수를 반족하지는 않지만 필요할 때마다 여러번 사용하는 문을 함수로 만들어서 함수 이름만 호출하여 간단히 사용할 수 있고 함수단위로 디버깅이 용이하다는 특징이 있다.
함수는 헤더(header)와 바디(body)로 구성된다. 헤더에는 함수명과 전달받는 파라메터 그리고 return 값의 데이터형을 알 수 있다. 바디는 { } 안에 함수에서 실제 수행하는 문들을 말한다.

```
void setup() {
  Serial.begin(9600);
}

void loop() {

  myname();                      //myname()함수 호출
  myname();                      //myname()함수 또 호출

  while(true);
}

void myname() {                       //myname()함수 헤더
  Serial.println("Arduino 3D Printer"); //myname()함수 바디 글자 출력
}
```

그림 52 사용자 정의 함수

지금까지는 void setup(), void loop() 함수만 볼 수 있었다. 위 프로그램에서는 void myname()이라는 함수를 만들고 문장을 출력하는 일을 하도록 하였다. 만든 함수는 호출하여 사용한다. loop()함수에서 myname()함수의 함수명을 쓰면 myname()함수로 가서 함수를 수행하고 돌아온다. 결과는 Arduino 3D Printer이란 문장을 두 번 출력한다. 다음은 반지름 값을 surface()라는 이름의 사용자 정의함수에 전달하여 surface()함수에서 표면적을 계산하고 결과를 호출한 곳에 return하고 출력하는 프로그램이다. 함수명 앞에 float이라는 데이터형 표시는 return옆에 쓰는 반환값의 데이터형을 의미한다. return 옆에 쓰는 반환값은 수식을 쓸 수도 있다.

```
void setup() {
  Serial.begin(9600);
}

void loop() {
  float r = 2;

  Serial.println(surface(r));  //surface()함수를 호출할 때 r값을 전달해준다.

  while(true);
}

float surface(float r) {    //float형 변수 r로 전달받는다.
  float s = 2 * r * 3.14;  //호출하면서 전달받은 r값으로 구의 표면적을 구한다.

  return s;            //호출한 곳을 S값으로 바꾼다.
}
```

그림 53 return값이 있는 함수

밑줄 친 부분이 surface()함수를 호출한 부분이고 왼쪽 화살표대로 surface()함수에 r을 전달해주고 surface()함수를 실행한다. return 옆에 s값을 loop()함수에서 호출한 부분에 돌려놓으면 s를 출력하게 된다.

함수명, 호출, 매개변수, return값, return값의 데이터형의 용어에 대해 동그라미로 표시해보면 이해하는데 도움이 된다.

3.7 포인터

프로그램은 명령어와 데이터로 구성되며 이것은 모두 MCU내부의 메모리에 저장된다. 따라서 변수는 값과 메모리에서의 주소를 가지고 있다.

메모리의 주소를 담을 수 있는 변수를 포인터라고 한다. int형 포인터에는 int형 변수의 주소를 담을 수 있고 char형 포인터에는 char형 포인터의 주소를 담을 수 있다. 포인터도 변수와 마찬가지로 선언을 하고 사용하는데 변수명 앞에 '*'(애스터리스크)를 써주면 포인터 변수가 되고 주소를 담을 수 있다.

이렇게 *를 사용해서 포인터 변수를 만들고 나면 그 다음부터 사용하는 '*'는 '값'으로 해석하면 된다. 또 한 가지 기호인 '&'(앰퍼샌드)는 "주소"라고 해석하면 된다. 다음 프로그램을 보고 해석해보자.

```
void loop() {
  char a;
  char *b;          //b를 문자형 변수의 주소를 담을 수 있는 포인터로 선언

  a = 'H';          //a에 'H'를 저장
  b = &a;           //char형 포인터 b에 a의 "주소(&)"를 저장

  Serial.println(a);   //a에 저장된 'H'를 출력
  Serial.println(*b);  //b에 저장된 a의 주소에 있는 "값(*)"을 출력

  Serial.println((int)b);               //b저 저장한 a의 주소를 정수형으로 출력
  Serial.println(String((int)b, HEX)); //b에 저장한 a의 주소를 16진수로 출력
  Serial.println(String((int)b, BIN));  //b에 저장한 a의 주소를 2진수로 출력

  while(true);
}
```

그림 54 오른손 직교 좌표계

```
char a;     //char형 변수 a 선언
char *b;    //char형 포인터 b 선언

b = &a;    //char형 포인터 b에 char형 변수 a의 "주소"를 저장
```

(int)b는 char형 b의 값을 잠깐(문이 끝날 때까지) int형으로 바꾸라는 뜻이다.
String((int)b, HEX)는 정수로 변환된 b의 값을 16진수(hexa)로 바꿔준다.
String((int)b, BIN)은 정수로 변환된 b의 값을 2진수(binary)로 바꿔준다.

다음 프로그램에서 함수의 매개변수로 변수의 주소를 넘겨주면 어떻게 되는지 살펴보자. 결과는 f1에 값만 전달하면 f1에서 a의 값을 변경해도 loop()함수에서 선언한 a의 값은 바뀌지 않지만 포인터로 받은 f1()함수는 loop()함수의 a를 가리키기 때문에 loop()함수의 a값이 0으로 변경이 된다. 결과는 3 3 0이 세로로 나온다.

```
void f1(int a){      //int형 변수 a가 값을 전달받는다.
  a = 0;             //a값을 0으로 바꾼다.
}

void f2(int *b){   //int형 포인터 b가 a의 주소를 전달받는다.
  *b = 0;            //(선언후 *는 값으로 해석)
}

void loop() {
  int a = 3;
  Serial.println(a);

  f1(a);               //f1함수 호출 하면서 a값을 전달함
  Serial.println(a); //a값 출력

  f2(&a);              //f2함수 호출 하면서 a의 "주소"를 전달함
  Serial.println(a); //a값 출력

  while(true);
}
```

그림 55 포인터에 의한 매개변수 전달

배열명은 배열 첫 번째 요소의 주소를 가리키는 포인터다. 따라서 배열을 함수의 매개변수로 전달하면 포인터를 매개변수로 전달한 것과 같은 결과가 나온다. 다음 프로그램을 통해 배열을 매개변수로 전달하는 방법도 함께 알아본다.

```
void f1(int a[10]){     //int형 배열로 매개변수를 받음(배열갯수 생략가능)
  a[5] = 0;             //a[5]번 요소의 값을 0으로 바꿈
}

void f2(int *a){        //int형 포인터로 매개변수를 받음
  a[6] = 0;             //a[6]번 요소의 값을 0으로 바꿈
}

void printout(int *a){          //int형 포인터로 매개변수를 받음
  int i;

  for(i=0; i<10; i++){
    Serial.print(String(a[i]) + " ");  //전달받은 배열의 요소들을 출력
  }
  Serial.println();   //한줄 띔
}

void loop() {
  int a[10];        //int형 요소 10개인 배열 a 선언
  int i;

  for (i=0; i<10; i++){
    a[i] = i;             // 배열 a[0]~a[9]까지 반복할 때마다 0~9까지 i값 대입
  }

  printout(a);      //printout()함수 호출 배열명을 전달(배열명은 배열의 주소를 의미)

  f1(a);            //f1()함수 호출 배열명을 전달
  printout(a);      //printout()함수 호출 배열명을 전달

  f2(a);            //f2()함수 호출 배열명을 전달
  printout(a);      //printout()함수 호출 배열명을 전달

  while(true);
}
```

그림 56 함수의 매개변수로 배열의 전달

먼저 배열을 함수의 매개변수로 전달할 때는 배열명만 전달한다.

f1()함수와 f2()함수는 전달받은 배열의 특정 요소의 값을 변경하는 함수다.

printout()함수는 배열의 요소를 모두 출력하는 함수다.

f1(), f2()함수 내에서 배열의 특정 요소의 값을 변경하면 loop()함수에서 전달한 원래 배열의 값도 바뀌게 된다는 것을 확인할 수 있다.

결과는 다음과 같이 나온다.

```
0 1 2 3 4 5 6 7 8 9
0 1 2 3 4 0 6 7 8 9
0 1 2 3 4 0 0 7 8 9
```

4 아두이노 함수 기능 익히기

마이크로컨트롤러 프로그래밍을 배우기 어려운 점 중의 하나는 다양한 레지스터들을 목적에 맞게 설정하는데 있어서 대부분 낯선 용어들로 표시되어 있고, 비트 연산을 통해 값을 설정해야하는 점 등이 있다. 아두이노에서 기본적으로 제공하는 함수들은 대부분 아두이노 설치폴더에서 \hardware\arduino\avr\cores\arduino 에 헤더 파일과 소스 파일들이 있다. 아두이노에서 제공하는 기본 함수에는 디지털 및 아날로그 입출력 함수, 시간 함수, 수학 함수, 비트 및 바이트 조작 함수, 인터럽트 관련 함수 등이 있다.

4.1 디지털 입출력 함수

디지털 입출력 함수는 High(on)와 Low(off)의 값만을 다룰 때 유용하게 사용한다.

*pinMode(pin, mode)

지정한 핀을 출력으로 사용할지 입력으로 사용할지 결정해주는 함수이다.

```
• pin: 설정하고자 하는 핀 번호
• mode: INPUT, OUTPUT, INPUT_PULLUP
```

*digitalWrite(pin, value)

출력으로 지정한 핀에 HIGH(5V) 또는 LOW(0V) 값을 출력한다.

```
• pin: 핀 번호
• value: HIGH, LOW
```

*digitalRead(pin)

입력으로 지정한 핀으로부터 HIGH(5V) 또는 LOW(0V)를 받아들여 그 값을 반환한다.

```
• pin: 핀번호
• 반환값: HIGH, LOW
```

digitalRead()와 digitalWrite()함수를 사용하여 3D 프린터에 리미트센서(스위치)등을 설치하고 노즐이나 보드가 작업공간을 벗어나면 불이 들어오거나 소리가 나거나 멈추게 할 수도 있다.

다음과 같이 프로그램을 작성하고 업로드한다. 아두이노보드의 2번 핀에 스위치를 연결하고 스위치를 눌러 5V가 인가되면 아두이노 보드의 LED에 연결된 13번 핀이 ON이 되면서 LED에 불이 들어오는 프로그램이다.

```
void setup() {
  pinMode(13, OUTPUT);  //아두이노 보드의 LED와 연결된 13번 핀을 출력으로 설정
  pinMode(2, INPUT);    //2번핀을 입력으로 설정
}

void loop() {
  int r = 0;

  r = digitalRead(2);  //2번핀으로 들어온 신호값이 HIGH인지 LOW인지 판별하여 리턴
  digitalWrite(13, r); //r이 1(HIGH)이면 13번 핀을 on 하여 LED 점등
}
```

그림 57 디지털 입출력 프로그램

다음과 같이 회로를 결선하고 스위치를 누를 때마다 LED가 잘 켜지는 지 확인한다.

그림 58 디지털 입출력 결선도

저항은 10KΩ을 사용하였다. 택스위치는 다리가 두 개씩 연결되어 있으니 사용 시 테스터기 등으로 방향을 잘 확인해야한다.

다음 그림 59는 풀업-저항, 풀다운-저항의 회로이다. 입력으로 설정한 핀에 정확한 디지털 값인 0(GND), 1(Vcc)이 들어와야 하는데 아무것도 연결하지 않으면 0인지 1인지 알 수가 없는 floating 상태가 된다. 이를 방지하기 위해 스위치를 떼거나 연결했을 때 항상 0 또는 1의 정확한 디지털 값이 들어오도록 하는 것이 풀업, 풀다운 저항의 역할이다. 저항값은 10KΩ(갈검주)을 주로 사용한다.

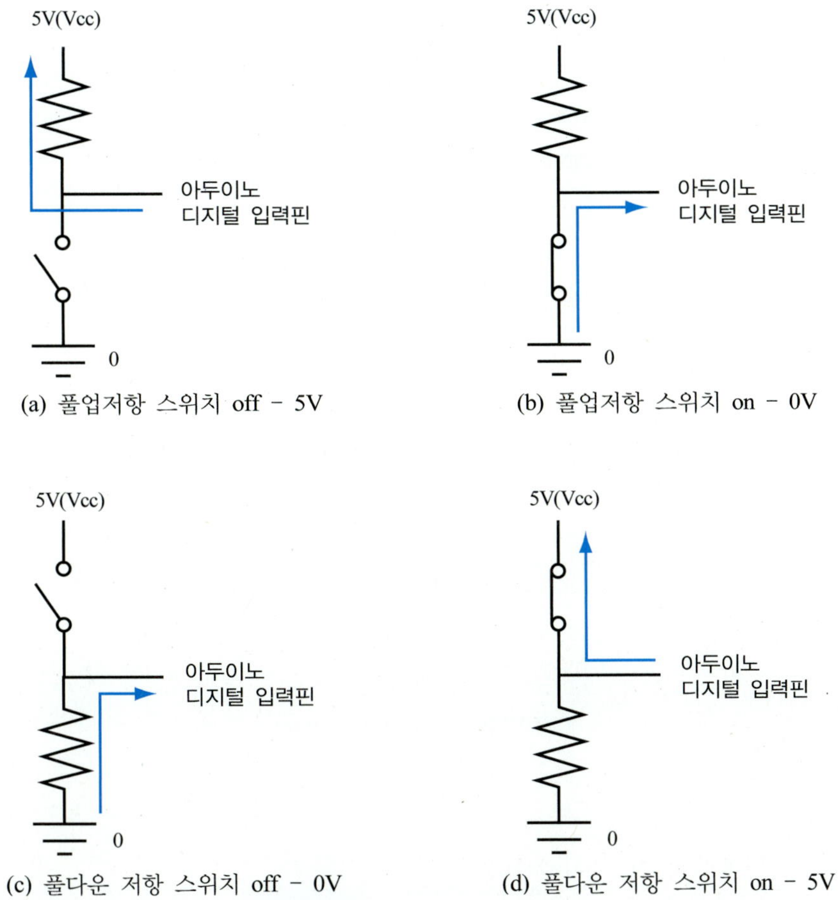

그림 59 풀업, 풀다운 저항 회로

4.2 아날로그 입출력 함수

아날로그 입출력 함수는 전압의 차이를 정밀하게 읽거나 PWM 파형을 출력할 때 유용하게 사용한다. 3D 프린터에서는 노즐의 온도와 보드의 열선 온도를 체크하는데 쓰인다.

*analogReference(type)

아날로그 입력을 위한 기준전압을 설정한다. 선택한 기준 전압 이상이 선택한 아날로그 핀에 들어오면 그 값을 최대값으로 처리하고 0V까지 단계적으로 값을 나눈다.

```
type: 다음 표의 설명을 참조하여 선택한다.
```

■ 표 6-11 type의 상수값들

type	설명
DEFAULT	아두이노 보드의 동작 전압(5V)
INTERNAL1V1	내부1.1V를 기준 전압으로 설정
INTERNAL2V56	내부 2.56V를 기준 전압으로 설정
EXTERNAL: AREF	핀에 인가된 0V~5V 사이의 전압을 기준 전압으로 설정한다. 0V~5V를 벗어나지 않도록 주의한다.

*analogRead(pin)

- pin: 핀번호
- 반환값: 0~1023 사이 정수.

```
int a = 0;      //함수 외부에서 변수를 선언하면 여러 함수에서 그 변수를 사용할 수 있다.

void setup() {
  Serial.begin(9600);
}

void loop(){
  a = analogRead(A3);   //A3번 핀에 연결된 가변저항의 값을 0~1023까지 값으로 읽어온다.
  Serial.println(a);    //그 값을 출력한다.
}
```

그림 60 아날로그 입력 프로그램

프로그램을 작성한 후 다음처럼 결선하고 가변저항을 돌려가면서 시리얼 모니터 창에 값이 0~1023까지 변화하는 것을 확인한다. analogRererence()함수에서 기준전압설정하지 않으면 5V로 설정된다. 0은 0V를 의미하고 1023은 5V를 의미한다.

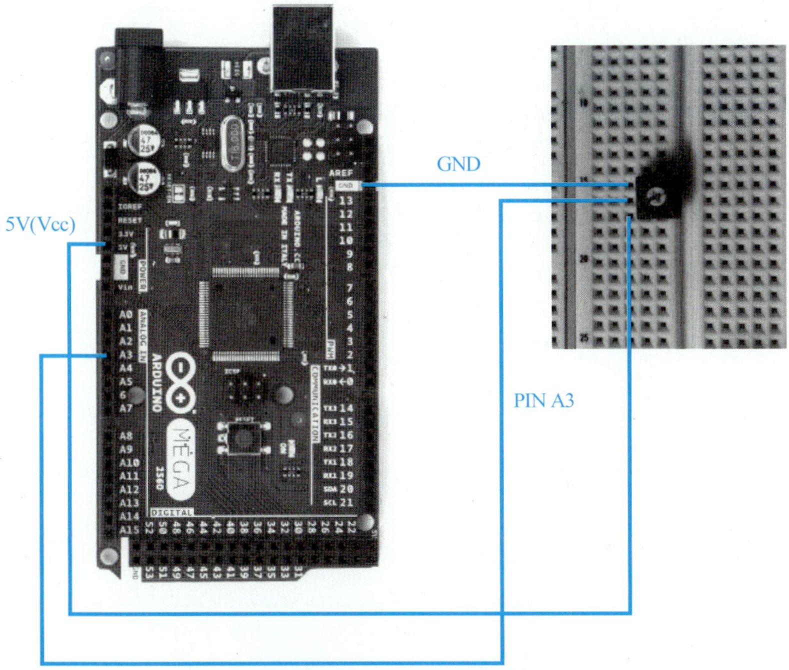

그림 61 아날로그 입력 실험

*analogWrite(pin, int value)

- pin: 핀번호
- value: 듀티비(Duty ratio), 0~255 사이의 정수

- 사이클: 1주기 동안의 파형
- 듀티비: 1사이클 동안 on(5V)과 off(0V)의 시간 비율

1사이클의 파형만을 봤을 때만 생각해보자. 0과 1이 반복되는 디지털 교류파형에서 매 사이클마다 1인 구간과 0인 구간의 비율이 다르면 전압이 걸리는 시간이 길어지고 짧아지면서 LED를 연결했다면 불빛이 세졌다가 약해졌다 조절할 수 있다. LED 불빛이 깜빡이지 않고 계속 켜져있는 것처럼 보이는 것은 빠르게(490Hz) 변하기 때문이다.

PWM(Pulse Width Modulation)은 펄스폭을 변조하여 듀티비를 조절한다.

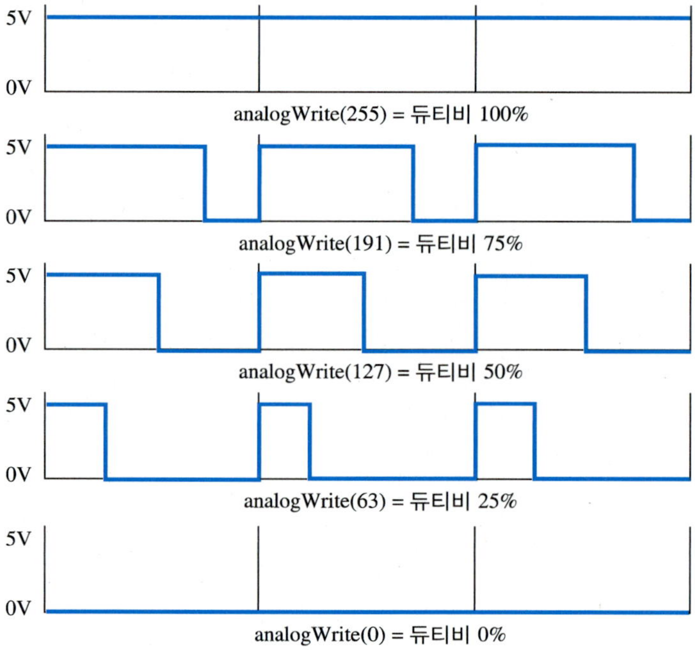

그림 62 듀티비(Duty ratio)

다음은 주파수에 관한 내용이다.

- 주기(T) : 1사이클이 나타나는데 걸리는 시간(sec)
- 주파수(F) : 1초 동안 사이클이 나타나는 횟수(Hz)

PWM신호 주파수인 490Hz는 1초에 파형이 490번 나타난다는 것이다.
주기와 주파수는 다음과 같은 역수 관계가 있다.

$$T = \frac{1}{F}, \quad F = \frac{1}{T} \tag{식7.2}$$

다음 프로그램은 analogRead()함수를 사용하여 가변저항의 전압값을 입력받고 그에 따라 PWM신호를 출력하여 3번핀과 연결된 LED의 밝기를 조절하는 프로그램이다.

```
int a = 0;                  //전역변수라고 한다. 여러함수에서 변수a를 사용할 수 있다.

void setup() {
  pinMode(3, OUTPUT);       //LED와 연결한 3번핀을 출력으로 설정
}

void loop(){
  a = analogRead(A0);       //가변저항의 전압값을 반환한다.(0~1023)
  analogWrite(3, a/4);      //0~255사이의 값으로 나타내 출력하기 위해 4로 나눈다
}
```

그림 63 PWM 출력 프로그램

a = analogRead(A0); A0핀을 통해 들어온 전압을 0(0V)~1023(5V)단계로 값을 측정하여 a에 대입한다. 5V/1024 등분했으므로 약 5mV의 전압차를 감지한다.

analogWrite()함수는 0~255 사이의 값만을 출력하므로 a/4를 하여 비율을 맞춘다. 최대값이 정확히 4배 차이가 난다.

가변저항을 돌리면 PINA0로 가변저항에 인가되는 전압을 읽고 그 값의 크기에따라 PIN3으로 PWM파형이 나오면 LED는 PWM파형의 듀티비 대로 밝기가 조절된다. 다음 회로의 5V선과 PINA0가 교차함에 주의한다.

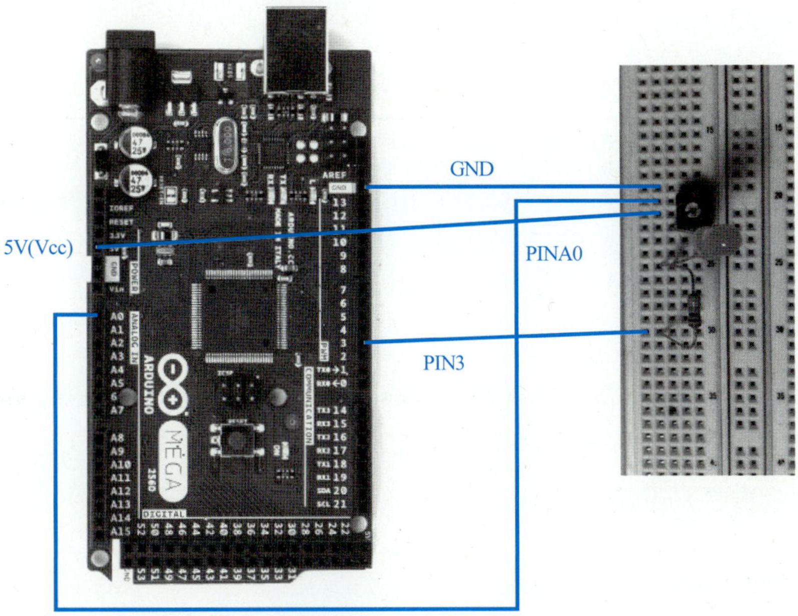

그림 64 PWM 출력 실험

4.3 시간 함수

*millis()

아두이노 보드에서 현재 실행 중인 프로그램이 시작된 이후의 경과 시간을 밀리초(ms) 단위로 반환한다. 약 50일이 지나면 다시 0이 된다. unsigned int형의 4Byte 크기의 값을 반환한다.

```
void setup() {
  Serial.begin(9600);
}

void loop() {
  unsigned long t;

  t = millis();         //프로그램을 실행 경과시간을 ms단위로 반환한 값을 t에 저장
  Serial.println(t);   //t를 출력

  delay(500);
}
```

그림 65 오른손 직교 좌표계

*micros()

아두이노 보드에서 현재 실행 중인 프로그램이 시작된 이후의 경과 시간을 마이크로초(ms) 단위로 반환한다. 약 70분이 지나면 다시 0이 된다. unsigned int형의 4Byte 크기의 값을 반환한다. 위 프로그램에서 millis()를 micros()로 수정하고 delay()값을 줄여가며 결과를 확인한다.

*delay(ms)

밀리초(ms) 단위로 지정한 시간만큼 프로그램 실행을 일시중지 시킨다. delay()함수가 수행되는 동안에는 센서의 값을 읽어들이지 못하므로 주의한다. 단, 인터럽트 발생에는 영향을 주지 않는다.

```
ms: 1000을 입력하면 1초가 된다.
```

*delayMicroseconds(us)

최대 16383마이크로초까지 지연시킬 수 있다. 3마이크로초 이상에서 정확하게 작동한다. delay()함수와 마찬가지로 센서와 함께 사용시 유의해야하고 인터럽트 발생에는 영향을 주지 않는다.

```
us: 1000을 입력하면 1ms가 된다.
```

4.4 수학 함수

수학 함수들은 다음 표로 정리하였다.

표 6-11 수학 함수들

함수	설명
min(x, y)	x, y 두 수 중에서 작은 수를 반환한다.
max(x, y)	x, y 두 수 중에서 큰 수를 반환한다.
abs(x)	x의 절대값을 반환한다.
pow(밑, 지수)	지정한 밑수와 지수로 거듭제곱을 계산하여 반환한다.
sqrt(x)	주어진 값의 제곱근을 구해준다.

다음 프로그램에서 함수의 매개변수로 값도 넣어보고 변수도 넣어보며 결과를 확인한다. 함수의 매개변수 자리에 수식을 직접 쓰는 것은 오류가 발생할 수 있다.

```
void setup() {
  Serial.begin(9600);
}

void loop(){
  float a = 3;
  float s = pow(a, 2);  //a^2를 계산해서 반환한 값을 s에 대입한다.

  Serial.println(s);

  s = sqrt(s);          //s값의 제곱근을 반환하고 다시 s에 대입한다.
  Serial.println(s);

  delay(1000);
}
```

그림 66 수학함수의 사용

4.5 삼각 함수

*sin(x), cos(x), tan(x)

x에 원하는 각도를 넣어주면 sin(), cos(), tan() 값을 알려준다.

단, 각도는 라디안 각으로 넣어줘야 한다. 원하는 각도에 PI/180을 곱해주면 라디안 각이 된다. 즉, sin30도를 구하려면 sin(30 * PI/180)으로 써야한다.

- sin(): -1과 1사이의 값을 반환
- cos(): -1과 1사이의 값을 반환
- tan(): -∞와 ∞ 사이의 값을 반환

```
void setup() {
  Serial.begin(9600);
}

void loop(){

  float x = 30;
  float s = 0;

  s = sin(x * PI/180);    //원하는 각도에 PI/180을 곱해서 라디안 각도를 입력
                          //sin값을 구해서 s에 대입한다.
  Serial.println(s);

  while(true);
}
```

그림 67 삼각함수의 사용

4.6 난수 생성 함수

*randomSeed(seed)

seed: 의사 난수의 시작 위치 결정을 위한 값.

보통은 아날로그 핀 A0에 회로가 연결되어 있지 않은 경우 analogRead(A0)의 반환값을 seed로 사용할 수 있다. 실행될 때마다 다른 임의의 난수를 발생한다. 디버깅 등 고정된 난수가 필요시 고정된 값을 입력한다.

*random(max), random(min, max)

의사 난수를 생성한다.

```
void setup() {
  Serial.begin(9600);
  randomSeed(analogRead(A0));  //A0핀에서 seed값을 얻어 매번 다른 난수 발생
}

void loop(){

   long r;
   r = random(2000);       // 0~1999까지 임의의 난수 발생
   Serial.println(r);

   r = random(10, 20);     //10~19까지 임의의 난수 발생
   Serial.println(r);

   delay(500);
}
```

그림 68 매번 다른 임의의 난수 발생

4.7 비트 설정 함수

다음 표와 같은 비트 설정 함수들이 있다.

■ 표 6-12 비트 설정 함수들

함수	설명
lowByte(x)	x값의 최하위 Byte를 반환한다.
highByte(x)	주어진 값의 두 번째 최하위 Byte를 반환한다.
bitRead(x, n)	x의 n번째 비트 값을 읽어 반환한다.
bitWrite(x, n, b)	x의 n번째 비트 값을 읽어 반환한다.
bitSet(x, n)	x의 n번째 비트를 1로 설정한다.
bitClear(x, n)	x의 n번째 비트를 0으로 설정한다.

4.8 인터럽트 함수

외부 인터럽트는 프로그램 수행 중 외부에서 어떤 신호가 발생하면 특정한 일을 수행하도록 하는 것이고 다음과 같은 함수의 매개변수 설정만으로 간단히 사용할 수 있다. 3D 프린터에서 리미트센서(스위치)를 사용하여 모듈이 작업공간을 벗어나는 것을 감지하여 위급 상황 시 작동을 정지하도록 하는데도 쓰인다.

*attachInterrupt(interrupt, function, mode)

- interrupt: 아두이노 2560은 6개의 외부인터럽트(인터럽트0, 인터럽트1, 인터럽트2, 인터럽트3, 인터럽트4, 인터럽트5)를 제공한다. 순서대로 2, 3, 21, 20, 19, 18번 핀이 이 외부 인터럽트 핀이다. 사용할 핀의 인터럽트 번호를 넣는다. 인터럽트 번호와 핀번호를 잘 구분할 줄 알아야한다.

- mode: 선택한 인터럽트 번호에 해당하는 핀에 어떤 신호가 어떻게 들어왔을 때 인터럽트를 발생할지 선택한다(다음 표를 참조).

- function: 인터럽트로 사용할 핀에 mode에서 설정한 상태의 신호가 들어오면 즉, 인터럽트가 발생하면 function에 쓴 함수로 가서 그 함수를 실행한다.

■ 표 6-13 mode값(인터럽트 발생 신호상태)

상 수	설 명
LOW	인터럽트로 설정한 핀에 LOW(0V)가 인가되면 인터럽트 발생
CHANGE	인터럽트로 설정한 핀에 전압 상태가 바뀔 때 인터럽트 발생
RISING	인터럽트로 설정한 핀에 전압이 LOW(0V)에서 HIGH(5V)로 바뀔 때
FALLING	인터럽트로 설정한 핀에 전압이 HIGH(5V)에서 LOW(0V)로 바뀔 때
HIGH	인터럽트로 설정한 핀에 HIGH(5V)가 인가되면 인터럽트 발생

다음 프로그램은 외부 인터럽트를 사용하여 텍스위치를 누를 때마다 아두이노 보드의 LED가 켜지고 꺼지고를 반전되도록 하는 프로그램이다.

```
volatile int s = LOW;   //인터럽트 발생시 실행하는 함수에서 값을 바꿔주는 변수는
                        //이곳에서(함수 밖) volatile 이라고 써주고 선언한다.
void setup() {
  pinMode(13, OUTPUT);          //아두이노 보드의 LED와 연결된 13번 핀을 출력으로 설정
  attachInterrupt(0, light, RISING); //인터럽트0(2번핀)사용,
                        //인터럽트 발생시 light()함수 실행, 0V에서 5V가 되는 순간 발생
}

void loop(){
  digitalWrite(13, s);  //13번핀에 s를 출력
}

void light(){         //인터럽트0번이 발생하면 수행하기로 한 함수
   s = !s;            //s의 값을 반전시킨다.
}
```

그림 69 오른손 직교 좌표계

volatile int s = LOW;는 함수 외부인 제일 위에 선언을 하였다. 함수의 외부에서 변수를 선언하면 여러함수에서 그 변수를 사용할 수 있다. 함수내부에서 변수를 선언하면 그 함수 내에서만 사용 가능하고 함수가 종료되면 변수는 사라진다.

attachInterrupt()의 매개변수에 RISING대신 앞서 표에 나온 다른 상수값을 대입한 후 버튼을 누르면서 차이점을 확인한다.

그림 70 인터럽트를 이용한 LED 반전

저항은 10KΩ을 사용하였다. 택스 위치는 다리가 두 개씩 연결되어 있으니 사용 시 테스터기 등으로 방향을 잘 확인해야한다.

■ 표 6-14 그 외 유용한 인터럽트 함수들

함수명	설명
detachInterrupt (interrupt)	매개변수로 인터럽트 번호만 써주면 해당 인터럽트를 제거해준다.
interrupts()	인터럽트의 발생을 허용할 때 호출한다. 인터럽트를 허용하면 인터럽트 루틴의 실행이 우선시되어 작업 순서와 시간에 영향을 줄 수 있으므로 중요한 작업 중이라면 일시적으로 금지할 수 있다.
noInterrupts()	인터럽트 발생을 금지시킬 때 호출한다. 이후에 interrupt()함수를 통해 인터럽트를 다시 허용할 수 있다.

4.9 통신(Serial) 클래스

아두이노와 컴퓨터와의 통신은 RXD(receive data), TXD(transmit data), GND(ground) 3개의 핀만 사용하여 직렬로 통신하기 때문에 serial 이라고 부른다. USART(Universal Synchronous Asynchronous Receiver Transmitter) 또는 UART라고 하며 RS-232C 프로토콜(통신규약)을 따르는 통신 방식이다.
지금까지 Serial.begin(), Serial.println(), Serial.print()를 계속 사용해와서 익숙하겠지만 좀 더 자세히 살펴보기로 한다.

▌ *.begin(보율, 환경설정)

보율(통신속도)을 설정할 수 있다. 300, 600, 1200, 2400, 4800, 9600, 14400, 19200, 28800, 38400, 57600, 115200 중 선택한다.
환경설정 초기값은 "SERIAL_8N1"이고 데이터비트8, 패리티 비트 N(없음) 정지비트는 1이라는 뜻이고 변경해서 입력하면 된다.

▌ *.print(출력값 , 형식)

출력값을 ASCII 형식으로 송신한다. 형식 매개변수는 생략할 수 있다.

- 출력값이 정수일 경우: 형식 매개변수에 BIN(2진수), OCT(8진수), DEC(10진수), HEX(16진수)중 하나를 선택하면 해당 진법으로 바꿔서 표현해준다.
- 출력값이 실수일 경우: 형식 매개변수에 소수점 자릿수를 설정해줄 수 있다. 초기값은 2이고 소수점 둘째자리까지 출력해준 것을 지금까지 예제에서 확인했을 것이다.

▌ *.println(출력값 , 형식)

print()함수와 같고 출력한 뒤 한 줄을 띈다.

▌ *serialEvent()

수신 버퍼에 데이터가 수신되면 호출하는 함수이다. serialEvent(){ 원하는 작업 } 으로 함수처럼 사용하면 수신 버퍼에 데이터가 수신될 때 원하고자 하는 작업을 할 수 있다.
다음 표와 같은 더 많은 클래스의 메서드(함수)들을 제공해준다.
메서드 앞에는 Serial과 ‘ . ’을 찍는다. Serial . available() 이런 식으로 사용한다.

■ 표 6-15 그 외 유용한 Serial클래스의 메서드들

메서드	설명
.available()	수신 데이터 버퍼에 저장된 데이터의 Byte(64Byte까지 저장)
.end()	시리얼 통신을 종료한다. 다시 시작하려면 begin()
.find()	1초동안 수신된 문자열이 있으면 true를 반환하고 없으면 false
.flush()	송신 버퍼에 있는 데이터가 전송 완료할 때까지 대기
.parseFloat()	수신 버퍼에서 첫 번째 유효한 실수를 반환. 유효한 실수가 없으면 0을 반환
.parseInt()	수신 버퍼에서 첫 번째 유효한 정수를 반환. 유효한 정수가 없으면 0을 반환
.peek()	수신 버퍼의 첫 번째 바이트 데이터를 반환 비어있으면 -1 반환.
.read()	수신 버퍼의 첫 번째 문자를 읽어 반환.
.write()	print()사용하여 이진데이터를 송신하고 송신한 바이트 수를 반환.

4.10 문자열(String) 클래스

문자열(문장)은 char형 포인터 변수와 char형 배열 그리고 String형 변수로 저장이 가능하다. 다음 프로그램은 3가지 방법으로 문자열을 저장하고 '+' 연산자를 사용해 한번에 붙여서 출력하는 프로그램이다.

```
void loop(){
  char *a = "hello";      //포인터 변수에 문자열 저장 가능

  char b[] = "Arduino";  //배열에 문자열 저장 가능

  String c = "Good";      //String 변수에 문자열 저장 가능(스케치프로그램에서 용량을 많이 차지)

  Serial.println(String(a) + String(b) + String(c)); //a, b, c에 문자열을 붙여서 한번에 출력
                                    //String()함수에 넣지 않으면 + 기호 인식 오류가 발생
  delay(500);
}
```

그림 71 문자열의 3가지 저장 방법(포인터, 배열, String()함수)

변수를 String형으로 선언하면 컴퓨터에 스케치 프로그램에서 용량을 많이 차지하지만 다음과 같은 매서드들을 사용할 수 있다.

String형 변수를 먼저 선언하고 그 변수에 '.'을 찍고 매서드들을 사용하면 된다.

■ 표 6-16 유용한 String클래스의 메서드들

메서드	설명
.charAt(값)	문자열에서 찾고 싶은 문자의 위치를 입력하면 문자를 반환(0부터)
.compareTo(문자열)	괄호안의 문자열이 동일하면 0 다르면 양수나 음수의 값을 반환.
.concat(문자열)	괄호 안의 문자열을 붙여주고 성공하면 1 실패하면 0 반환
.endsWith(문자열)	괄호 안의 문자열로 끝나면 1 실패하면 0 반환
.equals(문자열)	괄호 안의 문자열과 동일(대소분자 구분)하면 1 다르면 0 반환
.equalsIgnoreCase(문자열)	괄호 안의 문자열과 동일(대소분자 구분 안함)하면 1 다르면 0 반환
.indexOf(문자열)	괄호 안의 문자열이 존재하는 지 검사하여 첫 번째 발견된 위치를 반환 존재하지 않으면 -1을 반환
.length().	문자열의 길이를 반환
.setCharAt(값, 문자)	원하는 위치(값)에 가서 괄호 안의 문자로 바꿈
.replace(문자열a, 문자열b)	문자열a를 찾아 문자열b로 바꿈
.startsWith(문자열)	괄호안의 문자열로 시작하면 1, 아니면 0
.substring(값1, 값2)	문자열에서 값1의 위치에서 값2의 위치까지에 있는 문자열을 반환
.toInt()	문자열을 정수로 반환한다. 단 문자열은 숫자로 시작해야함
.toLowerCase()	문자열 내에 포함된 대문자를 소문자로 바꿈
.toUpperCase	문자열 내에 포함된 소문자를 대문자로 바꿈
.trim()	문자열의 시작과 끝부분에 포함된 공백문자를 제거.

4.11 라이브러리

C/C++ 언어에서는 프로그램 시작에서 헤더파일을 포함 시켜야 입출력관련이나 계산 관련 함수들을 사용할 수 있지만 아두이노에서는 헤더파일을 포함 시킬 필요없이 기본적으로 제공하며 이외 기능들을 추가적으로 사용하려면 라이브러리를 추가해야한다.

*기본 라이브러리

arduino 설치 폴더에 libraries/에 기본 라이브러리들이 있다.

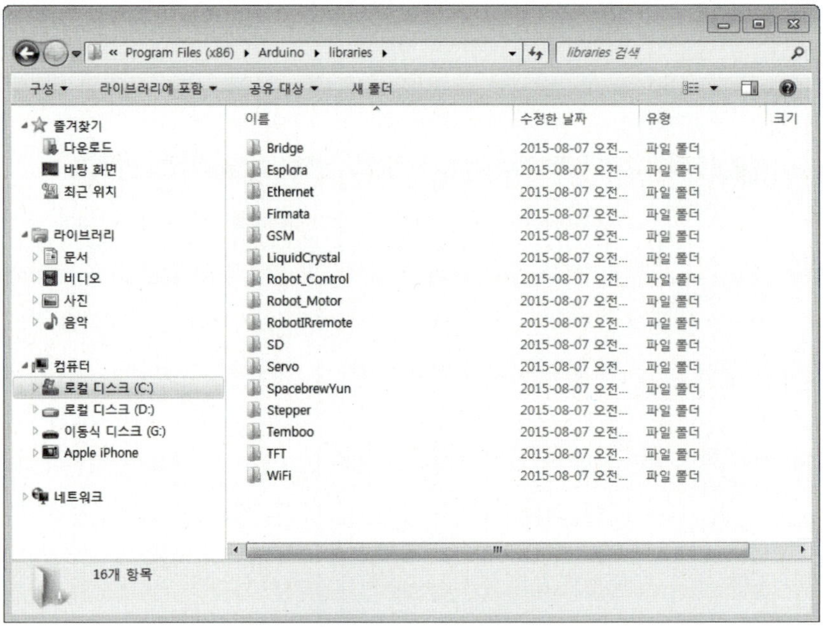

그림 72 라이브러리 폴더

아두이노 IDE에서 다음과 같이 선택하여 헤더파일로 include 시킬 수 있다.

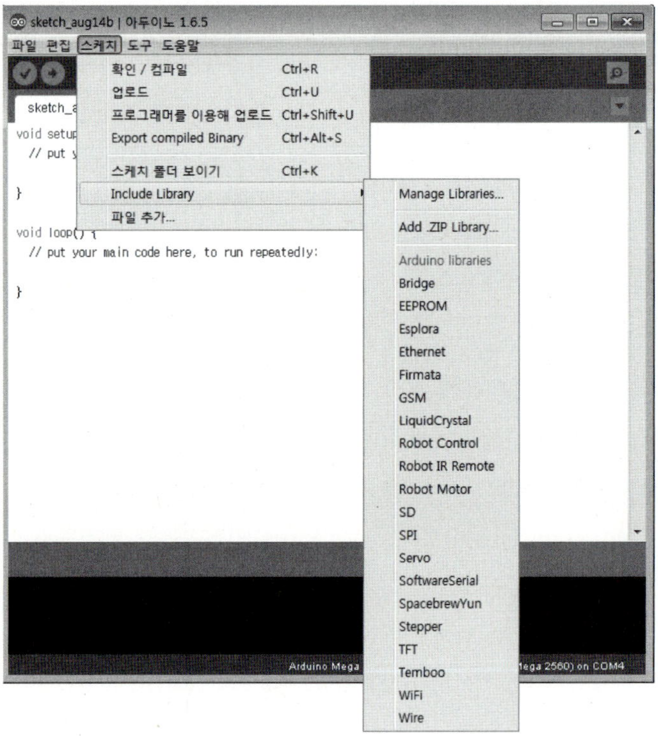

그림 73 아두이노 IDE 라이브러리

include시킨 기본 라이브러리 파일의 사용법은 아두이노 IDE의 [파일] → [예제]를 통해 알 수 있다.

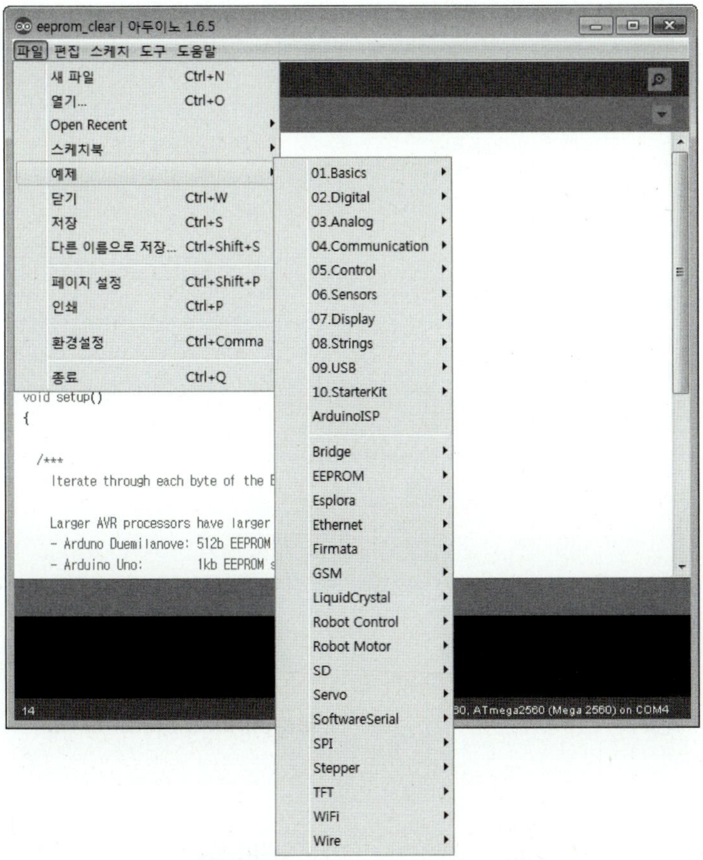

그림 74 기본 라이브러리 설명

*외부 라이브러리

기본 라이브러리 외에 외부에서 라이브러리를 다운받아 설치할 수 있다. 스케치북 디렉터리 아래 libraries디렉터리로 설정하면 그 아래에 libraries디렉터리가 자동생성 된다. 스케치북 위치는 [파일] → [환경 설정]에서 확인한다.

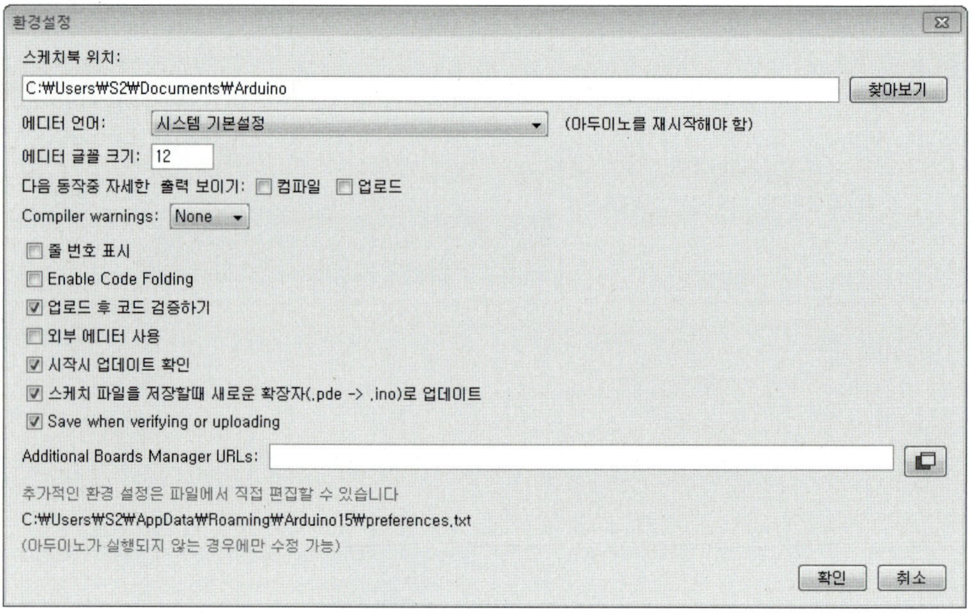

그림 75 오른손 직교 좌표계

다음 사이트에서 다양한 외부 라이브러리를 다운로드 할 수 있다.

http://playground.arduino.cc/Code

http://www.pjrc.com/teensy/td_libs.html

5 아두이노 실습

앞서 배운 디지털 입출력, 아날로그 입출력을 실제 3D 프린터에서 사용하는 센서들에 적용해보고 3D 프린터를 좀 더 이해할 수 있도록 한다.

5.1 리미트 센서(마이크로 스위치)

리미트센서나 접촉센서 또는 숫자를 세기 위해 사용하는 센서들은 디지털입력 함수를 사용하여 센서 신호를 입력받는다.

```
void setup() {
  pinMode(13, OUTPUT);  //아두이노 보드의 LED와 연결된 13번 핀을 출력으로 설정
  pinMode(2, INPUT);    //2번핀을 입력으로 설정
}

void loop() {
  int r = 0;

  r = digitalRead(2);  //2번핀으로 들어온 신호값이 HIGH인지 LOW인지 판별하여 리턴
  digitalWrite(13, r); //r이 1(HIGH)이면 13번 핀을 on 하여 LED 점등
}
```

그림 76 디지털 입출력 프로그램

다음과 같이 이전 회로에서 텍스위치 대신 리미트 스위치로 바꾸면 리미트 스위치를 물체가 누르면 13번 핀에 연결된 LED가 켜지게 된다.

그림 77 디지털 입출력 결선도

5.2 온도센서 & 근접센서

3D 프린터에 사용되는 온도 센서(서미스터), 근접센서 또는 압력센서, 적외선센서 등은 양을 측정해야하기 때문에 아날로그 입력함수를 사용하여 값을 입력받는다. 다음은 압력센서와 적외선 센서의 사진이다(온도 센서와 근접센서는 6절 참조).

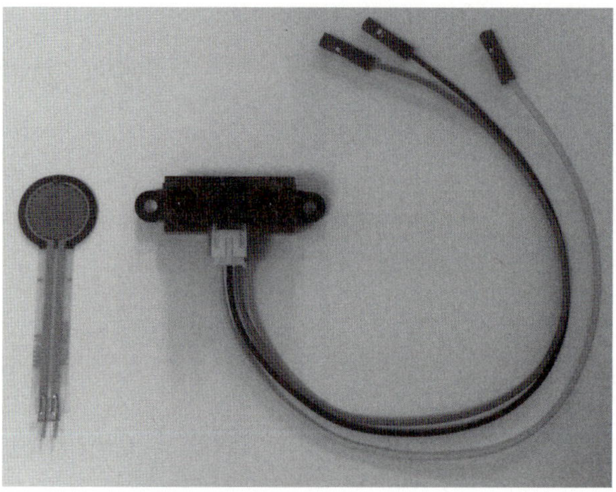

그림 78 압력 센서와 적외선 센서

다음 프로그램은 analogRead()함수를 사용하여 A3핀을 통해 디지털 신호를 입력 받아 시리얼창에 출력하는 프로그램이다.

```
int a = 0;     //함수 외부에서 변수를 선언하면 여러 함수에서 그 변수를 사용할 수 있다.

void setup() {
  Serial.begin(9600);
}

void loop(){
  a = analogRead(A3);   //A3번 핀에 연결된 가변저항의 값을 0~1023까지 값으로 읽어온다.
  Serial.println(a);   //그 값을 출력한다.
}
```

그림 79 아날로그 입력 프로그램

다음 회로에서 가변저항 대신 근접센서로 바꾸면 압력센서에 압력이 가해지는 정도에 따라 1024등분 된 양을 반환한다. 사진의 근접센서나 압력센서 등 아날로그 센서들은 대부분 선이 세 가닥이 있다. 다음 배선과 같이 5V선과 GND선 사이에 신호선이 색깔 등으로 구분되어 있으므로 같은 색끼리 연결하거나 브레드보드에 꽂으면 된다. 선이 두 가닥인 경우에는 하나는 신호선에 연결하고 다른 하나는 5V또는 GND에 연결하면 된다.

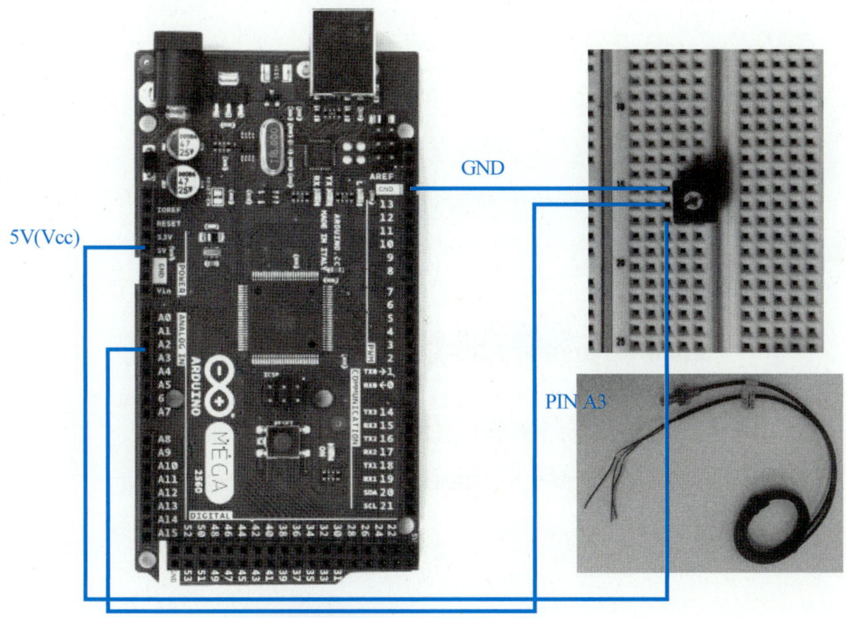

그림 80 아날로그 입력 실험

5.3 텍스트 LCD

다음 그림은 텍스트 LCD(Liquid Crystal Display)-2041의 핀 번호이다. 텍스트 LCD는 여러 가지 크기의 제품들이 있지만 핀은 총 16개로 대부분 비슷하게 구성되어 있다. 핀들은 데이터 핀, 제어 핀, 전원 관련 핀으로 나뉜다.

데이터 핀은 DB0~DB7까지 8개의 핀이 준비되어 있고 그 중 4개의 핀(DB0~DB3) 만 사용할 수도 있다. 주로 4개의 핀만을 사용하는 4bit모드로 동작시킨다.

제어핀은 RS(Register Select), R/W(Read/Write), E(Enable) 핀이 있다. 제어명령과 데이터신호는 DB핀을 사용하는데 RS핀으로 제어명령인지 데이터신호인지를 선택한다. R/W는 LCD 내부 레지스터(저장소)에 기록을 할 것인지 읽을 것인지 결정하는 핀이고 보통 기록하여 출력하는 용도로 사용하므로 GND(0)에 연결한다. E는 준비된 데이터를 LCD로 전송을 시작하기 위해 사용한다.

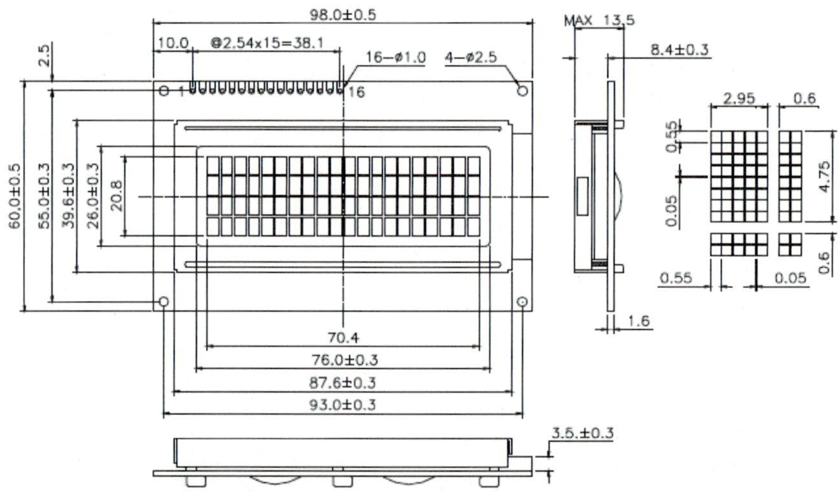

Pin No.	1	2	3	4	5	6	7	8	9	10	11	12	13	14	15	16
Symbol	VSS	VDD	Vo	RS	R/W	E	DB0	DB1	DB2	DB3	DB4	DB5	DB6	DB7	LEDA	LEDK

그림 81 LCD 2041의 핀번호

아두이노는 이런 제어핀들의 복잡한 사용 순서 등과 같은 프로그램이 필요 없고 LiquidCrystal라이브러리를 추가하여 다음과 같이 멤버함수들을 사용하므로 간편하게 텍스트 LCD에 문자를 출력할 수 있다.

```
#include <LiquidCrystal.h>    //LiquidCrystal 라이브러리를 include.

LiquidCrystal a(12, 11, 5, 4, 3, 2);  //LiquidCrystal클래스로 a객체 선언
                              //RS핀, E핀, 데이터 핀 4개 설정
void setup() {
  a.begin(20,4);                  //해당 LCD의 크기 설정(가로20칸 세로4줄)
  a.print("Hello Arduino...    ");  //LCD에 문자 출력
  a.print("Hello 3D Printer...    ");  //LCD에 문자 출력
}

void loop() {   }
```

그림 82 텍스트 LCD 출력 프로그램

'a'를 LiquidCrystal 클래스로 선언하면 'a'라는 이름의 객체가 만들어진다.

객체명 . print()는 LCD에 문자를 출력해주는 매서드이다.

객체명 . LiquidCrystal(RS핀, E핀, d0, d1, d2, d3)의 각 파라미터에는 그림 7.5-6의 LCD의 해당 핀을 아두이노 보드의 어느 핀에 연결할지 설정한다.

LCD의 R/W핀은 Vss(GND)핀과 연결한다. 가변저항의 바깥쪽 두 핀은 5V(Vcc)와 GND로 연결하고 가운데 핀은 LCD의 V0(3번핀)에 연결한다. 가변저항을 돌리면 LCD의 명암이 조절된다. 그러면 다음과 같이 결선이 되고 컴파일 후 업로드하면 LCD에 문자가 출력되는 것을 확인할 수 있다.

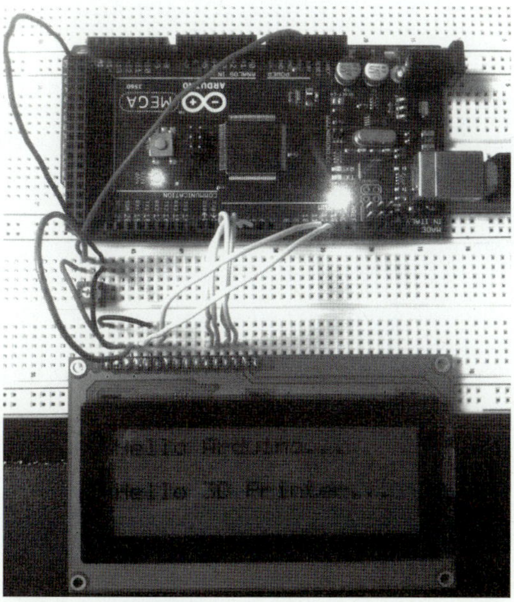

그림 83 오른손 직교 좌표계

■ 표 6-17 그 밖의 매서드

매서드	설명
.clear()	LCD의 화면을 지우고, 커서를 좌상단(0,0)에 위치
.home()	커서를 좌상단(0,0)에 위치
.setCursor(열, 행))	커서를 지정한 위치로 이동, 좌상단(0,0)이 기준
.blink()	커서를 깜빡이게 한다.
.noBlink()	깜빡이는 커서를 정지
.display()	꺼진 LCD화면을 켠다.
.noDisplay()	LCD화면을 끈다.
.scrollDisplayLeft()	문자를 왼쪽으로 한 칸 이동
.scrollDisplayRight()	문자를 오른쪽으로 한 칸 이동

loop()함수 안에 다음과 같이 작성하고 여러 가지 매서드들을 사용하여 문자가 왼쪽으로 한칸씩 스크롤되는 것을 확인한다.

```
void loop() {
  int i;                        //for문의 제어변수 i 선언.
  a.setCursor(0,1);             //LCD에 문자를 표시할 위치 설정(열, 행)
  a.print("Hello 3D Printer");  //LCD에 문자열을 출력한다.
  delay(1000);                  //1초 대기.

  for(i=1; i<=20; i++){         //for문을 반복할 때마다 i가 1부터 20이 될때까지 i를1씩 증가.
    a.scrollDisplayLeft();      //문자를 왼쪽으로 한칸 이동.
    delay(500);                 //0.5초 대기.
  }

 a.clear();                     //화면을 지운다.
}
```

그림 84 LCD문자 이동 프로그램

5.4 스텝 모터

스텝모터는 코일이 감긴 스테이터와 회전하는 로테이터 그리고 베어링과 커버 등으로 구성되어있다.

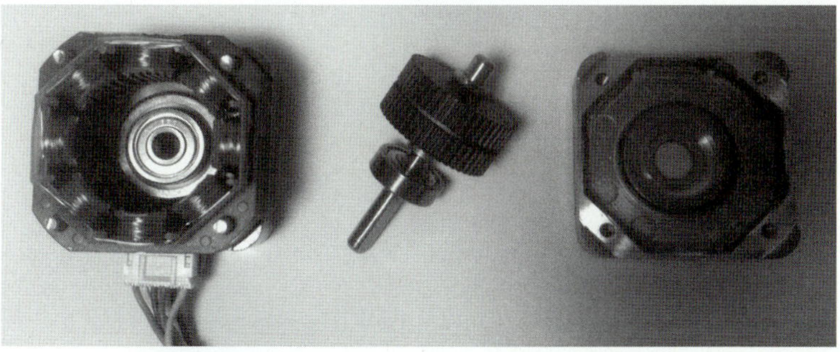

그림 85 스텝모터의 구성(스테이터, 로터, 커버)

스텝모터는 일반적으로 선이 6줄 있으며 3줄씩 나눠서 각각 가운데 가닥이 중성점이다. 구동 방식에는 유니폴라 방식과 바이폴라방식이 있는데 3D 프린터에는 주로 바이폴라 방식이 많이 쓰인다. 바이폴라방식은 중성점을 사용하지 않으므로 4가닥만 사용한다.

그림 86 모터 드라이버(a4988)

스텝모터를 아두이노 보드의 디지털 입출력 핀에 바로 꽂아 사용하면 전력이 충분하지 않아 구동기로 사용할 수는 없다. 따라서 아두이노 보드의 입출력 핀을 신호선으로 사용하고 그 신호에 따라 대전력을 공급해줄 수 있는 모터 드라이버를 사용한다. 3D 프린터에는 크기가 작고 1.5A까지 공급해줄 수 있는 a4988 모터 드라이버를 사용한다. 뒤에 예제는 간단히 스텝모터의 구동을 확인할 수 있도록 아두이노 보드에 바로 연결하여 실험한다.

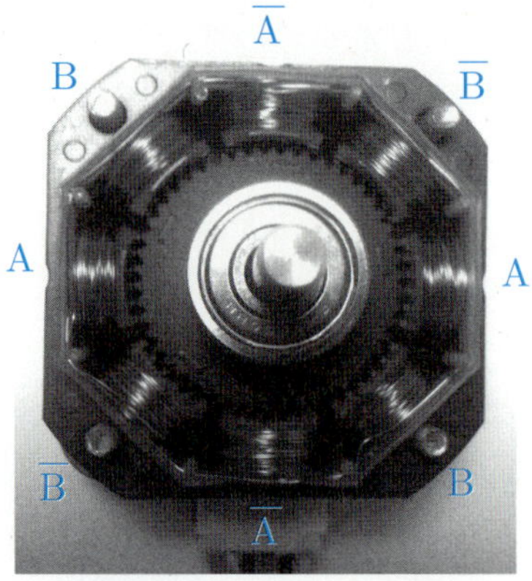

그림 87 스텝모터 구동 원리

위 사진은 스텝모터 내부의 모습이다. 가운데 회전자와 코일이 감긴 스테이터에 톱니 모양을 유심히 관찰하면 스텝모터의 구동 원리를 잘 이해할 수 있다. 8개의 코일 뭉치가 보이는데 먼저 좌우에 A뭉치의 톱니를 살펴보면 회전자와 톱니모양이 아주 가깝게 마주보고 있다. 반대로 위아래 $\overline{A}$의 톱니 모양은 회전자와 서로 엇갈려 있다. A는 회전자를 강하게 잡아당길 것이고 $\overline{A}$는 밀어낼 것이다.

바꿔 말하면 회전자의 극성과 반대의 극성을 A코일에 인가하면 위 사진과 같이 가까이 마주보게 된다. 그리고 B, $\overline{B}$코일은 전기를 인가하지 않고 톱니가 어중간하게 마주하고 있는 상태가 된다.

이 때, B, $\overline{B}$코일에 전기를 인가하면 B, $\overline{B}$코일의 톱니가 살짝 움직이며 회전자 톱니와 마주보게 될 것이다. 이렇게 순차적으로 코일에 전기를 바꿔주며 조금씩 움직이게 만드는 것이다.

이렇게 살짝 움직이는 각도를 스텝이라고 한다. 한바퀴(360°)를 도는데 최대 200스텝(200 / 360° = 1.8°)의 정밀도로 회전자를 위치시킬 수 있다.

다음 프로그램으로 스텝모터의 정역회전과 시리얼 모니터에 상태를 출력하는 실험을 해본다.

```
#include <Stepper.h>

const int r = 200;    //1회전당 스텝수, 최대 200
Stepper a(r, 2, 3, 4, 5);    //a객체 선언. 스텝수와 모터를 연결한 핀번호 설정

void setup() {
  Serial.begin(9600);
}

void loop() {
  a.setSpeed(120);        //탈조가 나지않는 범위 내에서 속도설정
  Serial.println("clockwise");   //시리얼 모니터에 문자열 출력
  a.step(r);                    //몇 스텝을 돌릴 것인지 설정
  delay(500);

  Serial.println("counterclockwise");   //시리얼 모니터에 문자열 출력

  a.step(-r);                   //몇 스텝을 돌릴 것인지 설정 -값은 반대방향
  delay(500);

}
```

그림 88 스텝모터 정역회전 프로그램

역시 스케치 메뉴에 "Include Library"에서 stepper을 선택하여 편리한 스텝모터 관련 내장함수들을 사용한다.

다음과 같이 스텝모터의 중성선을 제외한 4개의 선을 순서대로 아두이노 보드의 2, 3, 4, 5번 핀에 연결한다. 순서를 반대로 하면 스텝모터의 정역방향이 반대가 된다. 순서가 맞지 않으면 스텝모터는 돌지 않으므로 순서대로 바르게 연결한다.

그림 89 스텝모터의 정역회전

시리얼 모니터 화면도 확인하며 "clockwise", "counterclockwise" 문자열이 잘 출력되는지 확인한다. .setspeed() 값을 낮춰서 속도를 줄여보고 “r = 200”을 낮추면 부드럽게 돌지 않고 떨림이 발생하는 것을 확인한다.

다음 프로그램은 아날로그 핀으로 들어온 입력값에 따라 스텝모터의 속도가 변하게 하는 프로그램이다.

```
#include <Stepper.h>

const int r = 200;
Stepper myStepper(r, 2, 3, 4, 5);  //myStepper객체 선언. 1회전당 스텝수와
                                   //스텝모터를 연결할 핀 설정.
void setup() {
}

void loop() {
  int a = analogRead(A0);          //A0핀에 들어오는 값을 읽어서 a에 저장.
  int s = map(a, 0, 1023, 0, 120); //저장된 a값의 범위(0~1023)를 0~120까지 범위로
                                   //매핑하여 s에 저장.
  if (s > 0) {                     //입력값이 있으면
    myStepper.setSpeed(s);         //매핑된 s값인 0~120까지 속도가 변함
    myStepper.step(1);             //한스텝만 회전. 즉, 매 스텝마다 전체 반복.
  }
}
```

그림 90 아날로그 입력에 해당하는 속도로 회전

.setSpeed() 매서드를 사용하여 속도를 변경할 수 있다.

.step() 매서드를 사용하여 한스텝(200 / 360° = 1.8°) 이동한다. if문과 같이 쓰였으므로 s(센서입력)값이 있으면(s>0) 한스텝 이동하며 회전하고, 계속 loop()함수를 실행한다.

아날로그 입력값은 0~1023까지 나오고, 모터의 속도값은 대략 0~120이다. 따라서 아날로그 입력값을 모터의 속도값으로 사용하려면 스케일을 변경해야하는데 map()함수를 사용하여 매핑(스케일 변경)해준다.

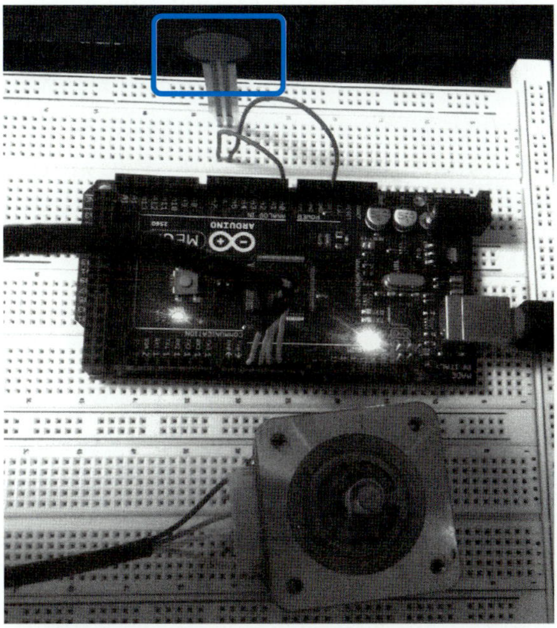

그림 91 아날로그 입력에 해당하는 속도로 회전

위에 빨간 표시가 압력센서다. 압력센서를 누르며 스텝모터의 속도가 변하는 것을 확인한다.

압력센서는 선이 두 개고 하나는 5V에 하나는 A0핀에 연결하면 된다.

압력센서 대신에 가변저항을 사용하려면 가변저항 양쪽 핀에 5V(Vcc)와 GND를 연결하고 가운데 핀을 A0에 연결하면 된다.

6 전원부

전원 공급장치는 SMPS 12V(볼트), 200W(와트)출력을 사용하며 17A(암페어)전류가 흐르게 되고 장시간 사용하므로 접지배선은 필수사항이고 극성에 유의해서 연결해야 한다. 다음은 전원부(SMPS:Switching Mode Power Supply)의 배선연결이다.

그림 92 220V 전원 , 12V 전원 배선연결

다음 그림과 같이 정확히 배선한다.

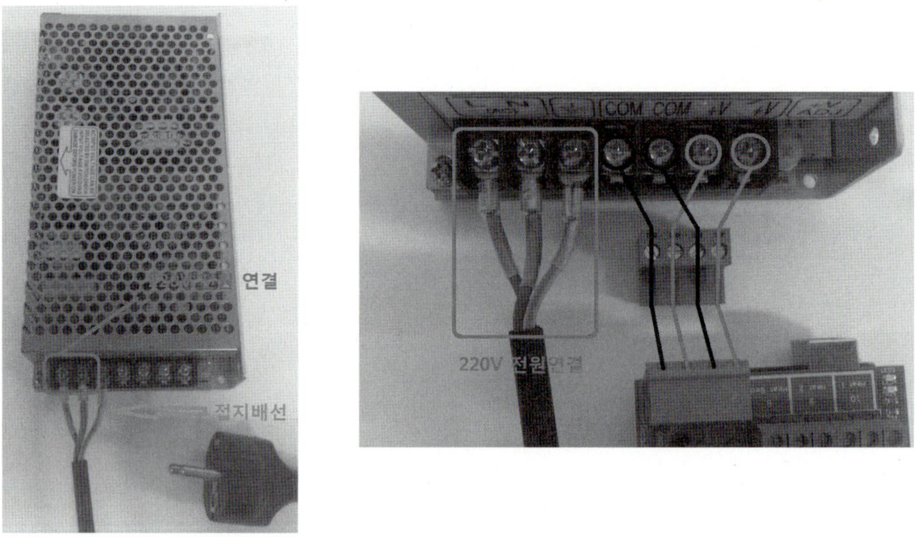

(a) 220V 전원연결　　(b) RAMPS 1.4 12V 배선연결

그림 93 전원부 배선 연결

다음은 제어부의 마더보드인 RAMPS 1.4의 배선연결 회로도이다.

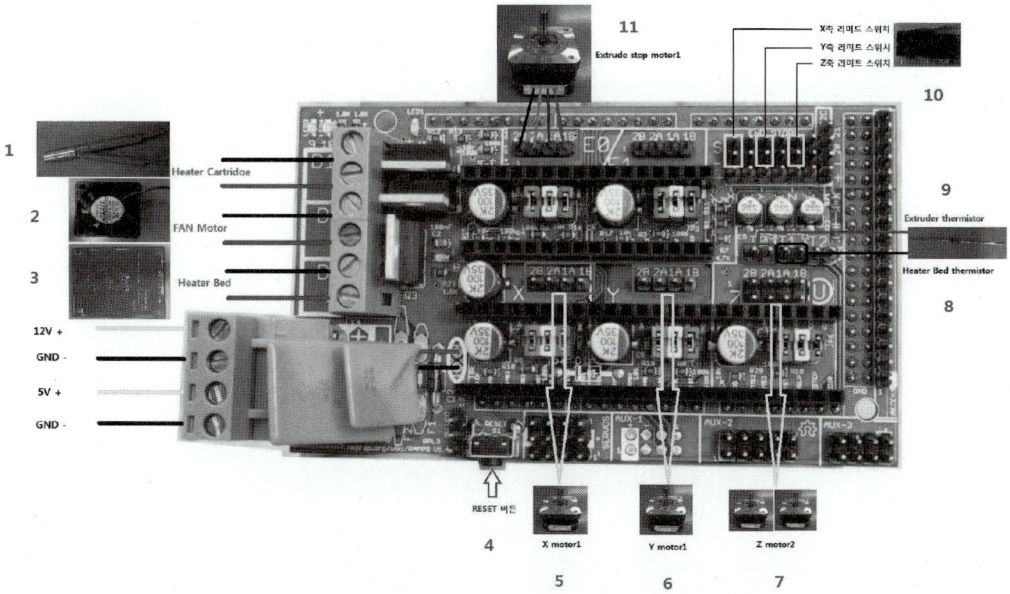

그림 94 RAMPS 1.4 배선연결

1. 카트리지 히터-D10 12V연결(극성없음)
2. 팬모터-D9 12V DC12V 팬모터 제어보드 냉각시켜줌
3. 히터베드-D8 12V 출력판에 열전도시키는 장치로 LED부착시에는 극성에 유의
4. 리셋버튼-오류발생시 리셋버튼사용
5. X축 모터드라이버
6. Y축 모터드라이버
7. Z축 모터드라이버
8. 압출기 온도센서-히터블럭과 노즐부에 연결하여 온도체크
9. 출력판 온도센서-히터베드 중앙에 위치시켜 온도체크
10. XYZ 리미트스위치-원점을 기준으로 시작시점을 지정
11. 압출기 모터드라이버-가변저항이 장착되어 전류량을 조절가능

7 3D 프린터의 설정 및 구동

3D 프린터의 firmware 프로그램(Marlin)을 다운로드 하여 하드웨어적인 설정을 하고 응용프로그램인 "프린트런"을 통해 3D 프린터를 실제 구동하여 본다.

7.1 구동 순서

3D 프린터의 기구부와 장치들을 완성하였으면 만들어진 3D 프린터를 구동해야한다. 오픈 소스인 Marlin 프로그램을 통해 노즐의 개수와 마더보드 온도센서 스텝모터 등 초기 3D 프린터의 하드웨어적인 설정(configuration)을 해준다. 설정을 하고 컴파일하고 3D 프린터의 제어부인 아두이노 보드에 업로드한다.
그리고 컴퓨터에 "프린트런" 프로그램을 설치하고 연결된 아두이노 보드에 명령을 주거나 상태를 확인할 수 있다.
다음은 3D 프린터와 사용자 컴퓨터 간의 하드웨어와 소프트웨어의 관계를 나타낸 것이다.

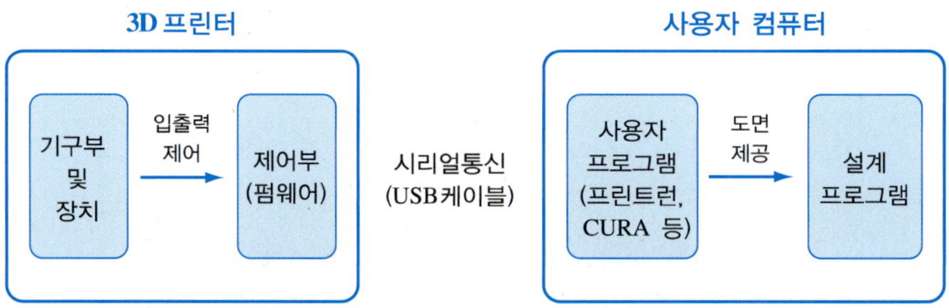

그림 95 3D 프린터와 사용자 컴퓨터 사이 하드웨어 및 소프트웨어 관계

7.2 firmware

Firmware란 3D 프린터와 같은 어떠한 제품들에 업로드 되는 프로그램들을 총칭한다.
3D 프린터 Firmware 프로그램인 "Marlin"은 다음 사이트에서 다운로드할 수 있다.
https://github.com/MarlinFirmware/Marlin

우측 아래 "DownLoad ZIP" 버튼 클릭한다.

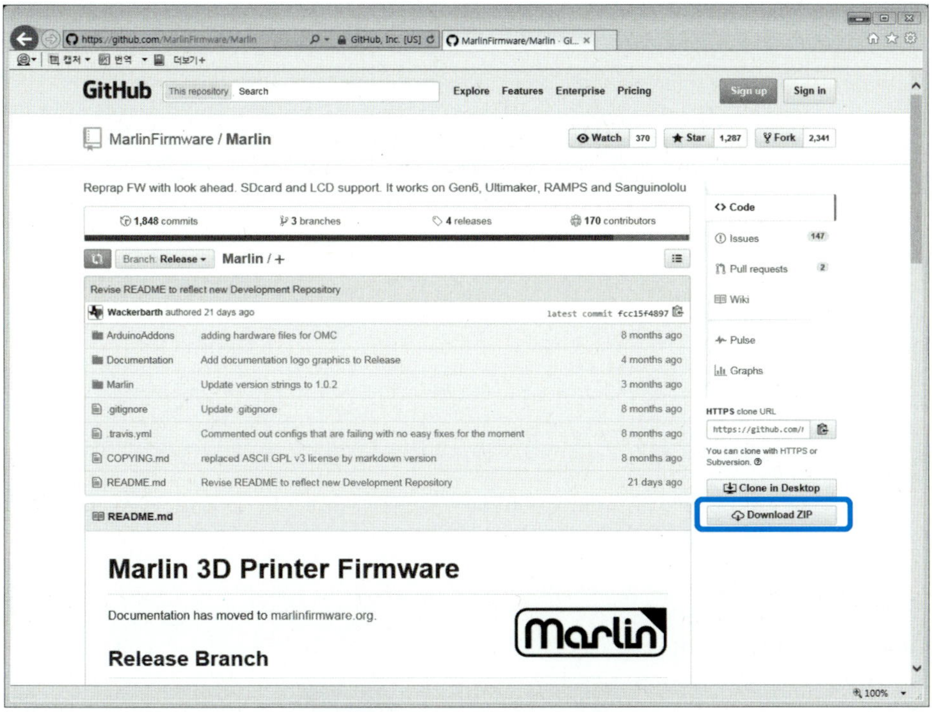

그림 96 펌웨어(Marlin) 다운로드

다운받은 후 압축을 풀고 생성된 폴더에 "Marlin" 폴더로 들어가서 연두색 아이콘의 "Marlin.ini"를 실행시키면 다음과 같은 화면이 아두이노 IDE를 통해 나타난다.

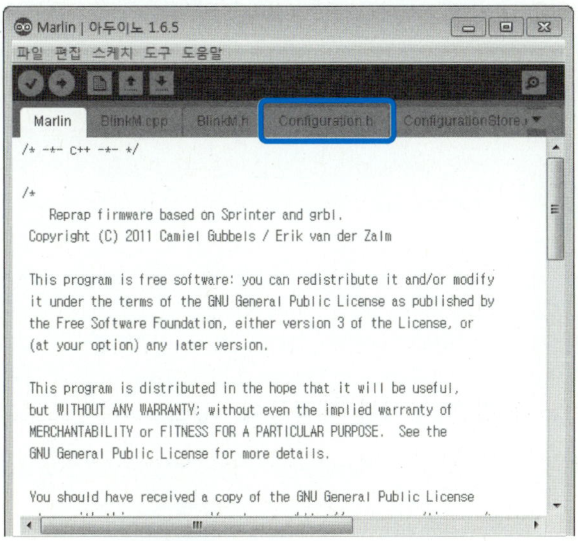

그림 97 펌웨어(Marlin) 실행화면

그 다음 Configuration.h 탭을 선택하면 다음과 같은 프로그램이 나타나고 여기서 다양한 3D 프린터의 하드웨어에 관련된 환경설정들을 해주게 된다.

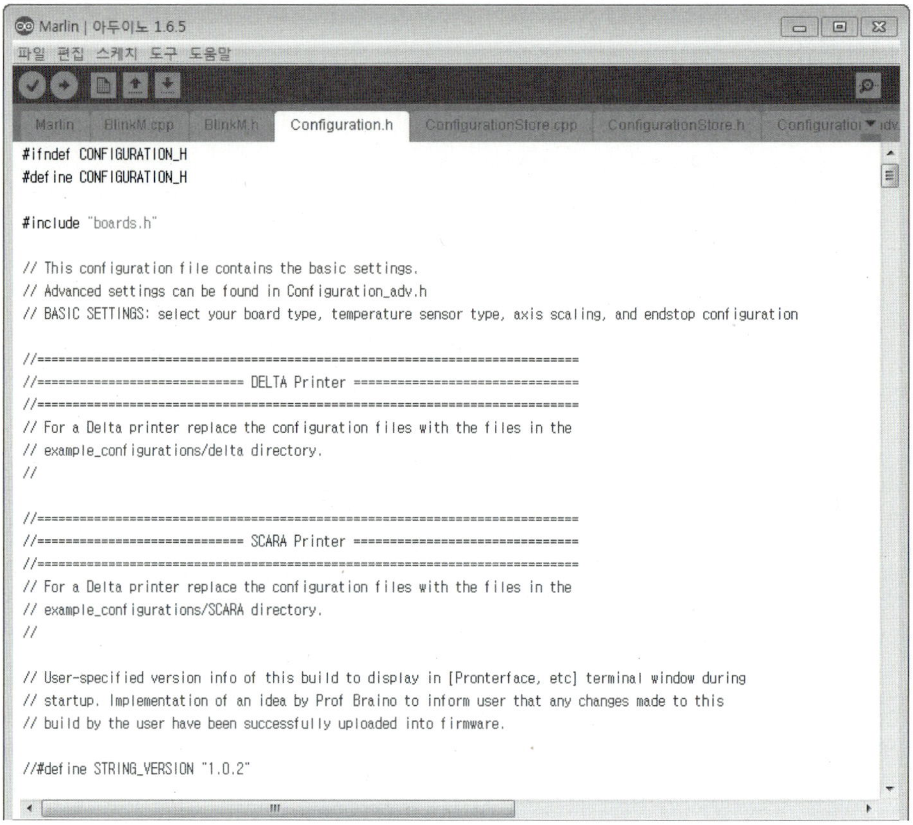

그림 98 펌웨어(Marlin) 환경설정

제일 처음 설정해줘야 할 것은 환경을 설정한 사람의 이름이다. 오픈 소스이기 때문에 프로그램을 공유하면서 혼란을 방지하기 위해 다음 그림의 코드부분에 각자의 이름과 날짜를 기입한다.

```
#define STRING_VERSION_CONFIG_H __DATE__ "2015_08_23 " __TIME__ // build date and time
#define STRING_CONFIG_H_AUTHOR "(홍길동, default config)" // Who made the changes.
```

그림 99 프로그램 작성일자 및 작성자 기입

다음은 통신 포트와 보레이트(통신속도)를 설정해준다. 아두이노 IDE의 도구 메뉴에 통신포트와 같게 설정하고 보레이트는 프린트런 프로그램과 동일하게 맞춰준다. 일반적으로 115200으로 설정한다.

```
#define SERIAL_PORT 3

#define BAUDRATE 115200
```

그림 100 시리얼포트 및 보레이트 설정

다음은 3D 프린터에 사용될 마더보드를 선택해준다. 다음 그림은 아두이노 메가 2560과 함께 일반적으로 사용되는 RAMPS 1.4 마더보드의 사진이다.

그림 101 마더보드(RAMPS 1.4)

다음 네모칸을 33으로 설정한다(Extruder, Fan, Bed를 사용).

```
#ifndef MOTHERBOARD
  #define MOTHERBOARD BOARD_ULTIMAKER
#endif
```

그림 102 마더보드 설정

다른 마더보드를 사용한다면 다음 사진과 같이 텝 가장 우측 역삼각형 버튼을 누르고 board.h 파일을 선택한 뒤 해당 마더보드의 번호를 확인하고 다시 configuration.h 텝으로 돌아와서 확인한 번호를 기입한다.

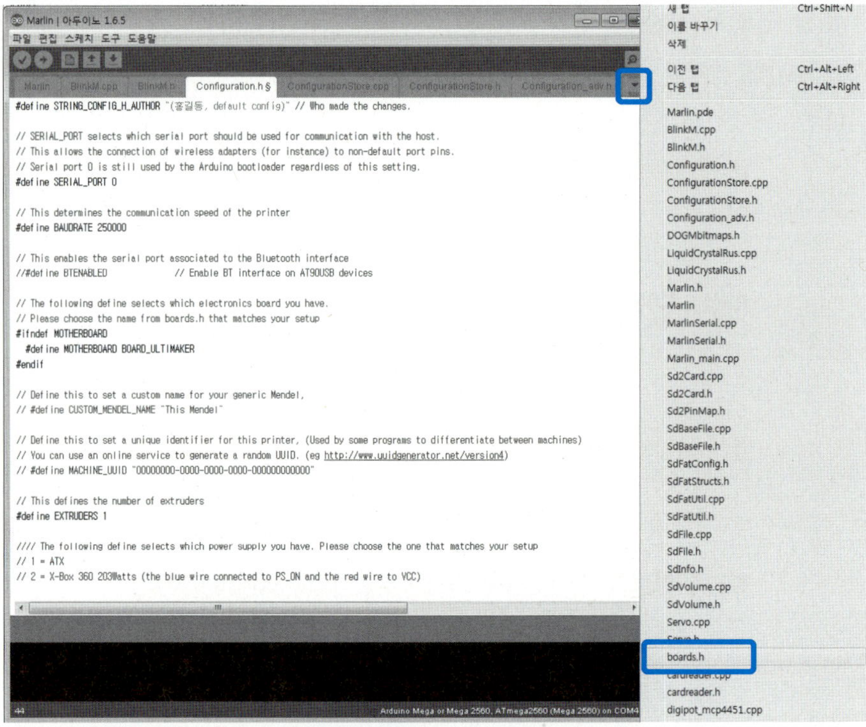

그림 103 마더보드 설정

다음은 온도센서(thermistor)의 저항값을 설정한다. 온도센서는 재료를 녹이는 노즐히터와 히팅베드의 온도를 측정하는데 사용된다. 노즐히터와 히팅베드에 하나씩 사용하므로 TEMP_SENSOR_0와 TEMP_SENSOR_BED 옆에 1을 써준다. 나머지는 사용하지 않으므로 0으로 설정

```
#define TEMP_SENSOR_0 1
#define TEMP_SENSOR_1 0
#define TEMP_SENSOR_2 0
#define TEMP_SENSOR_BED 1
```

그림 104 온도 센서(thermistor)의 설정

다음은 온도센서(thermistor)의 사진이다. 모양도 저항과 비슷하게 생겼으며 온도가 올라갈수록 저항값이 높아진다. 일반적으로 100kΩ을 사용한다.

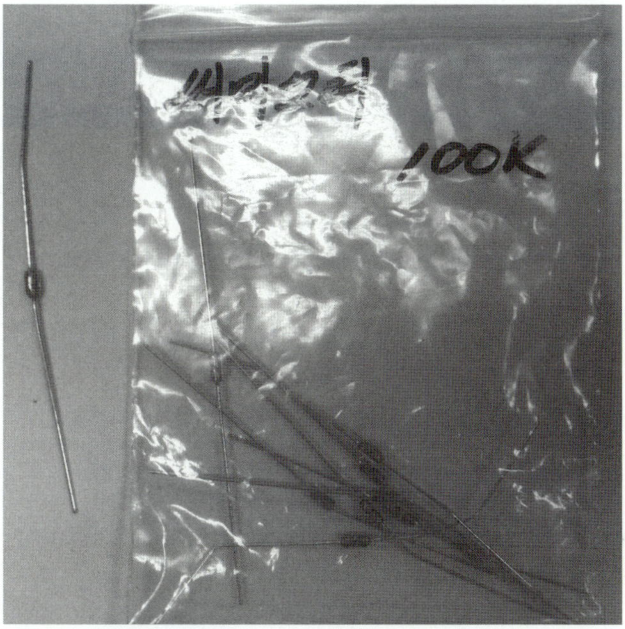

그림 105 온도센서(thermistor) 100KΩ

다음은 최대 온도 설정이다. 설정한 온도 이상으로 올라가면 히터를 차단한다. 원료에 따라 약간의 차이가 있지만 일반적으로 히터는 250도 베드는 100도로 설정한다.

```
#define HEATER_0_MAXTEMP 250
#define HEATER_1_MAXTEMP 250
#define HEATER_2_MAXTEMP 250
#define BED_MAXTEMP 100
```

그림 106 히터 최대 온도 설정

다음 항목은 헤더의 최소 온도이다. 헤더의 온도가 너무 낮아서 원료가 녹지 않으면 원료를 밀어내는 스텝모터에 무리가 가게 되므로 스텝모터의 전류를 차단한다. 일반적으로 170도로 설정한다.

```
#define EXTRUDE_MINTEMP 170
```

그림 107 히터 최저 온도 설정

다음은 엔드스탑을 설정한다. 리미트 스위치에 장치가 닿으면 홈(원점)으로 간다. 리미트 스위치는 최대 위치에 3개(x, y, z축)만 사용하므로 네무 부분을 false로 설정한다.

```
const bool X_MIN_ENDSTOP_INVERTING = false; // set to true to invert the logic of the endstop.
const bool Y_MIN_ENDSTOP_INVERTING = false; // set to true to invert the logic of the endstop.
const bool Z_MIN_ENDSTOP_INVERTING = false; // set to true to invert the logic of the endstop.
const bool X_MAX_ENDSTOP_INVERTING = true; // set to true to invert the logic of the endstop.
const bool Y_MAX_ENDSTOP_INVERTING = true; // set to true to invert the logic of the endstop.
const bool Z_MAX_ENDSTOP_INVERTING = true; // set to true to invert the logic of the endstop.
```

그림 108 엔드스탑 설정

다음은 원점으로 갈 때 최대값인지 최소값인지 설정한다. -1로 설정

```
// ENDSTOP SETTINGS:
// Sets direction of endstops when homing; 1=MAX, -1=MIN
#define X_HOME_DIR -1
#define Y_HOME_DIR -1
#define Z_HOME_DIR -1
```

그림 109 엔드스탑 방향 설정

다음은 부착된 리미트 스위치의 사진이다. 왼쪽 기구물이 리미트 스위치를 누르는 순간 동작을 멈추고 반대방향으로 후퇴 한다(X축 리미트 스위치 위치를 기준으로 X축 원점으로 복귀).

그림 110 x축 리미트 스위치 장착 모습

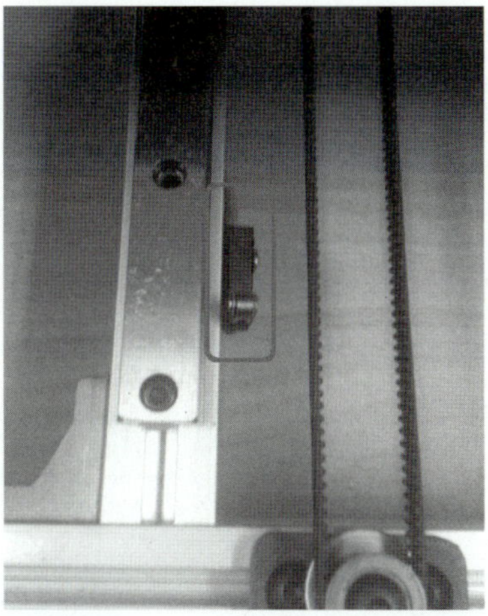

그림 111 Y축 리미트 스위치 장착 모습

Y축 원점복귀지점은 3D프린팅 출력 완성 후 전면부로 이동해야 출력물을 bed에서 제거하가 쉽다.

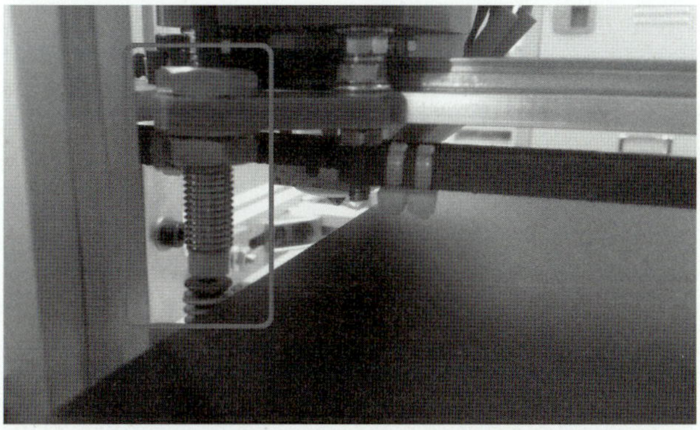

그림 112 Z축 리미트 스위치 장착 모습

Z축 리미트 스위치의 경우 후면부에 장착되며 근접센서 사양에 따라 금속과의 거리는 1~5mm정도로 다양하고 근접센서 ϕ8~15를 주로사용하며, 지름이 클수록 정밀도가 높다(ϕ8근접센서는 근접거리 2mm로 지정되어 있다).

```
#define X_PROBE_OFFSET_FROM_EXTRUDER 0
#define Y_PROBE_OFFSET_FROM_EXTRUDER -48
#define Z_PROBE_OFFSET_FROM_EXTRUDER -1.2
```

그림 113 프로그램 작성일자 및 작성자 기입

X PROBE는 Nozzle과 동일선상에 위치하기 때문에 0으로 설정한다.

Y PROBE는 Nozzle이 고정된 위치에서 후면부에 장착되어 -(마이너스)값으로 설정하며 Nozzle을 기준으로 전면부로 돌출되었을 경우 +(플러스)값을 설정하면 된다.

Z PROBE는 근접센서의 금속과의 근접거리(사양에 따라 변동됨) 2mm지점을 측정하고 -1.2mm를 상승시켜서 Nozzle과 근접센서의 거리는 3.2mm가 된다(아래 사진 참조).

그림 114 Z축 근접센서

```
#define LEFT_PROBE_BED_POSITION 50
#define RIGHT_PROBE_BED_POSITION 200
#define BACK_PROBE_BED_POSITION 230
#define FRONT_PROBE_BED_POSITION 30
```

그림 115 근접센서 4지점 위치설정

근접센서 부착지점을 고려해서 근접센서로 측정할 위치를 지정한다.

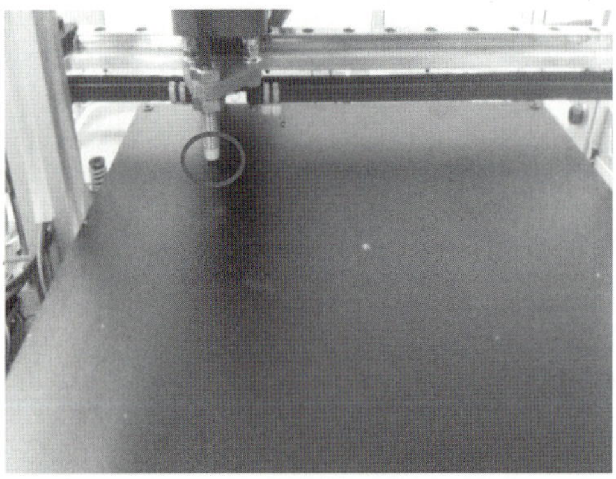

(a) 원점

(b) y축 이동

(c) x, y축 이동

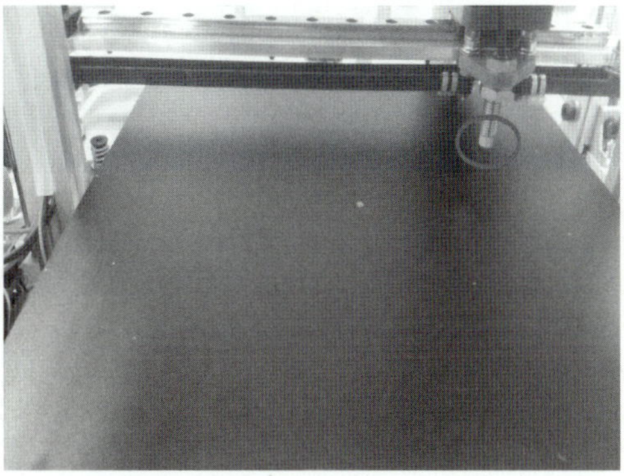

(d) x축 이동

그림 116 근접센서 측정위치 지정

다음 항목은 원점 복귀시 속도를 지정하는 부분이다. G28(G_code)에 해당된다.

```
#define NUM_AXIS 4 // The axis order in all axis related arrays is X, Y, Z, E
#define HOMING_FEEDRATE {50*40, 50*40, 4*35, 0} // set the homing speeds (mm/min)
```

그림 117 원점복귀 속도지정

빨간색 체크한 부분은 순차적으로 X, Y, Z, E 순서로 mm/min 분당 이동거리를 의미하고 X, Y축은 2000rpm으로 원점복귀하며 Z축은 140rpm으로 복귀하며, 원점복위 속도가 고속일 경우 리미트 스위치를 강하게 접촉하게 되어 스위치 고장의 원인이 된다.
구동부 스텝모터에 pulse당 이동거리(mm)를 지정하는 부분이다.

```
#define DEFAULT_AXIS_STEPS_PER_UNIT   {80,80,2560,92,5992}
#define DEFAULT_MAX_FEEDRATE          {500, 500, 5, 25}
#define DEFAULT_MAX_ACCELERATION      {9000,9000,100,10000}
```

그림 118 구동모터 step 설정방법

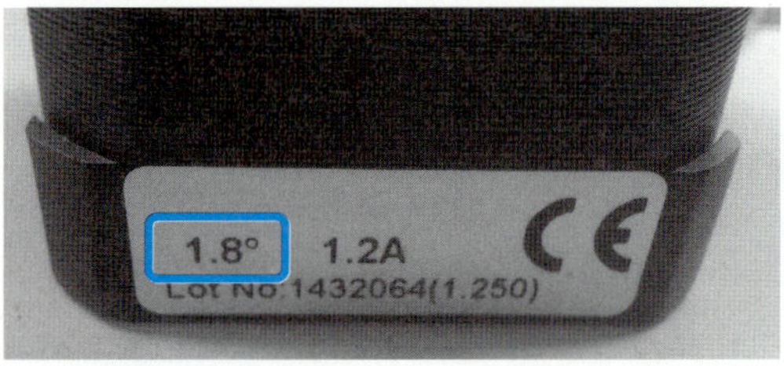

그림 119 NEMA17 스텝모터 1.8˚

1회전당 360˚÷1.8˚ = 200pulse, Micro Step: 1/16

그림 120 pulley , belt

X, Y축 구동부 timing belt와 pulley를 이용하여 회전하는 pulse에 따라 이동거리를 지정하게 되며, 사용되는 pulley는 pitch 2mm, teeth 20ea 한바퀴를 회전시 40mm를 이동하게 되며, 사용되는 모터는 1회전에 200pulse의 신호를 주어야하며 200÷40mm=5 steps/mm가 된다(5*16=80 X, Y 동일하게 설정).

그림 121 M8 1.25pitch

Z축 구동부 전산나사, TM나사를 사용하며 1회전당 pitch 거리를 계산한다. 1회전시 1.25mm를 이동하며 200 ÷ 1.25 = 160steps/mm가 된다(160*16=2560).

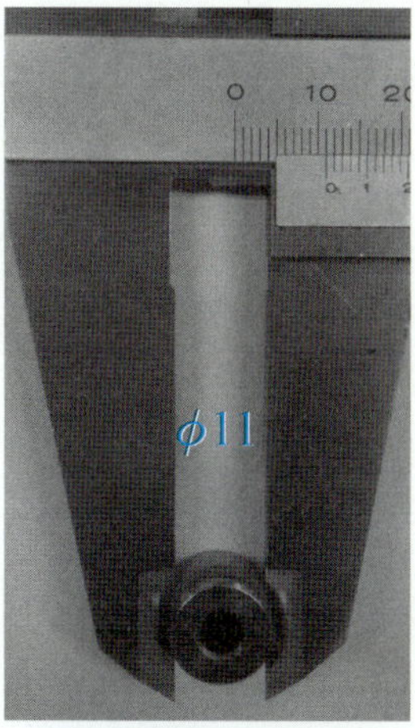

그림 122 압출기어

Extruder Gear ϕ11을 사용하며 한바퀴의 원주율를 구하는 공식(지름*π)은 11 * π= 34.5575이며 200 ÷ 34.5575 = 5.7874 steps/mm가 된다(5.7874*16=92.5992).

> ※ 위 내용은 사용하는 부품에 따라 변동되고, 모터드라이버에 pulse값에 따라 수치값을 변경해야한다.

8 프린트런(PrintRun) 프로그램

프린트런의 사용은 간단하다. 다음은 PrintRun연결 및 사용방법이다.

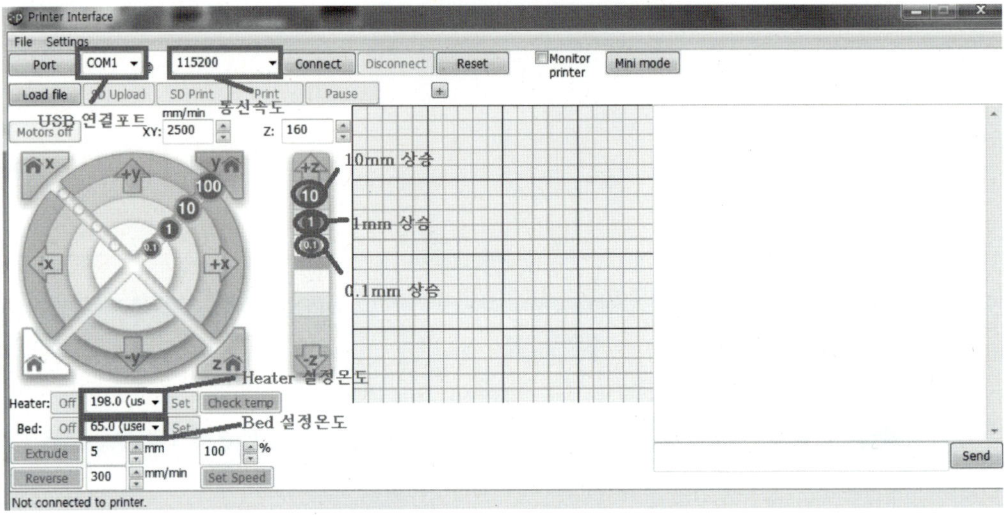

그림 123 프린트런 프로그램 조작부

- Connect: 컴퓨터와 프린터 연결(Cura 프로그램 실행 시 자동연결, error발생 시 포트를 확인)
- Print: 출력 시작
- Pause: 출력 멈춤(구동만 멈추고 히터온도, Fan사용 유무 그대로 유지됨)
- Cancel print: 출력 중지
- Temp: Cura 설정값으로 작동하나 수동으로 조작 가능(일정온도 변화 확인가능)

Jog탭을 이용하여 리미트 스위치를 기준으로 원점으로부터 0.1~100mm 이동하여 이동거리를 체크할 수 있다.

Chapter 07

익스트루더 설계 제작

1 개요

FDM type의 3D Printer에서 가장 눈에 띄는 부품이 프린팅이 되는 헤드의 Extruder 부분이다. 익스트루더는 보통 사출용 장비에 사용되던 용어이다. 3D 프린터가 생기면서 이 분야에서는 부품의 이름으로 이용되고 있다. 익스트루더는 노즐의 갯수에 따라 싱글, 듀얼, 트리플로 구분되고 있다. 3D 프린터에서 익스트루더는 필라멘트 소재를 압출하는데 매우 중요한 역할을 하는 요소이다. 소재 공급을 안정적으로 출력되도록 하는 기능을 주로하는 장치이다.

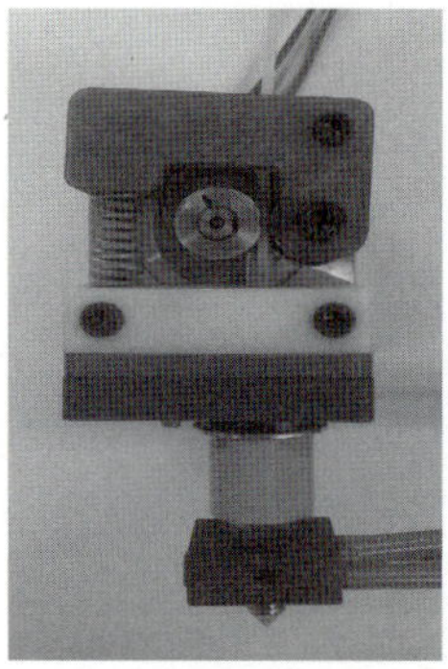

(a) 싱글 익스트루더(직결식)

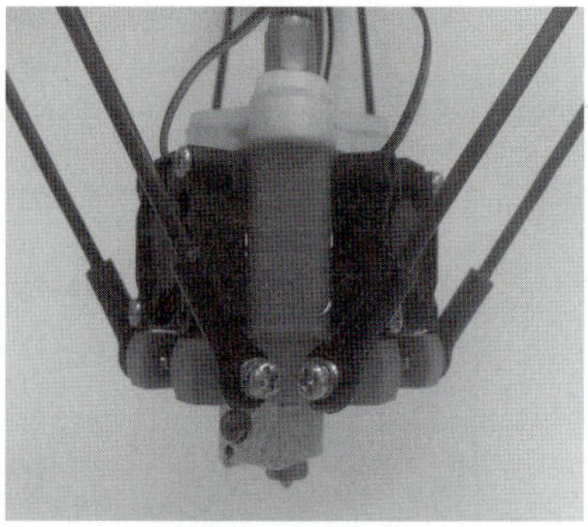

(b) 싱글 익스트루더(델타형 병렬구조)

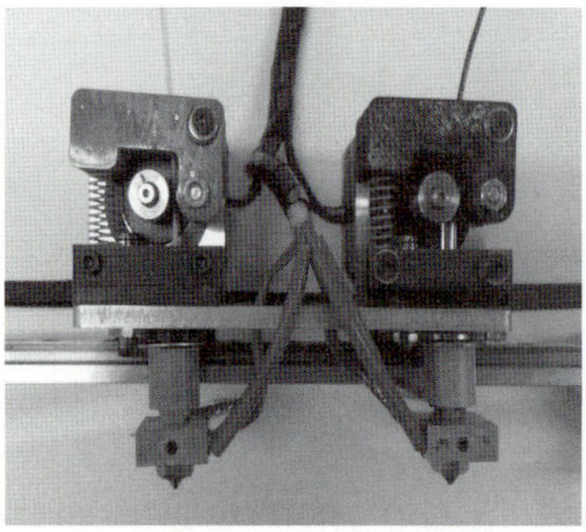

(c) 듀얼 익스트루더(직결식)

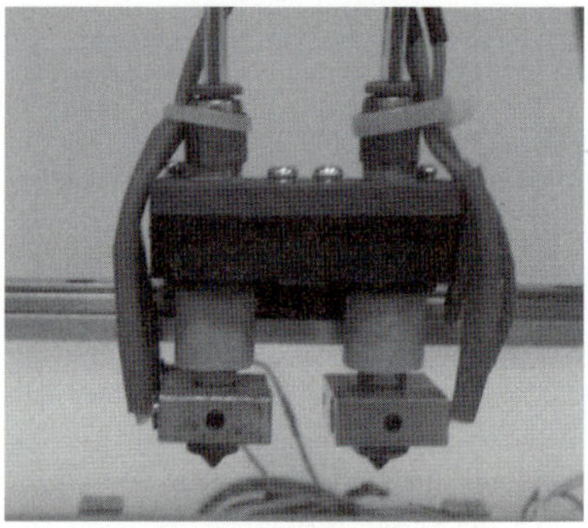

(d) 듀얼 익스트루더(보우덴 방식)

그림 1 익스트루더(extruder) 종류

1.1 익스트루더(extruder) 드라이빙 기어

노즐이 막히면서 드라이빙 기어가 한번이라도 헛돌게 되면 위 사진과 같이 기어이빨 속에 필라멘트 찌끄러기들이 끼어있게 된다. 이는 용융된 필라멘트 토출량을 불규칙하게 만들 수 있다.

- 드라이브 기어 세트 나사 m3 포함
- 외경 및 길이: 12mm(높이) × 9mm(직경)
- 내경: 5mm
- 필라멘트 직경 1.75mm: 기어 슬롯 폭: 3mm
- 필라멘트 직경 3.0mm: 기어 슬롯 폭: 4mm

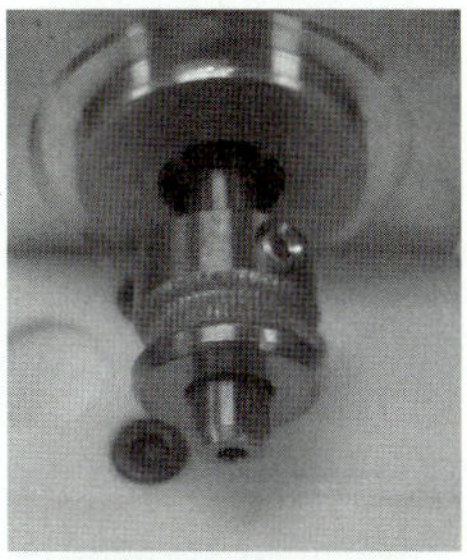

그림 2 익스트루더(extruder) 드라이빙 기어(mk7 드라이브 기어인 경우)

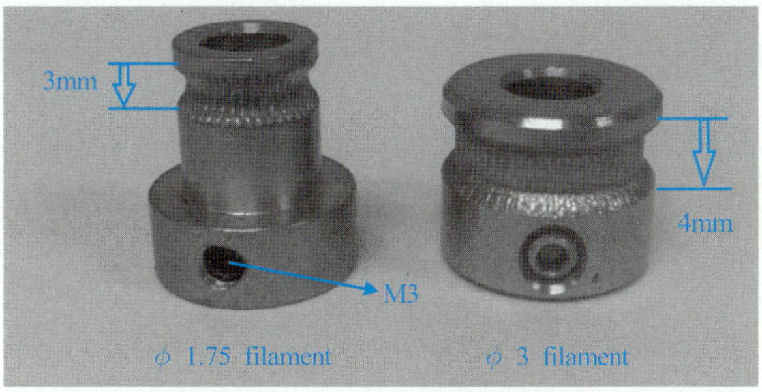

1.2 노즐(nozzle) 종류와 열전대

가열된 핫엔드에 열가소성 수지로 이루어진 필라멘트를 밀어넣으면 필라멘트가 가열되어 팽창하게 된다. 이렇게 팽창한 필라멘트는 핫엔드의 내벽과 마찰하게 된다. 필라멘트가 더 팽창해 마찰력이 커지고 마찰이 일어나는 영역이 넓어지게 되면 필라멘트를 핫엔드로 밀어넣는데에 많은 힘이 들게 되고, 그 만큼 필라멘트의 압출을 세밀하게 조절하기 어렵다. 이렇게 되면 출력물의 출력 품질이 낮아지고, 심각하면 노즐이 막히기도 한다. 그 다음 문제는 필라멘트가 액화된 이후이다. 핫엔드의 끝까지 들어간 필라멘트는 액화된다. 고체 필라멘트는 익스트루더에서 밀어넣는 만큼 움직이지만, 액화된 플라스틱은 압력에 의해 움직인다. 압력이 높아지면 노즐로 나오고, 압력이 낮으면 나오지 않는 방식이다. 녹은 플라스틱은 어느 정도 압축성이 있기 때문에 녹은 플라스틱이 많으면 많을수록 플라스틱을 노즐로 내보내기 위해 익스트루더에서 필라멘트를 밀어줘야 길이가 늘어난다. 이 역시 플라스틱의 반응 속도를 낮추게 된다. 그러면 플라스틱의 반응속도를 높이려면 어떻게 해야 하나. 마찰이 일어나는 영역을 줄이고, 플라스틱이 액체 상태로 존재하는 영역도 줄여야한다. 이를 달성하려면 핫엔드에서 뜨거운 온도를 유지하는 부분의 길이를 최소화해야 한다. 핫엔드의 윗부분은 냉각시키고, 노즐의 구멍으로 나오기 직전 영역만 고온으로 유지하는 것이다. 이것이 바로 핫엔드 설계시의 주된 과제이다. 이제부터는 노즐의 종류별로 어떻게 이 과제를 달성했는지 알아보겠다. 노즐의 종류별로 단순화한 단면도를 보며 설명을 진행하겠다.

Nozzle은 한 쪽은 필라멘트 직경과 같은 내경의 구멍, 반대쪽은 압출 직경과 같은 내경이 뚫려있어 녹은 플라스틱의 압출이 일어나는 부품이다. Heat Block은 히터와 서미스터가 장착되어 노즐을 가열하고 온도를 측정하는 부품이다. Barrel은 익스트루더와 노즐을 연결하는 관이다. 이 글에서는 회색은 스테인레스 스틸, 흰색은 PTFE(테프론), 베이지색은 PEEK를 의미한다. 이 기본 노즐은 사용할 수 없는 노즐이다. 마찰이 일어나는 영역이 너무나 길어 제대로 압출이 일어나지 않고 막히는 구조이다. RepRap 커뮤니티에서는 처음에 이와 같은 기본 노즐을 제작했고, 곧 이 노즐의 문제점을 알아냈다. 이 문제를 해결하기 위해 PTFE 소재의 Barrel이 도입되었다.[6]

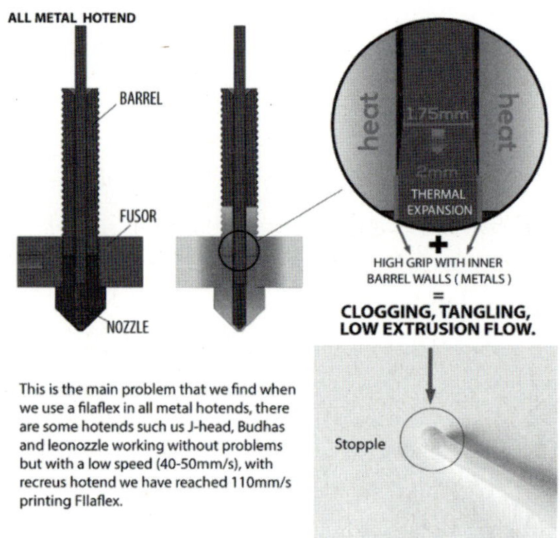

그림 3 출처: recreus.com

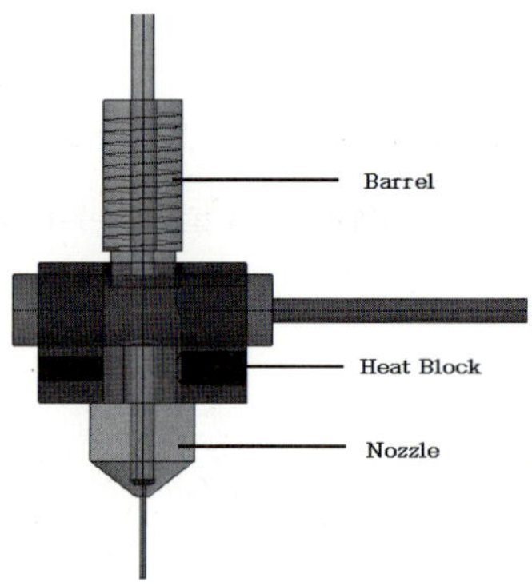

그림 4 노즐구조

6) 출처: http://wakalics.blogspot.kr/2015/01/fdmfff-3d.html

1) PTFE Barrel Hotend

PTFE를 Barrel로 사용한 노즐의 구조(중간의 Barrel은 스테인레스 스틸 소재)

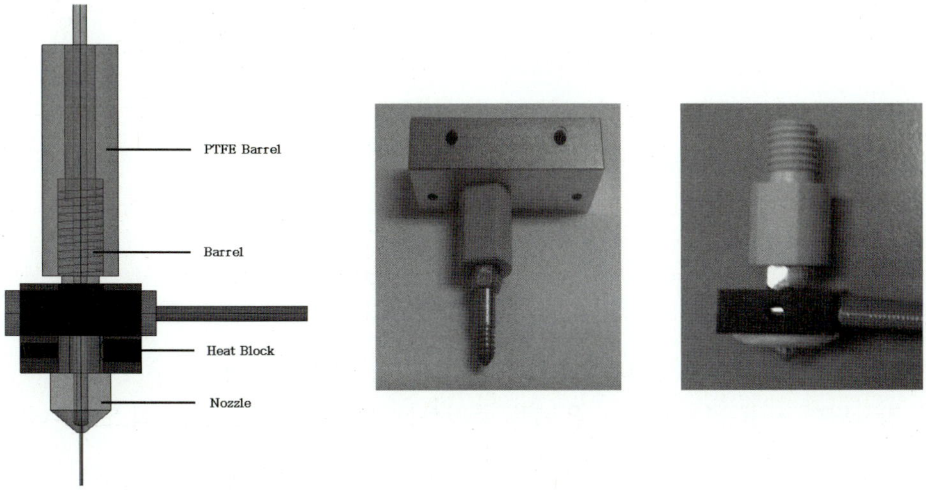

그림 5 PTFE Barrel Hotend(출처: reprapWiki)

PTFE Polytetrafluoroethylene

PTFE[Polytetra fluoroethylene]는 상품명인 테프론으로 더 유명한 플라스틱의 한 종류이다. 우리 주변에서는 프라이팬 코팅에 많이 사용되죠. 이 용도에서부터 알 수 있듯, PTFE는 녹는점이 높고(이론적으로는 600K, 즉 섭씨 327도에서 녹지만 단단하게 유지되는 온도는 약 섭씨 300도까지) 열전도율이 낮으며 마찰계수가 낮은 특성을 가지고 있다. 이는 핫엔드에 사용하기에는 최적의 특성이다. 녹는점이 높은데 열전도율이 낮아 Barrel으로 사용하면 뜨거운 부분이 노즐과 Heat Block만으로 한정되고, 마찰계수도 낮아서 필라멘트 팽창이 일어나도 마찰력을 최소화할 수 있다. 하지만, PTFE에는 중대한 결함이 있다. PTFE는 플라스틱중에서도 매우 무른 편이다. 높은 온도에서는 더 물러집니다. 일반적으로 노즐을 Barrel에 고정할 때는 노즐과 Barrel에 암수 나사산을 파서 나사를 조이듯 고정하는데, PTFE Barrel은 필라멘트를 넣으면 그 압력을 견뎌내지 못하고 나사산이 뭉개져버립니다. 이를 막기 위해 고온에서도 단단한 플라스틱인 PEEK를 핫엔드 앞에 부착하고 이를 고정해 핫엔드를 보강하기도 한다.[7)]

7) 출처: 네이버 지식백과

2) PEEK Barrel Hotend

PEEK를 Barrel로 사용한 노즐의 구조(중간의 Barrel은 스테인레스 스틸 소재)

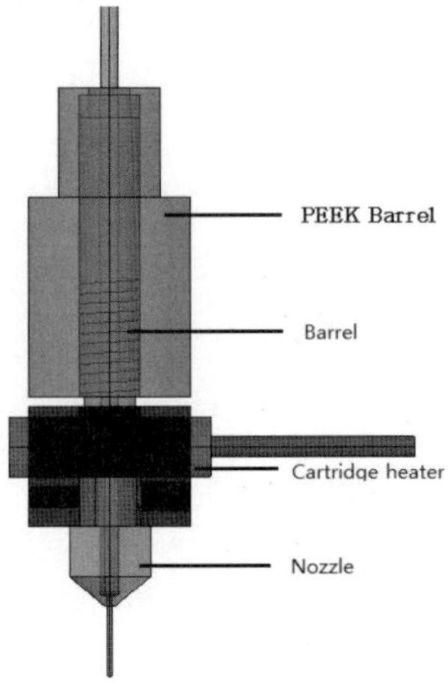

이 핫엔드는 나사산이 뭉개져 노즐이 튀어나오는 문제는 해결되었지만, 여전히 문제가 존재하였다. PEEK는 마찰계수가 높아 필라멘트와 PEEK Barrel 마찰력에 의해 막히는 현상이 발생한 것이다. 비록 열전도율이 낮은 PEEK로 Barrel을 제작해 필라멘트가 팽창하는 영역이 줄어들긴 했지만, 200도가 넘는 노즐, Heat Block과 직접 접하는 하단부의 온도는 여전히 높아 팽창이 일어났기 때문이다. 이 현상을 해결하기 위해 Barrel 내부에 마찰계수가 낮은 PTFE 튜브를 넣은 노즐이 등장하였다.

3) PEEK Barrel with PTFE Tube Hotend

PEEK를 Barrel로 사용하고 내부에 PTFE 튜브를 넣은 노즐의 구조

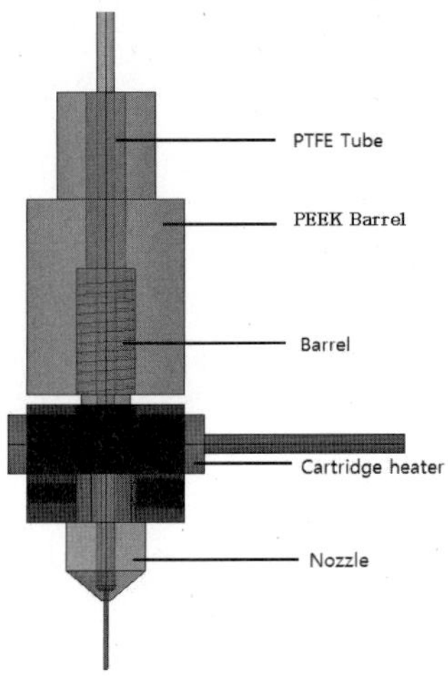

이 방식의 핫엔드는 고온이 유지되는 영역의 길이가 최소화되고, 내벽의 마찰계수도 낮으며 내구성도 좋다. 최근에도 정말 많은 핫엔드들이 이 방식을 택하고 있다. 이 방식의 핫엔드들 중 유명한 것들은 J Head Nozzle, MakerGear Hotend 등이 있다. 국내 제조사인 Opencreators, Formers Farm등도 모두 이 방식을 사용하고 있다.

J Head Nozzle은 제가 정말 좋아하는 노즐이다. 지금까지 1년 반동안 사용했지만 막힌적이 한번도 없었다. 많은 사람이 사용하며 여러 버전을 거쳐 개발되었다 보니 성능이 매우 준수한다. J Head Nozzle은 노즐 교환을 포기하는 대신 액체 플라스틱의 누출을 최소화하기 위해 노즐과 Heat Block을 일체화한 구조이다. 핫엔드에서 고온이 유지되는 영역을 최소화하기 위해 PEEK Barrel에도 방열용 패턴이 파여있고, 녹은 플라스틱에 의해 PTFE 튜브가 밀려나오는 것을 막기 위해 구멍뚫린 무두볼트로 PTFE 튜브를 위에서 눌러준다. 이외에는 제가 그린 PEEK Barrel with PTFE Tube Hotend와 동일한 구조이다.

PEEK Barrel with PTFE Tube Hotend는 장점이 정말 많지만, 단점도 있다. Barrel 소재로 플라스틱인 PEEK를 쓰다 보니 240~260도 이상의 온도에서는 출력이 불가능하다. 이 이상의 온도에서는 PEEK가 급격하게 물러져 필라멘트를 밀어넣으면 나사산이 뭉개지기 때문이다. 이 때문에 폴리카보네이트 등 300도 정도의 고온에서 출력해야 하는 소재는 출력할 수 없다. 이 외에도 여러번 가열을 반복하면 PEEK Barrel이 점점 낡아져 결국 교체해야 하는 단점이 있지만 최근 출시되는 노즐에서는 큰 문제가 되지 않는다. 고온에서 플라스틱에 접촉한다는 점 때문에 그릇이나 컵과 같이 음식물에 접촉된 것들은 출력하는 것은 피해야 한다는 단점도 있다. 이들 문제를 해결하기 위해 Full Metal Hotend가 개발되었다.

4) Full Metal Hotend

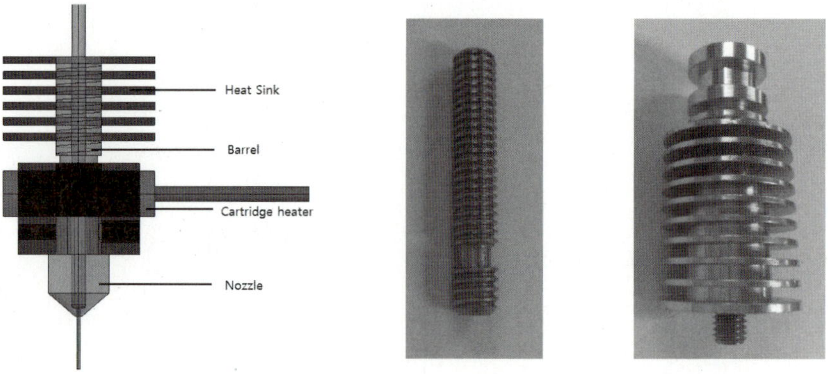

그림 6 Full Metal Hotend(E3D v6와 Arcol.hu v4.1.1의 Heat Break. 출처: E3D, Arcol.hu)

Full Metal Hotend는 스테인레스 스틸과 같이 열전도율이 비교적 낮은 금속으로 Barrel을 제작하고 윗부분에 열을 발산하는 히트싱크를 장착해 고온이 유지되는 부분을 최소화하는 구조이다. 방열을 보다 효과적으로 하기 위해 히트싱크에 쿨링팬을 장착하는 경우가 많다. PLA처럼 점착성이 크고 낮은 온도에서 녹는 원료를 출력하려면 쿨링팬이 필수이다. Full Metal Hotend가 가능해진 데에는 Heat Break의 공헌이 큽니다. 열전도율은 소재의 단면적에 비례한다. 이에 착안하여 Barrel의 두께를 매우 얇게 만든 것이 Heat Break이다.

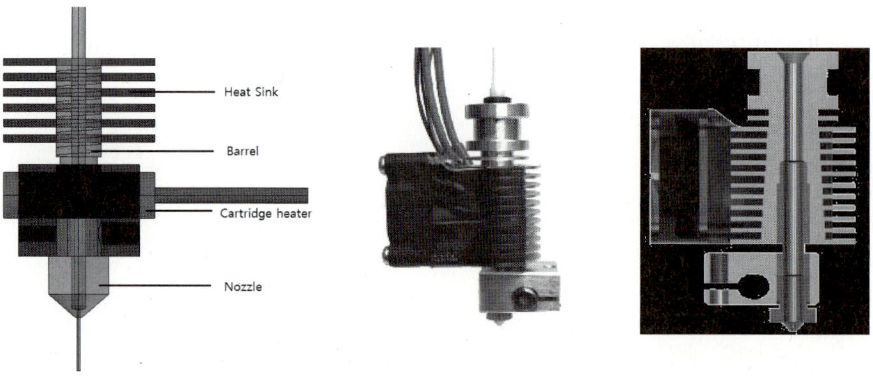

그림 7 Full Metal Hotend(Heat Break을 장착한 Full Metal Hotend의 구조-출처: E3D v6 핫엔드)

이전에는 히트싱크가 있어도 많은 열이 금속 Barrel을 통해 노즐 상부로 전도되어 고온 영역이 넓었지만, Heat Break의 도입과 함께 이 문제가 해결되면서 많은 풀 메탈 핫엔드들이 개발되었다.

5) MK7 Type Hotend

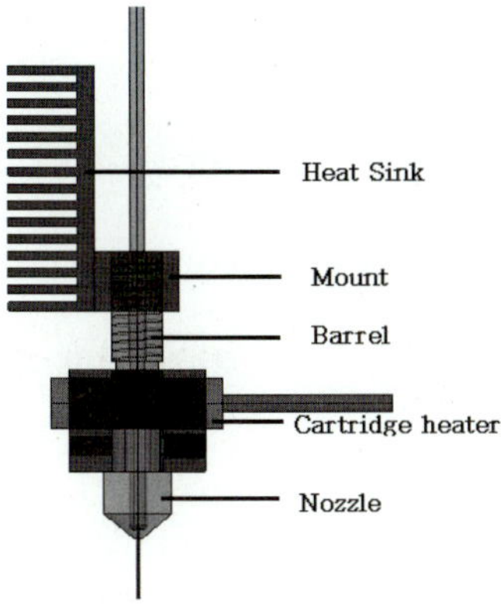

그림 8 MK7 Type Hotend(출처: MK7 Stepstruder)

마지막으로 설명할 구조는 메이커봇 리플리케이터 2가 채용하고 있는 MK7 Stepstruder의 핫엔드 구조이다. 이름은 제가 임의로 붙였다. 이 방식은 짧은 금속 Barrel을 사용하며, 이를 알루미늄 재질의 마운트와 히트싱크에 연결하고 히트싱크를 냉각해 고온이 유지되는 부분을 최소화하는 방식이다. 많은 중국산 완성품 3D 프린터들이 이 방식을 사용하고 있다. MK7 Type Hotend는 익스트루더용 모터와 노즐 사이의 거리를 최소화할 수 있고, 가열되는 부분에 플라스틱 부품을 사용하지 않아 완성품 프린터에 주로 사용된다. 하지만 다른 방식에 비해 노즐이 잘 막히고 불안정하다는 단점이 있다.

여러가지 핫엔드 구조가 있지만, 현재는 PEEK Barrel with PTFE Tube Hotend와 Full Metal Hotend가 시장을 거의 양분하고 있는 상태이다. 이 글에서 언급한 구조 외에도 다른 구조가 많고, 구조 외에도 핫엔드의 종류를 나누는 방식은 많다. 예를 들어, 핫엔드의 가열 방식에 따라 나눌 수 있다. 하지만, 핫엔드의 구조가 핫엔드의 특성에 가장 큰 영향을 미치고, 무엇보다도 핫엔드의 원리를 파악하는데 도움이 많이 된다. 이 글의 목표 중 하나가 핫엔드의 원리를 설명하는 것이기에 이 글에서는 여러 종류의 핫엔드 구조들에 대해 다루었다.

DC 12V 3D 프린터 카트리지 히터

12V 3D 프린터 카트리지 히터 조각이다. 장비의 mgo 분말 또는 mgo 관, 세라믹 캡, 저항 와이어(nicr20/ 80).그것은 가열하는 데 사용된다. 플라스틱 사출 금형, 사망, platens 및 등등.

6) 12V 3D 프린터 카트리지 히터

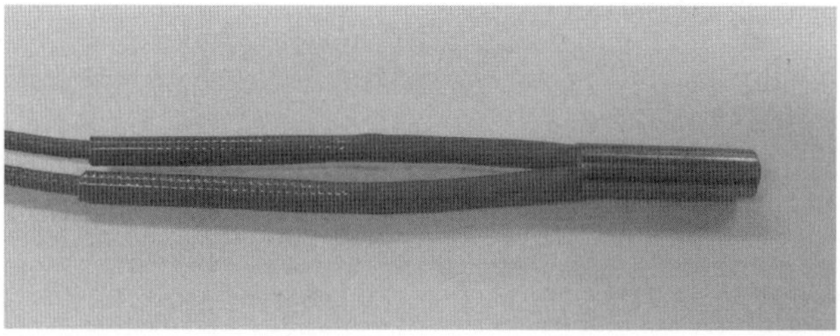

12V 3D 프린터 카트리지 히터 조각이다. 장비의 Mgo 분말 또는 Mgo관, 세라믹 캡, 저항 와이어(nicr20/ 80).그것은 가열하는 데 사용된다. 플라스틱 사출 금형, 사망, Platens 및 등등.

1. 저항 와이어(nicr20/80)
2. 재료: 스테인레스 스틸 304, 321, 316, incoloy 800, incoloy 840
3. 최대 온도 800°C
4. 표준 차가운 길이에 리드 출구: 0.375"
5. 표준 차가운 길이에 디스크 엔드: 0.25"
6. 열전대: K 또는 J의
7. 케이블 와이어: 실리콘 와이어, 금속 보호 와이어, 유리 섬유 와이어, 등
8. Flange/스레드: M12, M14, M16, 1", 1 1/4", 1 1/2", 2" 등
9. 직경: 6-25mm

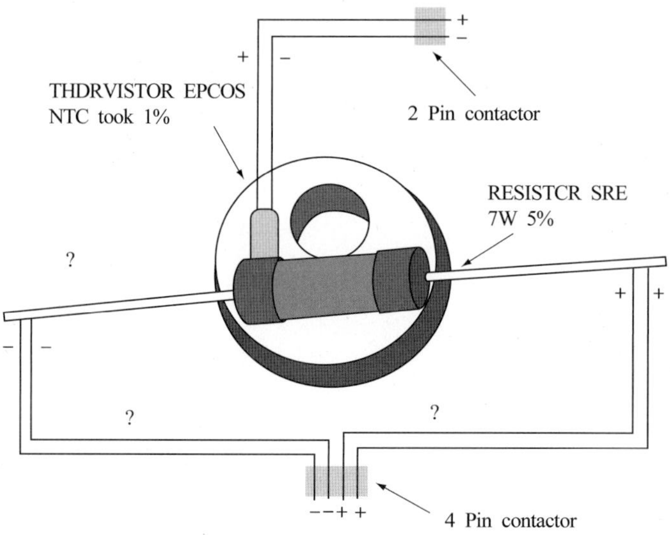

1.3 익스트루더(extruder)의 구성(부품 LIST)

Reprap Mendel type 직결식(원료를 밀어주는 압출기어와 원료를 토출시켜주는 노즐이 근접하게 설치된 구조)압출부에 사용되는 부속별 명칭과 제작방법에 대한 설명이다.

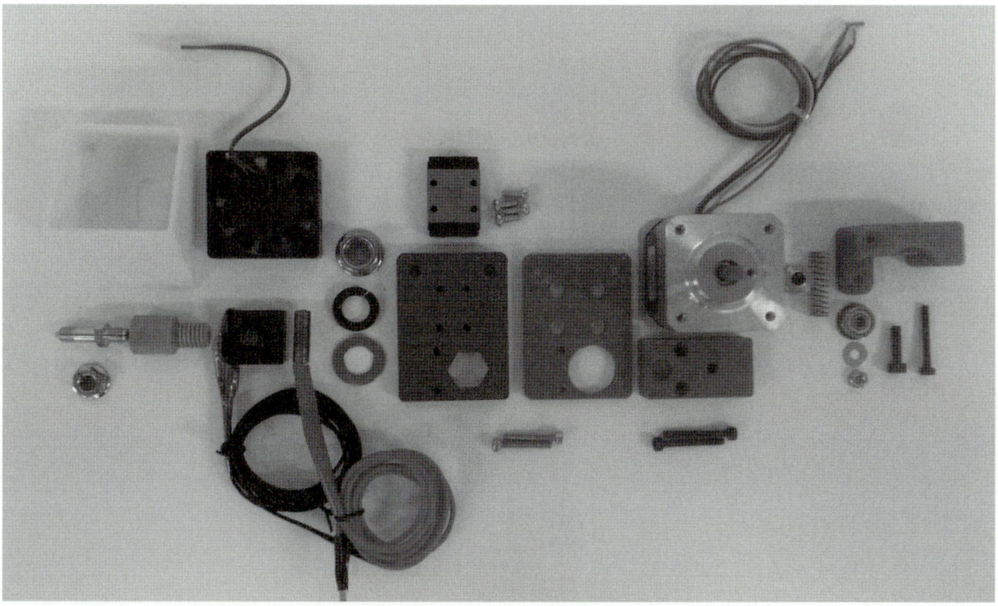

1. ϕ0.4 Nozzle
2. M6 후렌지너트
3. PEEK 노즐고정
4. Heater Block
5. temperature sensor
6. cartridge heater
7. M10 후렌지너트
8. M10 스프링와셔
9. M10 평와셔
10. fan holder
11. 12V fan
12. LM guide(block) MR-09
13. M3x8 4ea
14. LM block holder part1
15. timing belt part2
16. M3x20 2ea
17. NEMA17 motor
18. motor holder part3
19. M3x25 2ea
20. extruder gear
21. ϕ10x25 금형스프링
22. spring tension part4
23. F624zz 깊은홈볼베어링
24. M4 평와셔
25. M4 너트
26. M4x15 1ea
27. M3x25 1ea

1.4 익스트루더(extruder)의 설계과정

직결식 압출부 설계시 중요시되는 부분은 압출기어, 노즐, LM bolck 치수따라 부품마다 위치가 지정되고 미세한 오차에 따라 출력의 품질차이 생기게 된다.

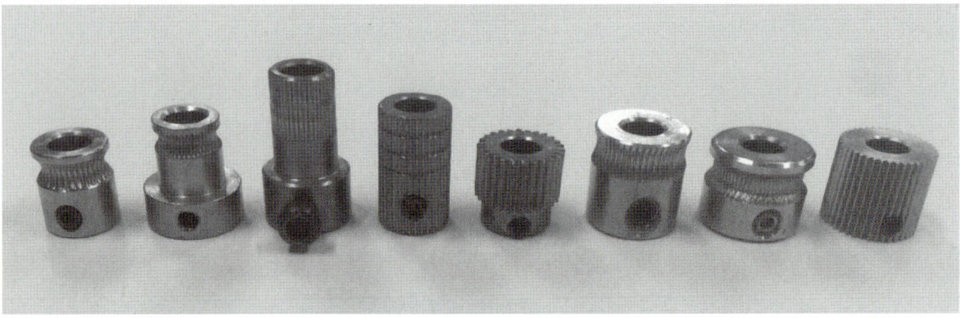

그림 9 압출기어 종류

※ 압출기어 형상, 외경치수에 따라 베어링타입과 치수가 변경됨

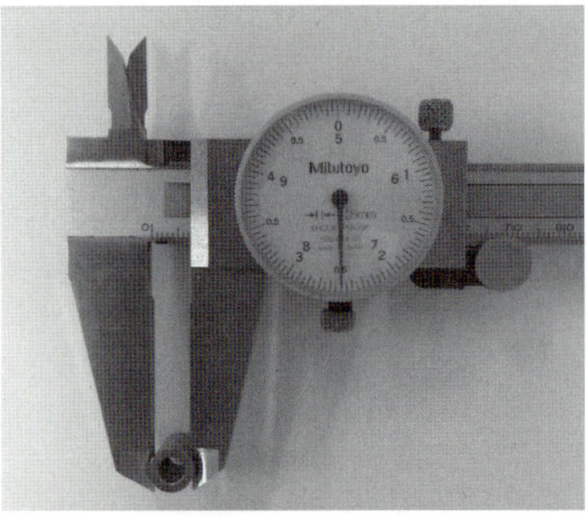

그림 10 ϕ7.5 압출기어

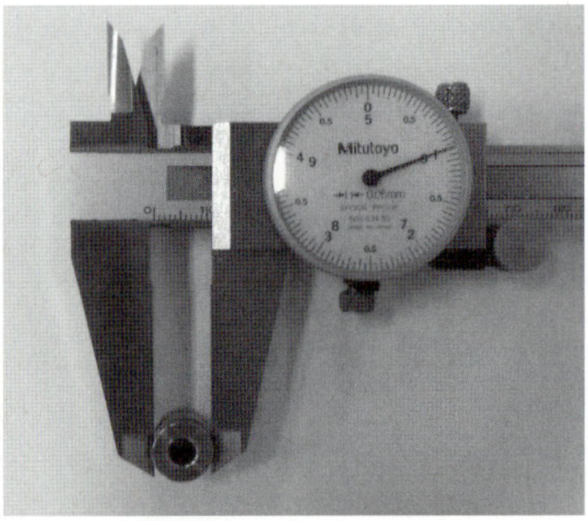

그림 11 ϕ11 압출기어

압출기어 지름에 따라 노즐의 위치 및 경사각이 변동되는 부분을 다음 그림에서 확인한다.

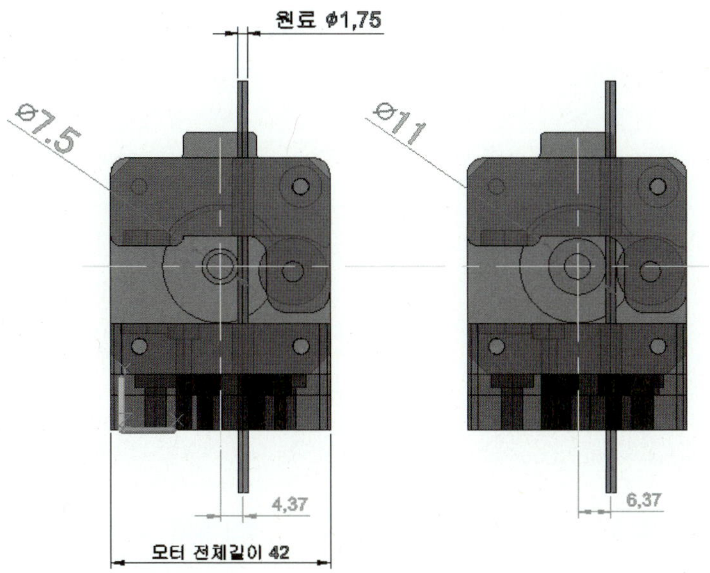

그림 12 압출기어 직경에 따른 Nozzle 센터선정

동일한 직경의 원료를 기준으로 직경이 다른 압출기어를 사용할 경우 센터를 기점으로 노즐(Nozzle) 위치가 변동됨을 알 수 있다.

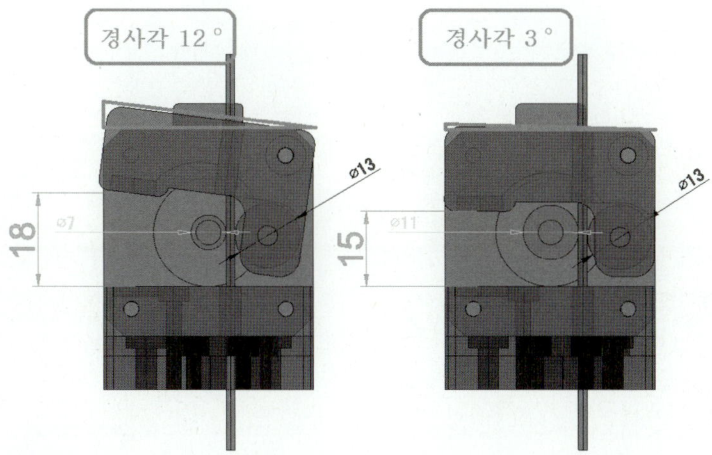

그림 13 외경치수가 동일한 베어링 사용시 경사각에 따른 스프링 길이 선정

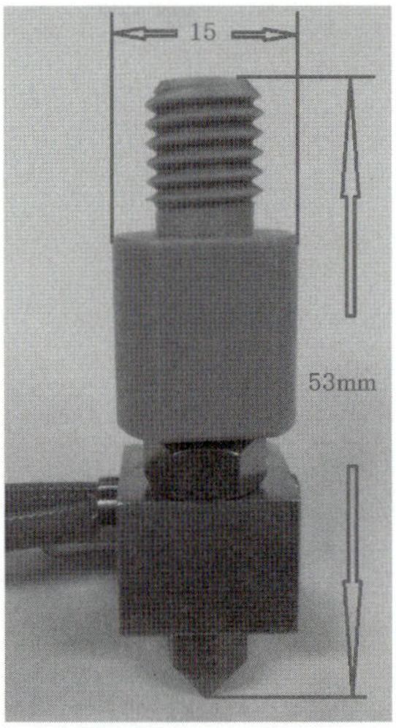

그림 14 ϕ15×53mm

그림 15 ϕ25×67mm

위 그림처럼 두노즐에 총길이 차이만큼 쌓아 올라가는 방향 Z축은 오차범위 14mm만큼 상승되고, 상승한만큼 출력물의 Z축 크기도 줄어든다.

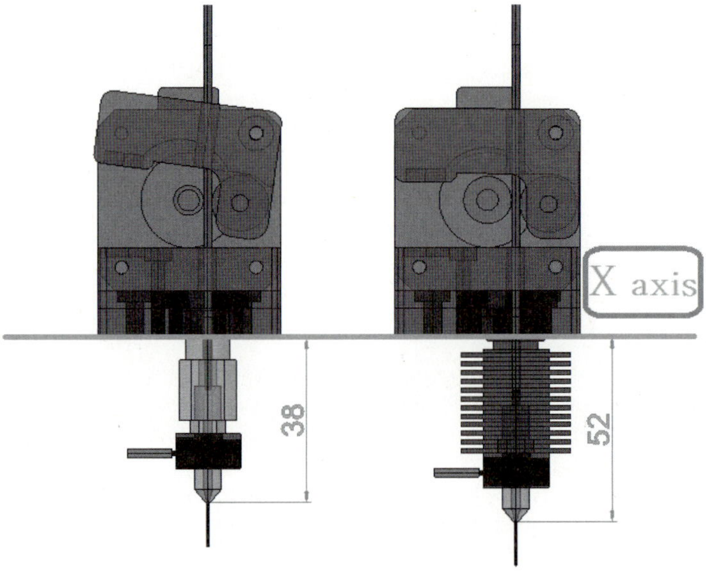

그림 16 X axis 기준으로 Nozzle 끝부분 길이차이

> ※ Nozzle 직경과 길이에 따라 출력물의 사이즈 및 노즐위치가 변경됨

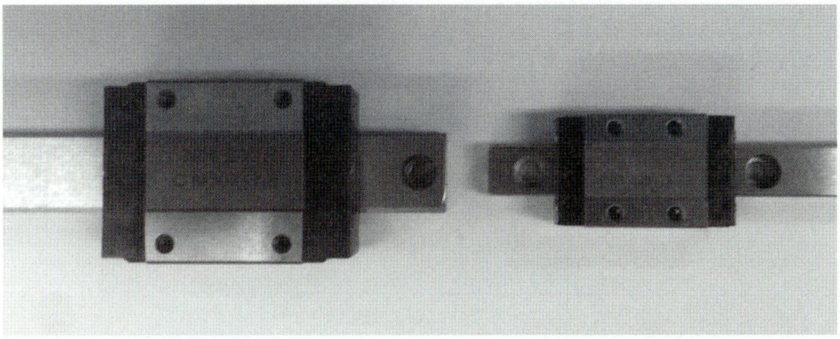

그림 17 LM guide MR09MN(좌) MR12MN(우)

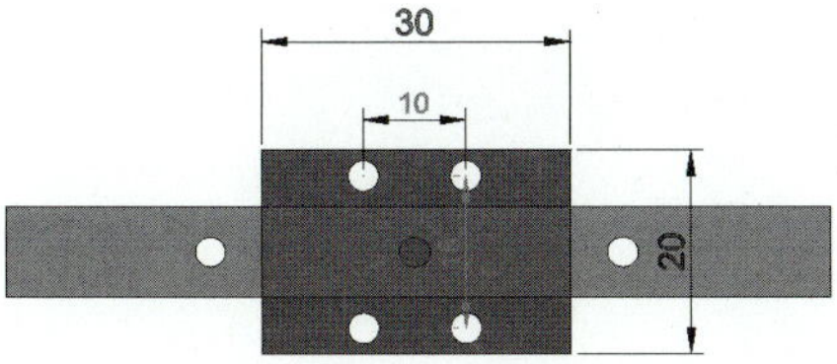

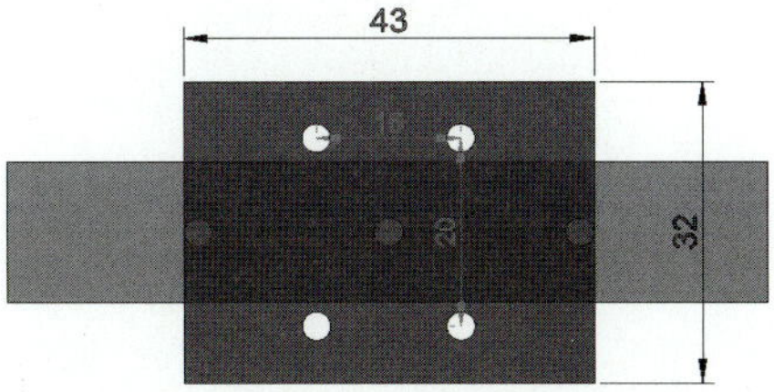

MR09MN(좌)의 경우 주로 X축 압출부가 장착되는 위치에 사용된다. 압출부의 경우 모터와 압출기가 장착되고 압출부의 무게는 400g가량정도로 가볍고 크기가 작기 때문에 LM block 길이방향 30mm면 충분히 장착가능하다.

MR12MN(우)은 대면적의 출력판에 고정하고 bed의 경우 일반적으로 가로세로 220×220이며 ABS원료를 사용할 경우 Heater 장차가 들어가며 열전도율이 높은 알루미늄을 사용하기 때문에 1kg이상의 중량을 모터로 구동하기에 하중이 받는 단면적을 넓혀 진동을 최소화시키기에 적합하다.

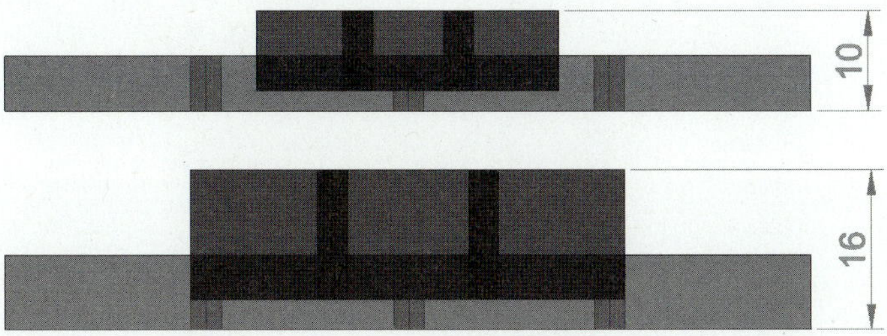

LM가이드 선정시에는 규격표에 따라 상부에 Block이 커질수록 하부에 Rail 치수도 동시도 커지므로 설치할 위치에 알맞는 LM가이드를 선정해야한다.

1.5 익스트루더(extruder)의 조립과정

FDM방식 압출기는 압출모터와 노즐조립에서 3D Printing 출력물에 품질에 영향을 주는 핵심부분으로 조립과정이 복잡하다

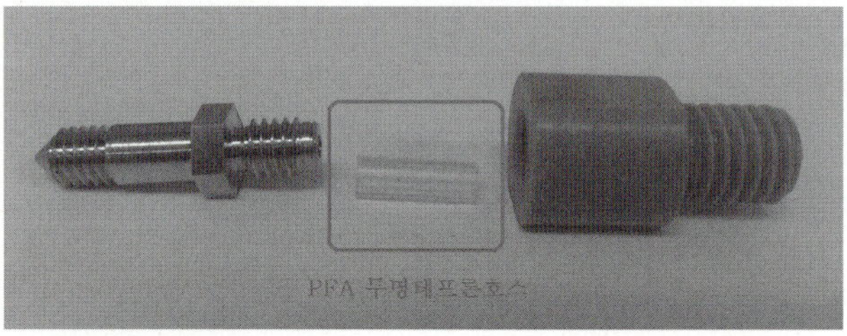

1. Nozzle과 PEEK연결시 투명 테프론 호스를 내부에 삽입함으로 Nozzle에서 상부로 전달되는 열을 차단시키고, 마찰계수가 작은 소재로 원료가 Nozzle로 쉽게 밀려 내려갈 수 있도록 하는 역할을 한다.

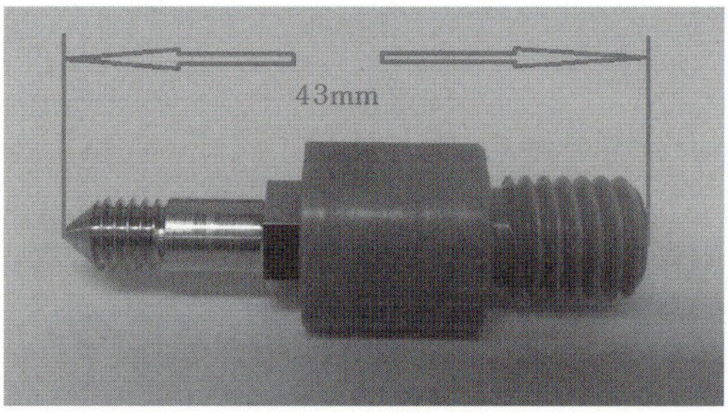

2. Nozzle조립후 양끝단 길이를 체크해두면 압출부를 조립후 Fan, Auto level sensor부착할 경우 미리 확인해 둔 치수를 적용하면 설계하기 쉬워진다.

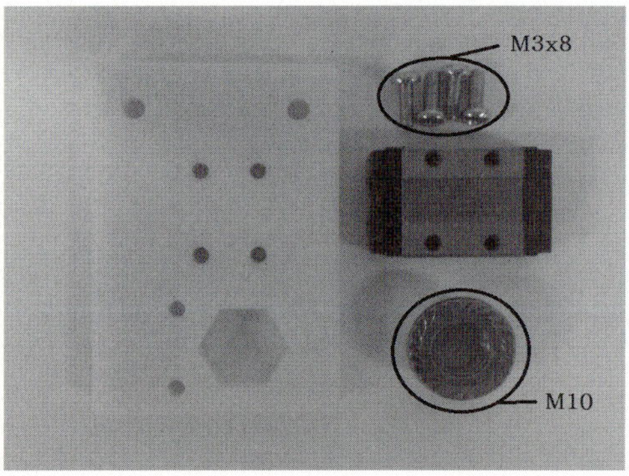

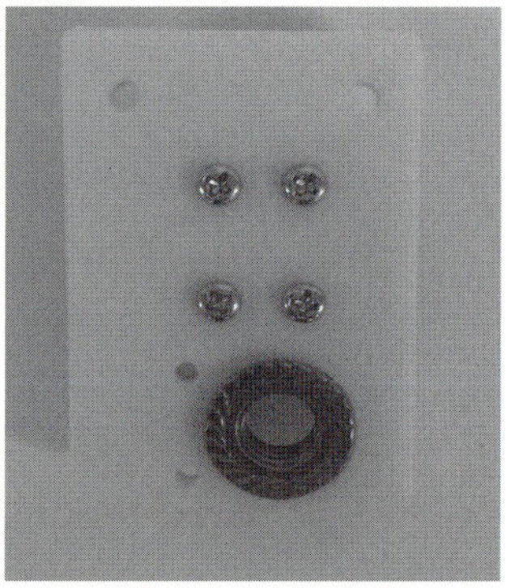

3. Extruder Part 1 조립시 M3x8 볼트외에 스프링 와셔를 조합해도 상관없다. M10 후렌지너트는 상부에서 장착되며 LM block는 하부에 고정된다

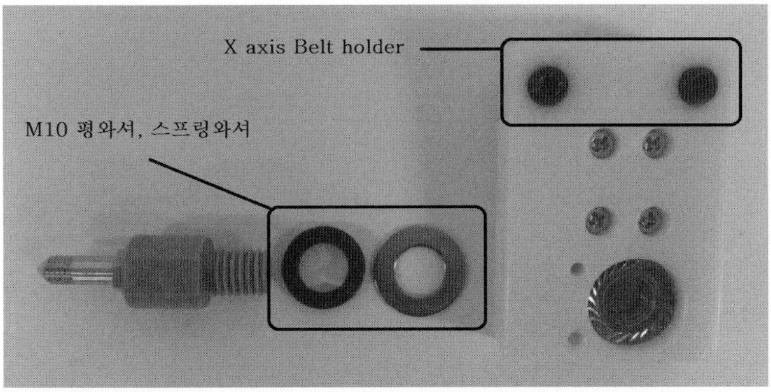

4. Nozzle Set와 Part2 조립시 PEEK의 나사와 후렌지너트 머리부분에 M10 평와셔, 스프링너트를 조합하여 체결하고, 그림 상부에 M4 둥근머리렌지볼트는 타이밍벨트를 고정하여 좌우로 이동할 수 있도록 미리 체결해 둔다.

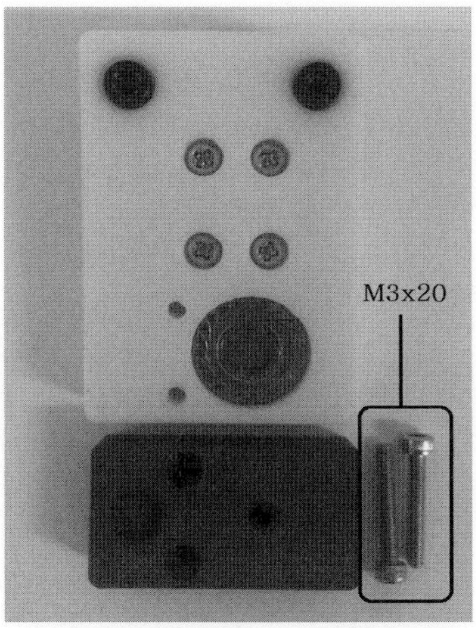

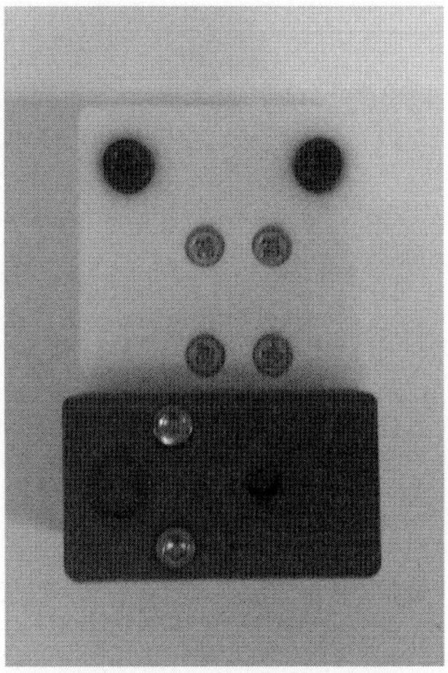

5. Part 2와 Part 3 조립은 M3x20 볼트와 너트로 체결한다.

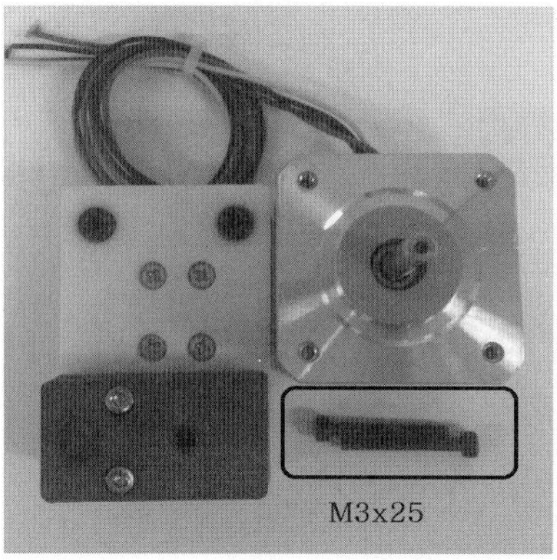

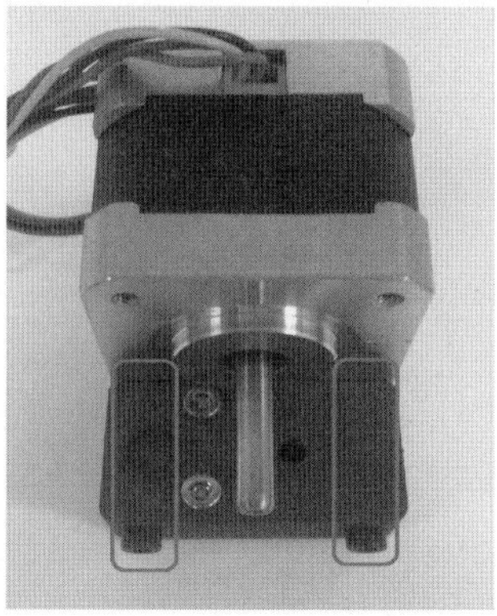

6. NEMA17 모터는 위그림처럼 M3x25 2개로 모터를 고정시킨다.

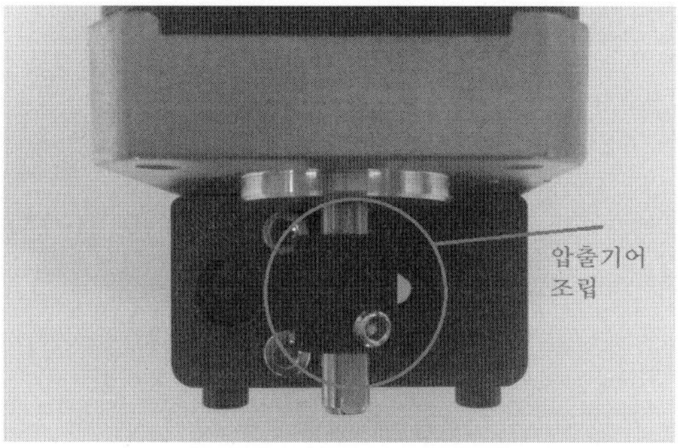

7. 압출기어 조립시 Part 3에서 원료가 Nozzle로 전달되는 중앙에 맞춰 그림상에서 상하로 위치를 맞추고 압출기어에 체결나사부분이 원료 인입되는데 방해가 되지않도록 2~3mm정도 하단으로 위치시켜 고정한다.

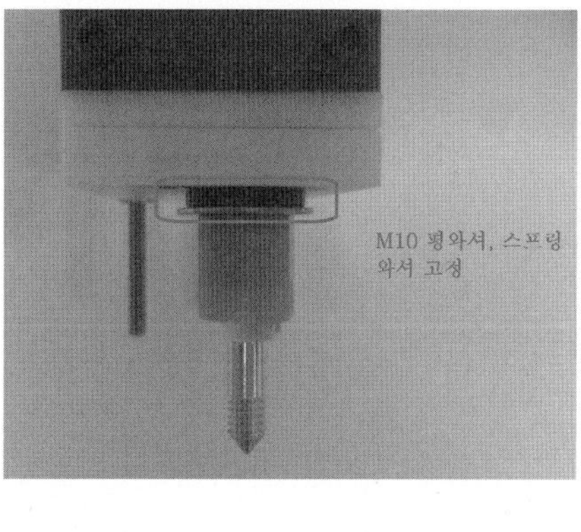

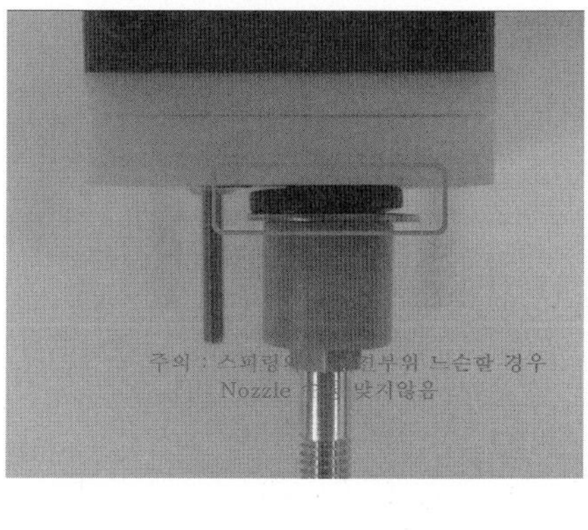

8. Nozzle Set 조립후 M10 스프링 와셔가 단단히 체결되었는지 확인한다. M10 스프링 너트의 경우 장력이 강하기 때문에 그림(우)처럼 느슨하게 체결될 경우 Nozzle은 미세하게 기울어진 상태로 출력물에 영향을 미칠 수 있고 장시간 3D Printing할 경우 체결부위에 풀려서 Nozzle에 손상을 입힐 수 있다.

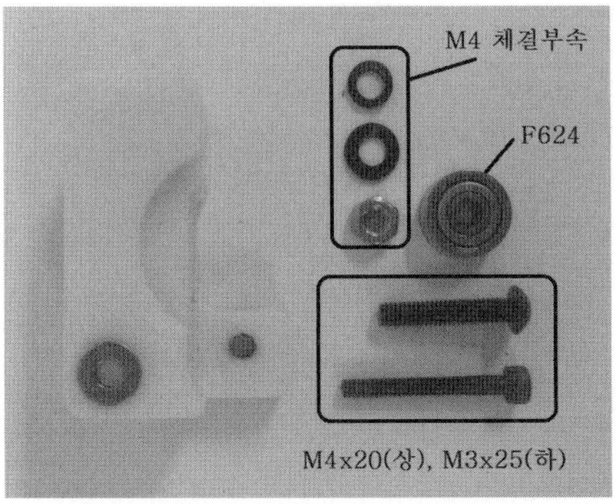

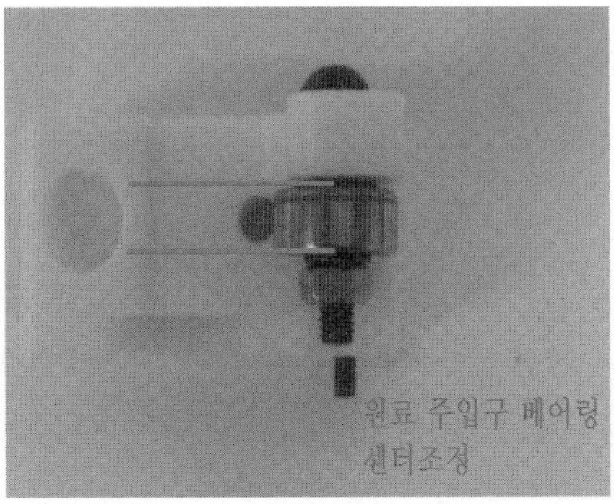

9. Part 4조립은 그림(우)처럼 베어링체결시 원료 주입구 센터를 기점으로 중앙에 위치할 수 있도록 평와셔, 스프링와셔를 이용해서 간격을 맞춘다.

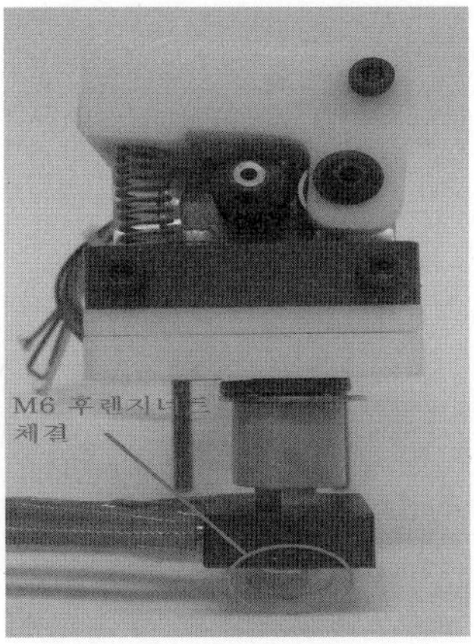

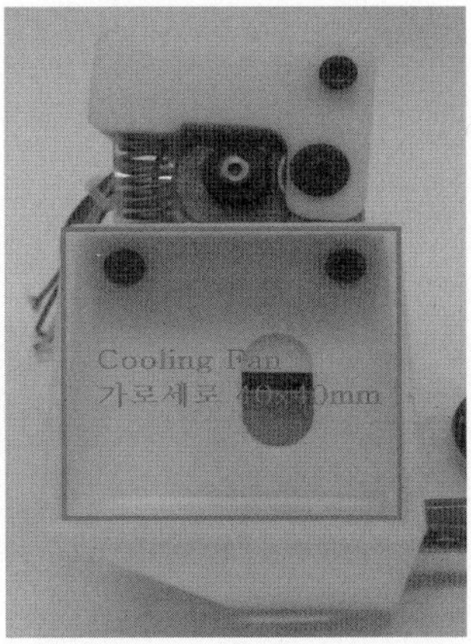

10. 압출기 조립 80% 진행되면 히터블럭을 M6후렌지 너트로 체결하고, Nozzle 상부에 PEEK를 냉각시키도록 Fan을 설치한다(fan장착 위치는 선택사항이며, 작은 크기에 Fan을 2개 사용해도 무방하다).

1.6 익스트루더(extruder) 배선작업

NEMA17 Stepper Motor는 4선식 Bipolar방식, 6선식 Unipolar방식으로 신호를 주는 방식에 따라 배선연결이 달라지게 되고 소형 3D Printer는 4선식을 사용한다.

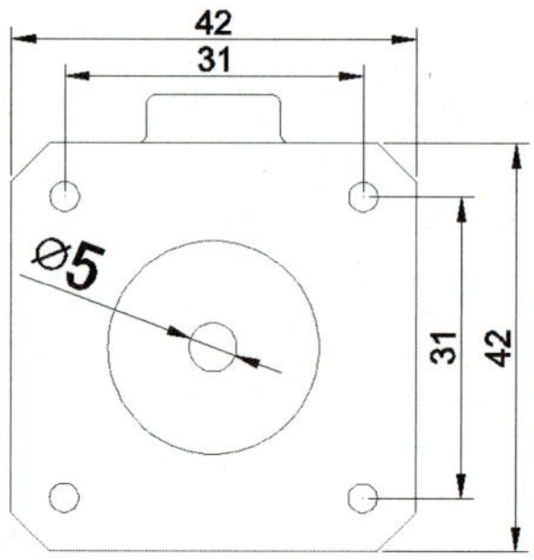

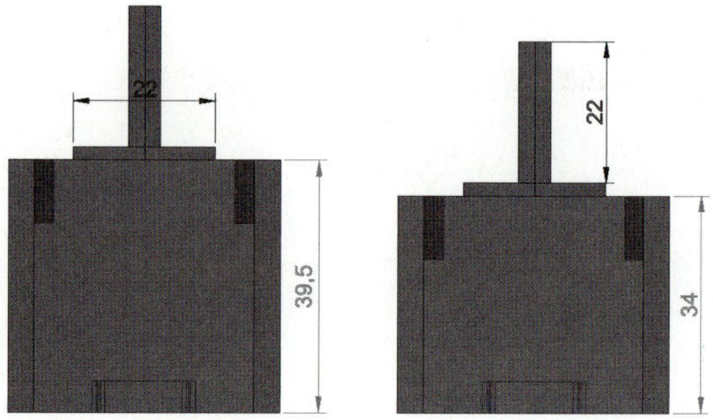

Nema17 규격은 왼쪽그림의 치수를 기준으로 오른쪽그림의 높이방향 치수는 내부에 자력 세기에 따라 모터의 토크(torque)가 정해진다.

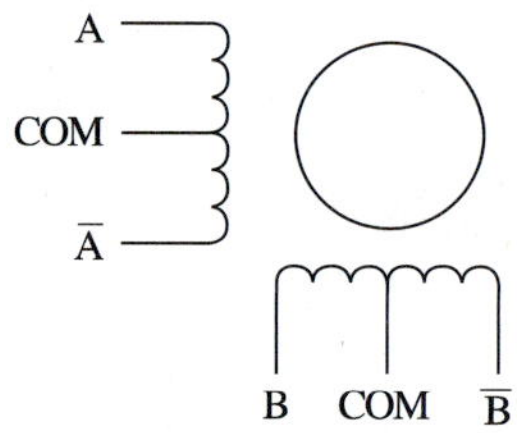

그림 18 유니폴라 방식

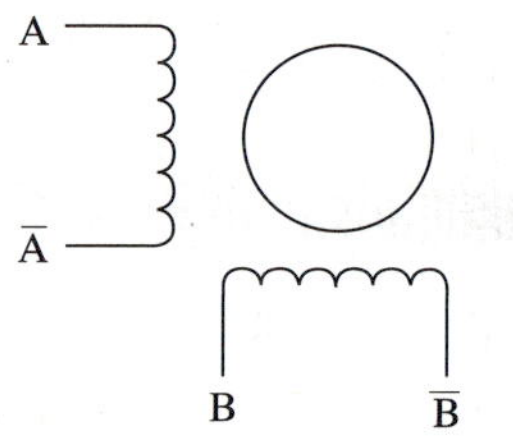

그림 19 바이폴라 방식

유니폴라구동 방식의 경우 고속으로 구동시 토크가 높아 탈조 위험이 적지만 저속으로 구동시 토크가 바이폴라에 비해 작다.

바이폴라구동 방식의 경우 저속 구동시 토크가 높으나 고속 구동시 토크가 급격하게 저하되어 탈조가 발생 할 우려가 있다.

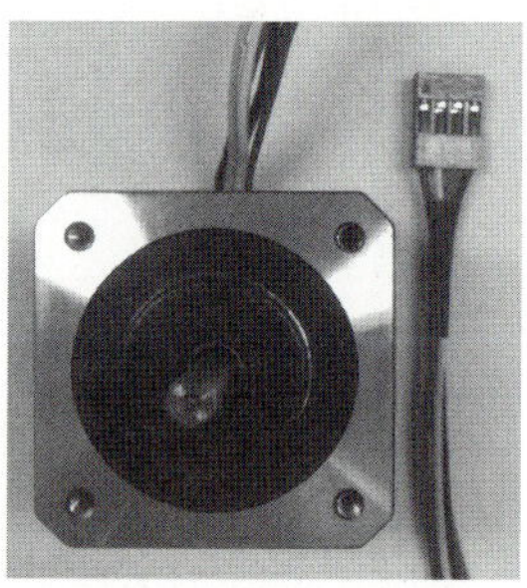

모터 배선의 경우 UL전선 AWG26~28 규격제품을 사용하고 배선색상의 경우 제조사별로 다르기 때문에 모터 상세스펙을 확인하고 결선해야한다.

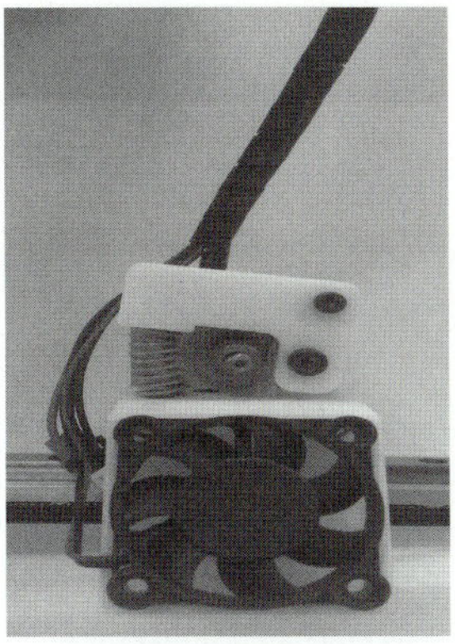

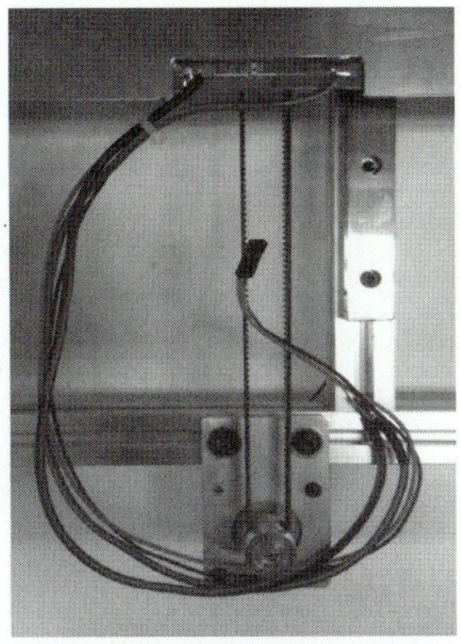

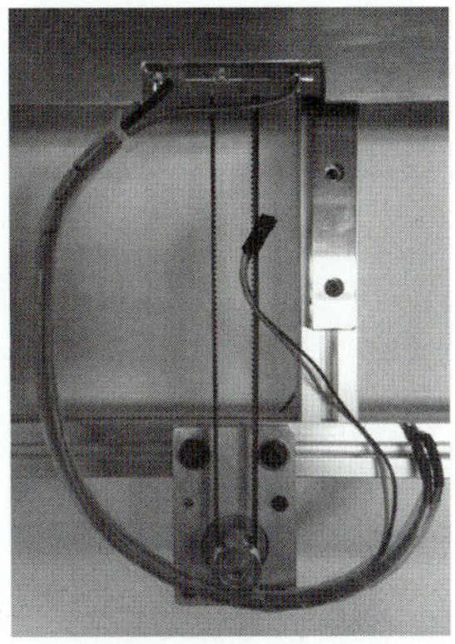

압출기 배선과 출력판(bed)은 X,Y axis으로 직선운동을 하며 배선이 지속적인 움직임이 발생되므로 헬리컬밴드, 케이블베어를 이용해서 정리한다.

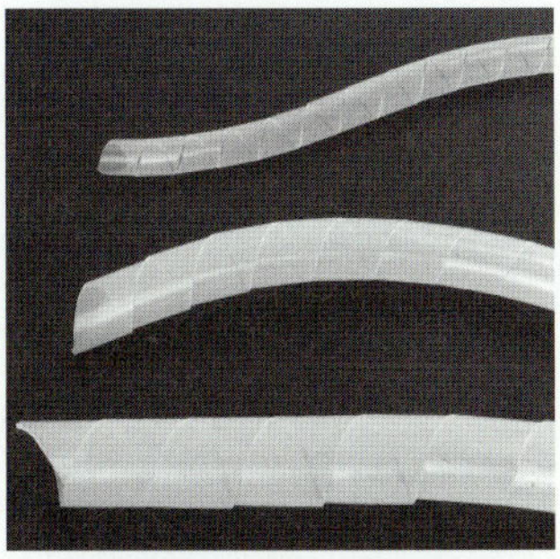

그림 20 헬리컬밴드

그림 21 케이블베어

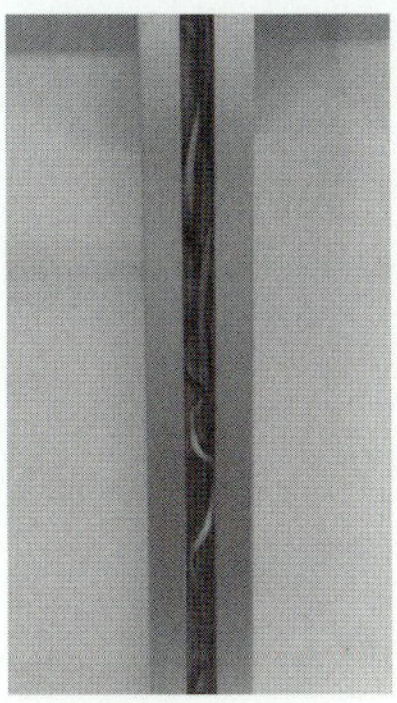

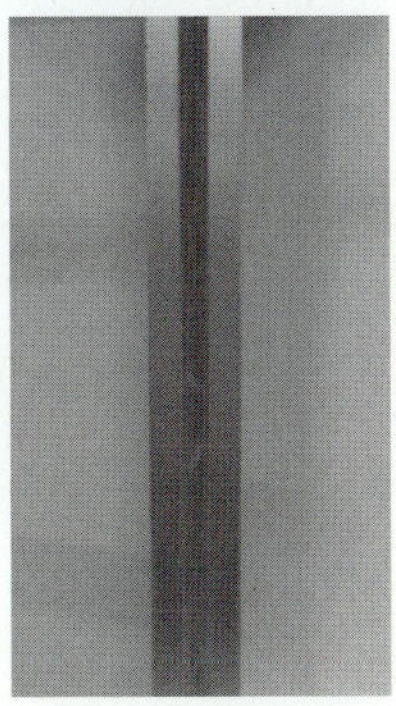

프로파일 2020 내부에 AWG26 전선 8~10개 가량 고정할 수 있다.

1.7 냉각팬 조립 및 배선작업

3D Print에 사용되는 전압[V]은 12V, 5V를 사용하며 Cooling Fan장착으로 제어보드의 발열부위를 냉각시키거나 압출원료를 빠르게 굳혀주므로 출력물의 품질을 높이게 된다.

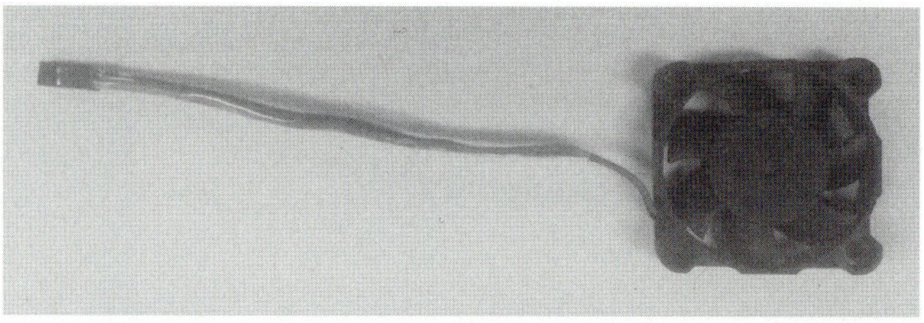

그림 22 DC12V 0.1A 40×40×10(가로, 세로, 높이)

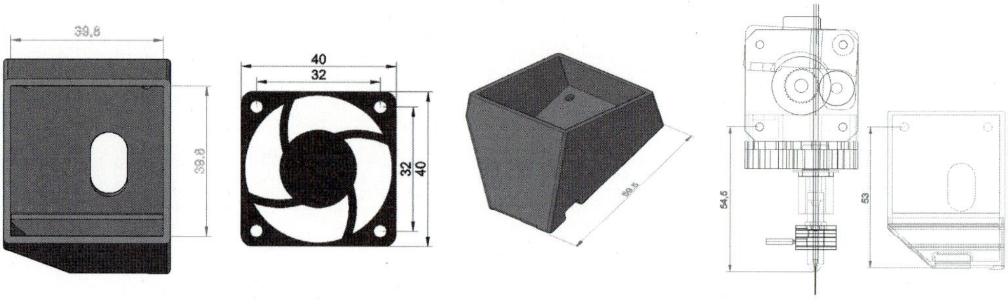

팬모터 크기에 따라 Fan Holder 치수는 변경되며 그림(좌)에 치수는 억지 끼워 맞춤으로 나사체결 없으며, 나사체결이 필요할 경우 홀 간격에 맞게 도면수정을 하게된다.

※ 주의사항: DC 팬모터는 극성(+-)이 바뀔 경우 회로가 타버리거나 모터가 구동되지 않는다(빨간색+ 검정색-).

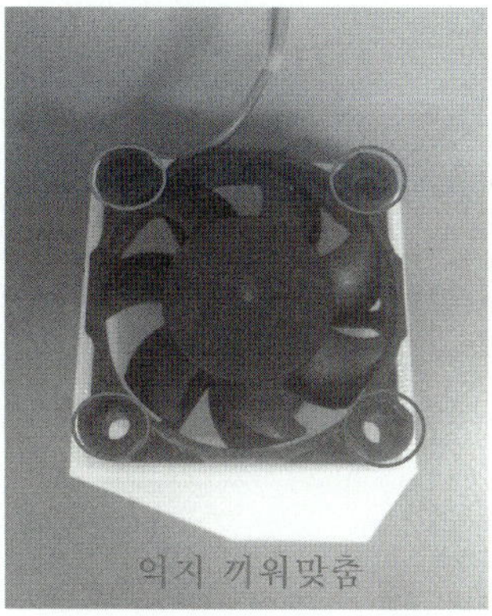

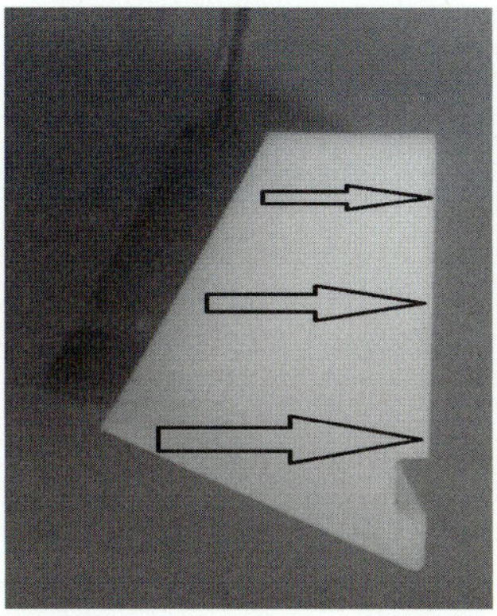

팬모터와 모터고정구 조립시 바람을 불어주는 방향은 스티커 부착방향으로 향하게 조립하고 각도는 45°정도로 설계한다.

1.8 조립완료 후 프린팅 과정

테스트 3D Printing의 경우 간단한 구조로 치수를 확인할 수 있는 형태의 사각구조로 모델링을 하고 압출기에 이상 유무를 판단한다.

그림 23 50×50×5 T1.0(가로, 세로, 높이, 두께)

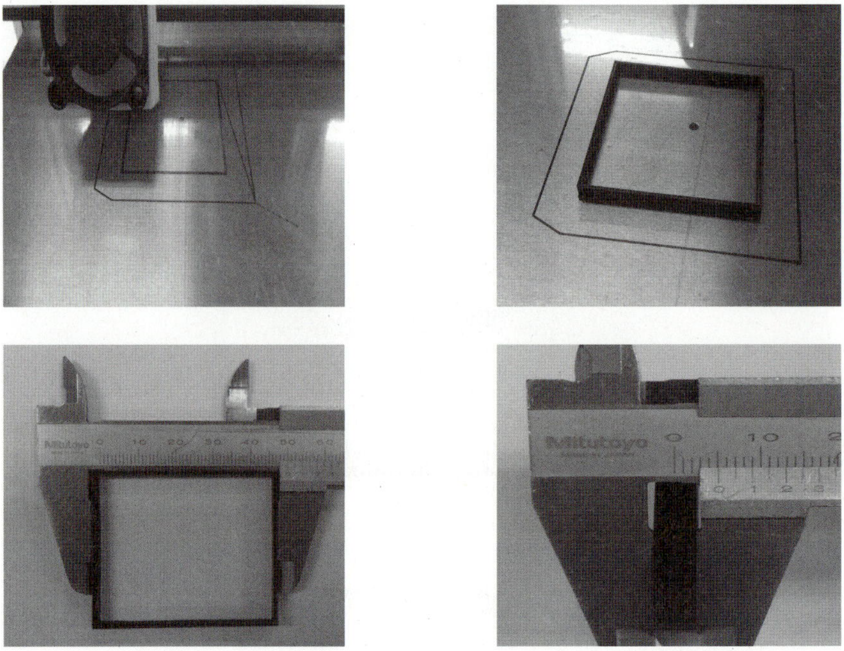

3D Printing 출력물 측정기구를 이용하여 치수를 확인한다. 오차범위만큼 Firmware를 수정하거나 기구부에 문제가 없는지 확인하여 조정한다.

> ※ 치수 체크시 주의할 점: 출력물 테스트할 경우 두께가 얇은 원형모형을 출력할 경우 다음 그림 처럼 측정기구를 이용하여 치수 측정시 출력물의 변형에 의해 측정이 어렵기 때문에 가능한 사각구조를 선택하거나 내부가 가득채운 형상의 모델링이 필요하다.

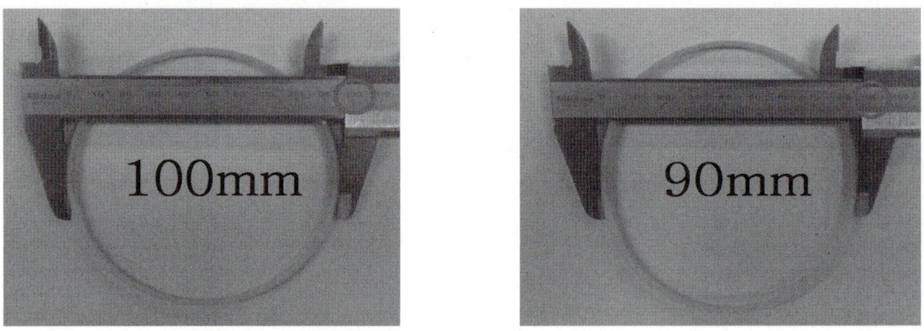

그림 24 출력과정

1.9 노즐 막힘 및 청소

3D Printing 출력 도중 Nozzle이 막혀서 예기치 않는 상황이 벌어지게 된다.

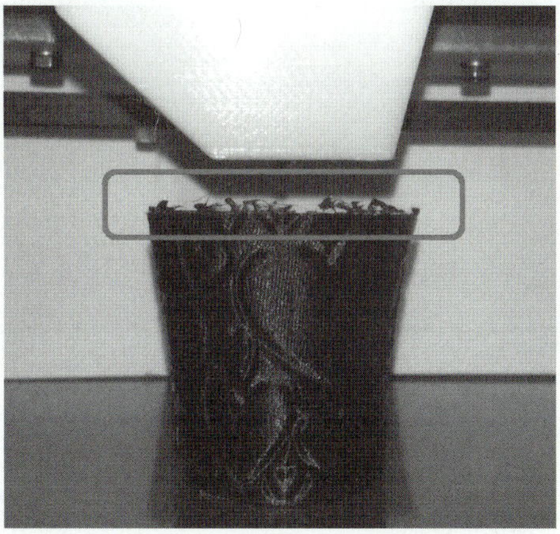

Nozzle이 막히면서 압출성형이 되지않고 있는 상태이다.

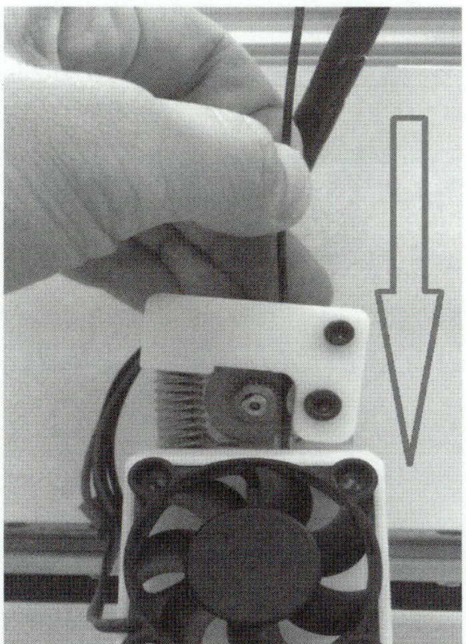

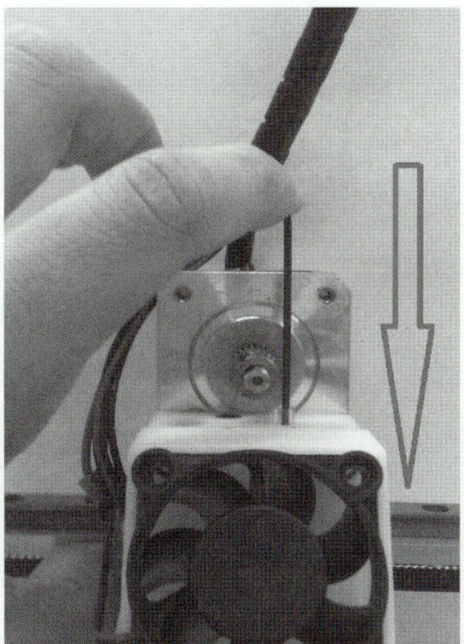

첫번째 엄지, 검지손가락으로 Nozzle방향으로 강하게 밀어 내려주는 방법이 있고, 두번째 필라멘트 ϕ1.75mm 보다 얇은 육각렌지를 사용하거나 ϕ1.5mm정도의 수공구를 이용하여 밀어 내려주는 방법이 있다(위 방법으로 해결 안 될 경우 하단내용 참조).

• ABS(Acrylonitrile Butadiene Styrene)원료 청소방법: Nozzle 내부에 이물질 및 원료(필라멘트)의 팽창에 의해 Nozzle이 막혔을 경우 ABS원료의 경우 아세톤 원액에 희석되기 때문에 밀폐용기에 넣고 5시간가량 지나면 Nozzle내부에 원료가 빠져 나오게 된다.

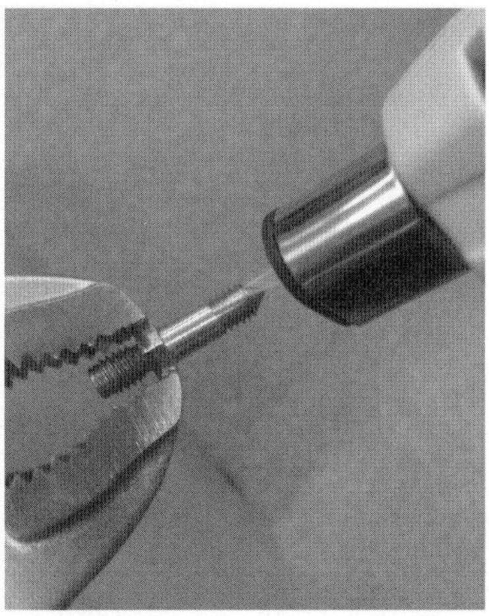

• PLA(PolyLactic Acid)원료 청소방법: 원료 특성상 희석제를 구하기 어렵기 때문에 Nozzle을 분해하여 내부에 이물질을 높은 열원(torch)으로 가열하여 탄화시키는 방법이 있다.

1.10 수평조절 및 주의사항

압출된 원료가 바닥면(bed)에 일정한 두께로 안착시키는 방법으로 3D 모형 출력시 세밀하게 조정해야 하는 부분이다.

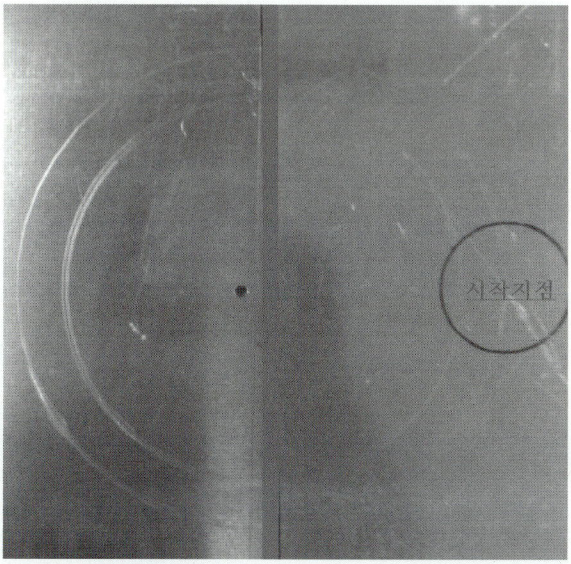

그림 25 출력판 좌우 편차가 있을 경우

좌우 중앙선을 기점으로 좌측은 nozzle과 bed 간격 0.2~0.25가량으로 정상출력 되지만, 우측은 Nozzle과 Bed가 접촉한 상태로 알루미늄 Bed를 긁고 지나간 상태이다.
노즐간격 조정시 A4용지(0.1~0.15mm), 일반명함(0.2~0.25mm)을 Nozzle과 Bed사이에 넣고 임의대로 사용가능하다.

그림 26 A4용지 간격조정

그림 27 일반명함 간격조정

나사 피치(pirch)에 따른 bed 간격조절

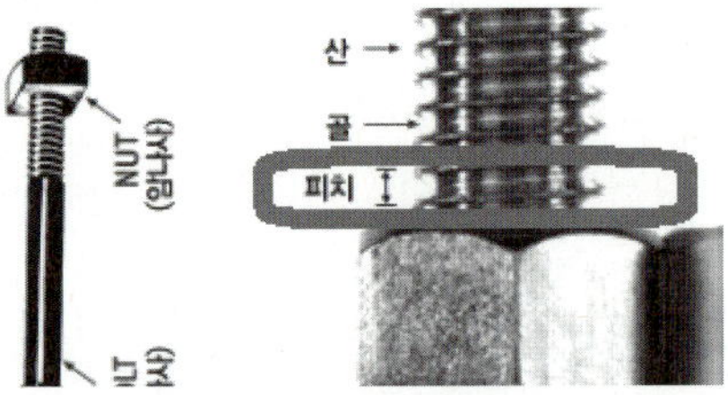

그림 28 나사의 구조와 명칭

나사(볼트) 1회전당 전진하는 거리(mm)를 피치라하며 Beb수평조절 나사는 M3~M4를 주로 사용한다. M3나사의 피치 0.5, M4나사의 피치 0.7 미리나사 규격으로 M3나사 1회전당 0.5mm이동되며, M4나사 1회전당 0.7mm이동된다(오른나사).

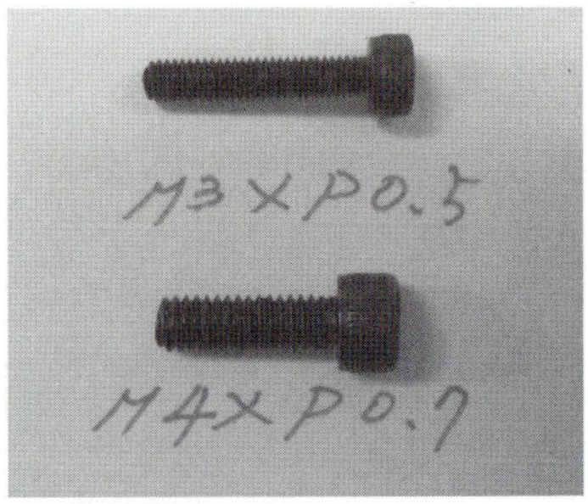

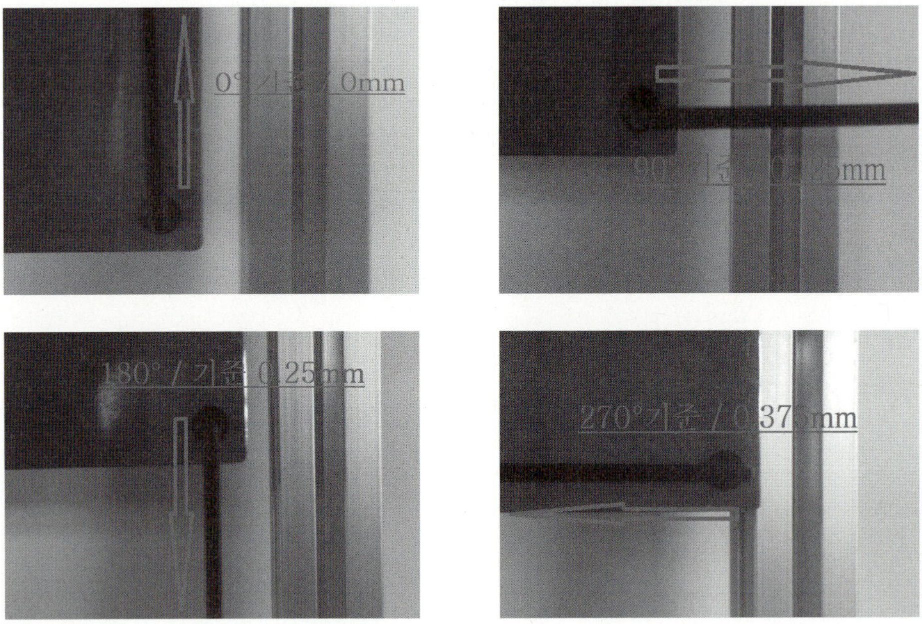

※ 적층두께 0.1~0.25 위 사진은 M3 P0.5사용할 경우 1회전당 0.5mm 승-하강하여 조절이 가능하다.

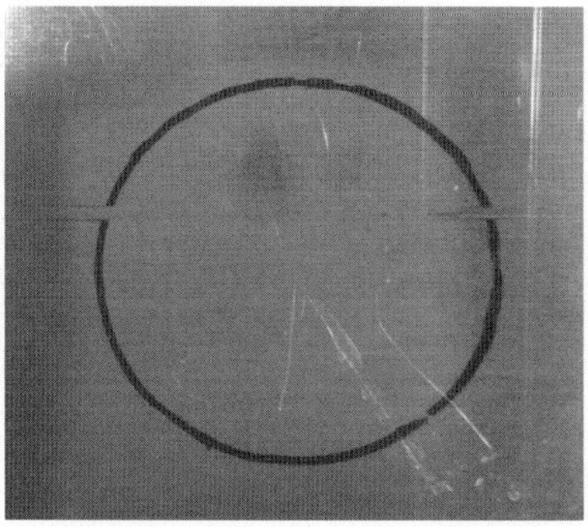

위 사진처럼 네임펜으로 체크한 원을 Nozzle이 긁고 지나갈 경우 Bed와 간격이 좁다는 것을 뜻하므로 수평조절 나사를 시계 반대방향으로 회전시켜주면 Bed와 간격은 멀어지게 된다.

일반 명함으로 수평조절시 명함두께 0.2~0.25mm를 사용할 경우 Nozzle이 명함을 얇게 긁고 지나갈수 있도록 간격조절을 한다.

1.11 3D 프린터 부품도면 및 프린팅과정

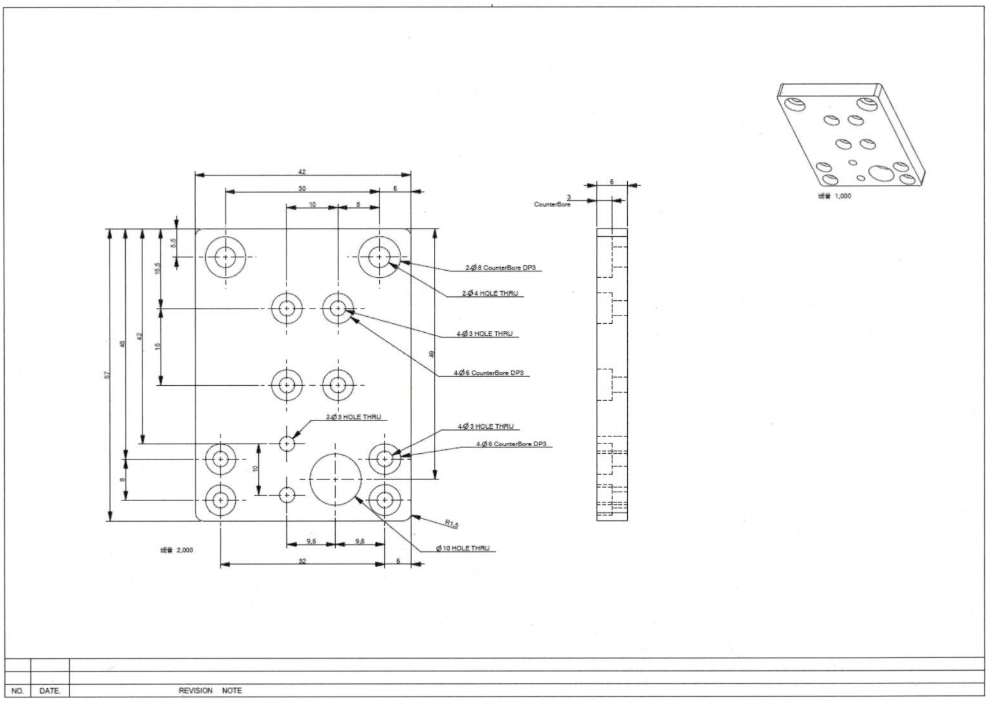

그림 29 EXTRUDE A

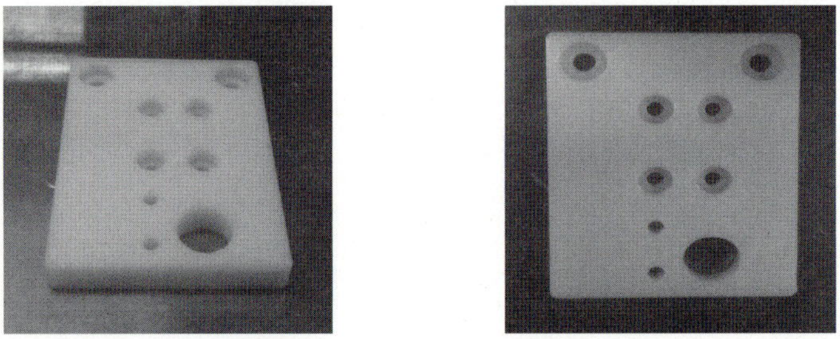

그림 30 3D 프린터 출력품 EXTRUDER A

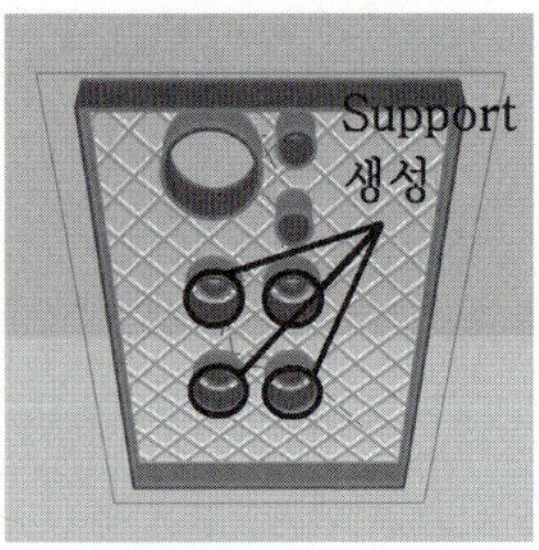

그림 31 잘못된 예

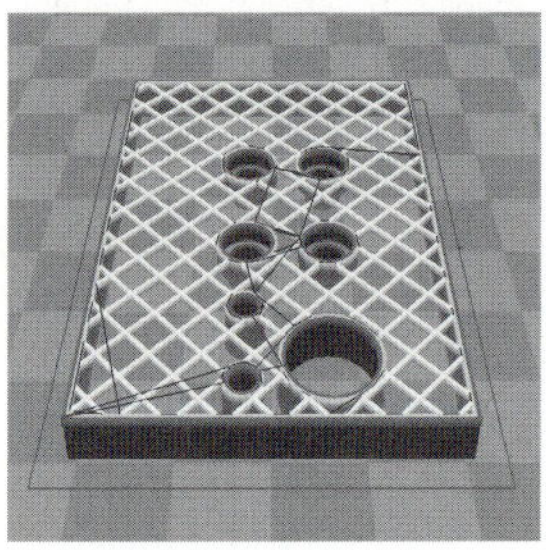

그림 32 정상 출력

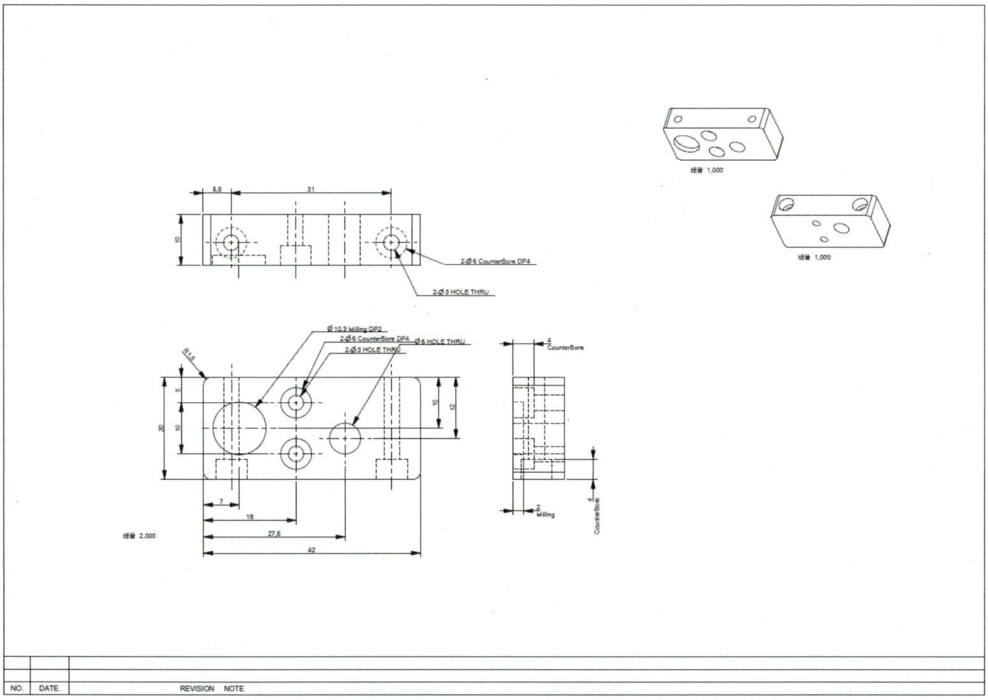

그림 33 EXTRUDER B

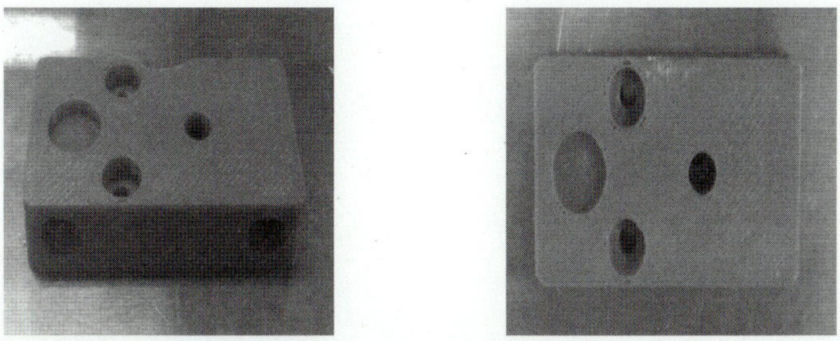

그림 34 3D 프린터 출력품 EXTRUDER B

그림 35 잘못된 예

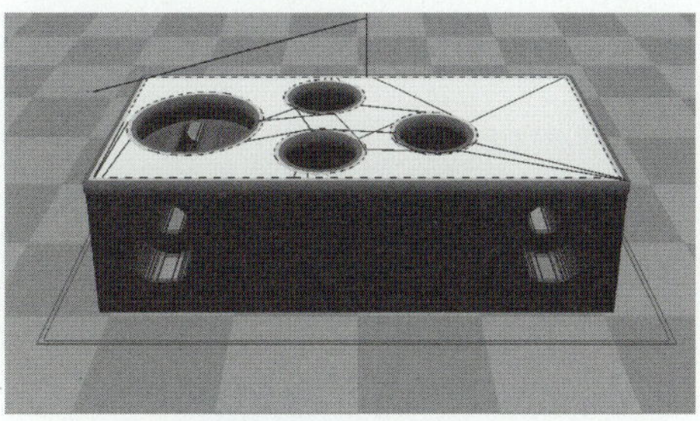

그림 36 정상 출력

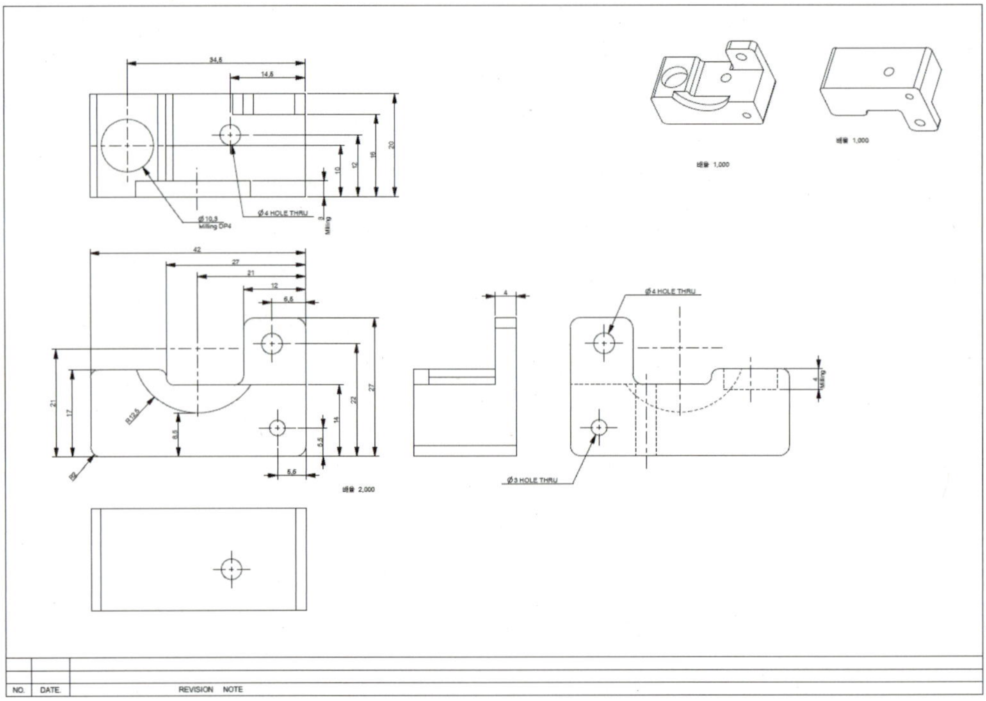

그림 37 EXTRUDER C

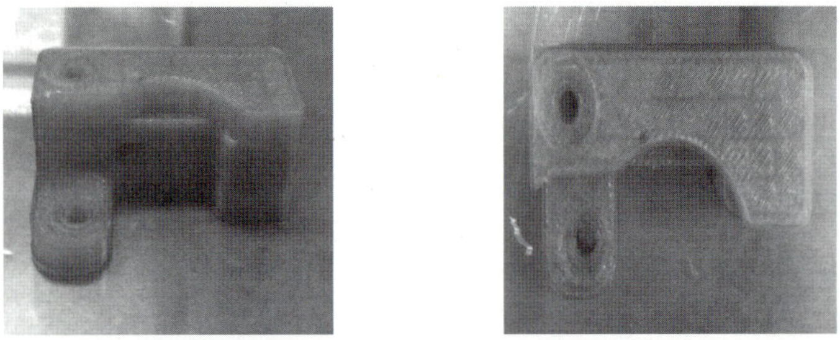

그림 38 3D 프린터 출력품 EXTRUDER C

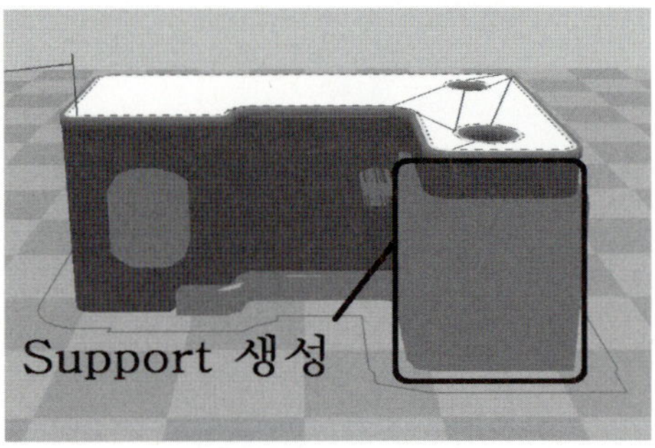

그림 39 잘못된 예

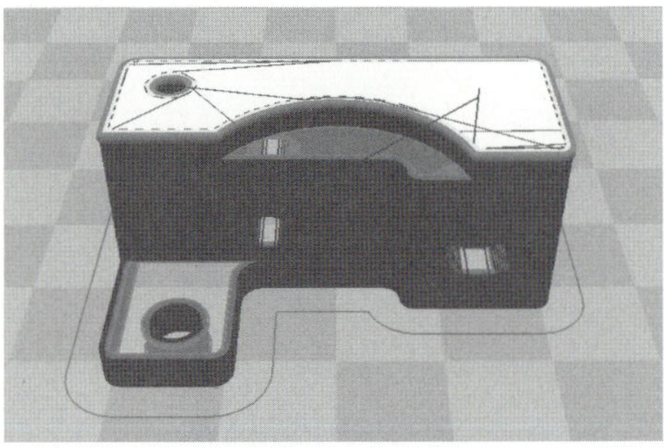

그림 40 정상 출력

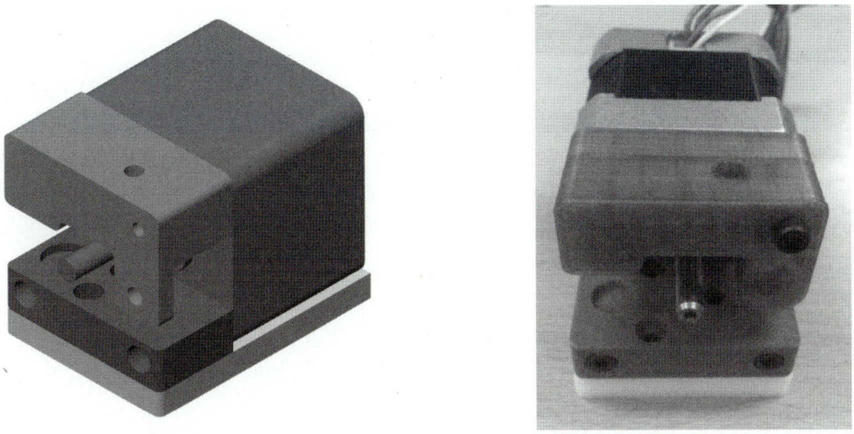

그림 41 EXTRUDER A, B, C 조립

1.12 EXTRUDER 가공품 도면

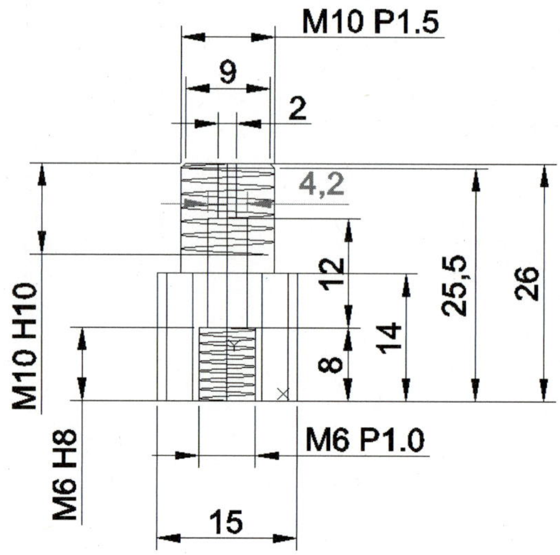

그림 42 PEEK소재 Nozzle고정부품

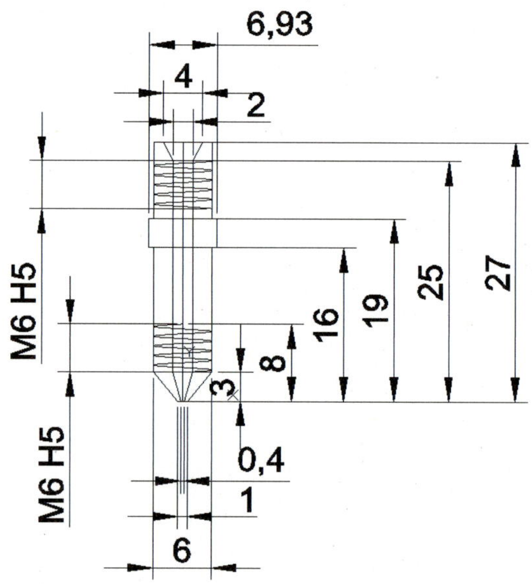

그림 43 황동소재 orifice 0.4 Nozzle

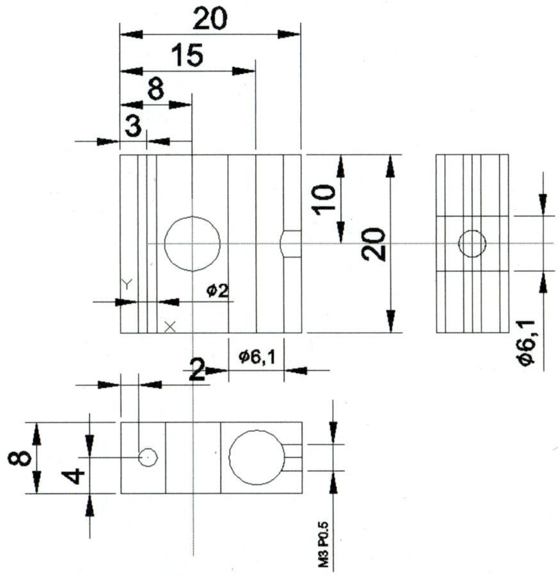

그림 44 AL6061소재 Heater Block

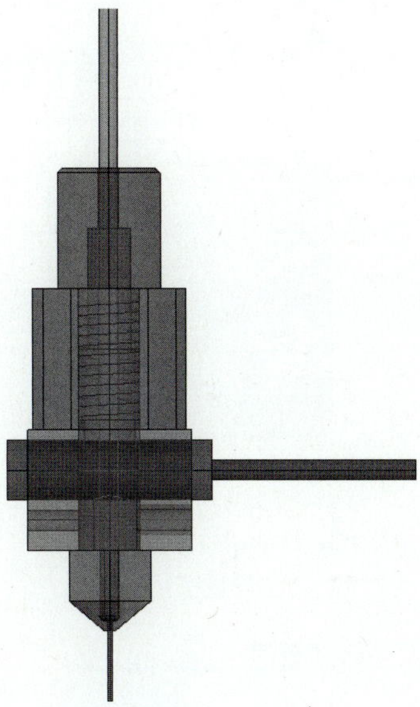

그림 45 가공품 조립

1.13 EXTRUDER 설계과정

(1) 구동모터

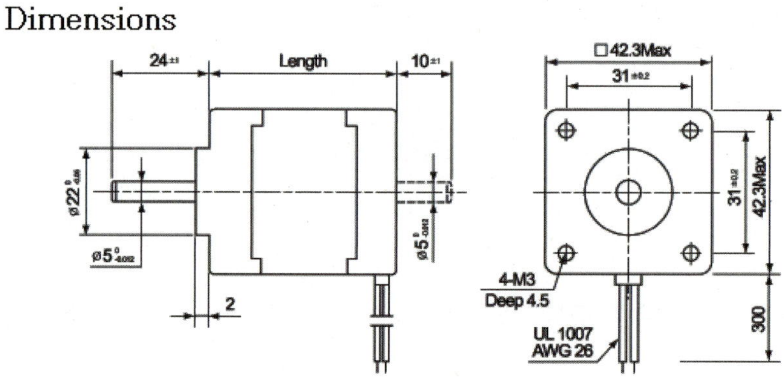

그림 46 NEMA17 STEP MTOR

구동 모터 4-M3을 기준으로 Shaft ϕ5에 맞춰 진행한다.

(2) 압출기어

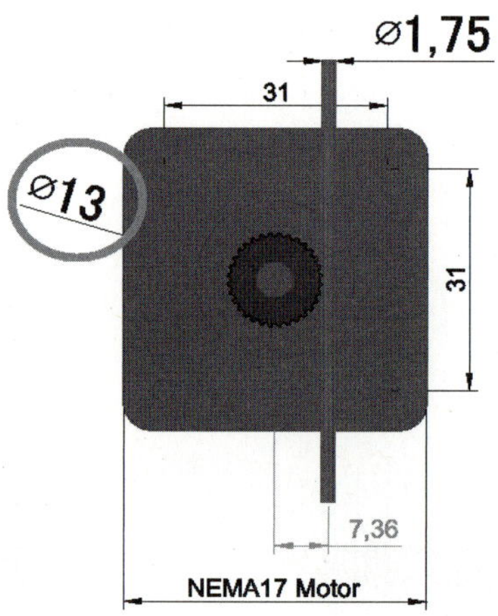

그림 47 압출기어 ϕ13

압출기어 지름에 따라 Shaft 중심축간 거리가 바뀌게되고 Nozzle위치가 바뀌게 된다.

(3) EXTRUDER A 부품 설계

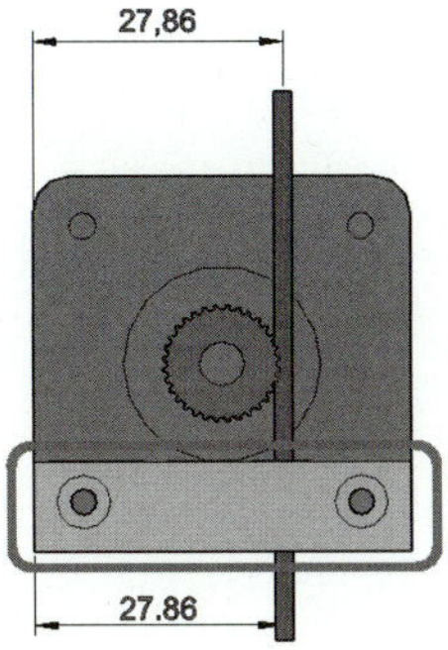

압출기어 ϕ지름에 맞춰 EXTRUDER A부품에 조립되는 Nozzle위치를 지정한다.

(4) EXTRUDER B 부품 설계

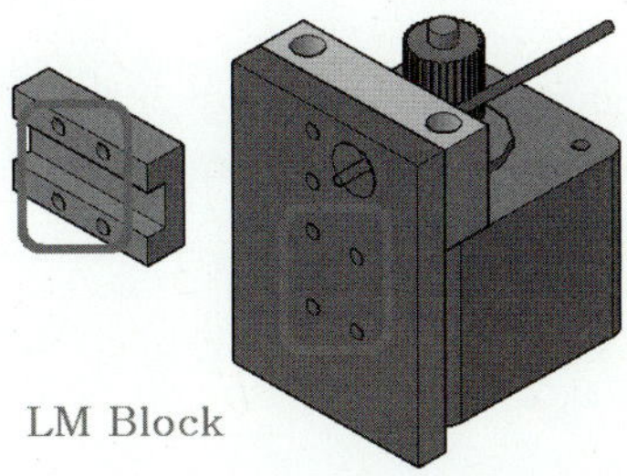

EXTRUDER B부품은 모터와 LM가이드를 연결하는 부품으로 LM Block 치수에 맞춰 M3나사를 고정할 수 있도록 설계를 진행해야한다.

(5) EXTRUDER C 부품 설계

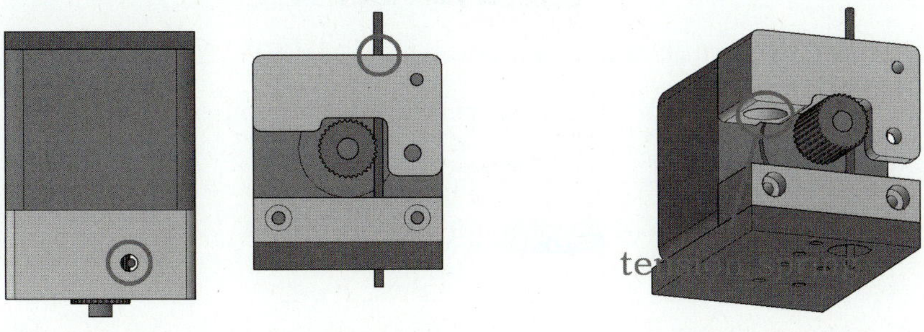

EXTRUDER C부품 상부의 원료 투입부분과 원료를 밀어주는 압출기어 간격에 맞춰 설계를 진행하고 Tension Spring 직경에 맞춰 설계한다.

참고문헌

1. 참고도서 및 보고서

[1] 유송민 외 3인, "생산제조공학", 사이텍미디어, 2004.

[2] 안상욱, "기계공작법", 복두출판사, 1999.

[3] 크리스엔더슨(윤태경 옮김), "MAKERS", 알에이치코리아, 2013.

[4] 김정현 역자, "창의적 문제해결 전략", 진샘미디어, 2008.

[5] 김호종 외 3명, "창의공학입문 실용 트리즈", 진샘미디어, 2012.

[6] 유진규 외 2인, "기계요소설계", 북스힐, 2011.

[7] 정태형 외 5인, "기계설계", 복두출판사, 2013.

[8] 허경용, "아두이노 상상을 스케치하다", 제이펍(jpub), 2014.

[9] 홍선학 외 1인, "아두이노 따라잡기", 성안당, 2014.

[10] 이현찬 외 2인, "컴퓨터 그래픽스 및 형상모델링", 시그마프레스, 1996.

[11] 정문성, "협동학습의 이해와 실천", 2002.

[12] 이양창, "전공직무능력향상을 위한 3D프린터 설계제작과정(C.P.S)", 대림대학교, 2014.

[13] 이수퀘스트 산업조사실, "주목받는 3프린팅 사장의 사업기회와 대응전략", 2014.

2. 웹사이트

[1] 한국과 다른 3D프린터 네트워크: http://www.designsori.com/so/580960

[2] STL Model Format: https://en.wikipedia.org/wiki/STL_(file_format)

[3] 3D 프린터의 탄생과 세계: http://pinkwink.kr/599, http://it.donga.com/20408/

[4] 3D 프린터 성공사례:
http://www.ceptech.co.kr/board.htm?mode=LIST_FORM&brd_no=11

[5] 3D프린팅이 가져온 혁신:
http://auto.daum.net/review/read.daum?articleid=170663&bbsid

[6] 테크숍: http://www.techshop.ws/

[7] 3D 프린터 표준화 분류표:
http://blog.naver.com/PostView.nhn?blogId=3d_park&logNo

[8] 조형방식에 의한 분류:
http://blog.naver.com/PostView.nhn?blogId=daisyss&logNo

[9] 3D 프린터의 이해:
http://www.3d-factory.co.kr/default/product/3dp.php?topmenu=1&left=4

[10] 3D 프린터 G-code:
http://reprap.org/wiki/G-code/kr#RepRap_G_Code_.ED.95.AD

[11] FDM 슬라이서(Cura):
http://blog.naver.com/PostView.nhn?blogId=albatross918&logNo

[12] DLP 3D 프린터의 구조와 원리:
http://blog.naver.com/PostView.nhn?blogId=airrex&logNo

[13] 텍사스 인스트루먼트의 DLP 3차원 프린팅 솔루션:
http://translate.google.co.kr/translat

[14] 3D 프린터 소재:
http://blog.naver.com/PostView.nhn?blogId=del1ght&logNo=220125232996

[15] 아두이노:
http://blog.naver.com/PostView.nhn?blogId=3dmac&logNo=220205152551

[16] IDE 홈페이지: https://www.arduino.cc/en/Main/Software

[17] Firmware Software Marlin: https://github.com/MarlinFirmware/Marlin

[18] Extruder: http://wakalics.blogspot.kr/2015/01/fdmfff-3d.html

찾아보기

저자 소개

이양창
대림대학교 기계과

유충현
대림대학교 기계과

유진규
대림대학교 기계과

권준박
대림대학교 기계과

김상진
대림대학교 기계과

최경만
코리아프로트 연구원

박상수
경기대학교 전자과 박사 수료

3D 프린터 제작과 활용

발 행 일 • 2015년 9월 25일

저 자 • 이양창 · 유충현 · 유진규 · 권준박 · 김상진 · 최경만 · 박상수
발 행 자 • 최 봉 조
발 행 처 • 진샘미디어
주 소 • 서울시 은평구 연서로 5길 28 부호아파트 102동 상가5호
전 화 • 02)353-4421 / FAX 02)353-4431
홈 페 이 지 • www.jinsaem.co.kr

신 고 번 호 • 제311-2005-000025호
I S B N • 979-11-85504-51-3 93550

정가 20,000원